JOHANNES WOLTER

APPARITIO DEI

DER THEOPHANISCHE CHARAKTER
DER SCHÖPFUNG NACH
NIKOLAUS VON KUES

ASCHENDORFF MÜNSTER

BEITRÄGE ZUR GESCHICHTE DER PHILOSOPHIE
UND THEOLOGIE DES MITTELALTERS

Texte und Untersuchungen

Begründet von Clemens Baeumker
Fortgeführt von Martin Grabmann und Michael Schmaus

Im Auftrag der Görres-Gesellschaft
herausgegeben von Ludwig Hödl und Wolfgang Kluxen

Neue Folge
Band 67

Gedruckt mit Unterstützung
der Görres-Gesellschaft zur Pflege der Wissenschaft

Druck: Aschendorff Medien GmbH & Co. KG. Druckhaus Aschendorff, Münster, 2004
Gedruckt auf säurefreiem, alterungsbeständigem Papier ∞

ISBN 3-402-04018-2

Inhalt

Vorwort

„Das Naturell des Rheinländers ist aufnahmefreudig nach aussen gerichtet. Im Gespräch sprudelt es angeregt und anregend, und sein tätiges Wesen vollendet sich leicht in dem unmittelbaren Verkehr mit den Dingen und Menschen. Das Abstandnehmen und grübelnde Bohren, das einsame Sichbesinnen und Aus-sich-heraus-pumpen liegt dem Rheinländer weniger. Zwar bleiben für ihn wie für jeden Menschen die letzten Dinge zugleich auch die ersten. Aber die Urfragen des Lebens haben schon eine Urantwort gefunden. Der Geist des Christentums hatte sich durch eine stete Überlieferung von der Römerzeit her in tausend kleinen und grossen Dingen der rheinischen Wirklichkeit verkörpert. Daran hält sich der Rheinländer. Der offene Wirklichkeitssinn lässt ihn selten den Trieb verspüren, die Fundamente des geistigen Lebens auf den eigenen Kopf hin von neuem legen zu wollen. Und das ererbte Formgefühl dämpft die Versuchung, die im Dogma der Kirche wirkende Ordnung in das Chaos einer blossen privaten Innerlichkeit aufzulösen. So wird es verständlich, wie die Theologie des Rheinlandes sich Jahrhunderte hindurch auf die Weitergabe des Überlieferten beschränken und ihre Hauptkraft der unmittelbaren Leitung des religiösen Lebens zuwenden konnte."

Aus dieser Phänomenologie des rheinischen Theologen im Spätmittelalter und in der Neuzeit erscheint es Karl Eschweiler im Jahre 1926 verständlich, dass „Nicolaus von Cues (...) – nicht allein um seiner Größe, sondern um seiner Art Willen – ein Einsamer bleiben" musste (vgl. Eschweiler, Die zwei Wege der neueren Theologie, 18). Die in ihrer Zeit konkurrenzlos dastehende Theologie des Cusanus ist schon unter mancherlei Aspekten untersucht worden. In der vorliegenden Arbeit geht es um den Begriff der „Erscheinung Gottes" – apparitio dei. Was versteht Cusanus unter diesem oft explizit benutzten und noch weitaus öfter implizit vorausgesetzten Begriff? Wie verwendet er ihn? Wie hängt dieser Begriff mit dem Gedanken der coincidentia oppositorum zusammen, von dem mittlerweile in der Forschung feststeht, dass er für das gesamte Werk des Cusanus von zentraler Bedeutung ist? Was leistet das apparitio dei-Konzept schließlich für das Ganze des cusanischen Denkens? Diese Fragen sollen hier beantwortet werden.

Die vorliegende Arbeit wurde im Jahre 2003 von der Katholisch-Theologischen Fakultät der Rheinischen Friedrich-Wilhelms-Univer-

sität Bonn als Dissertation angenommen. Sie ist für den Druck gering-
fügig überarbeitet worden.

Für ihre Hilfe beim Zustandekommen dieser Studie danke ich an
erster Stelle meinem Doktorvater Prof. Dr. Karl-Heinz Menke, der
mich zur Arbeit an dem Thema geführt und ermutigt hat, sodann
den Mitarbeitern des Trierer Cusanus-Instituts, die mir die noch nicht
publizierten Quellentexte freundlicherweise zur Verfügung gestellt
haben. Besonderen Dank schulde ich auch Prof. Dr. Klaus Kremer für
seinen Rat und seine Hilfe, ebenso Dr. Hans Gerd Senger vom Kölner
Thomas-Institut für seine freundliche Unterstützung, Prof. Dr. Heino
Sonnemans für die Mühe des Zweitgutachtens und den Herausge-
bern der Reihe „Beiträge zur Geschichte der Philosophie und Theologie des Mittelalters", Prof. Dr. Ludwig Hödl und Prof. Dr. Wolfgang
Kluxen, für die Aufnahme meiner Arbeit.

Mein Dank gilt weiterhin Christoph Mause, Christian Hövels und
Stephan Wolter für ihre technische Hilfe am Computer, Herrn Dr.
Dirk Paßmann vom Aschendorff Verlag für die gute Zusammenarbeit
und der Stiftung Lebensbaum Maria, Joseph und Heinz Lindener für
ihre finanzielle Unterstützung.

In diesen Dank eingeschlossen seien aber auch meine Familie und
die Menschen, die mich während der letzten Jahre durch ihr Gebet
und ihre Freundschaft begleitet haben.

Köln, den 2. Januar 2004   Johannes Wolter

Nulla est facilior difficultas quam divino speculari, ubi delectatio coincidit in difficultate. (Idiota de sapientia, N.28, Z.10-11) – „Es gibt keine leichtere Schwierigkeit als über das Göttliche nachzudenken, wo die Freude ineinsfällt mit der Mühe. "

Einleitung

1) DER ZUSAMMENHANG ZWISCHEN SCHÖPFUNGSTHEOLOGIE UND ERKENNTNISLEHRE

Große Theologen zeichnen sich in der Regel dadurch aus, dass sie das Ganze der Wirklichkeit in einem konsistenten Zusammenhang zu deuten unternehmen. Die Reflexion des Glaubens an Gott, die Theologie, erlaubt nämlich keinerlei Begrenzung des Erkenntnisobjekts, da das Objekt im Falle einer Einschränkung nicht mehr der unbegrenzte Gott und Schöpfer aller Dinge wäre. Alles, was Wirklichkeit beansprucht, muss somit von einem einzigen Ansatzpunkt aus in den Blick kommen und in Zusammenhang miteinander gebracht werden. Wenn dies der Fall ist, kann von einem systematisch durchdrungenen und durchdachten theologischen Entwurf gesprochen werden. Von einem „System" unterscheidet sich ein solcher Entwurf freilich dadurch, dass die Mitte bzw. der Grund des Zusammenhangs kein bloßer Gedanke und keine abstrakte Idee ist. Die Mitte christlicher Theologie ist vielmehr Jesus Christus selbst, eine wirkliche Person. Mit dem Verstehen einer Wirklichkeit, erst recht einer menschlichen Person, kommt man aber niemals an ein Ende. Theologie ist daher prinzipiell nicht abschließbar oder in ein geschlossenes System zu bringen, durchaus aber systematisch, das heißt in ihrem inneren Zusammenhang zu reflektieren.

Aus dem genannten Grund beschränken große Theologen ihr Denken nie auf das, was man seit der Barockscholastik als einen einzelnen Traktat bezeichnet. Sie erklären vielmehr den Zusammenhang der einzelnen Glaubensartikel untereinander sowie den Zusammenhang zwischen Glauben und Denken bzw. Wissen. Wenn man einen Begriff sucht, in dem dieser Zusammenhang aufleuchtet, könnte man

den Begriff apparitio dei anführen, wie er von Nicolaus Cusanus aufgegriffen und interpretiert wird. Das Denken dieses 1401 in Kues an
der Mosel geborenen und 1464 in dem umbrischen Städtchen Todi
gestorbenen „größten Deutschen des späten Mittelalters"[1] und „geni-
alen Einzelgängers"[2] beschäftigt sich mit den zentralen Themen des
christlichen Glaubens – Schöpfung, Trinität, Inkarnation, Erlösung –
und bringt deren Zusammenhang auf den Begriff apparitio dei. Dieser Terminus kann als Schlüsselkategorie des Cusanischen Denkens
betrachtet werden, weil er die Einheit des Verschiedenen ausdrückt.
Diese Einheit zu erkennen, kann als das leitende theologische Interesse des Cusanus angesehen werden.[3]
   Die Theologie bedient sich bekanntlich seit dem 20. Jahrhundert
zunehmend personaler Kategorien, um den Glaubensinhalt auszusa-
gen. So spielen heute Begriffe wie Freiheit, „Communio" oder „Stell-
vertretung" eine wichtige Rolle, wenn es darum geht, die gleichzeitige
Einheit und Verschiedenheit zwischen Gott und Welt im Schöpfungs-,
Inkarnations- oder Erlösungsgeschehen zu beschreiben. Das Kriterium dafür, inwieweit solche Begriffe ihrer Intention tatsächlich gerecht zu werden vermögen, liegt in ihrer Integrationsfähigkeit, in der
Universalität ihrer Geltung. Wie weit reicht ihre Erklärungskraft?
Erreichen sie die angestrebte Einheit der Wahrheit? Sind sie mit den
Erkenntnissen anderer Wissenschaften zu vermitteln?
   Vor diesem Hintergrund scheint das Cusanische Denken, das sich
in einer geistesgeschichtlichen Umbruchssituation entfaltet, die der
unsrigen vielleicht durchaus in manchem vergleichbar ist, alles andere als uninteressant zu sein. In die Lebenszeit des Kardinals aus Kues
fallen verschiedene im wahrsten Sinne des Wortes welt-bewegende
Ereignisse. Entwicklungen, die damals ihren Ausgang nehmen, wirken bis heute nach. Cusanus verliert sich weder unkritisch in der Un-
übersichtlichkeit des Wissens seiner Zeit, noch zieht er sich ängstlich
auf einen durch die Tradition gesicherten Standpunkt zurück. Sein
Denken ist bewahrend („konservativ") und fortschrittlich („progres-
siv") zugleich. Er zeigt sich gleichermaßen um Differenzierung und

---

[1] Meuthen, Die letzten Jahre, 7.
[2] Angenendt, Geschichte 75.
[3] Hans Gerhard Senger formuliert dieses Interesse aus philosophischer Sicht so:
    „Nikolaus wollte die Einheit des Individuums als Teil der Einheit der Menschheit,
    die Einheit des Individuums und der Menschheit als Teil der Einheit des Kosmos
    und dessen relationale Einheit als Teil der absoluten Einheit Gottes erweisen" (Ü-
    berlegungen zur Wirkungsgeschichte, 274). Deshalb, so Senger, kann man von ei-
    nem durchgängigen Bezugssystem des Cusanischen Denkens sprechen.

Konkordanz bemüht. Er will die Gegensätze, denen seiner Ansicht nach jedes Übel entspringt, bis an ihren Ursprung zurückverfolgen und so versöhnen. Er will Theorie und Praxis miteinander verbinden. Es lohnt sich, den Gedankengängen des Cusanus zu folgen und sich von ihnen bei der Suche nach Lösungen heutiger Fragen inspirieren zu lassen.

2) DAS PHILOSOPHISCHE GRUNDPROBLEM DER SCHÖPFUNGSTHEOLOGIE UND DAS THEOLOGISCHE GRUNDPROBLEM DER ERKENNTNISLEHRE

Der Problemhorizont, in dem Nicolaus Cusanus seine Konzeption der apparitio dei entwickelt, wird sachlich durch den Zusammenhang markiert, der zwischen der Schöpfungstheologie einerseits und der Erkenntnislehre andererseits besteht.[4] Dieser Zusammenhang tritt deutlich in Erscheinung, wenn man sich die beiden Grundprobleme vergegenwärtigt, die sich hier stellen: die schöpfungstheologische Frage nach dem Status geschaffenen Seins angesichts des absoluten Seins Gottes und die erkenntnistheoretische Frage nach der Möglichkeit menschlicher Wahrheitserkenntnis. Das Verhältnis dieser beiden Fragen zueinander bestimmt die Theologiegeschichte des Mittelalters und der Neuzeit insofern, als die Reflexion des Schöpfungsglaubens in dem Maße betrieben wird, in dem man dem menschlichen Geist objektive Erkenntnis zutraut. Je optimistischer man über die Möglichkeiten des Geistes denkt, desto größer ist das Bemühen um eine philosophisch-metaphysische Durchdringung des biblischen Schöpfungsglaubens. Je größer umgekehrt der Skeptizismus bezüglich der

---

[4] Aus heutiger „nachmetaphysischer" Perspektive scheint eher der Zusammenhang und die Vermittlung zwischen Schöpfungstheologie und Naturwissenschaften von Interesse zu sein (vgl. Häring, Schöpfungstheologie). Dieses Thema deutet sich zwar bei Cusanus auch schon an (vgl. Schneider, Cusanus als Wegbereiter der neuzeitlichen Naturwissenschaft?), steht jedoch nicht im Mittelpunkt seines Denkens. Es sei nur darauf hingewiesen, dass die kopernikanische Einsicht, dass die Erde nicht im Mittelpunkt des Universums steht, von Cusanus metaphysisch, auf dem Wege des Nachdenkens, und keineswegs experimentell vorweggenommen wird. Außerdem kann Cusanus nicht als Vordenker des Heliozentrismus angesehen werden. Für ihn kreist die Sonne weiterhin um die Erde. Vgl. etwa De venatione sapientiae, N.83, Z.7-9: Posuit terram in medio, quam gravem esse et ad centrum mundi moveri determinavit, ut sic semper in medio subsisteret et neque sursum neque lateraliter declinaret.

Erkenntnisfähigkeit des Menschen wird, desto positivistischer fällt die
Schöpfungslehre aus. Und je intensiver sich der Blick auf die Er-
kenntnisbedingungen des denkenden Subjekts, auf die Selbsterkenntnis des menschlichen Geistes richtet, desto schwieriger erscheint es, die Welt als Schöpfung Gottes zu erkennen. Wenn dieser
Zusammenhang nun zunächst kurz in seiner geschichtlichen Entwicklung referiert wird, so geschieht dies zum einen um einer Verdeutli-
chung der herausragenden Stellung willen, die Nikolaus von Kues in
ebendieser Entwicklung einnimmt, und zum anderen, um auf die
Verwurzelung seines Denkens in der voraufgehenden Tradition hin-
zuweisen, mit der Cusanus wohl wie kaum einer seiner Zeitgenossen
vertraut war.

Die von den biblischen Zeugnissen ausgehende Schöpfungstheologie steht von Anfang an vor der in der Philosophie schon seit Platon
traktierten Frage, wie der Hervorgang und das Bestehen von etwas
Anderem, Nicht-Göttlichem und Zeitlichem aus dem göttlichen und
ewigen Einen zu denken ist.[5] Wie muss das Eine, wie das Andere und
wie die Vermittlung zwischen beidem gedacht werden, wenn das Eine
das Absolute bleiben und das Andere dennoch es selbst sein soll?

Letztlich ist den großen Antworten der antiken griechischen Philosophie, die von diesem – nicht erst christlichen – Grundproblem des
Denkens ihren Ausgang nimmt, gemeinsam, dass das absolute Eine
als ganz transzendent, dem Denken vollkommen unzugänglich vorgestellt wird. Diese absolute Transzendenz des Einen gipfelt schließlich
im (später so genannten)[6] Neuplatonismus, der chronologisch letzten
und in gewisser Weise konsequentesten Ausprägung griechischen
Denkens. Während man hier insgesamt von einem Primat der absoluten Einheit vor der Vielheit und demzufolge von einer starken Tendenz zur Auflösung des Seins des Vielen in das Denken des Einen
sprechen kann, unterscheidet sich das trinitarische Gottesbild der
christlichen Theologie davon grundlegend, da Einheit und Vielheit
hier als bereits im Ursprung vermittelt erscheinen. Durch diese Relationalität von Einheit und Vielheit im Absoluten kann Gott überhaupt

---

5   Vgl. Beierwaltes, Andersheit. Zur neuplatonischen Struktur einer Problemgeschich-
    te, 366.
6   1786 schreibt Christian Meiners eine Geschichte der Neu-Platonischen Philosophie
    (Grundriß der Geschichte der Weltweisheit), wertet diese aber pointiert negativ im
    Sinne einer Verfälschung Platons. 1788 verwendet J.A. Eberhard die Schreibweise
    „neu-Platonisch" neben der Zusammenziehung „neuplatonisch". Die endgültige
    Verfestigung zum Terminus geschieht 1793 durch G.G. Fülleborn (Beyträge zur Ge-
    schichte der Philosophie). Vgl. Meinhardt, Art. Neuplatonismus.

erst als Schöpfer im Sinne der Heiligen Schrift gedacht werden: als derjenige, der im Anderen seiner selbst er selbst sein kann, ohne die Andersheit des Anderen aufzuheben. Man kann daher im Hinblick auf die Erkenntnis des Zusammenhangs zwischen dem christlichen Trinitäts- und Schöpfungsbegriff zutreffend von einer Revolutionierung des antiken Denkens sprechen.

Die Schöpfungstheologie der alten Kirche bildet sich in der Konfrontation mit den Antwortversuchen aus, die die griechische Kosmologie einerseits und die Gnosis andererseits auf die Frage nach der Entstehung und dem Sein des Anderen gibt. Während bei den Apostolischen Vätern der Schöpfungsglaube noch eher Gegenstand praktisch-liturgischen und sittlich-paränetischen als systematisch – theologischen Interesses ist, entwickeln die Apologeten und Kirchenväter Ansätze einer Schöpfungstheologie, die sich in ein kritisches Verhältnis zur zeitgenössischen Philosophie setzt. Gegen dualistische und materiefeindliche Auffassungen wird vor allem der Monotheismus und, damit verbunden, die Lehre von der Schöpfung aus dem Nichts[7] und der Mittlerfunktion des göttlichen Logos ausgebildet. Neben Irenäus von Lyon[8] (+202) ist vor allem Augustinus (354-430) maßgeblich für die antike christliche Schöpfungslehre. Dessen über Marius

---

[7] Das in der Hl. Schrift lediglich begrifflich in 2 Makk.7,28 begegnende Theologumenon der „creatio ex nihilo", das hier jedoch nur als paränetischer Hinweis auf die Schöpfermacht Gottes (vgl. May, Schöpfung aus dem Nichts) zu verstehen ist und in der frühchristlichen Auseinandersetzung mit gnostischen Strömungen zunächst durch Tatian den Syrer, Theophilos von Antiochien und Irenäus von Lyon die Geschöpflichkeit auch der Materie, die Willensfreiheit des Schöpfers und die klare Unterscheidung zwischen Schöpfer und Schöpfung betonen soll, ist in seiner theologischen Interpretation durch eine innere Spannung gekennzeichnet: „Die Begriffe der creatio und des nihil zielen auf eine Balance zwischen der Erfahrbarkeit des absoluten Schöpfergottes und der Absolutheit des Schöpfergottes gegenüber den Kategorien der Erfahrung, eine Balance, die von den frühchristlichen Autoren zwar angezeigt und gegenüber der Philosophie dem Anspruch nach zur Geltung gebracht wird, aber noch keineswegs eingelöst scheint." Hoeps, Theophanie und Schöpfungsgrund, 170.

[8] Die heilsökonomisch orientierte und christologisch zentrierte Schöpfungstheologie des Irenäus zeichnet sich durch die innere Einheit aus, die zwischen dem Schöpfungs- und dem Erlösungswerk gesehen wird: Gott schafft mit seinen beiden Händen (dem Sohn und dem Geist) aus Nichts die Welt, um sie im Sohn zu vollenden. Der Sohn ist präexistenter Schöpfungsmittler und Erlöser zugleich. Die Schöpfung ist – bildlich – im Stadium des Kindseins geschaffen, das ihr durch die Sünde verlorenging. Ihre Erlösung besteht in der Wiederherstellung dieses Zustands und dessen Vollendung zugleich. Vgl. Scheffczyk, Schöpfung und Vorsehung, 41-47.

Victorinus vermitteltes neuplatonisch beeinflusstes Denken[9] stellt die
eine bedeutende Quelle dar, aus der das Mittelalter schöpft, als man,
zunächst an den Kathedral- und Klosterschulen, dann an den Univer-
sitäten, nach den Wirren der Völkerwanderung wieder Theologie zu
treiben beginnt. Die andere Quelle liegt im Schrifttum des Pseudo-
Dionysius Areopagita (um 500)[10], der unter dem unmittelbaren Einfluss des Neuplatonikers Proklos (411-485) steht. Seit den Tagen dieses die Autorität des Paulus-Schülers Dionysius (vgl. Apg 17,34) in
Anspruch nehmenden, ansonsten kaum näher identifizierbaren Autors bis hinein in das Spätmittelalter wird die Theologie wesentlich
durch die Schöpfungslehre geprägt.[11] Denn durch die Schöpfung
und in der Schöpfung teilt Gott das von sich mit, was wir von ihm
wissen können. Die Schöpfung ist das Medium der Kommunikation
zwischen Gott und Mensch. So ist „die Theologie des Pseudo-

---

9   Vgl. dazu Ivánka, Plato Christianus, 189-220.

10 Josef Koch unterscheidet in seinem gleichnamigen Aufsatz Augustinischen und
    Dionysischen Neuplatonismus als die beiden Grundrichtungen der neuplatonisch
    inspirierten theologischen Spekulation im Mittelalter. Koch will zeigen, „dass man
    seit dem 9. Jahrhundert, d.h. seit dem Eintritt des Corpus Dionysiacum ins Abend-
    land, immer wieder den Versuch macht, Augustinismus und Areopagitismus mitein-
    ander zu verbinden" (– da beide als Autoritäten ersten Ranges gelten, dürfen sie sich
    nicht widersprechen –), „dass sie aber faktisch in Widerstreit treten und der einzelne
    Denker sich dann so oder so entscheiden muß" (333). Schon äußerlich besteht ein
    Unterschied zwischen beiden: Während der über Bischof Ambrosius von Mailand
    durch die Plotin-Übersetzung des Marius Victorinus beeinflusste, lateinisch schrei-
    bende Augustinus gelesen, im Lesen verstanden und somit bereits durch Boethius
    und Cassiodor weitervermittelt werden kann, muss der vor allem von Proklos beein-
    flusste Dionysius wegen seiner komplizierten Sprache kommentiert werden, was erst
    mit dem Jahr 827 möglich wird, als der griechische Kaiser Ludwig dem Frommen
    das Corpus Dionysiacum schenkt. Inhaltlich sieht Koch den grundlegenden Unter-
    schied im Ansatz des Denkens: Während Augustinus keineswegs mit dem Einen
    selbst, sondern sogleich mit der Nous-Spekulation beginnt, in der er ein Zeugnis für
    die christliche Logoslehre erblickt, übernimmt Dionysius die Einheitsspekulation
    des Proklos „nicht nur als einen Baustein seiner Theologie, sondern als den alles zu-
    sammenhaltenden Schlußstein" (329). So erklärt sich nach Koch ein merkwürdiges
    Phänomen: Niemand hätte es im Mittelalter gewagt, Dionysius anzugreifen; aber wer
    seine Einheitslehre übernahm und weiter ausbaute, geriet in Verdacht eines häreti-
    schen Pantheismus mangels Trennung von Gott und Geschöpf. (Vgl. Koch, Au-
    gustinischer und Dionysischer Neuplatonismus). Im Unterschied zu Koch ordnet
    Theo van Velthoven Cusanus dem dionysischen, nicht dem augustinischen Neupla-
    tonismus zu (vgl. Velthoven, 48, Anm.2). Dass man ihn jedoch einer der beiden
    Richtungen – im Sinne einer Alternative vestanden – zuordnen kann, soll hier, wie
    sich noch zeigen wird, bezweifelt werden.

11 Vgl. Scheffczyk, Schöpfung und Vorsehung, 67.

Areopagiten vor allem Schöpfungslehre, (...) da die Urgottheit in ihrem eigensten Wesen einer menschlichen Theologie gar nicht erreichbar ist, sondern nur in ihren Ausgängen erkannt werden kann; andererseits aber dennoch Gott wahrhaft erkannt werden kann dadurch, dass man seine Ausgänge erkennt."[12]

In enger Anlehnung an Dionysius einerseits und an Boethius (ca. 480-524), die dritte wichtige Vermittlergestalt zwischen antiker Philosophie und mittelalterlicher Theologie, andererseits verfasst der Hoftheologe Karls des Kahlen, Johannes Eriugena (+877), zwischen 860 und 866 sein großes, jedoch zweimal (1210 und nochmals 1225) lehramtlich verurteiltes Werk Periphyseon (De divisione naturae)[13], den „bedeutendste(n) theoretische(n) Gesamtentwurf des lateinischen Westens nach Augustin."[14] Werner Beierwaltes sieht in diesem Werk den geistesgeschichtlichen Ursprung eines mittelalterlichen Ästhetik-Konzepts, das eine Erkenntnis Gottes durch die Zuwendung zu den sichtbaren Dingen ermöglicht.[15] Die hohe Bedeutung, die der Schöpfungstheologie im Mittelalter zukommt, hat daher nicht zuletzt mit Eriugenas Wirkungsgeschichte zu tun. Indem er das „nihil" der dogmatischen Formel „creatio ex nihilo", das zunächst nur die Voraussetzungslosigkeit des göttlichen Schöpfungswirkens ausdrücken sollte, als „nihil per excellentiam", also als das Nichts im Sinne des die menschliche Vernunft Überragenden, für diese nicht Begreifbaren auffasst, qualifiziert er zugleich alles Geschaffene als Selbstdarstellung des trinitarischen Gottes. Wenn nämlich das Nichts, aus dem Gott alles erschaffen hat, der trinitarische Gott selber ist, dann ist das Geschaffene folglich nichts anderes als dessen sichtbare Darstellung, Erscheinung des unsichtbaren Gottes: Theophanie. Eriugena kann den in der Heiligen Schrift ausschließlich auf erwählte und ausgegrenzte Gegenstände bezogenen Theophanie-Begriff somit auf sämtliche Geschöpfe ausdehnen und zugleich philosophisch unterfangen. Er erblickt in diesem Begriff die Möglichkeit, die gleichzeitige Imma-

---

12 Semmelroth, Gottes ausstrahlendes Licht, 481.
13 Eriugena übernimmt in seinem Hauptwerk den allumfassenden natura-Begriff des Dionysius, unter dem er alles fasst „quae sunt et quae non sunt". Das, was ist, setzt er, wie Boethius, mit dem für den menschlichen Geist Erkennbaren gleich. Was nicht ist (=nicht erkennbar ist), kann dies entweder „per defectum et privationem" oder „per excellentiam" sein.
14 Flasch, Das philosophische Denken, 173.
15 Vgl. Beierwaltes, Negati affirmatio.

nenz und Transzendenz des Schöpfers im Verhältnis zu seiner Schöpfung zu denken.[16]

Der groß angelegte Versuch Eriugenas, den Schöpfungsglauben innerhalb eines umfassenden Wirklichkeitskonzepts philosophisch zu verantworten, wirkt zugespitzt weiter bei Thierry von Chartres (+1156), in dessen Tractatus de sex dierum operibus der Inhalt des biblischen Schöpfungsberichts rein spekulativ entwickelt werden soll.[17] Thierry orientiert sich dabei stark am Timaios, der für das Mittelalter wichtigsten Schrift Platons. Sein Bemühen um ein tieferes Verständnis des Glaubens durch dessen Ausdruck in philosophischen Kategorien führt jedoch zu einem kosmologischen Entwurf, der der biblischen Einordnung des Schöpfungsgeschehens in eine umfassende heilsgeschichtliche Konzeption nicht gerecht zu werden vermag. Etwas anders sieht es bei den an Augustinus orientierten Theologen des zwölften Jahrhunderts aus: Anselm von Canterbury (+1109) und Hugo von St. Viktor (+1141) reduzieren die göttliche Offenbarung zwar nicht auf Kosmologie[18], können jedoch Schöpfungs- und Erlösungsgeschehen nicht mehr (wie noch Irenäus) als Einheit zusammendenken.[19] Vor diesem Hintergrund erscheint die Schöpfungstheologie der Hochscholastik in dreifacher Hinsicht als Höhepunkt mittelalterlichen Denkens. Leo Scheffczyk spricht von dem „imponierende(n) Versuch einer Synthese zwischen Augustinismus und Aristotelismus, zwischen Immanentismus und Transzendentalismus wie

---

16 Zu Eriugena, der im Auftrag Karls des Kahlen das Corpus Dionysiacum ins Lateinische übersetzt hat, vgl. Ansorge, Johannes Scottus Eriugena: „Die im göttlichen Wort gründende Einheit von Denken und Sein liegt der Welterkenntnis der Menschen und ihrer Verständigung über die Wirklichkeit als Möglichkeitsbedingung zugrunde. Denn als Abbild Gottes sind die Formen des menschlichen Denkens mit denjenigen Formen identisch, als welche die Welt ursprünglich im göttlichen Wort geschaffen ist. Ungekehrt treten die ursprünglichen Formen im schöpferischen Geschehen in Raum und Zeit hervor und werden so zu Seinsbestimmungen des Geschaffenen. Die Seinsbestimmungen des Seienden wiederum sind identisch mit den Kategorien als den Formen des Erkennens. So gründet im göttlichen Wort die Einheit im Denken des einzelnen Menschen, die Einheit der Welterkenntnis und die Einheit der Menschen untereinander in ihrer Verständigung über die Welt." (341).

17 Thierry gilt als wichtigster Repräsentant der sogenannten Schule von Chartres (vgl. Heinzmann, 188).

18 H. U. v. Balthasar spricht von einer „kosmologischen Reduktion" der in Christus geschichtlich ergangenen Offenbarung in der Theologie des Mittelalters und der Renaissance und meint damit die Einzeichnung des Christusereignisses in ein bestehendes Weltbild bzw. einen kosmologischen Prozess. Vgl. Balthasar, Glaubhaft ist nur Liebe.

19 Vgl. Scheffczyk, 76.

zwischen Glauben und Wissen (...), und zwar im Rahmen einer wesentlich metaphysischen Fragestellung."[20] Das im Glauben vorgegebene Verhältnis zwischen Schöpfer und Schöpfung darf weder monistisch im Sinne einer ununterschiedenen Einheit (Gefahr des Immanentismus und des neuplatonisch geprägten Augustinismus) noch dualistisch im Sinne absolut getrennter Gegensätze (Gefahr des Transzendentalismus und Aristotelismus) gedeutet werden. Die Theologie der Hochscholastik gelangt in ihren berühmtesten Vertretern, allen voran Thomas von Aquin (1225-1274), zur Einsicht in den Zusammenhang zwischen der geschaffenen Welt-Wirklichkeit als einer Vielheit oder Unterschiedenheit von Denkendem und Gedachtem und deren Grund oder Einheit als dem trinitarischen, Vielheit und Einheit zugleich umfassenden Schöpfergott.

Mit den Franziskanertheologen Johannes Duns Scotus (+1308) und Wilhelm von Ockham (+1349) schiebt sich langsam die Erkenntnisproblematik in den Vordergrund und drängt die bisherige Bedeutung der Schöpfungslehre für die Theologie zurück: Aufgrund von was kann der Mensch überhaupt sinnvolle Aussagen über das göttliche Wesen treffen? Die meisten antiken und mittelalterlichen Theologen gehen noch mit großer Selbstverständlichkeit davon aus, dass das Denken des Menschen die mit dem trinitarischen Schöpfergott identifizierte objektive Wahrheit prinzipiell erreichen kann. Der Glaube an den Schöpfergott sowohl der sichtbaren Welt als auch des menschlichen Geistes verbürgt für sie nämlich die Einheit der Wahrheit als adaequatio rei et intellectus. Dies ändert sich mit einem zunehmenden Erkenntnis-Skeptizismus. Bei Johannes Duns Scotus kündigt sich die Trennung von Metaphysik und Theologie bereits an. Er führt die Schöpfung auf den Willen Gottes zurück, identifiziert diesen aber nicht mit dem göttlichen Wesen, sondern unterscheidet zwischen den einfachen, vom göttlichen Intellekt erzeugten Urideen und den komplexen Ideen der wirklichen Dinge, die vom Willen des Schöpfers zusammengefügt werden. So vermittelt die vollkommene Ursächlichkeit des göttlichen Willens zwischen der Erkenntnis der Schöpfung einerseits und des göttlichen Wesens andererseits. Von da aus ist es jedoch nur ein konsequenter Schritt, den Wilhelm von Ockham vollzieht, indem er das Band zwischen dem Willen und dem Wesen Gottes durchtrennt. Das Verhältnis zwischen dem Schöpfer und der Schöpfung ist für ihn allein durch den Willen Gottes positiv

---

[20] Scheffzyk, 86.

gesetzt und nur im Glauben anzunehmen. Mit dieser im spätmittelalterlichen Nominalismus rapide fortschreitenden Begrenzung der
Kraft der menschlichen Vernunft zugunsten eines reinen Glaubens
(sola fide) gerät auch die Reflexion der Schöpfungsaussagen an den
Rand des Interesses. Die großen Synthesen der Hochscholastik geraten als ganze aus dem Blick zugunsten umstrittener Einzelpunkte, die
herausgegriffen und weiterentwickelt werden. Die Offenbarung Gottes in Schöpfung und Geschichte, die der Hochscholastik noch als
Ansprache des Schöpfers an sein Geschöpf, als Medium der Kommunikation zwischen Gott und Kreatur gilt, erscheint immer mehr als
ein sich der absoluten Freiheit Gottes verdankendes Faktum, dessen
reine Existenz aus sich heraus nichts über den Schöpfergott zu sagen
vermag. Wenn die Rückbindung des Denkens an seinen Grund aber
fraglich wird, richtet sich die Aufmerksamkeit zunehmend von der
(spekulativ zu ergründenden) Metaphysik auf die (empirisch wahrnehmbare) Physik der Dinge, damit allerdings zugleich auch vom
allgemeinen Wesen auf das einzelne Faktum, auf das konkrete Phänomen in seiner Einzigartigkeit. Die Entdeckung der Individualität
alles Seienden kann somit in gewisser Weise als die Kehrseite des
nominalistischen Verzichts auf Wesensaussagen gelten. Die Freiheit
des Schöpfers scheint den Nominalisten nur gewahrt werden zu können mit Hilfe der abstrakten Unterscheidung zwischen potestas dei
absoluta und potestas dei ordinata. Die göttliche Allmacht (potestas
dei absoluta) lässt sich zwar nicht an diese konkrete Schöpfung bzw.
an die menschliche Vernunft (potestas dei ordinata) binden, soll aber
keineswegs als Willkürfreiheit verstanden werden. Deshalb stellt Wilhelm von Ockham dem „Omnipotenzprinzip" das (von Cusanus
grundsätzlich hinterfragte) Prinzip der Widerspruchsfreiheit an die
Seite: Darin, dass Gott zwischen den unendlichen Möglichkeiten wi-
derspruchsfreien (=geordneten) Tuns wählen kann, liegt seine Freiheit, nicht jedoch darin, dass Gott ist, was er tut[21]. Hier werden die
Grundlagen für eine völlige Trennung zwischen Gott und Welt, Gnade und Natur, Glaube und Vernunft, Theologie und Philosophie
gelegt, wie sie sich in der Neuzeit auswirkt.

Während der Nominalismus die Einheit des menschlichen Geistes
mit dem göttlichen Grund nur noch durch den Glauben, jedoch
nicht mehr durch Erkenntnis erreichen zu können meint, strebt die
gleichzeitig sich entfaltende Mystik die Einheit von Glauben und Er-

---

[21] Vgl. Beckmann, Wilhelm von Ockham.

kennen an. Der gemeinsame Ausgangspunkt beider spätmittelalterlichen Geistesströmungen liegt in ihrem Interesse am Individuellen, Konkreten, dem menschlichen Erkennen empirisch Zugänglichen. Doch führt dieses Interesse die Mystiker nicht zu einem Verzicht auf die (empirisch nicht zugängliche) Gotteserkenntnis, sondern vielmehr zur Identifizierung Gottes mit der absoluten Einheit, die leicht pantheistisch missverstanden werden konnte und wurde. Meister Eckhart (+1327), der Hauptvertreter der deutschen Mystik, fasst die Einheit von Schöpfer und Schöpfung in den Seinsbegriff, den er sowohl auf Gott, das absolute Sein, als auch auf die Geschöpfe anwendet.[22] Durch ihre Teilhabe am Sein ist die Schöpfung zugleich mit dem Schöpfer verbunden und von ihm unterschieden.[23] Somit erscheint die Schöpfungslehre bei Meister Eckhart als auf die mystische, gleichwohl durch Erkenntnis vermittelte Einung des individuellen menschlichen Geistes mit Gott hingeordnet.[24]

3) DIE SYNTHESE DES CUSANUS

Als Nicolaus Cusanus im Jahre 1416 in Heidelberg seine Studien beginnt, die er schon bald darauf in Padua und 1425 in Köln fortsetzt, findet er das Nebeneinander mehrerer kontroverser Schulrichtungen vor. In Köln etwa stehen sich Albertisten und Nominalisten, Vertreter der an Albertus Magnus orientierten via antiqua und der via moderna unvermittelt gegenüber. Cusanus lernt über Heimericus de Campo, den Schüler der Pariser Begründers des Albertismus, Johannes de Nova Domo, die Schriften des Raimundus Lullus kennen[25], die ihn in höchstem Maße beeindrucken. Hier sieht er sich in seiner Überzeugung von der Einheit der Wahrheit bestätigt, die der menschlichen Vernunft prinzipiell zugänglich und argumentativ zu vermitteln ist. Die Wahrheit, so ist Cusanus mit dem vir phantasticus aus Mallorca überzeugt, ist nicht im exklusiven Besitz einer bestimmten Religion,

---

[22] Vgl. dazu und zur „Kongenialität" Meister Eckharts und Cusanus: Haubst, Nikolaus von Kues als Interpret, 78-83.

[23] Vgl. Kremer, Meister Eckharts Stellungnahme zum Schöpfungsgedanken, 79.

[24] Vgl. auch: Wackerzapp, Der Einfluß Meister Eckharts auf Nikolaus von Kues, ferner: Koch, Nikolaus von Kues und Meister Eckhart.

[25] Vgl. Colomer, Nikolaus von Kues und Heimeric van den Velde. Die Bedeutung des flämischen Spätscholastikers besteht in Bezug auf Cusanus vor allem darin, dass er diesem das Gedankengut des Raimundus Lullus und der Albertinisten vermittelt.

sondern sie muss mit dem sich in Jesus Christus selbst mitteilenden Gott identifiziert werden und wird von den verschiedenen Religionen und Philosophien mehr oder weniger deutlich, implizit oder explizit, bezeugt. Wenn alle Menschen ihren je verschieden geprägten Glauben in Einklang mit der allen gemeinsamen Vernunft zu bringen versuchten, würde die eine Wahrheit von allen bezeugt: nämlich die durch Jesus Christus vermittelte Einheit des Schöpfers mit seiner Schöpfung.

Die Syntheseleistung des Kardinals aus Kues besteht wesentlich darin, mittels seines Koinzidenzgedankens den Zusammenhang zwischen der Vielheit des menschlichen Denkens und des Gedachten (der Schöpfung also) einerseits und der Dreieinheit des Grundes dieser Vielheit, des Schöpfers, andererseits als letzte, umfassende Einheit, als den denkenden Geist und dessen Gedanken selbst einbeziehendes Geschehen der apparitio dei, des Erscheinens der absoluten Wahrheit, zu erfassen.

Wie eng die Frage nach dem Ursprung und der Qualität menschlicher Erkenntnis bei Nikolaus mit der Reflexion des biblisch bezeugten Schöpfungsglaubens verknüpft ist, zeigt sich äußerlich schon darin, dass sich in nahezu jeder seiner umfangreicheren Schriften sowohl Aussagen zur Schöpfungs-, als auch Aussagen zur Erkenntnisproblematik finden. Erkenntnistheoretisch besteht allerdings das Problem, wie es dem an die Endlichkeit gebundenen Geist des Menschen überhaupt möglich sein soll, eine wahre Aussage über den allem Seienden, also auch ihm selbst vorausliegenden, transzendenten Grund der gesamten Wirklichkeit zu treffen. Oder, theologisch ausgedrückt: Wie kann das Geschöpf seinen Schöpfer erkennen? Dies ist nur möglich, wenn der menschliche Geist seinen Bezug auf das Absolute als für sich selbst konstitutiv begreifen kann, wenn er sein Geschöpfsein denken kann. Kann er sich als durch das Absolute konstituiert begreifen, dann vermag er in Verbindung mit seiner Selbsterkenntnis auch sinnvolle Aussagen über den Schöpfer zu treffen, über den Schöpfer, wie er sich im Geschaffenen finden lässt.

Wenn Cusanus, um diesen Gedanken zu entwickeln, weit hinter den Nominalismus zurückgreift auf die durch Pseudo-Dionysius Areopagita[26] und den Übersetzer des Corpus Dionysiacum, Johannes

---

26 Beierwaltes weist darauf hin, dass „Dionysius zwar im 13. Jahrhundert noch eine sachlich bedeutende Rolle für die philosophische Theologie spielte, seine Präsenz jedoch im 14. Jahrhundert aufgrund einer charakteristischen Interessen-

Eriugena, begründete Tradition symbolischer Theologie, und wenn sein Theophaniekonzept in besonderer Nähe zu Eriugena steht[27], dann handelt es sich keineswegs um bloße Restauration. Vielmehr entdeckt Cusanus in Auseinandersetzung mit dem der menschlichen Erkenntnisfähigkeit skeptisch gegenüberstehenden Nominalismus und in Auseinandersetzung mit dem den Symbolwert des Seienden einschränkenden Aristotelismus die Tragweite des Gedankens, dass „der Offenbarungscharakter der Kreatur erst dann (aufgeht), wenn das Unvermögen begrifflicher Spekulation im Hinblick auf Gott in seiner letzten Konsequenz eingelöst" und Theophanie „als positive Gestalt dessen, was die negative Theologie als Ergebnis zutage fördert", begriffen wird: als „negati affirmatio".[28] Der Theophanie-Gedanke ergibt sich gewissermaßen als Konsequenz aus der Einsicht in die Unerkennbarkeit Gottes einerseits und in die gleichzeitige Notwendigkeit von dessen Erkennbarkeit andererseits. Indem Cusanus nicht die Voraussetzungen menschlichen Erkennens den Grenzen menschlichen Erkennens unterwirft, sondern umgekehrt die Grenzen aus den Voraussetzungen erklärt, gelingt ihm eine Synthese zwischen traditioneller Schöpfungstheologie und erkenntniskritischen Ansätzen der Nominalisten, zu der Hans Blumenberg bemerkt: „Es hätte daraus, historisch wirklich ernst genommen, eine Theologie der Neuzeit werden können, eine Theologie, die den Menschen für voll genommen hätte, weil sie von der Überzeugung durchdrungen gewesen wäre, dass Gott ihn für voll nimmt."[29]

Ähnlich bemerkt auch Leo Scheffczyk: „Während der Nominalismus und die Mystik trotz wesentlicher inhaltlicher Unterschiede doch in der Tendenz übereinkommen, den alten scholastischen Idealismus in der Deutung des Gott-Welt-Verhältnisses zu überwinden, sei es durch einen kritischen Empirismus, sei es durch einen mystischen Realismus, beide aber dabei in die Gefahr geraten, die Einheit des mittelalterlichen Weltbildes aufzugeben, findet sich am Ausgang des

Verlagerung wesentlich zurückging." Beierwaltes, Platonismus im Mittelalter, 132, Anm.5.

[27] Beierwaltes weist in seinem Buch „Eriugena redivivus" (311-343) nach, dass das Cusanische Schöpfungsdenken deutlich auf die Grundbewegung von Eriugenas Periphyseon gestützt ist: Gott ist wesentlich Schöpfer (sein Schaffen ist ihm nicht äußerlich); die Schöpfung ist Theophanie; der Schöpfer ist zugleich Ziel der Schöpfung.

[28] Vgl. Hoeps, 179.

[29] Nicolaus von Cues, Die Kunst der Vermutung. Auswahl aus den Schriften, besorgt u. eingeleitet von Hans Blumenberg, Bremen, 1957.

späten Mittelalters ein bemerkenswerter Versuch, diese Einheit aus
einem neuen Welt- und Lebensgefühl heraus zu begründen. Diesen
Versuch unternimmt Nikolaus von Kues. (...) Dieser Versuch war trotz
der Ablehnung der scholastischen Metaphysik und ihres Formalismus
geeignet, die Einheit des mittelalterlichen Weltbildes und seines Gott-
Welt-Verhältnisses vor der nominalistischen Auflösung zu schützen
und sie für die Neuzeit zu retten. Die Kraft, mit der hier (...) die Welt
als der Deus creatus und der Mensch als humanatus Deus aufgewertet
und die Kreatürlichkeit geadelt wurden, hätte auch den negativen
Tendenzen des neuaufkommenden Welt- und Menschenbildes be-
gegnen können. Aber dieser Erfolg war dem Schöpfungsdenken des
Kusaners, der von den Scholastikern bekämpft und von den Humanisten wenig verstanden wurde, nicht beschieden."[30]
    Die neuere Forschung hat zwar die These von der völligen Verges-
senheit des Cusanus im 17. und 18. Jahrhundert und seiner Wieder-
entdeckung im 19. Jahrhundert widerlegt[31], kommt jedoch nicht um-
hin, diese Vergessenheit auf theologischem Terrain weiterhin zu
konstatieren[32]. Über die Gründe dafür ist schon viel spekuliert worden. Man hat auf die Kompliziertheit des Cusanischen Denkens, auf
die Unverständlichkeit seines Lateins und – vielleicht mit der größten
Berechtigung – auf die Kühnheit seiner Formulierungen verwiesen.
Hans Gerhard Senger hält diese Erklärungsversuche jedoch für zu
oberflächlich und sieht stattdessen „in der Denkweise selbst, der
Schulen fremdblieben"[33], die Ursache für den mangelnden Einfluss
dieses Denkens auf die Theologie. Wie auch immer diese Einschät-
zung zu beurteilen ist, es bleibt festzustellen, dass Cusanus de facto
keine Gelegenheit hatte, eine „Schule" zu bilden. Ob er eine solche
Gelegenheit nie gesucht oder aber gesucht und nicht gefunden hat,
ist nicht mit Sicherheit zu beantworten. Angesichts seiner (über litur-
gisch verwertbare Predigtentwürfe weit hinausgehenden) literarischen Produktivität könnte man geneigt sein, die Frage im letzteren
Sinne zu entscheiden. Wo keine Schule entsteht, wird eine Lehre

---

[30] Scheffczyk, Schöpfung und Vorsehung, 104f.
[31] Vgl. Meier-Oeser, Die Präsenz des Vergessenen.
[32] Vgl. Senger, Überlegungen zur Wirkungsgeschichte, 281-283. Lediglich die 1630 ins
    Französische und 1646 ins Englische übertragene Schrift De visione dei und De pace
    fidei sind theologisch rezipiert worden, haben jedoch auf zentrale dogmatische
    Probleme der Folgezeit, etwa auf die Christologie, die Gnaden- und Rechtfertigungs-
    lehre auch nicht eingewirkt.
[33] Senger, Überlegungen zur Wirkungsgeschichte, 273.

weder systematisch weitertradiert, noch produktiv oder auch kritisch fortentwickelt. Die Tatsache, dass Cusanus auch auf den zeitgenössischen italienischen Humanismus – trotz seiner persönlichen Kontakte zu bedeutenden Repräsentanten desselben – nicht tiefer eingewirkt hat, erklärt Michael Seidlmayer mit der inneren Distanz zwischen dem Denken des Kardinals und dem der Humanisten. Diese Distanz lasse sich, so Seidlmayer, besonders an dem für die beginnende Neuzeit so wichtigen Motiv der Einmaligkeit des Einzelnen aufzeigen. Gehe es den Humanisten dabei vornehmlich um einen ethischen oder ästhetischen Individualismus, so sei der – scheinbar ähnliche – Singularitätsgedanke des Cusanus ungleich tiefgründiger, nämlich metaphysisch verankert. Dieser Ansatz führe zwar, äußerlich betrachtet, zu Annäherungen an die neue italienische Geistesströmung, zugleich jedoch zu Konsequenzen, die einem im Wesentlichen immanent bleibenden Weltverständnis fremd sein müssen.[34].

Es sind somit sowohl inhaltliche als auch geschichtliche Gründe dafür geltend zu machen, dass dem Cusanischen Denken eine unmittelbare Wirkung auf die Folgezeit versagt blieb. Selbst Hegel und Rahner, deren Denken dem des Cusanus in mancher Hinsicht sehr nahe steht, lassen keine genauere Kenntnis des Cusanus erkennen. Dies ist weder damit zu erklären, dass sie ihn nicht verstanden hätten, noch damit, dass sie ihm keine Bedeutung beigemessen hätten. Wäre Karl Rahner dem Cusanus von frühester Studienzeit an so begegnet wie dem Aquinaten, hätte er seine eigenen Gedanken vielleicht stärker zu diesem in Beziehung gesetzt.

4) VON DER EINHEIT DER WAHRHEIT ZUR NEUZEITLICHEN TRENNUNG VON PHILOSOPHIE UND THEOLOGIE

Dass die Schöpfungstheologie der Folgezeit das Niveau des Cusanischen Entwurfs kaum mehr erreicht, dass der „Knoten" seiner Synthe-

---

[34] Seidlmayer stellt zusammenfassend fest: „Jene allgemeine ‚Wahlverwandtschaft‘ zwischen Nikolaus von Cues und dem Gesamthumanismus seiner Zeit reicht nicht aus, um sie sich gegenseitig irgendwie intensiver durchdringen zu lassen. Eine solche tiefergehende Berührung zwischen beiden hätte das Werk des Cusanus wohl noch in einigem befruchten und ausweiten können, sie hätte aber vor allem die humanistische Bewegung unter einen anderen – einen günstigeren, zukunftsstärkeren – Stern gestellt." (Nikolaus von Cues, 37).

se nicht zu halten vermag[35], hat mehrere Gründe. Der Schöpfungsglaube der christlichen Tradition wird am Übergang des Spätmittelalters in die Neuzeit wie kein anderer Glaubensartikel auf die Probe gestellt. Existentielle Bedrohungen durch Missernten, Hungersnöte und Pest bestimmen das Bild, außerdem die Erfahrung des abendländischen Schismas, der politischen Instabilität und des Hundertjährigen Krieges zwischen Frankreich und England. Neben diesen die Schönheit und Ordnung der Schöpfung aufs Äußerste in Frage stellenden Phänomenen gelingen andererseits großartige und weitreichende menschliche Leistungen. Die Entdeckung Amerikas verschiebt das Zentrum der Erde, die Entdeckung des Heliozentrismus das Zentrum des Universums, die Entdeckung der Perspektive in der Kunst drängt das betrachtete Objekt zugunsten des betrachtenden Subjekts aus dem Mittelpunkt.

Das die Neuzeit eröffnende Zeitalter der Renaissance und des Humanismus ist somit durch eine Ambivalenz gekennzeichnet. Es ist die Ambivalenz zwischen menschlichem Können und menschlicher Ohnmacht, zwischen Autonomie und Heteronomie, zwischen einem Anwachsen der Fülle und der Macht menschlichen Wissens einerseits und dem zunehmenden Gefühl der Bedrohung und des Ausgeliefertseins im unendlichen Kosmos andererseits. Der Mensch sieht sich auf bisher nicht gekannte Weise mit der Unendlichkeit konfrontiert. Hanna-Barbara Gerl spricht von einer neuen Art des Wissens, das im Nominalismus vorbereitet wird und in der Renaissance zur Entfaltung kommt.[36] Es ist ein Wissen, das sich zwischen dem menschlichen Geist

---

35 Hans Urs von Balthasar urteilt in Bezug auf Cusanus, der „mit mächtiger Hand die Fäden der großen abendländischen Überlieferung – Griechentum und Christentum, Vergangenheit und Zukunft – zu einem Knoten" zusammengeschnürt hat, „dass ein letztes Mal im katholischen Raum – vielleicht bis zu dem neuen andersartigen Ansatz von Blondels ‚Action' – die Grundartikulationen der historischen Offenbarung eingefasst bleiben im Rahmen der Paradoxie der Analogia Entis." (Herrlichkeit III/1 Teil 2, 556-558).

36 Hanna-Barbara Gerl-Falkovitz (Einführung in die Philosophie der Renaissance) erblickt ein wichtiges Kriterium der von Cusanus unmittelbar vorbereiteten neuen Epoche im „Charakter des Wissens" selbst: „Allgemein lässt sich der Wandel so kennzeichnen, dass das theoretische Wissen nicht mehr bloß ein wiedererkennendes, das Vorfindliche spiegelndes oder spekulatives ist, das also den Gegenstand der Erkenntnis nicht verändern will und auf ein möglichst adäquates Erfassen des verum zielt – verum hier als eine Bestimmung des Seienden gefaßt. In der Renaissance beginnt vielmehr der Versuch, Welt im Wissen und im daraus folgenden Handeln als Gegen-stand menschlicher Verfügung zu begreifen. Diese Verfügung hat ihre bestimmende, sinngebende Mitte im Menschen selbst, ja muß sie notgedrungen darin

und der empirischen Welt entfaltet, für das der Bezug auf Gott jedoch nicht mehr konstitutiv ist. Das Bewusstsein der qualitativ und quantitativ sich steigernden Macht des alles erforschenden Menschen und der Zusammenbruch des mittelalterlichen Weltbildes vermögen mit der Theologie nicht mehr vermittelt zu werden. Eine deutliche Emanzipierung der anderen Wissenschaften von dieser, Kritik an der biblischen Offenbarung und die Einebnung des Schöpfungsglaubens in das Naturverständnis sind die Folgen dieser Entwicklung, die den Beginn der Neuzeit prägen.

Die Reformatoren treten der Auflösung des tradierten Glaubens zwar im Namen der Heiligen Schrift entgegen, teilen jedoch mit den Vertretern der sogenannten via moderna durchaus die Hinwendung zur Empirie und die Abwendung von der Metaphysik, die Hinkehr zur konkreten Erfahrung des einzelnen Subjekts, zum Individuellen und zur Anthropologie. Die Schöpfungslehre nimmt in der Theologie Martin Luthers (1483-1546) im Vergleich zur Sünden-, Gnaden- und Rechtfertigungsproblematik (dem articulus stantis et cadentis ecclesiae) einen eher unbedeutenden Platz ein. Luther neigt zu einer voluntaristischen Allmachtsauffassung und beschreibt die Geschöpfe in deren Nichtigkeit als „Larven" Gottes, die den Schöpfer nicht widerstrahlen, sondern im Gegenteil: verbergen.[37] Um der Gottheit Gottes willen muss die Schöpfung nicht auf-, sondern abgewertet

---

finden. Denn unbestritten hat hier der theologisch unterbaute erkenntnistheoretische Skeptizismus des Nominalismus, aus dem die Renaissance herauswächst, eine nur das Einzelne und den Einzelnen betreffende Erkenntnis zugelassen, er hat eine für immer gültige, objektive Erkenntnis des Ganzen verweigert und damit den Entwurf subjektiver Weltdeutung herausgefordert. Was aber im Nominalismus als Mangellösung (nämlich als Rückzug auf Subjektivität) verstanden wurde, wird bezeichnenderweise in der Renaissance, und zwar schon seit Cusanus, als positive Möglichkeit herausgearbeitet." (34f.). Dies., Von der Verborgenheit Gottes: Das „Ineinssetzen von Einheit und Unendlichkeit ist der Cusanus aus den alten Weltbildern und Denksystemen hinauskatapultierende Schritt." Allerdings kann das Unendliche „nicht vom Vernunftdenken ermessen werden, weil es selbst das Maß des Vernunftdenkens ist." Aber „gerade dieses Wissen von Grenze ermöglicht den neuen Typus des Denkens: (...) Denken wird Messen (...), Anmessen an den selbst gesetzten Maßpunkt. (...) Damit begründet Cusanus den neuzeitlichen Entwurf der Subjektivität: Sie erfährt das Unendliche, Absolute als Grenze und als das Andere ihrer selbst, aber gerade kraft dessen kann sie im Endlichen mensurierend und sich selbst als Maß setzend denken." (317f.).

[37] Vgl. Löfgren, 87, Anm.52: „Gerade Gottes Gegenwart in der Schöpfung macht diese gut und begehrenswert, doch muss man zwischen dem Geschaffenen und dem Schöpfer, zwischen Gottes Larven und Gott selbst unterscheiden und nicht das Geschaffene, sondern den Schöpfer anbeten und ehren."

werden. Das aus dem natürlichen Wissen des Menschen um die Existenz Gottes sich ergebende Verlangen nach einer tieferen Gotteserkenntnis steht für Luther demgemäß bereits unter der Macht der Sünde. Er sieht darin den Wunsch des Sünders wirksam, eigenmächtig mit Gott in Verbindung zu treten.

Auf katholischer Seite findet sowohl bezüglich der Schöpfungstheologie als auch bezüglich der Auffassung über die Möglichkeiten menschlicher Gotteserkenntnis weder eine Erwiderung, noch ein Aufgreifen und Fortführen der zum Teil durchaus wertvollen biblischen und christozentrischen Neuansätze der Reformation statt.[38] Kardinal Robert Bellarmin (1542-1621) trägt zwar in der pastoral – spirituell ausgerichteten Schrift „De ascensione mentis in deum per scalas rerum creatarum" eine Schöpfungsdeutung im Sinne von Weish 13,5[39] vor, liefert jedoch keine metaphysische Begründung für seine symbolische Sichtweise.[40] Während das Schöpfungsthema bei Franz Suarez (1548-1617), dem wichtigsten Vertreter der Barockscholastik, wieder eine größere Rolle spielt[41], werden im 17. und 18. Jahrhundert verschiedene philosophische Kosmologien entwickelt, die der biblischen Offenbarung aber mehr oder weniger unvereinbar entgegenstehen. Hier ist vor allem an Benedictus de Spinoza (1632-1677) zu denken. Ähnliches gilt für das durch Christian Wolff (1679-1754) repräsentierte mechanistische Weltbild der Aufklärung.[42] Hier zeigt sich überdies: Nicht nur die Philosophie, auch die Naturwissenschaft entwickelt sich neben der Theologie her. Die Theologie ist vor allem durch eine enge Apologetik, durch ihre Verschlossenheit ge-

---

[38] Scheffczyk weist darauf hin, dass auf dem Trienter Konzil bezeichnenderweise keine Bestimmungen zur Schöpfungslehre getroffen wurden (vgl. Scheffczyk, 109f.).

[39] Weish 13,5: „...denn von der Größe und Schönheit der Geschöpfe lässt sich auf ihren Schöpfer schließen."

[40] Vgl. Petri, Glaube und Gotteserkenntnis, 73f.

[41] Suarez fasst die scholastische Auffassung zusammen und vertieft einzelne Probleme, ohne allerdings das Gespräch mit den geistigen Strömungen der neuen Zeit aufzunehmen.

[42] Mit seinem mechanistisch-deterministischen Weltverständnis, das in der Welt „gleichsam eine Maschine" erblickt, mit seinem Bild von Gott als dem Konstruktor des Alls, mit seiner Auffassung von der lückenlosen Kausalität und universalen Finalität des überdimensionierten Uhrwerks der Schöpfung hat Wolff „alle Elemente des biblisch-geschichtlichen Schöpfungsverständnisses einer konstruierenden Metaphysik geopfert, die aber im Unterschied zur scholastischen nicht mehr theologisch ist (im Sinne der Unterstellung unter die Idee eines persönlichen Gottes), sondern rein rational (im Sinne der Ableitung aus einer sich autonom begreifenden Vernunft) geprägt ist." (Scheffczyk, 122f.).

genüber anderen Disziplinen und durch das Bemühen um eine möglichst wörtliche Auslegung der biblischen Schöpfungsberichte charakterisiert. Der neuzeitliche Naturbegriff führt dazu, dass die Geschöpfe als in sich abgeschlossene Wesenheiten erscheinen, deren Herkunft von und Hinordnung auf Gott nur durch übernatürliche Offenbarung (und das heißt: gerade nicht schon durch die Schöpfung als solche) erkannt werden können.

Die Einsicht Immanuel Kants (1724-1800) in den konstruktiven Charakter unseres Denkens stürzt die Schöpfungslehre und damit eine theologisch legitimierte Erkenntnislehre endgültig in die Krise. Im 19. Jahrhundert sind vor allem zwei entgegengesetzte Reaktionen darauf zu konstatieren. Entweder man übernimmt das Objektivitätsideal und strenge Kausalprinzip der klassischen Naturwissenschaft und entwickelt mit dessen Hilfe apologetische Konzepte, oder man verweist – wie Friedrich Schleiermacher (1768-1834) – auf das fromme Selbstbewusstsein und deutet den Schöpfungsglauben als Ausdruck des „Gefühls der schlechthinnigen Abhängigkeit.“[43]

Die spekulativen Schöpfungsdeutungen Friedrich Wilhelm von Schellings (1775-1854), Georg Wilhelm Friedrich Hegels (1770-1831) oder Franz von Baaders (1765-1841) werden nur vereinzelt, etwa in der Tübinger Schule aufgegriffen[44], ohne aber unmittelbar zu einem wirksamen Neuansatz zu führen. Die Thesen, die Karl Marx (1818-1883) zur Geschichtsphilosophie und Charles Darwin (1809-1882) zur Evolutionstheorie aufstellen, bilden den Hintergrund für die schöpfungstheologischen Äußerungen des Ersten Vatikanischen Konzils. Gegen die von Marx' Einfluss ausgehende Gefahr eines deistischen und die von Darwins Einfluss ausgehende Gefahr eines pan(-en-)theistischen Schöpfungsverständnisses betont das Konzil die Freiheit und Souveränität des Schöpfers, die wesentliche Verschiedenheit von Gott und Welt und die göttliche Güte als Motiv für die Schöpfung.[45] Bezüglich einer Überwindung der mit dem neuscholastischen Zwei-Stockwerke-Denken verbundenen Dissoziation zwischen Philosophie und Theologie sendet es allerdings keine neuen Impulse aus.

Erst im 20. Jahrhundert eröffnet sich wieder die Möglichkeit einer integralen theologischen Konzeption. Karl Rahner entwickelt seine Theologie des Symbols und Hans Urs von Balthasar sein Gestaltkon-

---

[43] Vgl. Hübner, Art. Naturwissenschaft und Theologie, Sp.648-649.
[44] Vgl. Köhler, Art. Schöpfung, Sp.1409; ders., Nikolaus von Kues in der Tübinger Schule.
[45] Vgl. Ganoczy, Schöpfungslehre, 423-425.

zept. Beide Entwürfe verfolgen erneut, vielleicht erstmals seit Nicolaus Cusanus[46], wieder die Absicht, das Ganze der Theologie in den Blick zu nehmen, Protologie, Christologie, Soteriologie und Eschatologie mit der Erkenntnislehre pneumatologisch zu vermitteln und in ihrem inneren Zusammenhang zu begreifen.[47]

[46] In verschiedenen Zusammenhängen wurde schon der Versuch unternommen, Ähnlichkeiten zwischen dem Renaissance-Kardinal und der modernen Theologie aufzudecken. Erwähnt seien die christologischen Parallelen zum Denken Karl Rahners, auf die der Cusanus – Forscher Rudolf Haubst hingewiesen hat (Streifzüge in die Cusanische Theologie, 355-363). Verwiesen sei auch auf die Studie von Alfred Kaiser zu „Möglichkeiten und Grenzen einer Christologie von unten" (Piet Schoonenberg - Cusanus), ferner auf die Nähe zu Teilhard de Chardin, der Stefan Schneider in seiner Studie mit dem Titel „Die kosmische Größe Christi als Ermöglichung seiner universalen Heilswirksamkeit" nachgegangen ist.

[47] Hans Urs von Balthasar bezeichnet das Verhältnis zwischen Einheit und Vielheit mit dem Gestaltbegriff. Gestalt besagt die Einfaltung des Vielen zu einem Konkreten. Ausdrücklich rekurriert Balthasar auf Cusanus, wenn er Gestalt definiert als eine „in sich stehende begrenzte Ganzheit von Teilen und Elementen, die doch zu ihrem Bestand nicht nur einer Umwelt, sondern schließlich des Seins im Ganzen bedarf und in diesem Bedürfen eine (wie Cusanus sagt) kontrakte Darstellung des Absoluten ist, sofern auch sie auf ihrem eingeschränkten Feld seine Teile als Glieder übersteigt und beherrscht." (Herrlichkeit III/I Teil 1, 30.) Die in der „Herrlichkeitsgestalt" Jesu Christi als dem universale concretissimum zentrierte Theologie von Balthasars weist – nicht nur terminologisch – ebenso auf den Renaissance-Kardinal zurück wie die Symboltheorie Karl Rahners (vgl. Rahner, Zur Theologie des Symbols). Jedes Seiende, so Rahner, drückt sich im anderen aus, um es selbst zu sein. Die zur Wesenskonstitution notwendige Symbolizität alles Seienden bedeutet auf das Verhältnis des Einen zum Pluralen übertragen: Das Viele kann nur begriffen werden in Relation zu der Einheit, als deren Ausdruck oder Symbol es sich von ihr unterscheidet. Wenn sich jedoch Vielheit und Einheit nicht nur nicht widersprechen, wie dies im griechischen Denken der Fall ist, sondern notwendig aufeinander verwiesen sind, dann muss das Eine, soll es der Welt nicht bedürfen, plural sein. Auch wenn sich bei Nikolaus von Kues ebensowenig wie in der ihm voraufgehenden Tradition eine ausgearbeitete Symbollehre findet, so weisen seine Ausführungen über den durch den Begriff contractio vermittelten denknotwendigen Zusammenhang alles Einzelnen (universum) dennoch deutlich auf einen für das christliche Denken zentralen Traditionsstrang hin, der die Einbeziehung der gesamten Wirklichkeit in die Theologie (nämlich als Symbol) ermöglicht.

5) ZUR VORLIEGENDEN UNTERSUCHUNG

a) Zum inhaltlichen Vorgehen

Die zentrale Intention des Cusanus besteht darin, den Inhalt des christlichen Glaubens – allem voran das Trinitäts-, Schöpfungs- und Inkarnationsgeheimnis – als vor der menschlichen Vernunft verantwortbar, ja sogar als für diese denknotwendig zu erweisen. Einführend wurde bereits angedeutet, wie dieses Thema sich durch die gesamte Theologiegeschichte hindurchzieht. Die Reflexion des Verhältnisses von Glauben und Denken war und ist immer ein Hauptthema der Theologie, wobei der Cusanischen Lösung dieses Problems jedoch eine herausragende Position innerhalb der Geschichte zukommt.

Um diese Position zu verstehen, muss im ersten Kapitel unserer Untersuchung zunächst nach dem Ansatz gefragt werden, von dem das Cusanische Denken ausgeht. Dabei kommt der menschliche Geist in den Blick, der sich in seiner Selbstreflexion als lebendiges Bild des göttlichen Geistes erkennt, als Ort der Erscheinung Gottes (apparitio dei). Hier zeigt sich dann bereits die im Begriff apparitio dei zum Ausdruck gebrachte Verklammerung von Schöpfungs- und Erkenntnislehre, die die Genialität der Cusanischen Theologie eigentlich ausmacht. Im Erkennen des menschlichen Geistes erscheint Gott als der Schöpfer. Das Verhältnis von Glauben und Denken stellt sich dar im Verhältnis von Schöpfungs- und Erkenntnislehre. Beide verhalten sich zueinander wie die zwei Seiten einer Medaille, nämlich der Selbst-Offenbarung Gottes.

Im zweiten Kapitel wird nach den in der Schöpfungslehre implizierten theologischen Voraussetzungen gefragt: Wie muss Gott gedacht werden, wenn er absolut und zugleich Schöpfer der Welt sein soll? (1). Wie muss die Schöpfung gedacht werden, wenn sie sie selbst und zugleich abhängig von ihrem Schöpfer sein soll? (2). Und schließlich: Wie kann die Einheit von Schöpfer und Schöpfung gedacht werden, wenn der Schöpfer Schöpfer und die Schöpfung Schöpfung, wenn Schöpfer und Schöpfung also unterschieden bleiben sollen? (3). Es wird sich in diesem Zusammenhang zeigen, dass die Trinitätslehre und die Christologie von der Schöpfungslehre her bzw. auf diese hin konzipiert sind.

Im dritten Kapitel wird dann die Schöpfungslehre selbst ausführlich entfaltet. Die entscheidende Frage lautet hier: Wie kann aus dem unendlichen Gott die endliche Schöpfung hervorgehen? Auch wenn der allem Erkennen vorgängige göttliche Schöpfungsakt dem Menschen letztlich unzugänglich bleibt, so ist doch das Verstehen der Schöpferkunst Gottes die Voraussetzung für das Verstehen der aus ihr hervorgehenden Werke, der Geschöpfe. Die Lösung dieses Dilemmas liegt im Cusanischen Verständnis des menschlichen Geistes. Weil der Geist lebendiges Bild Gottes ist, kann das Wirken des göttlichen Geistes aus dem Wirken des menschlichen Geistes zumindest analog erkannt werden.

Im vierten Kapitel kann dann das, was über die Cusanische Erkenntnislehre, die Möglichkeiten der Gotteserkenntnis des menschlichen Geistes, im ersten Kapitel ausgeführt wurde, auf dem Boden der Schöpfungstheologie konkretisiert werden. Wenn die Schöpfung, wie im dritten Kapitel dargelegt, als Selbst-Offenbarung und Manifestation des dreieinen Gottes verstanden wird, dann steigt der menschliche Geist durch die Erkenntnis der sichtbaren Welt zur Erkenntnis ihres unsichtbaren, göttlichen Grundes auf. Diesen Aufstieg beschreibt Cusanus vielfach und in immer neuen „Anläufen". Die Schrift De venatione sapientiae kann als Zusammenfassung aller „Anläufe" verstanden werden, die Cusanus zur tieferen Erkenntnis des göttlichen Wesens unternimmt. Daher orientieren wir uns im vierten Kapitel an der Gliederung dieser Schrift in „zehn Felder der Weisheitsjagd".

b) Zum methodischen Vorgehen

Da das Denken des Cusanus von Anfang bis Ende in Bewegung auf ein stets präziseres Erfassen des Erkannten hin ist, lässt sich für unser Thema keine chronologische Eingrenzung der Quellentexte sinnvoll rechtfertigen.[48] Manche zentrale Begriffe finden sich schon in den frühen Schriften, erscheinen aber in den späteren geschärft und in neuem Licht. Andere Begriffe werden erst später neu eingeführt und bringen „alte" Fragestellungen neu zur Geltung. Insbesondere die Schöpfungs- und Erkenntnisproblematik ist jedoch allgegenwärtig.

---

[48] Martin Thurner charakterisiert das Denken des Cusanus sehr zutreffend als immer wieder neu ansetzende Bewegung einer Annäherung an die unbegreifbare Wahrheit. Es findet „seinen tieferen Grund in einem unaufhörlichen Ausschöpfen des unerschöpflichen Überflusses des göttlichen Freudenlebens (und kann daher) nicht in der Entwicklung neuer Inhalte, Bewusstseinsstufen oder Denkfähigkeiten sein letztes Ziel erreichen, sondern in potentiell unendlichen, immer neu begangenen und stets wieder zu relativierenden Denkwegen das göttliche Leben affektiv verkosten." Thurner, Rez. zu Schwaetzer, 353.

Wir bemühen uns hier um einen „Mittelweg" zwischen dem radikal historisch-genetisch orientierten Ansatz, wonach nicht nur verschiedene Epochen im Cusanischen Denken zu unterscheiden sind, sondern, streng genommen, sogar jede einzelne seiner Schriften nur in sich selbst und aus sich selbst interpretiert werden darf, und dem von einem systematischen Interesse geleiteten Ansatz, wonach das Gesamtwerk auf bestimmte Fragen und Probleme hin zu untersuchen ist. Dass beide Ansätze ihre Berechtigung haben, zeigt sich schon darin, dass man bei Cusanus beides findet: bestätigende Verweise auf seine früher geäußerten Gedanken und selbstkritisch-korrigierende Reflexionen über zurückliegende Einsichten. Beide Interpretationsansätze müssen daher zum Zuge kommen, wobei in der vorliegenden Studie unser leitendes Interesse auf systematischem Gebiet liegt.

Neben dem dynamischen Charakter seines Denkens ist eine ausgeprägte – für heutige Theologen übrigens vorbildliche – Einheit von Theologie und Verkündigung bei Cusanus zu konstatieren. Der Übergang zwischen kürzeren Sermones (Predigten) und längeren Abhandlungen ist fließend (vgl. etwa De aequalitate oder De principio).[49] Für unsere Arbeit bedeutet dies, dass auch eine eindeutige Eingrenzung auf Schriften oder Sermones bzw. sonstige Texte nicht möglich ist, wenngleich der Schwerpunkt der hier interpretierten Texte deutlich auf den Schriften liegt. Eine Durchsicht der Sermones hat gezeigt, dass deren eingehendere Interpretation den Rahmen der vorliegenden Arbeit sprengen würde. Es ließen sich daran zwar weitere interessante Fragen, die sich im Zusammenhang mit unserem Thema stellen, erörtern, jedoch ergäbe sich für die hier durchgeführte These zum apparitio dei – Gedanken durch eine intensivere Berücksichtigung der Sermones keine Änderungen. Daher beschränken wir uns auf die Heranziehung ausgewählter, für unser Thema wichtiger Stellen und verzichten auf eine systematische Auswertung des umfangreichen und erst teilweise edierten Predigtmaterials.

Die einschlägige Literatur wird berücksichtigt und – zumeist in den Anmerkungen – angeführt. Im ersten Kapitel werden die Ergebnisse der bisherigen, schon sehr weit gediehenen Erforschung der Cusanischen Erkenntnislehre, soweit sie für uns von Belang sind, ausführlicher referiert. Demgegenüber sind die Beiträge der Sekundärliteratur, die explizit die Schöpfungstheologie des Kardinals thematisieren, deutlich seltener. Cusanus selbst wird in aller Regel, wie üblich, nach

---

[49] Vgl. auch Reinhardt, Nikolaus von Kues in der Geschichte, 55.

der Heidelberger Ausgabe zitiert. Die dort bisher noch nicht erschie-
nenen Sermones wurden mir dankenswerterweise vom Cusanus Insti-
tut in der Transskription von Frau Renate Steiger, die nicht unbedingt identisch sein muss mit dem endgültigen Text, zur Verfügung
gestellt. Sie werden in der neuen Zählung (nach Haubst) und zusätz-
lich in der alten (nach Koch) zitiert. Sämtliche Übersetzungen ins
Deutsche sind, wenn nicht anders angegeben, den „Schriften des
Nikolaus von Kues in deutscher Übersetzung" entnommen oder vom
Verfasser selbst angefertigt.

Kapitel I:
Der Ausgangspunkt des Cusanischen Denkens

Nicolaus Cusanus, der wohl zu Recht als der größte Gelehrte seines Jahrhunderts gilt, hat weder eine theologische Schule begründet, noch hat er jemals akademische Vorlesungen gehalten. Einen Ruf an die Universität nach Löwen – auf den Lehrstuhl für kanonisches Recht allerdings – lehnte er zweimal ab[50], so dass er nie veranlasst war, seine Gedanken zusammenhängend zu dozieren. Er hat seine Theologie entweder in Sermones „verpackt" oder in einzelnen Abhandlungen, Briefen und Gesprächsprotokollen niedergelegt[51], wie seine Tätigkeit als Sekretär und Konzilsteilnehmer, als Seelsorger, Bischof von Brixen und päpstlicher Legat es ihm gerade erlaubte. Von daher beeinflusst die jeweilige Situation ebenso wie der Adressat und die Gelegenheit, zu der die entsprechende Schrift verfasst wurde, deren Ausgangspunkt, die äußere Form, die Thematik, den Gedankengang und die Ausführlichkeit.

Eine systematische Deutung seiner Gedanken hat somit zunächst ausdrücklich nach dem Ansatz zu fragen, der in den vielfältigen Denkbewegungen und „Streifzügen" des Cusanus anvisiert ist. Dabei stellt sich zugleich die Frage, ob dieser Ansatzpunkt stets derselbe bleibt oder aber einer Entwicklung unterliegt. Verschiedene Forschungsberichte und -überblicke, die versuchen, eine gewisse Ordnung in die inzwischen unübersichtlich werdende Literaturfülle zur

---

[50] Vgl. Meuthen, Skizze einer Biographie, 25.

[51] Borsche unterteilt die in der Heidelberger Gesamtausgabe seit 1932 kritisch edierten bzw. zur Edition vorgesehenen theologisch-philosophischen Werke in 12 Abhandlungen, 12 Dialoge, 6 adressierte Meditationen, 11 kleine Schriften exegetischen, theologischen und kirchenrechtlichen Inhalts, 9 Schriften mathematischen Inhalts und fast 300 Sermones. Borsche kommt zu dem Ergebnis, dass die Dialogform dem Cusanischen Denken zwar in besonderer Weise angemessen, jedoch nicht konstitutiv sei. Borsche unterscheidet Aristotelisches Denken, das tendenziell monologisch (auf die Fixierung der Wahrheit in Begriffen ausgerichtet) und Platonisches Denken, das tendenziell dialogisch (auf die Vermittlung der Wahrheit an einen Adressaten ausgerichtet) ist. Vgl. Borsche, Der Dialog, 408-410.

Cusanus-Interpretation zu bringen[52], zeigen deutlich, wie wichtig eine Klärung der grundsätzlichen Frage nach dem Ausgangspunkt seines Denkens ist, da in deren je unterschiedlicher Beantwortung zumeist der Grund für das breite Spektrum differierender Cusanus-Deutungen liegt[53].

1) DAS PHÄNOMEN DES GEISTES ALS ORT DER ERFAHRUNG DER GLEICHZEITIGEN ANWESENHEIT UND ABWESENHEIT DER WAHRHEIT

So lässt sich zunächst feststellen: Trotz unterschiedlicher Akzentuierungen kommen verschiedene Interpreten übereinstimmend zu dem Ergebnis, dass der menschliche Geist den sachlichen Ausgangspunkt des Cusanischen Denkens bilde.[54] Sie bezeichnen Nikolaus daher

---

[52]　Mittlerweile existieren ungefähr 4000 Literaturtitel zu Cusanus (vgl. Meffert, 428).

[53]　Vgl. etwa Ritter, Die Stellung des Nicolaus von Cues der Philosophiegeschichte; Jacobi, Die Methode der Cusanischen Philosophie, 21-129; Benz, Individualität und Subjektivität, 37-98; Thurner, „tedesco di nazione", mit ausführlicher Bibliographie.

[54]　Es ist schon mehrfach betont worden, dass der inhaltliche Ausgangspunkt des Cusanus in der „Geistphilosophie" liege. Gerhard Schneider (Gott – das Nicht-Andere) schreibt: Aus der Gleichsetzung von prima und mentalis philosophia in De non aliud, S.47, Z.11 „ergibt sich der grundlegende Ansatzpunkt im Cusanischen Denken. (Diese Gleichsetzung) meint, daß die Suche der Philosophie nach dem Seins- und Wesensgrund (...) eine Philosophie der Rückverweisung an unser eigenes Denken ist, und zwar an die im reflexiven Akt des Denkens (im Denken des Denkens) einsichtigen Denkprinzipien (...). Die Lehre vom menschlichen Geist (...) steht in einem ursprünglich fundamentalen Bezug zu der gesamten Cusanischen Metaphysik und insbesondere zu seiner Gotteslehre" (30). „Für Cusanus ist es daher nicht das Seiende, das den Anfang der philosophischen Spekulation begründet. Im Geist (mens) ist vielmehr der Ort gegeben, von dem her Anfang und Ende des Denkens bestimmbar sind" (Hedwig, Sphaera Lucis, 262). Die Cusanische Philosophie, so schreibt auch Johannes Hirschberger, „ist Geistphilosophie. Und der Geist ist ihm die Realität." (Das Platonbild, 131). Demgemäß weist sein Schüler Kurt Flasch (Die Metaphysik) am Leitfaden der coincidentia oppositorum eine „zunehmende Einsicht in die Einheit von Einheits- und Geistmetaphysik" (166) bei Cusanus nach: „Die Geistbezogenheit der Koinzidenz erfordert die Entwicklung einer entsprechenden Geistphilosophie" (167); „Das menschliche Denken (ist) der Ort der Koinzidenz (...), an dem sich das absolute Eine in seinem An-sich auf die Weise des Menschen zeigt."(173, vgl. auch: Ders., Geschichte, 459. 463 u.ö.). Ebenso spricht der Hirschberger-Schüler Norbert Henke von einer „geistphilosophischen Grundkonzeption" (Der Abbildbegriff, 31.59). Und Josef Stallmach, der die Alternative zwischen Einheits- und Seinsmetaphysik bei Cusanus durch die Feststellung: „Die Cusanische Philosophie ist wesenhaft Philosophie des Geistes" (Ineinsfall, 116 bzw. ders.,

vereinfachend nicht als „Seins-" und nicht als „Einheits-", sondern als „Geistphilosophen". In diesem Begriff kommt zum Ausdruck, dass Cusanus in seinem Denken weder beim Sein der Dinge ansetzt, um von dort zur Einsicht in das absolute Eine aufzusteigen, noch beim absoluten Einen, um aus diesem das Sein der Dinge zu deduzieren. Vielmehr geht er vom menschlichen, d.h. begrenzten, endlichen Geist und dessen Erkenntnisstreben aus. Martin Thurner sieht darin den Grund, „das cusanische Denken (...) als eine Frühform neuzeitlicher Philosophie (zu betrachten, da) die all seine Artikulationen im einzelnen bestimmende Grundbewegung nicht etwa als sein Ungedachtes durch eingehende Interpretation freigelegt zu werden braucht, sondern von Cusanus selbst ausdrücklich als solche thematisiert wird."[55] Mit anderen Worten: Nikolaus nimmt den die Neuzeit vom Mittelalter wesentlich unterscheidenden erkenntniskritischen Ansatz ernst[56] und baut darauf seine Theologie auf. Er fragt nach den Voraussetzungen des Wissens. Einige seiner größeren Werke sind dementsprechend nicht nach ihrem theologischen Gegenstand betitelt, sondern nach ihrem erkenntnistheoretischen Inhalt: als Abhandlung über das „gelehrte Nichtwissen" (De docta ignorantia), über

---

Ineinsfall, in: Concordia discors, 141) überwinden will, formuliert (Nikolaus von Kues, 240): „Das Eingehen auf die Uroffenbarung Gottes in der Schöpfung stellt sich bei Cusanus nicht so sehr als kosmologischer Aufstieg des gegenstandsbezogenen Geistes dar, sondern als jener noologische Rückgang des auf sich selbst reflektierenden, sich selbst auslegenden Geistes, der in der Auslotung seiner Möglichkeiten und vor allem in dem Stoßen an seine Grenzen, der also in der Erfahrung seines Geist-Charakters und zugleich seiner Endlichkeit, seines Abbild-Charakters sich selbst transzendiert auf sein unendliches Urbild hin." Vgl. auch: Ders., Das Problem des Unendlichen, 243f. und: Ders., Zum Charakter der Cusanischen Metaphysik, 102f. In diesem Sinne plädiert auch Gerda von Bredow für die Bezeichnung „Geistesmetaphysik", sofern diese sich als „Metaphysik des Menschen" auf die innere Offenheit des menschlichen Geistes zur absoluten Transzendenz", nicht jedoch auf einen ein System begründenden absoluten Geist bezieht. Ihr Vorbehalt richtet sich daher nicht gegen den richtig verstandenen Begriff „Geist", sondern eher gegen den Begriff „Metaphysik", den sie im Sinne des Cusanus durch „Weisheit" ersetzen will. (Rez. zu Stallmach, Ineinsfall, 316f.). Jean- Michel Counet schließlich spricht von einer „philosophie de l'esprit", denn „toutes les réalités sont considérées en tant qu' objets de l'esprit humain" (Counet, Mathématiques et Dialectique, 295f.)

55 Thurner, Trinität, 345.
56 Kurt Flasch, der sich grundsätzlich gegen die Etikettierung und Abgrenzung von Epochen und für ein geschichtliches Denken ausspricht, weist zwar nachdrücklich auf erkenntniskritische Strömungen schon im Früh- und Hochmittelalter hin, räumt jedoch ein, dass diese noch keine eigene Schulrichtung bilden. Vgl. den Sammelband: Das Licht der Vernunft.

„Mutmaßungen" (De coniecturis) oder die spezifisch Cusanische Erkenntnisweise, die „Brille" der „Koinzidenz" (De beryllo). Es handelt sich bei diesen Überschriften jeweils um eine Charakterisierung der Qualität menschlichen Wissens bzw. um eine Beschreibung von dessen Entstehung. Als zentrales Werk gilt die Schrift Idiota de mente, obwohl sie nur einen der drei in ihrem Zusammenhang zu sehenden „Idiota"- Dialoge über „die Weisheit" (de sapientia), „den Geist" (de mente) und „Experimente mit der Waage" (de staticis experimentis) darstellt. Cusanus widmet den umfangreichsten Teil dieser Trilogie, den 1450 im Kloster von Val di Castro bei Fabriano in Ancona verfassten Dialogus de mente, der Frage nach dem Wesen des Geistes. Man kann ihn als eine „Phänomenologie des Geistes" bezeichnen.[57] „Sage also, Laie, ob du irgendeine Vermutung über den Geist hast"[58], fordert der Philosoph seinen Gesprächspartner dort zu Beginn auf. Auch in der Schrift, in der die Erkenntnis Gottes als „non aliud" thematisiert wird, beginnt Cusanus mit der grundsätzlichen erkenntnistheoretischen Frage des Geistes nach sich selbst: „Was ist es, was uns vor allem wissen lässt?"[59] Die Reflexion auf die Möglichkeitsbedingungen menschlichen Erkennens bildet zweifellos den sachlichen Ansatzpunkt des Cusanischen Denkens. Doch von welchen Voraussetzungen aus reflektiert Cusanus diese Möglichkeitsbedingungen?

Der Grund dafür, dass Nikolaus beim menschlichen Geist ansetzt, liegt, wie Martin Thurner überzeugend gezeigt hat, in einer ursprünglich religiösen, noch vorphilosophischen und zugleich unhintergehbaren Selbsterfahrung des Menschen: nämlich in der gleichermaßen im Glauben wie im Denken gewonnenen Erfahrung der gleichzeitigen Anwesenheit und Abwesenheit der absoluten Wahrheit. Der menschliche Geist erfährt sich immer schon als das Gegenüber zur Wahrheit: „Dicimus autem hoc veritatem quod obiectum."[60] Er erfährt die Wahrheit schon, wenn er zu denken beginnt, als „sein Leben und die Speise seines Lebens."[61] Da das Leben oder Sein des Geistes

---

57   Senger, Aristotelismus vs. Platonismus, 57.

58   De mente, N.57, Z.1-2.

59   De non aliud, S.3, Z.25-26.

60   De visione dei, N.81, Z.16; De mente, N.73, Z.6-7: Nam dei notitia (...) non nisi in natura mentali, cuius veritas est obiectum, descendit; Sermo XXII, N.9, Z.3-4: Veritas enim est obiectum intellectus; Sermo CCXXXI, N.7, Z.10-11: ratio, cuius obiectum est veritas.

61   De filiatione dei , N.57, Z.11 – N.58, Z.3: Nihil (...) quaesivit (...) intellectus in hoc mundo nisi vitam suam et cibum vitae scilicet veritatem, quae est vita intellectus. Et

im Erkennen besteht, das Erkennen aber immer schon auf die Wahrheit zielt[62], spricht Klaus Kremer in diesem Zusammenhang von einem „gnoseologischen Apriori"[63], einem allem Erkennen vorgängigen Wissen um die absolute Wahrheit, die ewige Weisheit oder Gott.[64]

Allerdings wird dieses apriorische Wissen um die göttliche Wahrheit – darin besteht das Paradoxe – gerade als ein Nicht-Wissen oder Suchen erfahren, die Anwesenheit der absoluten Wahrheit zugleich als Entzogenheit derselben. Auf die Frage „Was suchst du?" antwortet

hoc est magisterium, quod in studio huius mundi quaerit, scilicet intelligere veritatem, immo habere magisterium veritatis, immo esse magister veritatis, immo esse ars ipsa veritatis. Vgl. auch De sapientia I, N.12, Z.15-16: vitae pabulum.

62 Vgl. De sapientia I, N.13, Z.1-2: Omnis enim intellectus appetit esse. Suum esse est vivere, suum vivere est intelligere, suum intelligere est pasci sapientia et veritate.

63 Kremer, Größe und Grenze, 16. Kremer beruft sich hier auf die Stelle De mente, N.127, Z.11-14.

64 Vgl. De sapientia I, N.12f., wo die Begriffe sapientia (infinita) und veritas synonym verwendet werden. Zum sapientia-Begriff vgl. Kremer, Weisheit, 105f.: „Weisheit wird einmal verstanden als ewige Weisheit. Diese ewige bzw. ungeschaffene Weisheit fällt mit Gott, vorzugsweise mit dem Sohn und Wort Gottes bzw. des Vaters oder auch mit Christus zusammen. Sodann haben wir die geschaffene Weisheit (...), die in allen geschaffenen Dingen widerstrahlt. (...) Es ist die Weisheit, die (...)'draußen auf der Straße ruft'. Der ungeschaffenen Weisheit kommt als dem Grund der geschaffenen der ontologische Primat zu."
Kremer und Beierwaltes sprechen auch von einem „Gottesapriori", das als Voraussetzung jeglicher Wahrheitserkenntnis notwendig ist (Weisheit, 116.142f.). Vgl. auch Stallmach, Geist: „Gott ist jedenfalls im Denken immer schon anwesend, nicht als sein Ergebnis, sondern als seine Voraussetzung, als dasjenige, was, transzendentallogisch gesehen, dasein muß, damit überhaupt gedacht werden kann." (107f.). Und Schwarz, Das Problem der Seinsvermittlung, 285: „Ich denke, und insofern ist Gott notwendigerweise in mir." Entsprechend konstatiert Flasch für das Cusanische Denken ab 1442 (De coniecturis): Wenn wir die Wahrheit immer nur in Andersheit (...) haben, dann können wir diese Andersheit immer nur diagnostizieren, wenn wir auch die Wahrheit selbst kennen. (...) Das Abstandsbewusstsein impliziert, dass es bereits überwunden ist." (Geschichte,150). Dass die Absolutheitsprägung des Geistes durch die Idee Gott, die sich im faktischen „desiderium" jedes Menschen auswirkt, weder ein „Beweis" für die extramentale Existenz des Absoluten sein kann, noch im Sinne einer das Denken ersetzenden intuitiven Gottesgewissheit des Menschen (einer so verstandenen Mystik) aufgefasst werden darf, ergibt sich z.B. sehr anschaulich aus der hier nach Haubst zitierten Trinitätspredigt aus dem Jahr 1444: „Der Vogel hat zu seinem Flug (...) keinen Weg. Er setzt vielmehr (instinktiv) das voraus (praesupponit), auf das er sich hinbewegt. So muss (!) auch der menschliche Intellekt, wenn er fliegen will, (...) erst glaubend voraussetzen, daß die Heiligste Dreieinigkeit in der Einheit existiert. (...) Breiten wir also die Flügel (des intellectus und des affectus) aus, um auf das zuzufliegen, was wir im Glauben schon halten." (Sermo XXXVIII, N.7-8; Haubst, Streifzüge, 51).

Cusanus seinem erstaunten Sekretär Peter von Erkelenz: „Du sprichst richtig (...), denn wenn die Washeit, die immer gesucht worden ist, gesucht wird und werden wird, vollkommen unbekannt wäre, wie würde sie gesucht werden, wenn sie sogar als gefundene unbekannt bliebe?"[65] Die Washeit (quiditas), die in allem Forschen stets gesucht wird, muss immer schon bekannt sein, um gesucht werden zu können. Der menschliche Geist weiß um die Washeit der Dinge, um deren Wahrheit, als um eine von ihm zu suchende, so dass Cusanus sagen kann: „Der Mensch ist in diese Welt eingetreten, damit er Gott suche."[66] Als zu suchende ist die göttliche Wahrheit ihm immanent und transzendent zugleich. Sie ist Ursprung und Ziel, Voraussetzung und Erfüllung[67] des Geistes. In der größtenteils als Gebet verfassten Schrift De visione dei bringt Cusanus diese paradoxe Ursprungserfahrung deutlich zum Ausdruck, indem er formuliert: „Herr, einmal erschienst Du mir als für jedes Geschöpf unsichtbar, weil Du der verborgene und unendliche Gott bist. Die Unendlichkeit ist aber für jede Weise des Begreifens unbegreiflich. Hierauf erschienst Du mir als für alle sichtbar, weil eine Sache insoweit ist, wie Du sie siehst. (...) So bist Du, mein Gott, unsichtbar und sichtbar zugleich. Du bist unsichtbar, wie Du bist, Du bist sichtbar, wie das Geschöpf ist, das insoweit ist, wie es Dich sieht."[68]

Cusanus greift die Begriffe desiderium und appetitus[69] auf, um das ursprüngliche Verhältnis des menschlichen Geistes zur göttlichen Wahrheit als anwesender und entzogener zugleich auszudrücken. „Die Sehnsucht", so erklärt er, „ist die Bewegung der vernünftigen Natur zur Wahrheit hin."[70] Diese Bewegung ist gleichermaßen als Willensphänomen des Glücksstrebens und als Vernunftphänomen des Erkenntnisstrebens aufzufassen. Im Erkennen der Wahrheit besteht nämlich das Leben und das Glück des Geistes. Der Geist ist der Wahrheit in der Weise des Strebens, der Sehnsucht apriorisch geeint. Bei dem Kirchenvater Origenes (185-254) findet Nikolaus die das Mittelalter durchziehende Auffassung grundgelegt, die angeborene

---

[65] De apice theoriae, N.2, Z.9 – N.3, Z.5.
[66] De quaerendo deum, N.18, Z.6-7.
[67] Vgl. den gleichlautenden Aufsatz Kremers in: MFCG 20.
[68] De visione dei, N.47, Z.3-10.
[69] Vgl. etwa De venatione sapientiae, N.1, Z.18: appetitu naturae nostrae indito.
[70] Sermo CCXVII, N.3, Z.18-21.

Sehnsucht nach der Wahrheit könne nicht vergeblich sein.[71] Den folgenden Passus aus dessen Schrift „Peri archon" hält er für besonders bemerkenswert: „Wie das Auge von Natur aus nach dem Licht und Sehen verlangt und unser Leib kraft seiner Natur Speise und Trank fordert, so liegt auch in unserem Geiste ein ihm eigenes natürliches Verlangen, die Wahrheit Gottes und die Urgründe der Dinge zu erkennen. Wir haben dieses Verlangen aber nicht deshalb von Gott empfangen, damit es nie erfüllt werden dürfte noch könnte. Sonst schiene ja die Liebe zur Wahrheit unserem Geist umsonst eingepflanzt."[72] Dass dem Wahrheitsverlangen eine objektive Gegebenheit entspricht, kann also keinesfalls mehr bewiesen oder von woandersher abgeleitet werden, einzig die Alternative eines auf Unmögliches hin angelegten Geistes nährt die Hoffnung, dass die Wahrheit wirklich existiert. Aber diese Alternative ist argumentativ nicht auszuschließen.

Am Gleichnis eines Magneten, der eine „Hinneigung" (inclinatio), einen „gewissen natürlichen Vorgeschmack" (quaedam praegustatio naturalis) zum Eisen besitzt[73], erklärt Cusanus, die Voraussetzung für die Sehnsucht nach der Wahrheit sei ein „Vorgeschmack", den der Geist von dieser besitzen müsse.[74] Der Vorgeschmack aber kann nur von der Wahrheit selber stammen. Zusammenfassend stellt er fest: „Weil also diese deine Sehnsucht nur durch die ewige Weisheit ist, aus welcher und in welcher sie ist, und (weil) dieses glückliche Leben,

---

[71] Vgl. etwa De docta ignorantia I, S.6, Z.17-18 (N.4). Engelhardt (Art. desiderium naturale, Sp.129) bezeichnet das desiderium naturale als „Leitmotiv und Wesensbestimmung des Geistes".

[72] Origenes, Peri archon II, 11,4 (PG 11 243c), zit. nach Haubst, Die Christologie, 52: „Dazu schrieb Cusanus (Cod. Cus. 50, 228r) ein 'nota!' an den Rand. Zu dem ganzen Kapitel (De repromissionibus) bemerkte er: 'Nota totum capitulum, quia bene dicit!'"

[73] Zur genauen Interpretation dieses Gleichnisses in De sapientia I, N.16, Z.10-18 vgl. Kremer, Weisheit, 110-116.

[74] Cusanus beschreibt diesen „Vorgeschmack" als gustare, degustare, experimentaliter gustare, accipere in interno gustu, außerdem als ein gewisses Rufen (quaedam vocatio), eine Bewegung (motio) oder ein Ansichziehen (attractio), uns angeboren (nobis cognata). Stellennachweise bei Kremer, Weisheit, 112f. Vgl. ebd., 114: „Überschaut man noch einmal die genannten Ausdrücke, konnaturaler Vorgeschmack, ein gewisses uns angeborenes Rufen nach der Weisheit, ebenso angeboren die Bewegung zur Weisheit hin und das Ansichziehen von ihr, eine gewisse angeborene Kenntnis von der Weisheit, so dass wir zu ihr hinbewegt werden, ein von Gott dem Intellekt anerschaffenes Verlangen und Licht, dann zeigt sich deutlich, dass wir unsere Kenntnis von der Weisheit nicht erst aus der Erfahrung zu gewinnen brauchen, ja auch gar nicht gewinnen können."

das du ersehnst, in ähnlicher Weise nur von derselben ewigen Weisheit ist, in der es ist und außerhalb derer es nicht sein kann, deshalb ersehnst du in jeder Sehnsucht nach dem geistigen Leben nichts anderes als die ewige Weisheit, die Erfüllung, Ursprung, Mitte und Ziel deiner Sehnsucht ist. Wenn dir diese Sehnsucht nach unsterblichem Leben also angenehm ist, auf dass du ewig glücklich lebest, dann erfährst du in dir einen gewissen Vorgeschmack der ewigen Weisheit."[75] In jedwedem Streben nach Wahrheitserkenntnis kommt also ein Wissen um die eine göttliche Wahrheit als zu suchende zum Vorschein.

Cusanus unterscheidet auch zwischen dem apriorisch gegebenen oder gewussten quia-est, dem „Dass-Ist", der Wahrheit als dem Anfang und dem gesuchten quid-est, dem „Was-Ist", der Wahrheit als dem Ziel der Denkbewegung des Geistes.[76] Zwischen dem „Dass-Ist" und dem „Was-Ist", der unhintergehbaren Erfahrung der Wahrheit am Anfang des Denkens und deren erkennendem „Ergreifen" (apprehensio) in der Vollendung des Geistes durch die „Gotteskindschaft" (filiatio dei) bewegt sich der menschliche Geist, indem er sein angeborenes Streben immer mehr verwirklicht. Das Denken setzt also bei Cusanus als Selbstreflexion (als Reflexion auf die eigenen Voraussetzungen) nicht eines isolierten Subjekts, sondern des menschlichen Geistes an, sofern sich diesem die absolute Wahrheit, die im Glauben mit Gott gleichgesetzt werden kann, immer schon gezeigt hat.

2) DER URSPRUNG DES DENKENS IM STAUNEN UND IM GLAUBEN

Die ursprüngliche Reaktion des Menschen auf das Sich-Zeigen der Wahrheit erblickt Cusanus – in Übereinstimmung mit einer langen Tradition vor ihm – im Staunen.[77] Gottes Offenbarkeit ist dem

---

[75] De sapientia I, N.15, Z.1-8.

[76] Vgl. De complementis theologicis, N.2, Z.64-72.

[77] „Bei Cusanus", so führt Thurner mit Bezug auf die um 1445 entstandene kleine Schrift De quaerendo deum (N.17, Z.1- N.18, Z.15) treffend aus, „steht die schon von Platon und Aristoteles als Ursprungs-Erfahrung der Philosophie begriffene Stimmung des Erstaunens am Anfang des Denkens." Man könnte auch auf den Beginn der Schrift De visione dei verweisen, wo der Gedankengang durch die sinnenfällige Erfahrung eines gemalten, alles zugleich sehenden Antlitzes angestoßen wird (De visione dei, N.3, Z.6-8: Primum igitur admirabimini, quomodo hoc fieri possit, quod omnes et singulos simul respiciat). Doch worauf bezieht sich dieses Staunen?

menschlichen Geist immer schon zugleich mit seiner Verborgenheit bzw. Unbekanntheit gegeben. Dass es sich bei der dem Geist ursprünglich begegnenden Wahrheitsoffenbarung wirklich um die menschliche Grunderfahrung schlechthin und nicht nur um ein theologisches oder philosophisches Spezialproblem handelt, sieht Martin Thurner bei Cusanus in der bewusst gewählten Gestalt des idiota, des „Laien" als einer „Figur der ursprünglichen Glaubensgewissheit"[78] dargestellt. Der Laie, mit dem Cusanus sich selbst identifiziert, repräsentiert sozusagen den „gesunden Menschenverstand"; er beruft sich nicht auf Autoritäten oder Schulrichtungen, sondern er beansprucht, an den Anfang des Denkens zurückzugehen. Als „Laie" will Cusanus keine unbewussten Voraussetzungen machen, keine Voraussetzungen, über die er sich nicht selbst Rechenschaft ablegt.[79] Der „Laie" befindet sich im Unterschied zum Philosophen gewissermaßen am Ursprung allen Glaubens und Denkens, an dem das Staunen seinen Platz hat.[80] Schon in seinem frühen Werk De docta ignorantia bemerkt Cusanus: „So glaube ich richtigerweise, dass das Staunen, weswegen philosophiert wird, der Sehnsucht nach Wissen vorausgeht, damit der Geist, dessen Verstehen (sein) Sein ist, durch die Bemühung um die Wahrheit vollendet werde."[81] Durch das Staunen wird der Geist gewissermaßen aus seinem Schlaf aufgeweckt und aktiviert.[82] Im Staunen manifestiert sich die ursprüngliche, noch nicht reflexiv vermittelte Einheit des menschlichen Geistes mit seinem Objekt (=der Wahrheit). Der Geist nimmt zunächst staunend, gleichsam

---

Thurner antwortet: Es bezieht sich auf „die Grund-Aporie jedes religiösen Glaubensvollzugs (...). Diese besteht darin, dass Gottes Anwesenheit immer zusammen mit seiner Abwesenheit erfahren wird." Thurner, Gott als das offenbare Geheimnis, 22).

[78] Thurner, Die Einheit, 376.

[79] Vgl. etwa am Anfang des Gesprächs über das Nicht-Andere: (Ferdinandus.) Dicito igitur tu illud, quod prae nobis ipse considerasti. (Nicolaus.) Dicam et tecum, Ferdinande, hoc pacto colloquar, quod omnia, quae a me audies, nisi compellaris ratione, ut levia abicias (De non aliud, S.3, Z.19-22).

[80] Vgl. De mente, N.51, Z.10-20.

[81] De docta ignorantia I, S.2, Z.2-4 (N.1): Ita recte puto admirari, propter quod philosophari, sciendi desiderium praevenire, ut intellectus, cuius intelligere est esse, studio veritatis perficiatur.

[82] Vgl. De mente, N.85, Z.8-11: Sed in nostris mentibus ab initio vita illa similis est dormienti, quousque admiratione, quae ex sensibilibus oritur, excitetur, ut moveatur. Tunc motu vitae suae intellectivae in se descriptum reperit quod quaerit. Vgl. auch De coniecturis, N.111, Z.17; Apologia doctae ignorantiae, S.11, Z.26-28: In stuporem enim ducitur, dum hoc infinitum esse admiratur, quod in omnibus comprehensibilibus est ut in speculo et aenigmate.

sich öffnend wahr, ohne das Wahrgenommene schon zu begreifen. So finden wir auch noch in der 1462/63 entstandenen Schrift De venatione sapientiae[83] die Ursprungserfahrung des Staunens bzw. der Bewunderung bezeugt. Wo Cusanus nämlich erklärt, „von welchem Ursprung aus (er) die Wesensgründe der Weisheit erforscht (hat)", schreibt er: „Ich betrachte die sehr schöne, in wunderbarer Ordnung geeinte Welt, in welcher die höchste Güte des höchsten Gottes, die Weisheit und Schönheit widerleuchtet. Ich werde bewegt zum Fragen nach dem Künstler dieses so bewundernswerten Werkes..."[84] Aus dem Staunen entsteht das Fragen und die „Sehnsucht nach Wissen". Die bewundernde Betrachtung dessen, was sich dem Wahrnehmungsvermögen des Menschen zeigt, löst in diesem die Sehnsucht nach dem Ergreifen der Wahrheit, nach deren Erkenntnis und folglich das Denken als „Bewegung des Geistes" (motus mentis) vom quia-est zum quid-est aus.[85] Der Auslöser der Denkbewegung ist das Beeindrucktwerden des Geistes durch die sinnenfällige Welt.[86]

Der Geist des Menschen findet sich also in seinem ursprünglichen Staunen als ein nach wahrer Erkenntnis Strebender vor. Sobald er sein Erkenntnisstreben aber selbst zum Gegenstand der Reflexion macht, entdeckt er, dass er in diesem Streben die absolute Wahrheit bereits voraussetzt. Er glaubt daher zunächst dieser Wahrheit, die sich seinem Geist vorgängig zeigt. Er muss glauben, dass die Wahrheit sich ihm wirklich in für ihn erkennbarer Weise offenbart, damit er denkend beginnen kann, dem durch das Staunen ausgelösten Verlangen nach Wissen und Erkennen nachzugehen. Im Glauben, der „den

---

[83] Zur Datierung dieser Schrift vgl. Meuthen, Rezension zu: Nicolai de Cusa opera omnia XII, 447f.

[84] De venatione sapientiae, N.6, Z.1-8: Quo principio rationes sapientiae perquisivi: (...) Inspicio mundum pulcherrimum miro ordine unitum, in quo summa summi dei bonitas, sapientia pulchritudoque relucet. Moveor ad quaerendum huius tam admirandi operis artificem.

[85] Vgl. De mente, N.110, Z.8-9: Motus mentis est intellectus, cuius initium est passio.

[86] Vgl. auch De pace fidei, N.3, Z.4-10: Et quamvis spiritus ille intellectualis, seminatus in terra, absorptus in umbra, non videat lucem et ortus sui initium, tu tamen concreasti eidem ea omnia per quae, excitatus admiratione eorum quae sensu attingit, possit aliquando ad te omnium creatorem oculos mentis attollere et tibi caritate summa reuniri, et sic demum ad ortum suum cum fructu redire. Demgemäß sieht Cusanus den Zweck des menschlichen Körpers in der Hinordnung auf das Staunen: Corpus enim non est datum menti nisi ut excitetur sensibili admiratione et perficiatur. (De complementis theologicis, N.11, Z.73-74).

Wanderer erst auf den rechten Weg setzt"[87], antwortet der Mensch somit auf das Sich-Zeigen der absoluten Wahrheit.[88] Der Glaube ist gleichsam die erste, zunächst einzig mögliche Weise der Annahme der Wahrheit, das Denken die zweite, die sich zur ersten wie die Aus-

---

[87] Vgl. De filiatione dei, N.53, Z.10-12: Qui enim non credit, nequaquam ascendet, sed se ipsum iudicavit ascendere non posse sibi ipsi viam praecludendo. Nihil enim sine fide attingitur, quae primo in itinere viatorem collocat. In der 1463 entstandenen Schrift De ludo globi gebraucht Cusanus, die Notwendigkeit des Glaubens um die Notwendigkeit der anderen beiden göttlichen Tugenden, Hoffnung und Liebe, erweiternd, ein anderes Bild: Die unabschließbare Wahrheitssuche des menschlichen Geistes gleicht dem Lauf einer Holzkugel, deren eine Hälfte konkav ausgehöhlt ist und die so den Mittelpunkt eines durch konzentrische Kreise strukturierten Spielfeldes erreichen soll. Durch die Aushöhlung kann sie ihr (Christus symbolisierendes) Ziel, den Mittelpunkt der Kreise, nicht unmittelbar erreichen, sondern nur mittelbar, durch immer präziseres Umkreisen. Cusanus bemerkt dann: „Wenn also die Kugel deiner Person (=dein Geist) von der Geisteskraft des Glaubens angetrieben wird, ist er geleitet von fester Hoffnung und durch die Liebe an Christus gebunden, der wird dich zum Leben mit sich führen; aber für den Ungläubigen ist es unmöglich." (N.53, Z.12-14). Vgl. auch das Gleichnis, das Cusanus im Brief an Albergati benutzt: Esto igitur quod textor velit alicui ignoranti artem textoriam tradere. Nonne oportebit primo ignorantem credere magistro, quod scilicet sit sciens, et quod tradere possit artem? (N.50; vgl. auch die Übertragung dieses Gleichnisses in N.52).

[88] Es stellt sich hier die Frage: Ist der Glaube, den Cusanus als Ursprung des Denkens und Voraussetzung des Erkennens versteht, ausschließlich mit dem christlichen Glauben zu identifizieren, oder ist damit lediglich der das Denken als die Suche nach der Wahrheit initiierende Glaubensakt, also die Annahme einer Offenbarung, noch unabhängig von deren konkretem Inhalt, gemeint? Die Frage ist, so gestellt, wohl im letzteren Sinne zu beantworten. Sofern der Glaube als praereflexive Annahme einer Offenbarung jener Wahrheit begriffen wird, die sich jedem Menschen, sobald er zu denken beginnt, immer schon gezeigt hat, ist er auch dort notwendiger Ursprung und Voraussetzung, wo er sich nicht auf Jesus Christus richtet. Auch ein Andersgläubiger muss zuvor an die (erkennbare) Existenz bzw. Offenbarung der Wahrheit glauben, die er in seinem Denken zu erkennen strebt. Dieses Erkennen müsste jedoch, wie vor allem die Schrift De pace fidei zeigt, wenn es sich selbst recht versteht und vollzieht, zum Postulat des christlichen Glaubens (Trinität, Schöpfung, Inkarnation) vorstoßen. Denn, so ist Cusanus überzeugt, „ihr werdet (in eurem Nachdenken) finden, dass nicht ein anderer Glaube, sondern einzig ein und derselbe Glaube (fidem eandem unicam, an die eine Wahrheit nämlich) überall vorausgesetzt wird" (De pace fidei, N.10, Z.11-12). Sofern der Glaube in seiner Vollgestalt mit dem christlichen Glauben identifiziert wird, kann man also sagen: Höchstmögliche Erkenntnis der Wahrheit ist nur als Entfaltung des christlichen Glaubens möglich, da nur dieser die volle Wahrheit enthält; zu dieser Erkenntnis vermögen aber auch die anderen Religionen zu führen, da sie als Partizipation an dem einen Glauben und an der einen Wahrheit verstanden werden. Vgl. dazu auch Euler, Das Religionsverständnis, bes. 515f.

faltung (explicatio) zur Einfaltung (complicatio) verhält.[89] Der Glaube, so Cusanus, „belebt" und begründet somit das Denken.[90] Der Geist reagiert auf die auf Anhieb aporetisch erscheinende Grunderfahrung der gleichzeitigen Anwesenheit und Abwesenheit der Wahrheit, indem er glaubt, d.h. indem er sich bewusst eine geoffenbarte Erklärung für das vorgeben lässt, was ihm in seiner ursprünglichen Erfahrung angesichts der Schöpfung immer schon begegnet.[91] Im Denken sieht er die Richtigkeit bzw. Notwendigkeit der im Glauben angenommenen Vorgabe ein.[92] Die Theologie entfaltet sich daher als die Philosophie integrierende, reflexive Einholung des zuvor im Glauben Angenommenen. Sie entfaltet sich aber zugleich als Reflexion auf die Möglichkeitsbedingungen menschlichen Erkennens, insofern diese Möglichkeitsbedingungen nämlich mit den Vorgaben des Glaubens „zusammenfallen". In der Theologie als der Reflexion der Glaubensvorgaben kommen somit die Voraussetzungen der Wahrheitserkenntnis des menschlichen Geistes zu Bewusstsein.[93]

---

[89] Vgl. De docta ignorantia III, S.152, Z.3-4 (N.244): Fides igitur est in se complicans omne intelligibile. Intellectus autem est fidei explicatio.

[90] Vgl. Sermo IV, N.14, Z.5-7: Et sic fides a fonte vitae descendit vivificando caput hominis, id est intellectum.

[91] Insofern diese Glaubensvorgabe durch die Kirche vermittelt ist, kommt der Kirche, obwohl Cusanus nur im zwölften Kapitel von De docta ignorantia (S.157, Z.13 – S.163, Z.3, NN.254-262) auf ihre Bedeutung eigens eingeht, eine grundlegende Bedeutung in seinem Denken zu: Sie ist der „Ort", an dem der Mensch seine ursprüngliche Gotteserfahrung glaubend und erkennend beantwortet. Vgl. Thurner, Kirche, 491: „Die Kirche ist insofern der Ursprung der Denkbewegung des Cusanus, weil sich in ihr als dem primären Ort religiöser Erfahrung jene Gegebenheit vergegenwärtigt, die den von ihr ergriffenen Menschen bewegt und zu ihrer begrifflichen Artikulation drängt."

[92] Daraus folgert Martin Thurner: „Die Tatsache, dass Cusanus hier aus einer glaubensimmanenten Notwendigkeit heraus die transzendentalphilosophische Methode der neuzeitlichen Philosophie vorwegnimmt, die Bestimmtheit des philosophischen Denkens durch den Glauben aber das Spezifikum mittelalterlicher Philosophie ist, zeigt, dass eine alternative Zuordnung des Cusanus zu Mittelalter oder Neuzeit diesem Denker nie gerecht werden kann, dass er vielmehr eine Gestalt ist, an der diese Epocheneinteilung in ihrer plakativen Oberflächlichkeit überhaupt fragwürdig wird." (Gott, das offenbare Geheimnis, 26, Anm.16). Während Thurner bezüglich der letzten Aussage gewiss zuzustimmen ist, so sollte man besser doch nicht von einer „Vorwegnahme der transzendentalphilosophischen Methode" bei Cusanus sprechen. Cusanus intendiert ja den Aufweis der ursprünglichen Einheit von Glauben und Denken, nicht aber eine rein philosophische, bewusst alle Glaubensprämissen ausschaltende Reflexion auf die Möglichkeitsbedingungen menschlicher Erkenntnis.

[93] Die Theologen setzen die biblische Offenbarung im Glauben voraus, während die Philosophen die Weisheit kraft ihres eigenen Geistes suchen, dabei jedoch auf denk-

Glauben und Denken beziehen sich also nach Cusanus als praereflexive und reflexive Antwort des Menschen auf das gleiche Ur-
sprungsphänomen, nämlich die beschriebene Grunderfahrung der
gleichzeitigen Anwesenheit und Abwesenheit der göttlichen Wahrheit. Daher können sie von vornherein nicht in ein Gegensatzverhält-
nis zueinander geraten.

Sofern der Glaube als Antwort des Menschen auf die gleichzeitig
an- und abwesende Wahrheit begriffen wird, schließt er die Tugenden
der Hoffnung und der Liebe in sich ein. Weil die Wahrheit transzen-

denknotwendige Prämissen stoßen, wie Cusanus etwa in De beryllo feststellt: Tertio
notabis dictum Protagorae hominem esse rerum mensuram. Nam cum sensu mensurat sensibilia, cum intellectu intelligibilia, et quae sunt supra intelligibilia in excessu
attingit. Et hoc facit ex praemissis (N.6, Z.1-4). So kann er in De filiatione dei sagen:
Unum est, quod omnes theologizantes aut philosophantes in varietate modorum exprimere conantur (N.83, Z.1-3). Alle haben die eine Wahrheit gesucht und – mehr
oder weniger von ihr erkannt. Werner Beierwaltes ist durchaus zuzustimmen, wenn
er für eine dialektische Einheit und für die Vermeidung einer extremen Zuspitzung
zwischen beiden Disziplinen plädiert. Er sieht die These, christliche Theologie kon-
stituiere sich im Horizont von Philosophie, in Bezug auf Cusanus geradezu exemplarisch bestätigt: Cusanus habe „wie kein anderer vor ihm, bewusst beide Perspektiven,
die theologische und die philosophische, in die Einheit eines Gedankens zusam-
mengeführt." (Platonismus im Christentum, 131). In der inneren Zusammengehörigkeit der Aneignungsvorgänge vor allem Proklos, Dionysius und Eriugenas durch
Nikolaus von Kues vermag sich „die christliche Intention gegenüber dem genuinen
Neuplatonismus klar zu artikulieren: in begrenzter, aber auch durch dessen Begriffs-
form bestimmter Weise das Konzept der Schöpfung, entschiedener freilich der relational strukturierte Trinitätsgedanke und unvergleichlich die herausragende Wahrheit der Inkarnation Christi." (158) In ausführlichen Studien zeigt Beierwaltes, wie
sich bei Cusanus das Verstehen der in Schöpfung und Geschichte (Inkarnation) sich
offenbarenden Wahrheit nicht nur rein äußerlich im Gewande neuplatonischer
Terminologie vollzieht, sondern wie die Philosophie inhaltlich zum Verständnis der
Offenbarung beiträgt. Dennoch kann natürlich auf dem Hintergrund der heutigen
klaren Unterscheidung zwischen Theologie und Philosophie gefragt werden: Ist Cusanus nun Theologe oder Philosoph? Da der Kardinal zu dem Ergebnis gelangt, dass
der Glaube an Gott denknotwendig ist, und dass dieser Glaube nicht in Philosophie
aufgehoben, d.h. durch das Denken substituiert, wohl aber als Möglichkeitsbedingung des Denkens erwiesen werden kann, da also Gott (die Einheit der Wahrheit)
der Gegenstand allen Denkens ist, kann dieses als philosophische Theologie bezeichnet werden. Das Entscheidende ist nun aber, dass die philosophische Theologie sich inhaltlich vollständig mit der Offenbarungstheologie (der Reflexion der
christlichen Glaubensvorgaben) deckt, mit dieser „koinzidiert". Die Vorgaben des
Glaubens werden als die Prämissen erkannt, die das Denken immer schon machen
muss.

dent (verborgen) ist, kann sie nämlich nur erhofft werden.[94] Weil sie immanent (offenbar) ist, kann sie nur durch die Liebe angeeignet werden, indem man nämlich „wegen Christus alles hintansetzt". Die Liebe ist somit die konkrete Sichtbarkeit, Gestalt und „Zeichen des festesten Glaubens".[95] Der Glaube aber kann insofern als Ursprung des Denkens bezeichnet werden, „als die Suche nach einem Ausweg aus der Grundaporie des religiösen Vollzuges das Denken notwendig macht."[96] Will der menschliche Geist sich in seiner Verwiesenheit auf die Wahrheit erkennen, muss er deren Existenz (deren „Dass-Ist")[97] zunächst im Glauben annehmen.

Der Glaube ist daher keineswegs, wie Kurt Flasch meint[98], die bloß

---

[94] Vgl. De docta ignorantia III, S.155, Z.25-27 (N.251): Nec potest fides magna esse sine spe sancta fruitionis ipsius Iesu. Quomodo enim quis fidem certam haberet, si promissa sibi a Christo non speraret?

[95] Vgl. De docta ignorantia III, S.155, Z.20-24 (N.250): Non est enim viva fides, sed mortua et penitus non fides, absque caritate. Caritas autem forma est fidei, ei dans esse verum, immo est signum constantissimae fidei. Si igitur propter Christum omnia postponuntur, corpus et anima eius comparatione pro nihilo habentur, signum est maximae fidei.

Thurner merkt kritisch gegenüber Cusanus an, die Beziehung des Menschen zum Mitmenschen habe in dessen Denken (genauer: in dessen gottunmittelbarer theologia mystica) keinen systematischen Ort (vgl. Rezension zu Flasch, Geschichte, 92). Wenn man jedoch den Zusammenhang zwischen Glaube und Liebe bedenkt und ferner, dass die Liebe zu Jesus Christus den Menschen zur christiformitas und damit zur Nächstenliebe antreibt, dann ist diese Kritik nur bedingt berechtigt.

[96] Thurner, Gott als das offenbare Geheimnis, 23.

[97] Vgl. De complementis theologicis, N.2, Z.71: quia est seu fide.

[98] Flasch, Geschichte, 426: Der Glaube sei „die subjektive Voraussetzung der Einsicht." In Flaschs Interpretation will Cusanus den Glauben durch Philosophie ersetzen. In Thurners Interpretation, die uns als die zutreffende erscheint, will er die Notwendigkeit des Glaubens durch die Philosophie begründen. Das aber ist ein großer Unterschied. Flasch spricht in seiner Cusanus-Deutung ebenso wie von Inkarnations- von Trinitätsphilosophie. Er insistiert auf dieser Terminologie um auszudrücken, dass Cusanus unabhängig vom Glauben die Denknotwendigkeit der Trinität aufweisen wolle. Dieser These ist jedoch so nicht zuzustimmen. Cusanus will vielmehr die Notwendigkeit des Glaubens an die Trinität auf dem Wege des Denkens als für dieses selbst konstitutiv demonstrieren. Er will jedoch den Glauben, der der Ursprung des Denkens ist, keinesfalls beweisen, er will nicht mittels der Vernunft über den Glauben hinausführen. Treffend formuliert U. Roth: Cusanus „Einsicht in die Glaubensgeheimnisse ist nicht die notwendiger Vernunftgründe, auch wenn er sicher keine Möglichkeit eingeräumt hätte, seinen Gedanken zu widersprechen. (...) Das Gedachte ist nicht im Sinne unerschütterlicher Gründe gegenwärtig, sondern als Gesuchtes und Vermutetes." (Roth, 128). Martin Thurner gebraucht ebenfalls die Termini Inkarnations- und Trinitätsphilosophie, wenngleich er das genaue Gegenteil von Flaschs Verständnis damit intendiert: Nicht die glaubensunabhängige Ver-

subjektive Voraussetzung des an sich unabhängig von diesem nachzuvollziehenden Denkens, sondern er ist die objektive Voraussetzung wahrer Erkenntnis.[99] Flasch versucht immer wieder, bei Cusanus einen Gegensatz zu konstruieren zwischen sicherem Wissen bzw. philosophischem Erkennen als dem Ziel des menschlichen Geistes einerseits und einfältigem Glauben, unreflektiertem Gehorchen oder gefühlsmäßigem Ahnen als dem zu überwindenden Anfangsstadium andererseits. Dies ist jedoch nicht mit dem Satz gemeint, der Glaube sei der Anfang des Denkens.[100] Wissen ist für Cusanus nichts anderes als vom menschlichen Einsichtsvermögen durchdrungener Glaube. Erkannter, d.h. von der Vernunfterkenntnis erleuchteter Glaube ist aber nicht weniger Glaube, sondern – im Gegenteil – in seiner Notwendigkeit eingesehener Glaube.[101] Glauben und Denken verhalten sich für Cusanus direkt, nicht umgekehrt proportional zueinander. Der Glaube kann niemals in Gegensatz zum Wissen treten, er kann aber auch niemals in Wissen aufgehoben werden. Da der Gegenstand des Glaubens auch als „konjektural", d.h. annäherungsweise erkann

nunftnotwendigkeit der nur von den Einfältigen für geoffenbart gehaltenen Wahrheit, so Thurner zutreffend, soll aufgewiesen werden, sondern das Verhältnis gleichzeitiger Einheit und Unterschiedenheit zwischen Glauben und Denken, wobei der Glaube von der Vernunft vorausgesetzt und im Erkennen dieser Voraussetzung als für diese notwendig eingesehen wird. Würde man bei Cusanus von philosophisch argumentierender Trinitätstheologie reden, vermiede man die terminologische Nähe zu Flaschs Interpretation und damit auch das mögliche Missverständnis, Cusanus deduziere den Inhalt der Offenbarung aus dem Denken. Dies ist nämlich nur insofern richtig, als das Denken tatsächlich der Glaubenserfahrung entspringt und ausdrücklich als deren Ausfaltung begriffen wird. Da der Gegenstand der Cusanischen Trinitätslehre nicht der Geist des Menschen, sondern Gott ist, und zwar wie er sich dem bzw. im menschlichen Geist als dessen Voraussetzung zeigt, sollte von Theologie die Rede sein. Sofern der Glaube an Gott jedoch nicht unreflektiert vorausgesetzt, sondern als erkenntnisermöglichend erkannt wird, kann man von philosophisch argumentierender Theologie sprechen.

[99] Vgl. auch Bohnenstädt, Frömmigkeit, 77: „Seite um Seite seiner Schriften lässt deutlicher werden, wie grundlegend in ihnen die Frömmigkeit objektive Gegebenheit ist."

[100] Vgl. De docta ignorantia III, S.151, Z.26-27 (N.244): Maiores nostri omnes concordanter asserunt fidem initium esse intellectus.

[101] In diesem Sinn spricht Cusanus einmal von der Koinzidenz des größten Glaubens mit dem kleinsten Glauben. Wo der Glaube (hier begriffen als Voraussetzung des Wissens) am größten ist, d.h. die Wahrheit am entschiedensten gesucht und in diesem Suchen glaubend vorausgesetzt wird, dort wird zugleich das höchste, sicherste, unbezweifelbarste Wissen erworben, dort ist der Glaube (begriffen als Gegenteil des Wissens) zugleich der kleinste. Vgl. De docta ignorantia III, S.154, Z.1 - S.155, Z.1 (N.248f.).

ter unbegreifbar, für die Vernunft unhintergehbar bleibt, wird die Notwendigkeit des Glaubens durch das Denken niemals ersetzt, sondern eingesehen. Daher kann Cusanus über alle Philosophen, die Glauben und Denken trennen woll(t)en sagen: „Also war das Ende der Philosophen, die Gott nicht ehrten, kein anderes als dass sie in ihren Eitelkeiten zugrunde gingen."[102]

Die Erkenntnis der göttlichen Wahrheit ist somit ermöglicht als die denkende Entfaltung von deren im Glauben angenommener Offenbarung. Wie wir sahen, kommt dem Staunen über die gleichzeitige Immanenz und Transzendenz der Wahrheit in der sinnenfällig begegnenden Schöpfung in dem intellektuellen Entfaltungsprozess des Glaubens eine konstitutive Bedeutung zu. Aus dieser Konzeption, aus dem Verständnis des Glaubens als Ursprung und Einfaltung des Denkens ergibt sich eine gegenüber der scholastischen Verhältnisbestimmung veränderte Zuordnung von natürlicher und übernatürlicher Offenbarung. Gott wird weder durch die Annahme einer über die Möglichkeiten des Intellekts hinausgehenden, „nur noch" zu glaubenden Offenbarung erkannt, noch ist die Erkenntnis der natürlichen Offenbarung Gottes durch die Schöpfung die Voraussetzung für den Glauben an die übernatürliche Offenbarung. Es verhält sich vielmehr umgekehrt: Der Glaube an die Mitteilung der Wahrheit (=Offenbarung) ist die Voraussetzung für die „natürliche" Erkenntnis Gottes aus der Schöpfung. Der Glaube ist nicht deshalb „mehr wert" als das Denken, weil er sich auf einen anderen Gegenstand (nämlich auf die übernatürliche Offenbarung in Christus) als dieses (auf den natürlichen Bereich der Geschöpfe) bezöge[103], sondern weil er die Voraussetzung für das Denken ist. Der denkende Geist erkennt seinen Schöpfer, wie Cusanus am Weihnachtsfest 1456 in Sermo

---

[102] De quaerendo deum, N.40, Z.8-9: Non igitur fuit philosophorum finis, qui deum non honoraverunt, alius quam perire in vanitatibus suis.

[103] In seiner Studie mit dem bezeichnenden Titel „Suchende Vernunft" weist Roth vor allem anhand der fünf Werke De docta ignorantia, De dato patris luminum, De visione Dei, De pace fidei und De possest sowie entsprechender Sermones auf, dass Natur und Offenbarung bei Cusanus nicht im Sinne zweier völlig separater, nicht miteinander vermittelter Erkenntnisbereiche betrachtet werden und folglich nicht unabhängig voneinander verstanden werden können. Nach Roth „gilt eine inhaltliche Übereinstimmung von endlicher Vernunft und Glaube, gegründet in dem einen Schöpfungswerk Gottes, das erst von der Menschwerdung her (...) möglich wird" (204), weil die göttliche Wahrheit sich im Bereich der Natur der Vernunft, nämlich in dem Geschöpf Jesus Christus, zeigt. Vgl. auch Dangelmayr, Vernunft und Glaube, 440.

CCLVIII ausführt, auf natürliche und auf mystische Weise.[104] Mit dem gradus cognitionis dei mysticus ist allerdings nicht das Gegenteil vom gradus naturalis gemeint, sondern eher dessen Vollendung und Überstieg. Der gradus mysticus ist der Blick des menschlichen intellectus über seine eigenen („natürlichen") Grenzen hinaus, nicht aber der Blick des Glaubens im Gegensatz oder in Ergänzung zu dem des intellectus. Wenn Cusanus zwischen einer natürlichen Erkenntnis Gottes aus der Schöpfung und einer durch den Glauben erleuchteten Erkenntnis aus der Offenbarung unterscheidet, dann intendiert er damit ein und dieselbe Wahrheitserkenntnis. Die Unterscheidung betrifft nicht zwei unterschiedliche Erkenntnisinhalte, sondern zwei unterschiedliche Stufen des menschlichen Geistes. Ulli Roth weist in diesem Zusammenhang auf die zentrale Mittlerrolle Jesu Christi hin.[105] Christus ist als Vollendung der natürlichen Offenbarung, als vollkommenes Geschöpf, die übernatürliche Offenbarung. Die von Martin Thurner betonte Einheit von natürlichen und übernatürlichen Denkinhalten[106] wird vermittelt durch Christus. Denn in ihm fallen die Offenbarung der göttlichen Wahrheit und deren menschliche Erkenntnis ineins. Christus ist die Wahrheit (bzw. deren Offenbarung), indem er sie im dem Menschen höchstmöglichen Maß erkennt.[107] Weil in ihm die schöpferische Offenbarung Gottes und die geschöpfliche Aufnahme dieser Offenbarung vermittelt werden, findet sich bei Cusanus nicht mehr die klassische Unterscheidung der zwei Erkenntnisbereiche von natürlicher Vernunft und Offenbarung.[108] Er versteht die natürliche Vernunft in ihrer (relativen) Auto-

---

[104] Vgl. Sermo CCLVIII (255): V2, fol.200vb-201ra. Aris (Praegnans affirmatio) übersetzt mysticus mit „übernatürlich" (103f.). Kremer weist für diese Unterscheidung außerdem auf die Sermones XXII und CCLXXXIII hin (vgl. Rezension zu Flasch, Nicolaus Cusanus, 781).

[105] Vgl. Roth, Suchende Vernunft, 241.

[106] Vgl., die Thematik Vernunft und Glaube zusammenfassend, auch Thurner, Der Glaube, 41: „Eine etwa auch nur methodisch vorgenommene Ausklammerung der eigenen christlichen Glaubenserfahrung ist dem cusanischen Denken ebenso fremd, wie eine dementsprechende Unterscheidung von ‚natürlich'-philosophischen und ‚übernatürlich'-dogmatischen Denkinhalten."

[107] Vgl. dazu genauer Kap. II.3.

[108] Thurner hat darauf hingewiesen, dass das Begriffspaar natürlich – übernatürlich für Cusanus keinen Gegensatz darstellt. Wörtlich bemerkt Thurner: „Die relativ wenigen Stellen, an denen Cusanus in seinen Predigten den Begriff der Übernatur aufgreift, lassen sich als Versuch interpretieren, diese traditionelle Terminologie durch eine Umdeutung unter dem Anspruch des eigenen Anliegens in den neuen Grundgedanken zu integrieren. (...) Er bezeichnet den Bereich jener Wahrheit als übernatür-

nomie von vornherein als Offenbarung des Schöpfers,[109] so dass Natur und Offenbarung, Vernunft und Glaube schon in ihrem Ursprung vermittelt sind. Daher kann Ulli Roth den Glauben nach Cusanus als das „Selbstvertrauen der Vernunft" bestimmen, die Wahrheit finden zu können. Roth stellt fest: Der Glaube gehört als „eingegossenes Licht und Gnadengabe Gottes in den Bereich der Natur der Vernunft."[110] Glaube und Vernunft durchdringen sich gegenseitig, sie sind unterschieden und bilden doch eine Einheit. „Natürliche und eingegossene Erleuchtungen wirken auf dieselbe Grundlage in der Vernunft ein. Diese wird auch durch die eingegossenen Lichter nicht qualitativ verändert, denn die endliche Vernunft ist in ihrer potentia darauf ausgerichtet, Gott in Christus zu erreichen."[111] Cusanus verbindet den Bereich der Vernunft mit dem des Gnadenwirkens, „wenn er die Bestimmung der Vernunft als ein Suchen präzisiert, das auch ein Erreichen miteinschließt. Das desiderium naturale der Vernunft nach Erkenntnis ist zugleich ein desiderium apprehendendi. (...) Das Suchen ist nur ein Suchen, weil es ein Suchen des Findens ist. (...) Das Wort 'sis tu tuus et ego ero tuus' aus De visione dei findet sich damit inhaltlich schon ganz in De quaerendo deum wieder, wenn Suchen und Finden zu einem desiderium apprehendendi verbunden werden. Das bedeutet, dass im desiderium naturale der Vernunft Natur und Gnade für Cusanus vereint sind."[112]

---

lich, zu der der Intellekt auf der höchsten Stufe seiner Möglichkeiten im intuitiven Akt der geistigen Selbsttranszendenz als zu seinem ursprünglichen Zielgrund aufsteigt." (Vgl. Gott – Das offenbare Geheimnis, 270f., vgl. auch Thurner, Kirche, 498, Anm.26).

[109] Thurner prägt für das Cusanische Denken insgesamt den Begriff „Offenbarungsphilosophie". Die Schöpfung wird ursprünglich staunend als Offenbarung des selbst verborgen bleibenden Gottes erfahren. Indem der menschliche Geist das Staunen denkend einzuholen versucht und nach den Möglichkeitsbedingungen seines Selbstvollzuges, seiner Erkenntnis, fragt, erscheint ihm die Denknotwendigkeit des zunächst im Glauben angenommenen göttlichen Geheimnisses. Vorausgesetzt (und im durch die Heilige Schrift bezeugten Schöpfungsglauben angenommen), dass der geistbegabte Mensch dazu geschaffen ist, Gott zu erkennen, dass das natürliche Streben des Geistes nach unbedingter Einheit nicht vergebens ist, kann der Inhalt der göttlichen Offenbarung in Schöpfung und Geschichte denknotwendig eingesehen werden, kann die Welt also philosophisch als „offenbares Geheimnis" verstanden werden.

[110] Roth, Suchende Vernunft, 244.

[111] Roth, Suchende Vernunft, 243.

[112] Roth, Suchende Vernunft, 247.

3) DER ERKENNTNISAPRIORISMUS DES CUSANUS

Der menschliche Geist, so wurde gesagt, wird bei Cusanus von Anfang an nicht von seinem Objekt, der Wahrheit, getrennt erblickt,
vielmehr findet er sich in deren Gegenüber ursprünglich vor. Das
apriorische Wissen um die Existenz der Wahrheit (um ihr „quia est")
ruft die Sehnsucht nach der Erkenntnis ihres Wesens (ihres „quid
est") hervor. Damit stellt sich die Frage nach der Cusanischen Erkenntnislehre, der Klaus Kremer in verschiedenen Aufsätzen bereits
ausführlich nachgegangen ist. Da die sorgfältige Interpretation Kremers bisher kaum auf Widerspruch gestoßen ist und von der Mono-
graphie Theo van Velthovens zur Erkenntnislehre bestätigt wird, werden wir uns hier an ihr orientieren.

In seinem Frühwerk De docta ignorantia legt Cusanus dar, dass
jedwedes Erkennen stets dem Vergleich eines Unbekannten mit einem schon Bekannten, dem Messen des Unbekannten am Bekannten
entspringe: „Alle Forschenden aber beurteilen das Ungewisse im
Vergleich zu einem vorausgesetzten Gewissen aufgrund des (zwischen
beiden bestehenden) Verhältnisses, jede Untersuchung ist also eine
vergleichende, die das Mittel des Verhältnisses benutzt."[113] Während
jedoch hier noch an den Vergleich zweier Erkenntnisobjekte gedacht
ist, deren Formen aus den Vorstellungsbildern (phantasmata) abstrahiert[114] werden, die die Sinneswahrnehmung hervorbringt, richtet
sich das Cusanische Interesse von der nächsten großen Schrift, De
coniecturis, an zunehmend auf die jeder Vergleichstätigkeit zugrun-
deliegenden Voraussetzungen im menschlichen Geist. Wenn Erkenntnis wesentlich als Angleichung von bisher nicht Bekanntem an
Bekanntes zustandekommt, dann kann der Geist kein völlig inhalts-
leeres Instrument (tabula rasa)[115] sein, sondern muss bereits über
Bekanntes verfügen, um Unbekanntes „messend" erkennen zu können.[116] Mit Josef Koch[117] und gegen Paul Wilpert sowie Karl Bor-

---

[113] De docta ignorantia I, S.5, Z.14-16 (N.2f.). Vgl. auch De beryllo, N.71, Z.17-19.

[114] Vgl. etwa für die hier anklingende Abstraktionstheorie De docta ignorantia I, S.22,
Z.21 - S.23, Z.1 (N.31): Abstractiora autem istis, ubi de rebus consideratio habetur,
(...) firmissima videmus atque nobis certissima.

[115] De mente, N.77, Z.2.

[116] Vgl. Velthoven, 28: Nach alter Tradition besteht der Erkenntnisprozess in der Aneignung des Gegenstandes, in dem Zustandebringen einer Identität zwischen den
Polen, zwischen denen die Erkenntnis sich vollzieht. Cusanus schließt sich dieser
Tradition an: „Das bedeutet doch Erkennen: das Erkennbare zu einem von sich
nicht-anderen zu machen" (De non aliud, S.65, Z.4-5), aber er ist der Ansicht, dass

mann[118] konstatiert Kremer eine „einschneidende Zäsur" und „Wendung von Aristoteles zu Platon zwischen den beiden großen Werken De docta ignorantia und De coniecturis."[119] Obwohl Cusanus die Platonische Auffassung von Erkenntnis als Wiedererinnerung anerschaffener, jedoch aufgrund der Körperlichkeit (ob corporis molem) vergessener Begriffe als unchristlich ablehnt[120], sieht Klaus Kremer ihn

diese Identität schon als Voraussetzung gegeben sein muss, um sie je erreichen zu können.

[117] Koch, Die ars coniecturalis.

[118] Bormann, Die Koordinierung, 64-70.

[119] Kremer, Apriorismus, 52, Amn. 185ff., 55. Die besonders in De docta ignorantia, Kap. X (S.19, Z.15 – S.21, Z.25, NN.27-29) zum Ausdruck kommende Abstraktionstheorie weicht ab De coniecturis (1442) einem platonisch beeinflussten Apriorismus, in dem die sinnlich wahrnehmbaren Dinge die Funktion einer oft als Staunen charakterisierten bloßen Anregung übernehmen, während das eigentliche Erkennen im schöpferischen! (– darin unterscheidet sich Cusanus von Platon –) Ausfalten des in der mens humana Eingefalteten (somit im erkennenden Nachvollzug des schöpferischen Selbstvollzugs Gottes durch den Geist) besteht. Kremer weist auf die deutliche Zäsur hin, die im Gleichnis des Kosmographen (Compendium, N.22f.) zwischen dem mit dem Empfang von Boten verglichenen Aufnehmen der Sinneseindrücke und der mit dem Schließen der Stadttore verglichenen Hinwendung des Geistes auf sich selbst gesetzt wird. Was, so fragt Kremer, hat dieses Erkennen dann noch mit der extramentalen Wirklichkeit zu tun? Seine Antwort lautet: Gott selbst ist der Grund der ursprünglichen Seinsverwandtschaft zwischen Geist und Sinnendingen, was in der erkenntnistheoretischen Konsequenz bedeutet: Nichts (nicht nur nicht Gott) können wir genau (praecise) erkennen.
Schon in De docta ignorantia sieht Cusanus die Möglichkeit wahrer Erkenntnis trotz der scheinbaren Aporie, vom Bild aus das Urbild erreichen zu sollen, in der Übereinstimmung des Geistcharakters der Wirklichkeit (>das Universum durchwaltende und konstituierende proportio als convenientia in aliquo uno simul et alteritas, S.6, Z.2-3, N.3) mit dem menschlichen Geist selbst, der sich im Abstraktesten, der Mathematik, am reinsten selbst erkennt, gegeben. Die von Karl Bormann bestrittene (Die Koordinierung, 67) und von Klaus Kremer behauptete Wende von Aristoteles zu Platon ab De coniecturis besteht in der Erkenntnis, dass die Zugänglichkeit der Wahrheit durch die Dinge nicht in diesen selbst liegt (auch nicht in ihrer „deutera ousia" nach Abstraktion von ihrer sinnlichen Erscheinung), sondern in ihrer complicatio im Ursprung, als deren Bild der Geist zur schöpferischen Tätigkeit befähigt ist. Noch in De venatione sapientiae lesen wir: Abstrahit enim intellectus de sensibili intelligibilem speciem. (N.107, Z.2) Diese Abstraktion führt jedoch, vermittelt über den Geist selbst, zur Erkenntnis des In-Seins der Dinge in ihm und damit zur Selbsterkenntnis des Geistes als unvergängliche Teilhabe an der Wahrheit, die diese schenkt.

[120] Vgl. De mente, NN.74-79. Kremer stellt zwei Missverständnisse Platons durch Cusanus fest: Erstens: Cusanus übersieht die Rolle der Sinneserkenntnis auch in der platonischen Erkenntnislehre; zweitens: Er missversteht die platonischen Ideen im Sinne aktuellen Wissens. Vgl. Kremer, Apriorismus, 24-27.

dennoch, gestützt vor allem auf die Schrift Idiota de mente, sehr viel näher am Platonischen Erkenntnisapriorismus als an der Aristotelischen Auffassung einer Erkenntnis durch Abstraktion des allgemeinen Wesens aus den sinnenfälligen Dingen bzw. deren Vorstellungsbildern. „Die geistige Erkenntnis kommt (...) nicht durch Abstraktion zustande, nicht dadurch, dass der Geist seine scientia ex sensibilibus schöpft, wie es oft bei Thomas von Aquin heißt, sondern der Geist schöpft das Wissen um die Dinge aus sich selbst."[121] Der Geist, so betont Cusanus mit Nachdruck immer wieder, kann nichts erkennen, was er nicht in sich selber vorfindet.[122] Er erreicht die objektive, extramentale Wirklichkeit nur vermittelt über sich selbst. Die in einigen Formulierungen aus De mente scheinbar vorhandene stärkere Hinwendung zur Aristotelischen Abstraktionstheorie bleibt „in Wahrheit in den Worten stecken. In der Sache", so Kremer, „siedelt er sich in der Nähe des platonischen Erkenntnisbegriffs an, den er allerdings nicht in Identität übernimmt, sondern auf seine eigene Weise entwickelt."[123] Worin aber besteht diese spezifisch Cusanische Weiterentwicklung? Worin liegt für den Kardinal das Apriori des menschlichen Geistes, wenn nicht in „notiones concreatae" Platons?

Trotz einer gewissen Uneinheitlichkeit im Begriffsgebrauch kann man dennoch insgesamt bei Cusanus von einer grundlegenden Unterscheidung zwischen der ratio und dem intellectus sprechen.[124] Es handelt sich dabei um zwei unterschiedliche Erkenntnisweisen des menschlichen Geistes, der insgesamt „mens" genannt wird[125], weil „aus ihm Grenze und Maß aller Dinge" hervorgehen:[126] „Das Wesen

---

[121] Kremer, Apriorismus, 37. Vgl. auch Henke, Der Abbildbegriff, 52ff.

[122] De venatione sapientiae, N.86, Z.7-8; De non aliud, N.51, Z.17-20; De docta ignorantia II, S.81, Z.10-11 (N.126).

[123] Kremer, Apriorismus, 24. Kremer weist für die nach De docta ignorantia noch von einem Erkennen durch Abstraktion sprechenden Stellen (De mente, Kap.25; De sapientia, Kap.6 und 36, Compendium, Kap.6) nach, dass diese aus ihrem jeweiligen Zusammenhang im Sinne des Apriorismus zu verstehen sind.

[124] „Eine deutliche Zäsur zwischen ratio und intellectus setzt die Schrift De mente mit ihrer Aussage: ut nihil sit in ratione, quod prius non fuit in sensu." (De mente, N.64, Z.10-11) Vgl. dazu ausführlicher Kremer, Größe und Grenzen, 5-8.

[125] De non aliud, S.57, Z.16: Rationalis creaturae spiritus, quae mens dicitur.

[126] De mente, N.57, Z.3-6: (Sc. Puto) mentem esse, ex qua omnium rerum terminus et mensura. Mentem quidem a mensurando dici conicio. Zur Wortwahl „mens" bemerkt Giovanni Santinello: „Was für den Laien mens bedeutet, das wird von fast allen Vertretern der aristotelischen Schule intellectus genannt. Sprechen de Aristoteliker vom Intellekt, so meinen sie damit ein bestimmtes Vermögen der Seele. Für Cusanus dagegen ist die mens eine lebendige Substanz; sie ist die für sch selbst sei-

des Messens ist der Grund für den Namen."[127] Sofern die mens durch ihren Körper, den sie belebt, in die sinnenfällige Welt eingebunden ist, heißt sie Seele (anima humana).[128]

Am Erkennen der Seele sind (nach De mente) fünf Faktoren beteiligt: sensus, imaginatio, ratio, intellectus und intelligibilitas. Die Seele vermittelt das Zusammenwirken dieser verschiedenen Kräfte oder Fähigkeiten des Menschen zu dem einen Erkenntnisprozess. Der entscheidende Punkt in diesem Prozess liegt, wie gesagt, in der Differenz zwischen ratio und intellectus. Den drei erstgenannten Kräften – sensus, imaginatio, ratio – kommt eine zwar unabdingbare, aber letztlich nur anregende Funktion zu:[129] Aus der Sinneswahrnehmung (sensus) bildet die Vorstellungskraft (imaginatio) Bilder (phantasmata), die die unterscheidende Kraft des Verstandes (ratio) in Begriffe (vocabula) umsetzt.[130] Kraft der ratio bzw. der durch sie erzeugten Verstandesbegriffe erkennt die Seele die Unterschiede der sinnenfälligen Dinge (res sensibiles), welche sich durch ihre jeweilige Andersheit voneinander unterscheiden. Die ratio ist also das auf die vielen Dinge bezogene Unterscheidungsvermögen des Geistes. Cusanus

---

ende Seele als Einheit aller ihrer Kräfte. (Dadurch dass Nikolaus statt intellectus) den Begriff der mens, einen typischen Ausdruck des mittelalterlichen Platonismus, verwendet, bemüht er sich um die Konkordanz beider philosophischer Überlieferungen." (G. Santinello, XI, in: Nikolaus von Kues, Der Laie über den Geist, übers. von Renate Steiger, 1995.

[127] De mente, N.71, Z.8: Ratio mensurationis sit causa nominis.

[128] Vgl. De mente, N.57, Z.8-13: Alia est mens in se subsistens, alia in corpore. Mens in se subsistens aut infinita est aut infiniti imago. Harum autem, quae sunt infiniti imago, cum non sint maximae et absolutae seu infinitae in se subsistentes, posse aliquas animare humanum corpus admitto, atque tunc ex officio easdem animas esse concedo.

[129] Kremer betont ausdrücklich, dass „die Sinneswahrnehmung innerhalb der menschlichen Erkenntnis den Stellenwert der Anregung nicht überschreitet. In diesem Punkt ist Cusanus reiner Platoniker. Der negative Akzent aber, den das Körperlich-Leibliche innerhalb der platonischen Erkenntnisauffassung erhält (...), stellt für Cusanus einen beachtenswerten Grund dar, weshalb er eine gewisse Distanzierung von Platon vornimmt. Hier kommt (...) Cusanus, der aus der Bibel um Wert und Güte alles Geschaffenen einschließlich des Körperlichen weiß, der die Realität und Güte des Sinnlichen stärker betonende Aristoteles entgegen." (Kremer, Apriorismus, 25). Die Funktion der Sinneswahrnehmung und der Vorstellungsbilder im Erkenntnisprozess wird vornehmlich mit den Begriffen incitare und excitare beschrieben. Kremer kann aus dem gesamten Werk des Cusanus ab De coniecturis zahlreiche Stellen anführen, die den Ausgang der Erkenntnis bei der Sinneswahrnehmung belegen (Vgl. ebd. 28f.).

[130] Vgl. De mente, N.64, Z.11-12: Sic igitur vocabula imponit et movetur ratio ad dandum hoc nomen uni et aliud alteri rei.

veranschaulicht dieses Vermögen am Phänomen des Zählens. Zählen bedeutet nämlich, das eine vom anderen zu unterscheiden.[131] „Der menschliche Verstand hält die vielen, je anderen, auch gegensätzlichen Dinge notwendigerweise auseinander, er erkennt, indem er unterscheidet, eins vom anderen absetzt, Widersprüche streng vermeidet."[132]

Kraft des intellectus, der von der ratio angeregt wird, vermag die Seele nun die Verstandesbegriffe zu „beurteilen"[133], indem sie die Einheit als den Ursprung des Verschiedenen, der Zahlen und die Gegensätzlichkeit als die Quelle der Gegensätze erblickt. Wenn man die ratio als Unterscheidungskraft bezeichnet, kann man den intellectus als die auf die absolute Einheit bezogene Einungskraft des menschlichen Geistes bzw. der Seele bezeichnen, wenngleich das eigentliche Proprium des Intellekts von Cusanus noch mehr als im „unire" in dem – damit allerdings engstens zusammenhängenden „videre" gesehen wird.[134] Josef Stallmach bemerkt zur Erkenntnisweise des intellectus: „Es gibt für den erkennenden Menschen noch eine tiefere Sicht der Dinge, als sie das rechnende Denken (Heidegger) zu bieten vermag, eine Einsicht in die Hintergründe und Zusammenhänge, in die Gründe, aus denen die Dinge entspringen (bis hin zu dem letzten Grund von allem)."[135] Diese tiefere, auf die Einheit des Vielen gerichtete Sicht ist mit der Koinzidenzlehre[136] verknüpft, die man mit Kurt Flasch als jenes Charakteristikum des Cusanischen Denkens betrachten kann, um dessen Vertiefung der Kardinal zeit seines Lebens bemüht ist, worin er auch selbst seine große Entdeckung sieht. Die Koinzidenzlehre ergibt sich sozusagen aus dem Zusammenwirken von ratio (Unterscheidung) und intellectus (Einung).

---

[131] Vgl. De mente, N.97, Z.8-13: Omnes, qui de mente locuti sunt (...), reperiebant mentem (...) ex se notiones fabricare et sic se movere, quasi vivus numerus discretivus per se ad faciendum discretiones procederet, et iterum in hoc collective ac distributive procedere.

[132] Stallmach, Ineinsfall, (Concordia discors), 134.

[133] Vgl. z.B. De mente, N.100, Z.11: Per assimilationem iudicium faciat de obiecto.

[134] Vgl. Kremer, Größe und Grenzen, 8; 26, Anm. 23 (Stellenangaben). Zum Zusammenhang zwischen „unire" und „videre" vgl. Kap. I.6 (Apparitio dei als Ausdruck der gleichzeitigen Einheit und Unterschiedenheit des göttlichen Schöpfungsaktes und des menschlichen Erkenntnisaktes).

[135] Stallmach, Ineinsfall des Gegensätzlichen, 134.

[136] Literatur zur coincidentia oppositorum Lehre in: Nikolaus von Kues. Die belehrte Unwissenheit, Buch II, 3. Aufl. 1999, 159-161; vgl. auch De beryllo, Adnotatio 2 (SS.93-100).

Flasch unterscheidet jedoch die „starke" von der „schwachen" Form
der Koinzidenzlehre. Die schwache Form, wonach Bestimmungen,
die in dieser Welt getrennt auftreten, im absoluten Grund „zusammenfallen", findet Cusanus schon in der ihm voraufgehenden Tradition vor. Die „starke" Form entwickelt er, inspiriert vor allem durch
Pseudo-Dionysius Areopagita, selbst. Worin besteht sie?

In De mente unterscheidet Cusanus zwischen intellectus und intellectibilitas: Durch die ratio angeregt, wird der intellectus nun zur
Angleichung der (Verstandes-)Begriffe an die Formen oder unverän-
derlichen Wesenheiten der Dinge veranlasst, die er in sich selber als
der „begrifflichen Einfaltung" (complicatio notionalis) aller Dinge
vorfindet.[137] Ein Erkenntnisgegenstand kann nämlich nur dadurch
identifiziert werden, dass der Geist ihn auf geistige Weise in sich selber vorfindet. In einem zweiten, der intellectibilitas zugeschriebenen
Assimilationsvorgang erkennt der Geist, dass nicht eine Vielheit von
Ideen das Letzterreichbare für ihn ist[138], sondern er „erblickt sich in
seiner größten Einfachheit, in der zugleich eines wie alles und alles
wie eines gesehen wird."[139] In der intellectibilitas liegt also die Einsicht, dass die Vielheit der begrifflichen Urbilder mit der Einheit
„koinzidiert"[140].

Bei der Koinzidenzlehre, die als Proprium des Cusanischen Denkens etwa seit dem Jahre 1440 gelten kann[141], handelt es sich also um
die Vollzugsform des menschlichen Denkens[142], des intellectus bzw.

---

[137] Vgl. De mente, NN.103f.

[138] Vgl. De mente, NN.105f.

[139] Kremer, Apriorismus, 50.

[140] Vgl. De sapientia II, N.38, Z.17-21: Praecisio igitur aut rectitudo aut veritas aut iusti-
tia aut bonitas in hoc mundo reperibiles sunt quaedam participationes talium abso-
lutorum et imagines, quarum illa sunt exemplaria. Plura dico exemplaria, dum ad
variarum rerum varias rationes referimus, unum vero sunt exemplar, quia in absoluto coincidunt.

[141] De docta ignorantia III, S.163, Z.6-16 (NN.263f.); vgl. Flasch, Nicolaus Cusanus, 37:
„Seit etwa 1442 dachte er die Koinzidenz als Eigenart des Intellekts im Unterschied
zum Verstand.". Flasch betrachtet in seiner Cusanus-Interpretation die immer weiter
fortschreitende Entwicklung des Koinzidenzgedankens als den roten Faden im Denken des Kardinals. Dazu v.a. ders., Die Metaphysik, und ders., Geschichte, 46.150;
ferner: Thiemel, Coincidentia.

[142] Flasch bezeichnet die Koinzidenz als „Verfahren" und als „intellektuelle Tätigkeit"
(vgl. Nicolaus Cusanus, 37). Unter Berufung auf die Selbstinterpretation des Kardinals in der Schrift De beryllo: „Wer liest, was ich in verschiedenen Büchern geschrieben habe, wird sehen, dass ich mich ziemlich häufig mit dem Zusammenfall
der Gegensätze beschäftigt habe" (De beryllo, N.1, Z.2-5), betont Kurt Flasch in sei-

der intelligibilitas. Cusanus veranschaulicht die kaum zu überschät-
zende Bedeutung dieser Lehre an einem „Beryll", einem als Vergrö-
ßerungsglas dienenden geschliffenen hellen Edelstein, der vorher
Unsichtbares dem Auge sichtbar, zugänglich macht.[143] Wenn der Beryll des Koinzidenzgedankens an das Auge des Geistes angesetzt wird,
erkennt dieser, was ihm zuvor unbekannt war: die Einheit des Vielen,
Verschiedenen.

Es geht bei der Koinzidenzlehre nicht etwa um eine Anleitung,
Gott zu denken oder gar zu begreifen, ja eigentlich nicht einmal zu
schauen.[144] Die Koinzidenzlehre ist eher eine Anleitung, wie der
menschliche intellectus das „wegräumen" kann, was die ratio dem
freien, unausdenkbaren Sich-Zeigen, der Erscheinung des unbegreifbaren Gottes im menschlichen Erkenntnisprozess zunächst entgegen-
stellt: nämlich das Widerspruchsprinzip. Die höchstmögliche Erkenntnis des Geistes besteht nämlich nicht in der rationalen Erkenntnis des Widerspruchsprinzips, sondern in der intellektualen
Erkenntnis der coincidentia oppositorum als der oppositio oppositorum, des Ineinsfalls der Gegensätze als des Ursprungs des Widerspruchsprinzips. Erst wo das Widerspruchsprinzip überwunden ist,
koinzidiert die „Unmöglichkeit" mit der „Notwendigkeit"[145], erscheint
die für die ratio unmögliche und für den intellectus zugleich notwendige Einheit des Entgegengesetzten. Gleichwohl ist das unterscheidende Vorgehen der ratio zur Bildung der Gegensätze[146] uner-

---

nen drei Cusanus-Büchern (vgl. dazu Suarez-Nani, Rez. zu Flasch, Geschichte) mit
Recht immer wieder: Von der Koinzidenzlehre „und nicht von irgendeinem partiku-
laren Thema, ist bei der Cusanus-Interpretation auszugehen. Cusanus verstehen wol-
len, heißt die Koinzidenzlehre begreifen wollen." (Nicolaus Cusanus, 22f.). Als
Denkform wird die Koinzidenzlehre vor allem in den Schriften De visione dei und
De beryllo thematisiert.

[143] Vgl. De beryllo, N.3, Z.1-3.

[144] Kremer weist auf die „Dunkelheit" (caligo) als Konstitutivum des Koinzidenzgedankens hin. Mit dem Bild der Dunkelheit deutet Cusanus an, dass es sich im Erkennt-
nisbereich der Koinzidenz um ein nicht-begreifendes Erkennen, um ein „Berühren"
handelt (vgl. Kremer, Konkordanz, 37f.). „Berühren", so interpretiert Kurt Flasch
den auf die Gotteserkenntnis des Menschen bezogenen Begriff attingere, meint dabei ein nicht begreifendes Schauen, ein Sehen dessen, was sich zu erkennen gibt.
„Wer etwas berührt, ahnt es nicht nur; er glaubt nicht an die Existenz des Berühr-
ten, er überzeugt sich direkt von ihr. Aber er umfasst nicht, was er berührt. Er erfasst, dass das Berührte größer ist als das, was sein Berührungsorgan aufnimmt."
Flasch, Nicolaus Cusanus, 32.

[145] Vgl. De visione dei, N.37, Z.5-7.

[146] Aristoteles unterscheidet zwischen drei Formen des Gegensatzes (antikeimenon):
dem relativen Gegensatz (Vater-Sohn), dem konträren (schwarz-weiß) und dem

lässlich, um den intellectus zu seiner Schau durch den Beryll der Koinzidenz anzuregen. Aber der Geist dringt über die wahrgenommenen Gegensätze hinaus zu deren Ursprung vor. Mit Recht betont Kurt
Flasch: Nicht Gott ist die coincidentia oppositorum bzw. deren „Ort",
vielmehr ist unser Geist der „Ort" des „Zusammenfalls der Gegensätze." Die Koinzidenz ist keine exklusive Eigenschaft Gottes, sondern
die Denkform unseres Geistes als des göttlichen Bildes. Sie findet sich
daher in allem vom menschlichen Geist Erkannten.[147] Die Koinzidenzlehre kann durchaus als Methode im wörtlichen Sinn bezeichnet
werden: als „Weg", auf dem der Geist alles, was ihm sinnenfällig begegnet, in sich selbst und so sich selbst als Einfaltung alles Vielen
erblickt.[148] Während er zum Beispiel Leichtes und Schweres, Großes
und Kleines in seiner Gegensätzlichkeit wahrnimmt, erkennt er die
Quantität als die Einfaltung der Unterschiede in ihm selbst. Er erkennt etwa, wie das am wenigsten Große mit dem am meisten Kleinen
in deren gemeinsamem Grund koinzidiert. Indem er sich als Einfaltung des Vielen, Gegensätzlichen sieht, erkennt er sich als Bild seines
Schöpfers und so sein schöpferisches Urbild aus seiner eigenen Ab-
bildlichkeit heraus. Die Koinzidenzlehre ist somit keine willkürliche
oder frei ausgedachte, sondern an das Wesen des Geistes gebundene
und nur von diesem her zu bestimmende Methode. Sie entspricht der
Wirklichkeit des Geistes als gleichzeitige Einheit und Unterschiedenheit von ratio und intellectus, Unterscheidungs- und Einungsvermö-
gen. In der Erkenntnis der coincidentia oppositorum verwirklicht der
menschliche Geist seine Aufnahmefähigkeit (capacitas) für das Sich-
Zeigen der absoluten Einheit.

---

kontradiktorischen (alles-nichts). Im Unterschied zu den beiden anderen Gegensatzarten bedeutet der kontradiktorische Gegensatz einen logischen Widerspruch.
Cusanus übernimmt die von Boethius ins Lateinische übertragene Terminologie
dieser Unterscheidung und benutzt den Begriff oppositum als Oberbegriff für alle
Gegensatzarten. (Vgl. Flasch, Die Metaphysik, 178: „Die coincidentia oppositorum
ausschließlich als coincidentia contrariorum oder als coincidentia contradictoriorum
auszulegen bedeutet eine Festlegung, die Cusanus durch die Wahl des allgemeineren Terminus nicht ohne weiteres legitimiert.").

147 Diese Einsicht, so Flasch, tritt besonders in dem von ihm als Einführung in die
Cusanische Philosophie empfohlenen Werk De beryllo von 1458 hervor. Vgl. Flasch,
Nicolaus Cusanus.

148 Auf die Frage, ob der neuzeitliche Methodenbegriff dem Cusanischen Denken
angemessen ist, antwortet Werner Beierwaltes: „Eine Methode im Sinne eines be-
wußten, sich selbst immer Rechenschaft gebenden Denk-Weges, dies ist bei Cusanus
auf Schritt und Tritt zu finden von Anfang an." (Diskussionsbeitrag im Anschluss an
das Referat Visio facialis, MFCG 18, 119).

Die Sinneswahrnehmung muss also über die ratio an den intellectus vermittelt werden, damit dieser das ihm apriori innewohnende Vermögen verwirklichen kann.[149] Dieses Apriori wird von Cusanus sowohl als „lebendige Beschreibung der ewigen und unendlichen Weisheit"[150] als auch als „dem Geist natürlich mitgeschaffene Urteilskraft"[151] bestimmt. Kremer sieht darin das Nebeneinander zweier apriorischer Erkenntniswege, des mehr an Platon orientierten inhaltlichen und des mehr an Aristoteles orientierten funktionalen Apriorismus.[152] Entscheidend ist die Ergänzung der funktionalen durch die inhaltliche Auffassung: Der Geist ist nicht nur das Instrument seiner Erkenntnis, das das Material seiner Abstraktionstätigkeit aus der sinnenfälligen Welt schöpft, sondern er ist auch die Quelle seiner „Ausfaltungen". In dieser doppelten Bestimmung[153] wird bereits deutlich, dass der Wahrheitsapriorismus des menschlichen Geistes dessen Kreativität und Eigenständigkeit nicht aus-, sondern einschließt, ja geradezu ermöglicht. Darin liegt wohl die entscheidende Modifizierung der Platonischen Position durch Cusanus.[154] „Nicht fertige Ideen bzw. Begriffe haben wir a priori in uns, wohl aber ein gleichsam inhaltliches Material (...), durch das wir die Begriffe zur Beurteilung des in der Sinneserfahrung Begegnenden bilden."[155] Das in fast allen seinen Schriften bezeugte Verständnis des Geistes als Kraft bzw. Vermögen[156]

---

[149] Wie die gesamte Welt dem menschlichen Erkennen entspricht, so dass alles auf das Sich-Zeigen der göttlichen Wahrheit als Sinn der ganzen Schöpfung hingeordnet ist, das drückt Cusanus besonders schön in De beryllo, N.65, Z.12 - N.66, Z.19 aus.

[150] De mente, N.85, Z.7-8: viva descriptio aeternae et infinitae sapientiae.

[151] De mente, N.77, Z.23-24: vis iudiciaria menti naturaliter concreata.

[152] Vgl. Kremer, Das kognitive und affektive Apriori, 111.

[153] Vgl. Kremer, Grenze und Größe, 8f.

[154] Vgl. Kremer, Apriorismus: „Dieses Schöpferische der mens humana, an dem Cusanus so unendlich viel gelegen ist, scheint er an der Platonischen Version apriorischen Erkennens zu vermissen." (35) Die Cusanische Konzeption des Geistes als Kraft (vis) bzw. Vermögen (potentia) stellt den „Hauptgrund (dar), weshalb er mit dem platonischen Ideenapriorismus nicht ganz konform geht" (32). Einen weiteren möglichen Grund für eine deutliche Modifizierung der Lehre Platons erblickt Cusanus in dessen Voraussetzung einer Vielheit apriorischer Urbilder. „Es stellt sich in diesem Zusammenhang die Frage, ob für Cusanus der Stein des Anstoßes nicht darin bestand, dass Platon eine Vielheit von apriorischen Ideen annahm." Kremer, Jede Frage, 166.

[155] Kremer, Das kognitive und affektive Apriori, 106.

[156] Der Geist wird außer als vis iudiciaria auch als vis conformativa, vis configurativa (De mente, N.74, Z.9), vis assimilativa (De mente, N.75, Z.2-5; N.99, Z.7; De venatione sapientiae, N.86, Z.10-11), vis seminalis (De mente, N.81, Z.10) und vis creativa (Compendium, N.23, Z.14) bezeichnet.

befähigt den Geist zu schöpferischem Handeln. Somit ergibt sich aus der Auffassung von der mens humana als inhaltlich erfüllter Urteilskraft die Konzeption des Erkennens als „Entfaltung der im menschlichen Geist angelegten impliziten Fülle zu ausdrücklichen notiones."[157] Diese mit den Begriffen exserere, producere, trahere und elicere[158] umschriebene schöpferische Entfaltung wird von Cusanus mit Vorliebe im Gleichnis eines Samenkorns veranschaulicht: „Weil unser Geist ein gewisser göttlicher Samen ist, der in seiner Kraft die Urbilder alles Seienden begrifflich einfaltet, deshalb ist er von Gott, von dem er diese Kraft hat, eben dadurch, dass er das Sein erhielt, zugleich auch in den passenden Boden eingepflanzt worden, wo er Frucht tragen und aus sich die Gesamtheit der Dinge begrifflich entfalten kann."[159] In diesem Zitat wird bereits ausgesprochen, was nun näher betrachtet werden soll: dass das – bisher lediglich aufgewiesene, jedoch noch nicht gedeutete – Apriori des Geistes nämlich nur göttlichen Ursprungs sein kann, genauer: Bild dieses Ursprungs.[160]

---

[157] Kremer, Apriorismus, 41.

[158] Velthoven, Gottesschau, 79.

[159] De mente, N.81, Z.6-10; vgl. auch De filiatione dei, N.53, Z.2-3.

[160] Vom erkenntnistheoretischen Ausgangspunkt aus zeigt Hubert Benz ausführlich, dass es sich im Cusanischen Denken um eine bedingte Subjektivität und assimilative Erkenntnis des menschlichen Geistes, nicht um dessen in sich isolierte, unendliche Kreativität und Entsubstantialisierung handelt. Aus der Zusammenfassung seiner Ergebnisse seien folgende sechs Thesen, die unser Thema am unmittelbarsten betreffen, zitiert (Individualität und Subjektivität, 342-346):

(5.) „Menschliches Erkennen hat seine Gegenstände und seine eigene viva substantia nicht selbst gesetzt, sondern findet sich mitsamt seiner Erkenntnisaufgabe als gesetzt vor, indem es von Natur aus auf die assimilatio rerum und auf die assimilatio unius angelegt ist."

(6.) „Der Mensch steht genauerhin als die im göttlichen Schöpfungsentwurf hervorragende imago Dei zwischen dem exemplar absolutum (der complicatio omnium) und den explicationes contractae. Seine vis assimilative complicationis, mit der er sich jeder Ausfaltung angleichen kann, ist ihm unmittelbar von Gott selbst verliehen."

(8.) „Die menschliche Vernunft erweist sich (...) als von zwei Seiten begrenzt und bedingt: (a) um zur Verwirklichung ihrer Erkenntnisinhalte zu gelangen, ist sie auf eine Anregung durch sensus, imaginatio und ratio angewiesen (...); (b) ihre abbildhafte Existenz und die ihr mitgegebene vis iudiciaria sind ihr als Ort Gottes vom Urbild geschenkt worden."

(13.) „Da Cusanus aufgrund der von ihm angenommenen ursprünglichen Seinsverwandtschaft der Dinge und des Geistes in Gott Äußeres und Inneres nicht unversöhnbar auseinanderfallen läßt, ist die dem Menschen (...) aufgegebene assimilatio rerum als ein erster, unabdingbarer und in bezug auf die Loslösung der formae sen-

4) DER MENSCHLICHE GEIST ALS LEBENDIGES BILD DER GÖTTLICHEN WAHRHEIT

Das Erkenntnisapriori unseres Geistes, das den Ansatzpunkt aller Überlegungen des Cusanus darstellt und sich zunächst in der Sehnsucht nach wahrer Erkenntnis auswirkt, besteht in einem angeborenen „unterscheidenden Urteil" (iudicium discretivum), durch das der intellectus die von den Sinnen „belieferte" ratio zu „formen"[161], d.h. den in ihm selbst liegenden Formen anzugleichen vermag. Im Begriff des iudicium discretivum kommt sowohl die inhaltliche wie die funktionale Komponente der apriorischen Gegebenheit in unserem Geist zum Ausdruck. Von Natur aus verfügt der Geist über inhaltliche Maßstäbe, die ihm als Instrumente zur Hervorbringung seiner Erkenntnisse dienen. Insofern diese Maßstäbe im Geist sind, ist der Geist mit ihnen identisch. Auf die Frage nach dem Ursprung der Maßstäbe bzw. nach dem Ursprung des Geistes gibt Cusanus eine Erklärung, indem er die Kategorie des Bildes[162] einführt: Der Geist ist Bild des Urbildes

---

sibiles von der materia zu intensivierender Schritt auf dem Weg zur Angleichung der viva substantia an die absolute Form bzw. an die unendliche Substanz zu verstehen."
(14.) „Nur so kann auch einsichtig werden, was es heißen soll, daß die mens (bzw. anima), je weiter sie sich nach außen begebe (egreditur ad alia), desto tiefer in ihr Inneres eindringe (in se ingreditur). Denn die gottgegebenen und dem menschlichen Erkenntniszugriff unzugänglichen formae rerum korrespondieren als Ähnlichkeiten Gottes mit den Inhalten des Geistes, der freilich als imago prima et simplicissima seinem Urbild am ähnlichsten ist. Beide, Geist und Dingwelt, haben die Wahrheit ihres Seins in Gott, und der Geist kann sie nur in seinem Ursprung erreichen."
(15.) „Der Weg zur Wahrheitserkenntnis führt schließlich über eine Intensivierung der Selbsterkenntnis des Geistes, deren eigentliches Ziel (...) eine – stets noch weiter steigerungsfähige und zu steigernde – Einsicht in die eigene Bedingtheit und Abkünftigkeit ist."

[161] De mente, N.84, Z.10-14: Haec est quaedam similitudo rationis confusae et rationis formatae per mentem. Mens enim de rationibus iudicium habet discretivum, quae ratio bona, quae sophistica: ita mens est forma discretiva rationum, sicut ratio forma discretiva sensuum et imaginationum.

[162] Cusanus spricht ununterschieden von imago vel similitudo (vgl. De mente, N.133, Z.20). Zutreffend stellt Bernd Irlenborn fest: „Bekanntlich hat die Septuaginta-Übersetzung zwischen das hebräische be´salmenu kidmute´nu von Gen 1,26 ein „und" gesetzt, so dass die Tradition zwischen eikon und imago auf der einen und homoiosis bzw. similitudo auf der anderen Seite unterschied. (...) Die Tradition (fasste) im Anschluss an Irenäus von Lyon imago als natürliche und similitudo als übernatürliche Gottebenbildlichkeit (auf), die dem Menschen durch den Sündenfall verlorengegangen sein soll. (...) Diese strikte Trennung findet sich nicht mehr bei Nikolaus von Kues." (388f.). Zur unmittelbaren Herkunft des Cusanischen Bild-Gedankens vgl. Riccati, „Processio" et „Explicatio", 35: „La terminologie de l'image

von allem.[163] „Es scheint, dass allein der Geist Gottes Bild ist.“[164]
Der festgestellte Wahrheitsapriorismus des menschlichen Erkennens wird also durch den Bildbegriff gedeutet. Wenn die vom Geist
hervorgebrachten Erkenntnisse wahr sein sollen, dann muss der sich
selbst als Instrument benutzende Geist Bild der Wahrheit sein; andernfalls würde er im Erkennen der Dinge zwar sich selbst, nicht aber
die Wahrheit finden, nach der er sich ursprünglich ausstreckt. Was
aber versteht Cusanus unter einem Bild?

Der Bildbegriff dient Cusanus grundsätzlich dazu, den Begriff einer relationalen Einheit möglichst allgemeingültig zu fassen: Ein Bild
ist in dem Maße eins mit seinem Urbild, als es sich als dessen Abbild
von ihm unterscheidet.[165] In dieser Bestimmung des Verhältnisses von
Urbild und Abbild zeigt sich das originäre Platon-Verständnis des
Cusanus, die Wiedergewinnung genuin platonischen Denkens.[166]
Während in der Apologia doctae ignorantiae (1449) – möglicherweise als Reaktion auf den Pantheismus- und Identitätsvorwurf durch den
Heidelberger Theologieprofessor Johannes Wenck von Herrenberg
(+1460) – stark der Defizienzcharakter des Bildes gegenüber dem

n'était pas étrangère à Jean Scot lui-même (voir par exemple De divisione naturae II,
Sheldon-Williams, pp.134-136 – 585B-586B). Mais la doctrine cusaine de l'image,
dans le sense ontologique selon lequel la créature en elle-même n'est qu'image de
Dieu, dépend directement de la mystique éckhartienne. Dans le langage de Eckhart
‚image‘ signifie précisément que dans la créature on ne voit que l'être de
l'éxemplaire; cf. Expositio Sancti Evangelii secundum Iohannem“.

163 Vgl. De mente, N.85, Z.1-3: Philosophus: Unde habet mens iudicium illud, quoniam
de omnibus iudicium facere videtur? Idiota: Habet ex eo, quia est imago exemplaris
omnium.

164 De mente, N.76, Z.1-6: Philosophus: Videtur, quod sola mens sit dei imago. Idiota:
Proprie ita est, quoniam omnia, quae post mentem sunt, non sunt dei imago nisi in-
quantum in ipsis mens ipsa relucet in perfectis animalibus quam imperfectis et plus
in sensibilibus quam vegetabilibus et plus in vegetabilibus quam mineralibus.

165 Vgl. Haubst, Das Bild, 34-41: „Schon in Sermo I dehnt (Cusanus) den Begriff des
Bildes über alle Geschöpfe hin aus; dem Sohne als der imago aequalitatis genita
Patris stellt er dort die imago creata gegenüber, wobei letztere sowohl den Menschen
als auch die Natur um ihn umfaßt.“ (35) „Cusanus hat durch die Unterscheidung
der geistigen imago imitationis von der körperlichen imago (merae) repraesentatio-
nis Bonaventura gegenüber (...) den imago-Begriff auf die körperliche Welt ausgedehnt.“ (36f.) Er nimmt „die etymologische Ableitung des Wortes imago von imitari
an“ (37), so dass „das lebendige Bild Gottes oder Christi in der Menschenseele (...)
einen sprechenden Gegensatz zu dem toten, das nur noch repräsentiert“, bildet
(38).

166 Vgl. Hirschberger, Das Platonbild.

Urbild betont wird[167], findet sich in der ein Jahr später verfassten Schrift De mente der Satz: „Die Gleichheit ist der Einheit Bild".[168] Von diesem in die Trinität projizierten Begriff eines vollkommenen Bildes heißt es nun in derselben Schrift, dass er außer auf die (absolute) Gleichheit auf den geschaffenen Geist anzuwenden sei, sofern dieser nämlich als Teilhabe an der Gleichheit verstanden wird. Alles andere, „welches nach dem Geist kommt, ist nicht Bild Gottes, außer insoweit in ihm der Geist selbst widerstrahlt, so wie er mehr in den vollkommenen Lebewesen als in den unvollkommenen, mehr in den sinnlichen als in den pflanzlichen und mehr in den pflanzlichen als in den mineralischen widerstrahlt."[169] Das Verständnis des Bildbegriffs – und damit des Geistes – ist also an das Verständnis des Begriffs der (eo ipso absoluten) Gleichheit gebunden.

Der Wesenssinn des Bildes liegt in dessen Gleichheit mit dem Urbild bzw. in der Teilhabe an dieser Gleichheit, in dessen Ähnlichkeit. Dies geht aus einer Stelle in De mente klar hervor, wo Cusanus den Begriff des Bildes (imago) von dem der Ausfaltung (explicatio) unterscheidet: „Beachte, dass Bild und Ausfaltung etwas Verschiedenes sind. Denn die Gleichheit ist der Einheit Bild. Aus der Einheit nämlich einmal genommen entsteht die Gleichheit, weswegen der Einheit Bild die Gleichheit ist. Und nicht ist die Gleichheit Ausfaltung der Einheit, sondern die Vielheit (ist Ausfaltung der Einheit). Die Gleichheit ist daher Bild der Einfaltung der Einheit, nicht Ausfaltung. So meine ich, dass der Geist das einfachste Bild des göttlichen Geistes ist unter allen Bildern der göttlichen Einfaltung."[170]

Da Cusanus keine Vielheit von Urbildern zu denken vermag[171] – diese koinzidiert mit der Einheit des einen Ursprungs – ist die

---

[167] Apologia doctae ignorantiae, S.11, Z.14-15 (N.15): Veritas enim in imagine nequaquam, uti est, videri potest; cadit enim omnis imago eo, quia imago, a veritate sui exemplaris. Ebd., S.12, Z.1-2: Nulla enim imago esse potest veritatis adaequata mensura, cum in eo, quod imago, deficiat. Siehe auch De quaerendo deum, N.29, Z.11: in umbra seu imagine.

[168] De mente, N.74, Z.12-13: Nam aequalitas est unitatis imago.

[169] De mente, N.76, Z.2-6, vgl. Anm. 164.

[170] De mente, N.74, Z.12-17: Attende aliam esse imaginem, aliam explicationem. Nam aequalitas est unitatis imago. Ex unitate enim semel oritur aequalitas, unde unitatis imago est aequalitas. Et non est aequalitas unitatis explicatio, sed pluralitas. Complicationis igitur unitatis aequalitas est imago, non explicatio. Sic volo mentem esse imaginem divinae mentis simplicissimam inter omnes imagines divinae complicationis.

[171] Vgl. De mente, N.67, Z.6-7: Unde verissimum erit non esse multa separata exemplaria ac multas rerum ideas.

Gleichheit des Bildes mit seinem Urbild nichts anderes als die Gleichheit des Bildes mit der Einheit selbst. Das Bild der Einheit ist die Gleichheit, die Ausfaltung der Einheit ist die Vielheit. Die Vielheit hängt zwar ganz und gar von der Einheit ab, wie Cusanus in De sapientia zeigt,[172] ist aber im eigentlichen Sinne nicht deren Bild, da sie der Einheit gegenüber das andere ist. Die Gleichheit der Einheit dagegen ist insofern deren Bild, als ihr Sein ausschließlich in der Abbildung der Einheit (in nichts anderem) besteht. Aus dieser Besinnung auf die Gleichheit wird ersichtlich, worin für Cusanus das entscheidende Merkmal des Bildes besteht, weshalb er unter allen Geschöpfen nur den menschlichen Geist als das eigentliche Bild bezeichnet: Ein Bild ist in dem Maße Bild, in dem es sein Bild-Sein in der Abbildung seines Urbildes selbst verwirklicht. Wenn der Wesenssinn des Bildes in der Gleichheit der Einheit bzw. deren Teilhabe besteht, dann muss das Bild ganz in der Verwirklichung dieser Gleichheit aufgehen.[173] Es ist Bild, gerade indem es sich selbst bildet, formt, seinem Urbild gleichmacht. Dass sein Bild-Sein wesentlich in seiner Tätigkeit, in der Verwirklichung seiner Bezogenheit auf das Urbild besteht, will Cusanus verdeutlichen, indem er von einem „lebendigen" Bild spricht:

„Deshalb ist ein Bild, so vollkommen es auch immer sein mag, niemals so vollkommen, wenn es nicht vollkommener und seinem Urbild gleichförmiger sein kann, wie irgendein unvollkommenes Bild, das die Möglichkeit hat, sich dem unerreichbaren Urbild immer mehr und mehr ohne Einschränkung gleichzugestalten. Darin nämlich ahmt es auf die Weise, auf die es dies kann, die Unendlichkeit des Bildes nach, gleichsam als ob ein Maler zwei Bilder machte, von denen eines ihm in Wirklichkeit ähnlicher, (jedoch) tot erschiene, das andere aber (ihm) weniger ähnlich, (jedoch) lebendig, nämlich als ein solches, das sich selbst, von seinem Gegenstand zur Bewegung angeregt, immer gleichgestaltiger machen könnte; niemand bestreitet, dass das zweite das vollkommenere, gleichsam das die Kunst des Malers mehr nachahmende ist. So hat jeder Geist (...) von Gott, dass er in der Weise, in der er kann, ein vollkommenes und lebendiges

---

172 Vgl. De sapientia I, N.6, Z.1-21.

173 Stadler, Rekonstruktion einer Philosophie der Ungegenständlichkeit, schlägt als Übersetzung von imago „Darstellungsbild" statt „Abbild" vor, um jedes gegenständliche Missverständnis des Geistes auszuschließen (30). Wir wollen hier stets von Urbild (exemplar) und Bild (imago / similitudo) reden.

Bild der unbegrenzten Kunst ist."[174]

Mit der Charakterisierung des Bildes als „lebendiges" bringt Cusanus zum Ausdruck, dass die Fähigkeit des Abbildens das Bild erst zum wahren Bild, zum eigentlichen Bild der Wahrheit macht.[175] Nur wenn sein Sein in seinem Abbilden besteht, ist das Bild dem Urbild gegenüber nichts anderes mehr, sondern dessen Ähnlichkeit bzw. – je nach dem Verwirklichungsgrad seiner „Lebendigkeit" – dessen (abgestufte) Gleichheit. Auch wo Cusanus den Geist(-begabten Menschen) nicht als Bild, sondern – in Anlehnung an 1 Kor 13,12 – als für die Wahrheit aufnahmefähigen Spiegel oder als zum Lobe Gottes erklingende Harfe bezeichnet[176], betont er durch Hinzufügung des Wortes „vivus", dass der Geist seine Einheit mit dem Ursprung gerade durch seine Selbst-Verwirklichung, durch die Aktuierung seiner Lebendigkeit, erreicht.[177] Der Geist ist nicht das additive Nebeneinander von Verschiedenem (pluralitas), auch nicht eine die Verschiedenheit negierende oder ausschließende Identität, sondern der Geist ist in dem Maße Geist, in dem er die gleichzeitige Einheit und Unterschiedenheit zwischen Bild und Urbild aktuiert.[178] Er ist insofern wahrhaft Bild, als durch ihn ein Bild Bild seines Urbildes sein kann. Als wahres

---

[174] De mente, N.149, Z.1-12; vgl. auch Brief an Albergati, NN.6-8.

[175] Gerda von Bredow verweist zum Verständnis der Bezeichnung des Geistes als viva imago auf das in Sermo CCLI (1.11.1459) angeführte Augustinus-Wort, „dass das Bild-Sein Gottes darin besteht, capax dei zu sein, fähig an Gott teilzuhaben. Solche Fähigkeit setzt Leben voraus; sie kann verwirklicht werden, aber das Erreichen ihres Sinnes ist nicht gesichert. Dennoch ist mit dieser Fähigkeit, die nur durch ihr Ziel definiert werden kann, das Wesen des Geistes beschrieben: die Möglichkeit der Teilhabe an Gott, ihn zu erkennen und zu lieben. Genau dies ist auch für Nikolaus entscheidend; er bestimmt die mens in ihrem Wesen durch ihr Ziel." (von Bredow, Der Geist als lebendiges Bild Gottes, 59). Aufgrund der von allen übrigen Geschöpfen verschiedenen Seinsweise des Geistes als Bild Gottes bedürfen „alle Bilder vom Geiste (...) einer spezifischen Steigerung, die vom unmittelbar Anschaulichen wieder wegführt." (Ebd., 63).

[176] Vgl. De filiatione dei, N.65, Z.5-9: (Sint) omnes creaturae specula contractiora et differenter curva, intra quae intellectuales naturae sint viva, clariora atque rectiora specula, ac talia, cum sint viva et intellectualia atque libera, concipito, quod possint se ipsa incurvare, rectificare et mundare.

[177] Vgl. in diesem Sinne auch die Bezeichnung des Geistes als viva descriptio (De mente, N.85, Z.7) und als vivus numerus (De mente, N.97, Z.11).

[178] Vgl. auch De mente, N.80, Z.2: Mens est viva substantia. In Bezug auf das Bild des göttlichen Geistes, den menschlichen Geist, schreibt Kurt Flasch: Er ist „eine lebendige Substanz, die mit ihren Tätigkeiten identisch ist. (...) Wir können die mens nicht denken, als ruhe sie erst in sich und gehe sekundär in erkennende Tätigkeit über. Dann wäre sie tote Substanz. Sie ist aber viva substantia" (Geschichte, 280f.).

Bild ist er zugleich Möglichkeitsbedingung des Bild-Seins. Dies gilt vom göttlichen Geist, durch den der Sohn Bild des Vaters ist, und vom geschaffenen Geist, durch den der Mensch Bild Gottes ist, gleichermaßen. Das Verhältnis zwischen Bild und Urbild wird, auf die innertrinitarische Person des Sohnes in Relation zum Vater bezogen, Gleichheit (aequalitas) genannt, auf den geschaffenen Geist in Relation zum göttlichen Geist bezogen, Ähnlichkeit (similitudo). Insofern diese Ähnlichkeit nicht statisch, sondern dynamisch als Geschehen von deren Verwirklichung begriffen wird, bezeichnet Cusanus den Vollzug des menschlichen Geistes als assimilatio.

In diesem durch die Bildkategorie gedeuteten Verhältnis zwischen menschlichem und göttlichem Geist liegt zugleich der entscheidende Schlüssel zur Cusanischen Theologie. Dadurch nämlich, dass der menschliche Geist als Bild verstanden wird, kommt als dessen Urbild der göttliche Geist in den Blick. Denn wenn der Geist des Menschen „sich als lebendiges Bild seines Schöpfers erkennt, so schaut er seinen Schöpfer, indem er auf sich selbst blickt, da er aus der Ähnlichkeit (similitudine) zum Urbild (exemplar) hingerissen wird (rapitur)."[179] Von diesem Ansatz aus kann Cusanus in der Schrift De beryllo als erste grundlegende Einsicht formulieren, „dass das Eine der erste Ursprung ist, und dass dieser gemäß Anaxagoras Geist (intellectus) genannt werde."[180] Wohl um die Überzeugungskraft dieser zentralen Einsicht auch für die „natürliche Vernunft" zu unterstreichen, keineswegs jedoch um einen Gegensatz zwischen sicherem („philosophischem") Wissen und „bloßem" Glauben zu konstruieren, beruft der Kardinal sich hier auf den griechischen Philosophen aus Klazomenai (ca. 500-428). Das von allen Philosophen gesuchte Eine, der Grund alles Vielen, ist Geist. So wird auch in Joh 4,24 Gott Geist genannt, wie Cusanus in De non aliud erläutert. Geist heißt er dort, „weil er nicht, wie zum Beispiel ein Körper, an einen Raum gebunden ist, da er unkörperlich ist. Das Unkörperliche nämlich ist vor dem Körperlichen, das Unräumliche vor dem Räumlichen, das Unzusammengesetzte ist vor dem Zusammengesetzten."[181] Weil Gott „vor" allem Anderen, Zusammengesetzten, Zusammengezogenen, Nicht-Einfachen ist, wird

---

[179] Brief an Albergati, N.5, Z.5-7.

[180] De beryllo, N.4, Z.1-3.

[181] De non aliud, S.56, Z.12-14. Diese Stelle (Kap.XXIV) hält Heinrich Pauli für „einen der bedeutendsten Texte über Gott als Geist (...), die (...) zwischen dm Mittelalter und Hegel ein Philosoph über den Geist geschrieben hat." (Pauli, Die geistige Welt, 180).

er „verknüpfender Geist" (spiritus conectens) genannt. Weil der Geist verbindet, ist er als der creator omnium, als schöpferisches Prinzip vor allem, das von unserem aus unterscheidender ratio und einendem intellectus bestehenden Geist als Verbundenes oder Zusammengesetztes und damit als Bedingtes erkannt wird. Der Geist ist principium conexionis, die Gleichzeitigkeit von Einheit und Unterschiedenheit[182], wie Cusanus sie durch seine Denkform der coincidentia oppositorum einsichtig machen will.[183] In der Erkenntnis dieses mit der dritten göttlichen Person identifizierten kreativen Geistes findet Cusanus den Schlüssel zur Wahrheitserkenntnis, in dessen Unkenntnis er den Grundirrtum der meisten vorchristlichen Philosophen sieht: „Sie scheinen das Prinzip der Verknüpfung, ohne das nichts besteht und die ganze geistige Natur des Glückes entbehren müsste, nicht erkannt zu haben."[184] Ohne auf das erste Prinzip, den Ursprung jeder Einung und Verknüpfung zu blicken, ist das Prinzipiierte nicht zu erkennen. Ohne um den Heiligen Geist als um sein Urbild zu wissen, kann der menschliche Geist sich nicht als Bild verstehen. Ohne sich aber als Bild der Wahrheit zu verstehen, kann der menschliche Geist überhaupt nichts Wahres verstehen, da er alles nur in sich selbst, in seinen eigenen Begriffen zu verstehen vermag.

Die Geringachtung, die Cusanus Aristoteles entgegenbringt, ist darin begründet, dass dieser „in der ersten oder Geistphilosophie

---

[182] „Das Eine und die Vielheit sind nicht im Geist, sondern sie sind der Geist; hier ist alles Eines und Vieles zugleich." Marg. zum Parm.kmtr., Codex 186 Kues, hier zitiert in der Übersetzung nach Heinz-Mohr, Aller Dinge Einheit, 27.

[183] Die Wirklichkeit des Geistes ist nach Cusanus nur durch den „Beryll" der coincidentia oppositorum sichtbar. Nam cum principia sint contraria, tertium principium utique necessarium non attigerunt et hoc ideo, quia contraria simul in ipso coincidere non putabant possibile, cum se expellant. (De beryllo, N.40, Z.5-8).

[184] De venatione sapientiae, N.73, Z.24-26: Hoc pauci philosophi cognoverunt. Principium enim connexionis sine quo nihil subsistit et omnis intellectualis natura felicitate careret, non reperitur eos cognovisse. Vgl. auch De mente, N.147, Z.14-20: Hunc nexum, spiritum seu voluntatem ignorarunt Platonici, qui hunc spiritum non viderunt deum, sed a deo principiatum et animam mundum – ut anima nostra intellectiva nostrum corpus – animantem putarunt. Neque eum spiritum viderunt Peripatetici, qui hanc vim naturam rebus immersam, a qua est motus et quies, posuerunt, cum tamen sit deus absolutus in saecula benedictus. Und De beryllo, N.42, Z.11-18: (Aristoteles et) omnes philosophi ad spiritum, qui est principium conexionis et est tertia persona in divinis secundum nostram perfectam theologiam, non attigerunt, licet de patro et filio plerique eleganter dixerint, maxime Platonici, in quorum libris sanctus Augustinus evangelium Iohannis theologi nostri „in principio erat verbum" usque ad nomen Iohannis Baptistae et incarnationem se repperisse fatetur. In quo quidem evangelio de spiritu sancto nulla fit mentio.

fehlte."[185] Obwohl jener Philosoph sich sein Leben lang bemüht habe, den Grund der vielen Dinge zu finden, habe er nichts Hinreichendes entdeckt.[186] Er hat nicht gesehen, dass der absolute Ursprung Geist ist. Demgegenüber lobt Cusanus Pythagoras, der „über alles mit Hilfe der Zahl philosophierte."[187] Die Pythagoräer, so erklärt Cusanus, „sprechen symbolisch und dem Wesenssinn nach über die Zahl, die aus dem göttlichen Geist hervorgeht." Sie betrachten den menschlichen Geist, wie er sich in seinem Produkt, der mathematischen Zahl, darstellt[188], und sehen in ihr als im Bild das Urbild, die aus dem göttlichen Geist hervorgehende Zahl.[189] Somit spielt die Zahl in den Spekulationen des Cusanus über den Geist insofern eine Rolle, als sie ein Gleichnis für diesen darstellt. Was Cusanus über die Zahl sagt, lässt sich also auf den Geist übertragen. „Der Geist ist die Koinzidenz von Einheit und Andersheit wie die Zahl."[190] Jegliche Zahl besteht aus Einheit und Andersheit, ohne jedoch etwas „anderes" als die absolute Einheit vorauszusetzen. Alle Zahlen entfalten sich unmittelbar aus der Einheit. Daher kann die Zahl auch als das primum principiatum, das erste Entsprungene, das unmittelbar aus seinem Ursprung, der Einheit, hervorgegangene, bezeichnet werden.[191] Nicht chronologisch ist die Zahl bzw. der Geist das zuerst Entsprungene oder Geschaffene, wohl aber logisch in dem Sinne, dass der in der Zahl symbolisierte Geist den notwendigen Ort darstellt, an dem der göttliche Schöpfer im Endlichen nur erscheinen kann. „Siehe", so Cusanus, „wie die

---

[185] De non aliud, S.47, Z.10-12: Verum etsi philosophus ille in prima seu mentali philosophia defecerit, multa tamen in rationali ac morali omni laude dignssima conscripsit.

[186] Vgl. De non aliud, S.46, Z.14-17.

[187] Vgl. De ludo globi II, N.109, Z.25-27 oder De docta ignorantia I, S.15, Z.2-3 (N.18); ebd., S.16, Z.21-23 (N.21); ebd., S.23, Z.8-9 (N.32): Nonne Pythagoras, primus et nomine et re philosophus, omnem veritatis inquisitionem in numeris posuit? Die Zahl ist das praecipuum vestigium ducens in sapientiam (De mente, N.94, Z.15-16).

[188] Mathematik und Sprache sind die Manifestationen des menschlichen Geistes. Vgl. Velthoven, Gottesschau, 131-260.

[189] De mente, N.88, Z.17-22: Symbolice et rationabiliter locuti sunt de numero, qui ex divina mente procedit, cuius mathematicus est imago. Sicut enim mens nostra se habet ad infinitam aeternam mentem, ita numerus nostrae mentis ad numerum illum. Et damus illi numero nomen nostrum sicut menti illi nomen mentis nostrae, et delectabiliter multum versamur in numero quasi in nostro proprio opere.

[190] De mente, N.158, Z.1: Mens est coincidentia unitatis et alteritatis ut numerus. Vgl. auch N.96, Z.5-7: Advertis compositionem numeri ex unitate et alteritate, ex eodem et diverso, ex pari et impari, ex dividuo et individuo.

[191] De mente, N.92. Z.4-5: Primum enim principiatum vocamus symbolice numerum.

unendliche Einheit des Urbildes nur in einem geeigneten Verhältnis (proportio) widerstrahlen kann, (und) dieses Verhältnis ist in der Zahl (ermöglicht oder begründet)."[192] Da die unendliche Einheit selbst relational erscheint, kann sie im Endlichen nur in einer Proportion, einer endlichen, d.h. die Andersheit einbeziehenden Relation erscheinen. Cusanus bezeichnet die Zahl als subiectum proportionis, denn „ein Verhältnis kann nicht ohne Zahl bestehen."[193] So wenig wie ein mathematisches Verhältnis ohne die Zahl bestehen kann, kann ein Verhältnis gleichzeitiger Einheit und Andersheit ohne den Geist aktuell bestehen. Der Geist gelangt daher im Zählen, in der Aktuierung seiner selbst angesichts der zählbaren Dinge (der für ihn erkennbaren Geschöpfe), zu seiner Selbsterkenntnis als aus Einheit und Andersheit zusammengesetzter lebendiger Zahl, und von da aus zu seiner eigenen Voraussetzung, der nicht zahlhaften Zahl, der göttlichen Dreieinheit ohne Andersheit.

5) DIE SICH VOM ANSATZPUNKT BEIM MENSCHLICHEN GEIST AUS ERGEBENDE NOTWENDIGKEIT EINES WELTVERSTÄNDNISSES ALS APPARITIO DEI

Bisher wurde gesagt: Soll die (durch das iudicium discretivum vermittelte) apriorische Bezogenheit des menschlichen Geistes auf die göttliche Wahrheit nicht absurd sein, so muss der Geist als Bild des göttlichen Geistes gedeutet werden. Denn im Bild ist das Urbild anwesend und abwesend zugleich. Die Reflexion auf das Wesen des Bildes aber hat gezeigt, dass das Bild-Sein des Geistes nur in dessen Erkenntnisfähigkeit bestehen kann, darin, dass der Geist sich als „lebendiges Bild" selbst verwirklichen kann, indem er sich erkennend seinem Urbild verähnlicht. Aus dem Bildbegriff ergibt sich also, dass der Geist mit seinem Erkenntnishandeln, der Verwirklichung seines Vermögens, identisch ist.

Daraus kann nun gefolgert werden: Da im Bild das Urbild offenbar wird und zugleich verborgen bleibt, muss sich das Erkenntnishandeln des menschlichen Geistes (in welchem die Verwirklichung seines Bild-Seins besteht) zu dem Offenbarungshandeln des göttlichen Geistes so verhalten wie das Bild zum Urbild. Wenn der erkennende Geist das

---

[192] De mente, N.92, Z.11-13.

[193] De mente, N.92, Z.5-6: Numerus est subiectum proportionis; non enim potest esse proportio sine numero.

Bild der göttlichen Wahrheit ist, muss das mit dem Schöpfungsgeschehen identifizierte göttliche Offenbarungshandeln so im menschlichen Erkennen aufscheinen wie das Urbild im Bild. Umgekehrt muss das menschliche Erkennen so Erscheinung des göttlichen Schöpferwirkens sein, wie das Bild Erscheinung des Urbildes ist. Mit anderen Worten: Aus dem Verhältnis gleichzeitiger Einheit und Unterschiedenheit, das zwischen Urbild und Bild, göttlichem und menschlichem Geist herrscht, kann auf das Verhältnis gleichzeitiger Einheit und Unterschiedenheit zwischen dem göttlichen Schöpfungsoder Offenbarungshandeln und dem menschlichen Erkenntnishandeln geschlossen werden.[194] Dass der Mensch die göttliche Wahrheit aus der Weltbetrachtung erkennen kann, dass er die Gedanken des Schöpfers selbständig nachdenken und darin den Schöpfer finden kann, liegt für Cusanus also darin begründet, dass der Geist als viva imago dei begriffen wird. Der Geist des Menschen ist der „Ort" der Erscheinung Gottes.

Damit ist der Begriff gefallen, in dem Cusanus die Möglichkeit einer Vermittlung zwischen dem schöpferischen Wirken Gottes und dem eigenständig-kreativen Erkenntnisvermögen des Menschen ausgedrückt erblickt: der Begriff apparitio dei.[195]

---

[194] Das Analogie-Verhältnis zwischen menschlichem Erkennen und göttlichem Erschaffen kommt sehr deutlich zum Ausdruck in De ludo globi II, N.80, Z.3-14: Cognoscere dei est esse. Esse dei est entitas. Cognoscere dei est entitatem divinam in omnibus entibus esse. Non sic est mens nostra in iis quae cognoscit sicut deus, qui cognoscendo creat et format. Sed mens nostra cognoscendo creata discernit, ut sua notionali virtute omnia ambiat. Sicut deus omnium exemplaria in se habet, ut omnia formare possit, ita mens omnium exemplaria in se habet, ut omnia cognoscere possit. Deus vis est creativa, secundum quam virtutem facit omnia veraciter esse id quod sunt, quoniam ipse est entitas entium. Mens nostra vis est notionalis, secundum quam virtutem facit omnia notionaliter esse. Unde veritas est eius obiectum; cui suum conceptum si assimilat, omnia in notitia habet. Et entia rationis dicuntur.

[195] Während Martin Thurner in seiner Cusanus-Interpretation von den Begriffen des Geheimnisses und der Offenbarung und der damit zusammenhängenden Terminologie (arcanum, absconditum, occultum, velatum, secretum, mysterium einerseits, ostensio, manifestatio, revelatio andererseits) ausgeht, soll in der vorliegenden Arbeit vom Begriff der apparitio dei ausgegangen werden, da hierin beide von Thurner beleuchteten Aspekte, die bleibende Verborgenheit und die gleichzeitige Offenbarkeit des göttlichen Geheimnisses, vermittelt werden. Zu Recht merkt Thurner an: „Weil für Cusanus die philosophischen Begriffe den Charakter einer konjekturalen Anspielung an die unerreichbare Wahrheit haben, fixiert er seine Terminologie nicht im scholastischen Sinne" (Gott als das offenbare Geheimnis, 17, Anm.4), sondern hebt ausdrücklich hervor, dass „die Abwechslung im Wortgebrauch vieles Dunkle erhellen" kann, was ihm besonders bei Meister Eckhart aufgefallen ist (zit.

Cusanus findet diesen Begriff in dem Werk De divisione naturae (Periphyseon) des Johannes Eriugena vor[196], dessen erstes Buch er mit Sicherheit gekannt hat. Eriugena greift seinerseits den Theophaniebegriff des Pseudo-Dionysius Areopagita auf, übersetzt ihn mit apparitio dei und schreibt: „Alles, was eingesehen (gedacht) und sinnenfällig erfahren wird, ist nichts anderes als Erscheinung des Nicht-Erscheinenden, Offenbarmachen des Verborgenen, Bejahung des Verneinten, Begreifen des Unbegreiflichen, Sagen des Unsagbaren, Zugang zum Unzugänglichen, Einsicht in das Nicht-Einsehbare, Körper des Unkörperlichen, Wesen des Überwesentlichen, Gestalt des Gestaltlosen, Maß des Unmessbaren, Zahl des Unzählbaren, Gewicht des Gewichtlosen, Festwerden des Geistigen, Sichtbarkeit des Unsichtbaren, Ortwerdung des Ortlosen, Zeitlichkeit des Zeitlosen, Begrenzung des Grenzelosen, Umschreibung des Unumschreibbaren."[197]

Cusanus, der diese Textpassage als „wunderbare Worte" (verba mirabilia) bezeichnet hat[198], benutzt nun neben der lateinischen (apparitio) auch gelegentlich die griechische Vokabel für „Erscheinung" (theophania), die er bei dem „großen Theologen" Dionysius vorfin-

---

nach Haubst, Nikolaus von Kues als Interpret, 96: Alternatio dictionum multa obscura declarat, et in hoc iste magister est in omnibus scriptis suis singularis). Daher kann der Terminus apparitio dei bzw. theophania zwar nur in seiner Überschneidung mit den Termini ostensio, revelatio, manifestatio und repraesentatio verstanden werden, er bringt jedoch klarer als der Begriff der Offenbarung zum Ausdruck, dass es sich um Selbst-Offenbarung Gottes handelt, da Gott nichts offenbaren kann, das er nicht selber ist. Die Welt ist daher „Erscheinung Gottes".

[196] Wie Werner Beierwaltes gezeigt hat, geht der Begriff apparitio dei des Cusanus unmittelbar auf Johannes Eriugena zurück, der „durch seine Übersetzungen aus Gregor von Nyssa und Maximus Confessor, insbesondere aber durch die (...) Übersetzung und Kommentierung der Werke des Pseudo-Dionysius Areopagita, sowie durch die Rezeption der dionysischen Theologie in seinem Hauptwerk De divisione naturae die sachliche Rückbindung der westlichen Theologie an die philosophische Tradition implizit in einem Maße geleistet (hat) wie vor ihm nur Augustinus. (...) Ein den Theophanie-Begriff erläuternder Satz: Das Seiende insgesamt ist Erscheinung (Erscheinen) des Gottes als des selbst Nicht-Erscheinenden, versteht beide, Gott und Erscheinung, emphatisch: Zum einen meint er Seiendes, in dem Gott erscheint oder sich zeigt, in dem er jedoch nicht so ist wie er in sich ist, zum anderen Seiendes, in dem oder gar als das Gott erscheint, ohne dessen Hervorgang aus ihm selbst in anderes nichts, das heißt nur er selbst wäre." (Negati affirmatio, 240f.). Zur weiteren Begriffsgeschichte von theophania bzw. apparitio dei vgl. Welt, Art. Theophanie.

[197] Periphyseon III, 4 (Sheldon-Williams 58, 12-19).

[198] Vgl. Beierwaltes, Platonismus im Christentum, 148.

det. Besonders in De coniecturis (1443) trifft man die griechische Fassung an, die hier jeweils das „Herabsteigen" der ersten Einheit bzw. absoluten Wahrheit in das an dieser Einheit Partizipierende bezeichnet.[199] Gott steigt im Modus der Theophanien in das Denken des Menschen hinab, damit dieser durch Erkenntnis in die filiatio dei aufsteige. Theophanien sind die Geschöpfe, sofern sie den menschlichen Geist zur Schau des Schöpfers führen. Ungleich häufigere Verwendung als in De coniecturis finden beide Ausdrücke, die griechische und die lateinische Form nebeneinander, in dem wenig später entstandenen kleinen Werk De dato patris luminum (1445/46), besonders in Kapitel 4, wo die Aussage aus Kapitel 1 entfaltet wird, die Gaben des „Vaters der Lichter" (vgl. Jak.1,17) seien „lumina seu theophaniae". Alle geschaffenen Dinge, so Cusanus, sind Erscheinungen des einen Gottes.[200] Ihr Sinn besteht darin, den menschlichen Geist zur Erkenntnis des „Vaters der Lichter" hinzuführen. Cusanus gebraucht den Terminus apparitio im wesentlichen[201] in dreifachem Sinn: (1) indem er von allen Geschöpfen als lumina seu theophaniae sowie von apparitiones (im Plural) spricht[202], (2) indem er von Jesus

---

[199] Vgl. De coniecturis, N.61, Z.3-7: Post haec taliter, quamvis ineptius, tradita mundum quendam supremum ex theophanico descensu divinae primae unitatis in denariam atque ex denariae unitatis regressione in primam constitui concipe. N.137, Z.9-10: Varietatem autem intelligentiarum varie unissimam veritatem theophanice participantium... N.167, Z.19-22: Et haec est ultima perfectio intellectus, quoniam per theophaniam in ipsum descendentem continue ascendit ad approximationem assimilationis divinae atque infinitae unitatis, quae est vita infinita atque veritas et quies intellectus.

[200] De dato patris luminum, NN. 108-111.

[201] In De docta ignorantia III, S.156, Z.24 (N.253) (harmonicis apparentiis) beispielsweise wird der Begriff in allgemeiner Bedeutung gebraucht und daher hier nicht weiter berücksichtigt. Desweiteren finden sich, verstreut über das Gesamtwerk, zahlreiche Einzelstellen, an denen der apparitio-Gedanke in unterschiedlichen Zusammenhängen auftaucht. Z.B.: De visione dei: apparentia: N.4, Z.10; N.5, Z.2.9; N.6, Z.12; apparere: N.5, Z.3.7; N.6, Z.14; N.17, Z.4; N.19, Z.2; N.35, Z.15; N.41, Z.11.19; N.47, Z.3.5; N.65, Z.14; N.67, Z.7; in apparentibus: N.43, Z.6; apparenter: N.5, Z.9. De theologicis complementis: apparere: N.3, Z.11.13; N.7, Z.27; 12/Br, N.9, Z.51.74. De venatione sapientiae: apparere: N.14, Z.17. De ludo globi: theophania: N.78, Z.7; apparens: N.97, Z.9; apparere: N.96, Z.13; N.97, Z.5.6; N.103, Z.1; N.114, Z.7; apparitio: N.78, Z.7. Compendium: N.33, Z.7.8.10.11; N.34, Z.9.13. De aequalitate: apparere: N.19, Z.10.11.14; N.20, Z.14.

[202] Z.B. De dato patris luminum, N.108, Z.7-8: omnia apparitiones sive lumina; Z.9: omnia sunt apparitiones unius dei.

Christus als der perfectissima apparitio spricht[203] und (3) indem er von den einzelnen Geschöpfen als von den vielen Weisen der einen Erscheinung Gottes (im Singular) spricht.[204]

In diesem letztgenannten Sinne sind wohl auch zwei zentrale Stellen aus dem Spätwerk des Kardinals zu verstehen, die hier zitiert seien. In De possest heißt es: „Was also ist die Welt, wenn nicht Erscheinung des unsichtbaren Gottes? Was ist Gott, wenn nicht die Unsichtbarkeit des Sichtbaren, wie der Apostel in dem am Beginn unseres Gesprächs vorausgeschickten Wort (Röm 1,19f.) nahelegt? Die Welt offenbart also ihren Schöpfer, damit er erkannt werde."[205] Vier Jahre später, in seinem letzten Lebensjahr, schreibt Cusanus im Compendium seiner Theologie: Wenn Du alle meine Schriften gelesen hast, „wirst Du finden, dass uns der erste Ursprung überall als derselbe unterschiedlich erschienen ist, und dass wir sein vielfältiges Sich-Zeigen verschieden beschrieben haben."[206] Ob man das Wort undique

---

[203] In Anwendung auf das Erscheinen Jesu Christi in der Welt sind etwa folgende Stellen zu nennen: De docta ignorantia III, S.129, Z.10-14 (N.202): Primogenitus deus et homo (...) in plenitudine temporis multis revolutionibus praeteritis mundo appareret; S.130, Z.1-2 (N.203): qui per prophetas se in mundo appariturum praedixerat.; S.132, Z.22-23 (N.207): Iesus (...) in mundo apparuit. Außerdem De dato patris luminum, N.110, Z.4-5: Filius primogenitus et suprema apparitio patris; und De apice theoriae, N.28; Z.4-5: Cuius perfectissima apparitio, qua nulla potest esse perfectior, Christus est.

[204] Z.B. De dato patris luminum, N.109, Z.4-7: Est unitas, simplex principium numeri, maximae et incomprehensibilis virtutis, cuius virtutis apparitio non nisi in varietate numerorum ab ea virtute descendentium ostenditur. Vgl. außerdem De apice theoriae, N.9, Z.7-9: Et non videbis varia entia nisi apparitionis ipsius posse varios modos; quiditatem autem non posse variam esse, quia est posse ipsum varie apparens.
In der kleinen, 1464 entstandenen Schrift De apice theoriae wird wohl nicht zufällig auf De dato patris luminum zurückverwiesen. Der Begriff apparitio bzw. apparere nimmt hier noch einmal eine zentrale Stellung ein: apparitio: N.14, Z.11.19.22; N.15, Z.3.12.15; N.24, Z.6.8; apparere: N.8, Z.11; N.9, Z.9; N.10, Z.6; N.11, Z.18; N.14, Z.20; N.15, Z.7; N.23, Z.12; N.25, Z.19.21.23; N.26, Z.2; apparitio ipsius posse: N.9,Z.7; N.14, Z.6.14; N.20, Z.7; N.27, Z.7.8; apparitio ipsius posse unitatis: N.14, Z.17.18; apparitio perfectissima: N.28, Z.4; apparitio veritatis: N.20, Z.6.7.

[205] De possest, N.72, Z.6-9: Quid igitur est mundus nisi invisibilis dei apparitio? Quid deus nisi visibilium invisibilitas, uti apostolus in verbo in principio nostrae collocutionis praemisso innuit? Mundus igitur revelat suum creatorem, ut cognoscatur. Die Herausgeber der Heidelberger opera omnia bemerken zu diesem Satz: „Mundum apparitionem dei esse Nicolaus saepe, etiam aliis verbis, affirmat" (S.84).

[206] Compendium, N.44, Z.2-5: Habes, quae nos in his alias latius sensimus, in multis et variis opusculis, quae post istud Compendium legere poteris, et reperies primum principium undique idem varie nobis apparuisse et nos ostensionem eius variam varie depinxisse.

– „überall" auf den Nachlass des Kardinals oder auf die Weltwirklichkeit bezieht, in beiden Fällen drückt das Verbum apparuisse hier das
Verhältnis zwischen dem absoluten Ursprung, der göttlichen Wahrheit, und dem Gegenstand unseres Erkennens, den sinnenfällig gegebenen Dingen aus. Diese nämlich sind verschiedene Weisen der
Erscheinung des einen Grundes in unserem Geist. Während Cusanus
da, wo er im Plural von Erscheinungen spricht, eher die Herkunft der
vielen Dinge aus deren Grund zum Ausdruck bringen will, deutet er
mit dem Singular apparitio eher den Bezug der Dinge auf ihren Adressaten, den menschlichen Geist an. Denn der Geist erkennt letztlich
nicht die Vielheit der Dinge als Erscheinungen verschiedener Urbilder, sondern die Einheit des göttlichen Grundes, der auf vielfältige
Weise erscheint.

In demselben Sinne verwendet Cusanus den Begriff apparitio auch
in der kleinen, 1445 zusammen mit drei anderen Opuscula (De deo
abscondito, De quaerendo deum, De dato patris luminum)[207] verfassten Schrift De filiatione dei, in der er sein Verständnis der in Joh 1,12
verheißenen Gotteskindschaft expliziert. Die „Weise Gottes, auf die er
für die Vernunft im ewigen Leben mitteilbar existiert", ist der modus
apparitionis veritatis absolutae.[208] Gott ist nicht ohne weiteres die
Wahrheit, sondern die Wahrheit ist die Erkennbarkeit Gottes (der
absoluten Wahrheit) für den menschlichen Geist.[209] In dieser Welt
wird die Wahrheit dem Geist über die sinnenfälligen Dinge vermittelt,
weil die Erkenntnistätigkeit des Geistes an die Anregung durch die
Sinne gebunden ist. In der Vollendung, in dem Zustand, der aufgrund der höchstmöglichen Einung des Verschiedenen „Kindschaft"
(filiatio) genannt wird[210], zeigt Gott sich dem Geschöpf zwar unvermittelt und unumschattet von „Gestalt, Rätselbild und verschiedener

---

[207] Thurner hat auf das komplementäre Verhältnis ihrer Titel zueinander hingewiesen.
Vgl. Gott als das offenbare Geheimnis, 21.

[208] Vgl. De filiatione dei, N.62, Z.4 - N.63, Z.7: Arbitror te satis intellexisse veritatem in
alio non nisi aliter posse comprehendi. Sed cum illi modi theophanici sint intellectuales, tunc deus, etsi non uti ipse est attingitur, intuebitur tamen sine omni aenig-
matico phantasmate in puritate spiritus intellectualis (...). Hic quidem absolutae veritatis apparitionis modus (...) deus est. (...) Sed si (...) subtilissime advertis, tunc veritas ipsa non est deus, ut in se triumphat, sed est modus quidem dei, quo intellectui
in aeterna vita communicabilis existit.

[209] Vgl. De deo abscondito, N.12, Z.1-6: Gentilis: Estne deus veritas? Christianus: Non,
sed omnem praevenit veritatem. (...) Est ante omne id, quod veritas per nos concipitur et nominatur, in infinitum excellenter.

[210] Vgl. De visione dei, N.82, Z.2-4: Homo te deum receptibilem capiens transit in
nexum, qui ob sui strictitudinem filiationis nomen sortiri potest.

Andersheit"[211], also nicht mehr in den vielen körperlich verfassten apparitiones, in der Andersheit der sinnenfälligen Dinge verborgen, dennoch aber im modus apparitionis, d.h. auf eine dem Geschöpf zugängliche Weise.[212] Der Geist des Menschen, der „von jeder sinnlichen Andersheit frei" ist, vermag die Andersheit, die ihm in der sinnenfälligen Welt begegnet, von seinen Erkenntnisobjekten zu abstrahieren, indem er deren Formen in sich selbst, der forma formarum, begrifflich eingefaltet, erblickt.[213] Nur seine eigene Andersheit gegenüber der von aller Andersheit freien Wahrheit bzw. absoluten Einheit vermag der Geist nicht gänzlich zu überschreiten[214], solange er Begriffe bildet. Denn die Wahrheit ist kein Begriff.[215] Das Erkennen des Geistes dagegen ist an Begriffe gebunden. Erst wenn der Geist „sich selbst verlässt"[216], wenn er den konjekturalen Charakter all seiner Begriffe erkennt, tritt er der Wahrheit so gegenüber, dass diese sich ihm – jenseits aller Begriffe – so zeigen kann, wie sie ist, wie auf einem Spiegel, der ganz darin aufgeht, Spiegelbild seines Urbildes zu sein. Doch selbst dann bleibt der Geist Spiegelbild, steht er zur Wahrheit des Urbildes noch immer in der Relation des Entsprunge-

---

211 De filiatione dei, N.53, Z.4-7: (Ut intellectus pertingat) ad theosim ipsam, ad ultimam scilicet intellectus perfectionem, hoc est ad ipsam apprehensionem veritatis, non uti ipsa veritas est obumbrata in figura et aenigmate et varia alteritate in hoc sensibili mundo.

212 Vgl. De filiatione dei, N.64, Z.6-7: (Deus) attingitur cum pace et quiete, quando satiatur spiritus in hac apparitione gloriae dei.

213 Vgl. De complementis theologicis, N.2, Z.19-22: Est igitur mens a sensibili materia libera et habet se ad figuras mathematicas quasi forma. Si enim dixeris figuras illas formas esse, erit mens forma formarum. Wenn Cusanus den Geist in Kap. IX die causa efficiens formae (N.9, Z.34-35) nennt, dann deshalb, weil die forma das ist, „was Namen und Sonderung verleiht" (quod dat nomen (et) discretionem). Die forma („Gestalt") einer Sache, die sie mit allem anderen verbindet und von allem anderen unterscheidet, strahlt in der proportio (im Zusammenhang aller Dinge) wieder. Die proportio besteht allerdings nicht ohne die Zahl. Die Zahl als subiectum proportionis ist Symbol für den Vollzug des Geistes. (Vgl. De mente, N.92)

214 Vgl. De complementis theologicis, N.2, Z.27-33: Mens autem nostra etsi careat omni sensibili alteritate, non tamen omni alteritate. Videt igitur mens, quae non caret omni alteritate, saltem mentali, figuras ab omni alteritate absolutas. Illas igitur in veritate intuetur et non extra se; nam intuetur eas, hoc enim extra ipsam fieri nequit. Mentaliter enim intuetur et non extra mentem, sicut sensus sensibiliter attingendo non extra sensum, sed in sensu attingit.

215 Dementsprechend heißt es in De possest, N.41, Z.9: Quanto igitur intellectus intelligit conceptum dei minus formabilem, tanto maior est, ut mihi videtur.

216 Vgl. De aequalitate, N.14, Z.18.

nen zum Ursprung. Cusanus benutzt das Bild der „Dunkelheit".[217]
Der Geist vermag seine Begriffe als Begriffe, d.h. in ihrer Ungenauigkeit, zu durchschauen und so hinter sich zu lassen, er vermag sich
jedoch grundsätzlich nicht anders als über die begriffliche Vermittlung zu aktuieren.

Auch in der Theosis also, der „Erkenntnis Gottes und des Wortes
oder der inneren Schau"[218] bleibt Gott, wie er in sich ist, für das Geschöpf unzugänglich und unbegreiflich. Weil das Geschöpf ewig Geschöpf bleibt, besteht nämlich auch das durch „keinerlei Proportion"[219] gekennzeichnete Grundverhältnis zwischen Schöpfer und
Schöpfung in Ewigkeit fort.[220] Das Geschöpf wird niemals Gott. Der

---

[217] Vgl. Anm. 144.

[218] De filiatione dei, N.52, Z.4-5: Theosim vero tu ipse nosti ultimitatem perfectionis
exsistere, quae et notitia dei et verbi seu visio intuitiva vocitatur.

[219] Vgl. De docta ignorantia I, S.8, Z.20-21 (N.9).

[220] Wenn Cusanus das Ziel der ganzen Schöpfung, die filiatio dei, als magisterium, als
jene Meisterschaft des menschlichen Geistes beschreibt, in der der Geist erkennend
mit seinem Objekt, seiner „Nahrung", der erkennbaren Wahrheit, vereint wird (De
filiatione dei, N.57f.), dann ist dies nicht im Sinne einer Selbsterlösung aufzufassen,
so als sei jene Erkenntnis allein Sache des erkennenden Geistes; vielmehr antwortet
der geschaffene Geist auf das Sich-Zeigen seines „Gegenstandes", indem er ihn „erfasst" (apprehendit): Quia recipimus verbum eius et credimus, docibiles deo erimus.
Per hoc in nobis potestas exoritur posse ad ipsum magisterium pertingere quod est
filiatio. (De filiatione dei, N.56, Z.13-15). Unmissverständlich weist Cusanus auf die
Unbegreifbarkeit Gottes für den Intellekt etwa in De visione dei hin: Et si quis e-
xpresserit conceptum aliquem, quomodo concipi possis, scio illum conceptum non
esse conceptum tuum. (...) Et si quis expresserit aliquam similitudinem et dixerit secundum illam te concipiendum, scio similiter illam similitudinem non esse tuam. Sic
si intellectum tui quis enarraverit volens modum dare, ut intelligaris, hic longe a-
dhuc a te abest. (N.51, Z.9-16). Nichtsdestotrotz spricht Hans Urs von Balthasar gerade dem Opusculum de filiatione dei „gnostischen Charakter" zu (Vgl. Herrlichkeit
III, I/2, 590). Die von v. Balthasar angesprochene, für gnostisches Denken bezeichnende, starke Akzentuierung des Unterschiedes zwischen nur schattenhafter, durch
die Materie verdunkelter (obumbrata) Erkenntnis in dieser Welt und rein geistiger
Schau der Wahrheit im ewigen Leben der Gotteskindschaft findet sich in den Schriften ab 1450 jedoch nicht mehr. Dort lesen wir sogar: „Ego autem tibi dico, quod
‚sapientia foris' clamat ‚in plateis'„ (De sapientia I, N.3, Z.10-11). In De visione dei
gelangt der Geist schon in dieser Welt bis an die „Mauer der Koinzidenz" (N.42, Z.7-
9), bis zur Einsicht in die sich offenbarende Wahrheit selbst. Der Unterschied zwischen zeitlichem Erkennen und seliger Schau ist für Cusanus letztlich nur ein relati-
ver, „nur" durch das „Hinzutreten" bzw. „Wegnehmen" der sinnenfällig vermittelten
Andersheit charakterisierter, während der wesenhafte (in diesem Sinne: absolute)
Unterschied zwischen Schöpfer und Geschöpf ewig bestehen bleibt, vermittelt durch
die in Jesus Christus „entgegentretende Wahrheit" (veritas obiectalis), die als Mit-
teilbarkeit des unmittelbaren Gottes die „Speise" des intellectus ist. So ist auch der

geschaffene Geist kann sich jedoch dann vollkommen als Ort der Erscheinung Gottes verwirklichen, wenn Gott sich ihm direkt – nude et pure – offenbart. Diese Offenbarung im ewigen Leben, so führt Cusanus aus, müsse man sich so vorstellen, als schaue jemand in einem einzigen Anblick das Denken Euklids; „und diese Schau wäre das Ergreifen von dessen Kunst, die Euklid in seinen Elementen entfaltet."[221] Cusanus identifiziert das „göttliche Denken" mit der kreativen „Kunst des Allmächtigen". Diese Kunst ist es, die vom menschlichen Geist, vermittelt über dessen Selbsterkenntnis, prinzipiell erkannt werden kann.[222] In seiner eigenen schöpferischen Erkenntniskunst erscheint die Kunst des allmächtigen Schöpfers wie in einem lebendigen Spiegel. Ob der menschliche Geist seinen Schöpfer nun – in dieser Welt – vermittels dessen Werke, der Geschöpfe, oder – in der Gotteskindschaft – unvermittelt schaut, in jedem Fall schaut er ihn als seinen Schöpfer, d.h. in dessen göttlicher Schöpferkunst. Die göttliche Schöpferkunst ist gleichsam das dem Geschöpf zugewandte Antlitz, die „Seite", von der sich die absolute Wahrheit in ihrem Bild oder Spiegel, dem geschaffenen Geist, sehen lässt. Die dem Menschen zugängliche Wahrheit ist somit die Erscheinung der Schöpferkunst im menschlichen Geist: apparitio dei. Hier wird besonders deutlich, worin der innere Zusammenhang zwischen Schöpfungs- und Erkenntnislehre bei Cusanus besteht: Weil der menschliche Geist Gott nicht unabhängig von seinem Bezug zu ihm, also rein objektiv denken kann, ihn aber notwendigerweise denken muss, wenn er sich selber denkt, muss er ihn als seinen eigenen Grund oder Schöpfer denken.

Hinweis Riccatis auf das Fehlen einer ausgeprägten Eschatologie bei Cusanus („Ce qui manque, c´est une théorie explicite de la resolution finale de ce qui a commencé dans le temps et dans le lieu." Riccati, „Processio" et „Explicatio", 136; vgl. auch 192) damit zu erklären, dass die für die Ewigkeit verheißene Schau Gottes schon hier und jetzt ansatzweise möglich ist: im Ergreifen der sich durch das sinnenfällige hindurch sich zeigenden Wahrheit.

[221] De beryllo, N.70, Z.1-3: Haec enim ostensio est concipienda, ac si quis unico contuitu videret intellectum Euclidis et quod haec visio esset apprehensio eiusdem artis, quam explicat Euclides in suis Elementis.

[222] Vgl. De beryllo, N.70, Z.3-10: Sic intellectus divinus ars est omnipotentis, per quam fecit saecula et omnem vitam et intelligentiam. Apprehendisse igitur hanc artem, quando se nude ostendet in illa die, quando nudus et purus apparuerit coram eo intellectus, est acquisivisse dei filiationem et hereditatem immortalis regni. Intellectus enim si in se habuerit artem, quae est creativa vitae et laetitiae sempiterna, ultimam est assecutus scientiam et felicitatem.

6) APPARITIO DEI ALS AUSDRUCK DER GLEICHZEITIGEN EINHEIT UND UNTERSCHIEDENHEIT DES GÖTTLICHEN SCHÖPFUNGSAKTES UND DES MENSCHLICHEN ERKENNTNISAKTES

Die Verwendung der Termini apparitio bzw. apparere in den „multa et varia opuscula", auf die Cusanus sich in seinem Compendium bezieht, zeigt bereits äußerlich an, dass der Theophaniegedanke nicht nur in einer bestimmten Phase seines Denkens von Bedeutung ist, sondern eine Schlüsselfunktion für das Verständnis seiner gesamten Theologie hat. Die göttliche Wahrheit „erscheint" als Schöpferkunst (ars creativa) in der Erkenntniskunst (ars coniecturalis) des menschlichen Geistes. Das auf die sinnenfällige Welt verwiesene, in der Erschaffung von Begriffen kreativ tätige Erkennen unseres Geistes ist selbst Erscheinung der kreativen Kunst des göttlichen Geistes, es ist der „Modus", in dem der frei sich mitteilende Gott erkennbar wird. Durch die Verwiesenheit des menschlichen Geistes auf die sinnenfällige Welt wird diese in das Geschehen der apparitio dei eingebunden. In allen Geschöpfen erblickt der Geist „lumina seu theophaniae", Seiende, die durch die Aktuierung ihrer Möglichkeiten ihren Grund zur Erscheinung bringen. In dieser Cusanischen Konzeption einer über den Bildgedanken verbundenen Einheit der Erkenntnislehre und der Schöpfungslehre wird die schöpferisch-erfinderische Eigenständigkeit, die „Individualität und Subjektivität"[223] des Menschen so in ihrem göttlichen Grund verankert, dass der Schöpfer in dem Maße erkannt wird, in dem der Geist sich selbst erkennt.

Was Cusanus mit dem Begriff apparitio dei meint, wird am besten durch den universal anwendbaren „Beryll" der Koinzidenz verstanden. Zwischen dem begründenden göttlichen Wirken und dem begründeten geschöpflichen Wirken besteht das Verhältnis gleichzeitiger Einheit und Unterschiedenheit. Dass Gott in allem, was er schafft, als Schöpfer erscheint, ist der Grund dafür, dass alles, was ist, indem es sich selbst verwirklicht, Gott für den menschlichen Geist zur Erscheinung bringt. Der Mensch wird von Cusanus als Einheit aus körperlicher und geistiger Wirklichkeit und deshalb als Repräsentant der gesamten Schöpfung beschrieben. Darum kann vom Menschen, ge-

---

[223] Vgl. die gleichnamige Habilitationsschrift von Hubert Benz, die in Auseinandersetzung mit den verschiedensten Cusanus-Interpretationen zu der These kommt, dass die (oftmals als modern apostrophierte) Cusanische Erkenntnistheorie in Wahrheit nur auf dem Boden der Schöpfungstheologie richtig zu verstehen ist.

nauer von seiner vornehmsten Tätigkeit, seinem Erkennen, in dem er sich als Mensch erst voll verwirklicht, gesagt werden, dass der modus apparitionis alles Geschaffenen in ihm zum Bewusstsein kommt. Das Schaffen Gottes ist der ermöglichende Grund für das menschliche Erkennen. Und das menschliche Erkennen ist die Erscheinung des göttlichen Schaffens. Cusanus spricht zwar weder expressis verbis davon, dass das geschöpfliche Wirken und insbesondere das menschliche Erkennen mit dem göttlichen Schaffen „koinzidiere", noch definiert er irgendwo, was er unter dem Terminus apparitio dei versteht. Da der Koinzidenzbegriff jedoch nie die Beseitigung jeder Unterschiedenheit[224], sondern stets die Erkenntnis von deren Grund, die Erkennbarkeit der Einheit des zugleich verschieden Bleibenden impliziert, kann interpretierend vom „Ineinsfall" des göttlichen Schöpfungs- oder Offenbarungswirkens und des geschöpflichen Selbstseins oder menschlichen Erkenntnisaktes gesprochen werden, ohne dass die Aufhebung des einen in das andere intendiert wird. In seiner Auslegung von Joh 17,1 spricht Cusanus selbst von „dieser Koinzidenz: Der Vater verherrlicht den Sohn, und das heißt, der Sohn verherrlicht den Vater."[225] Hier wendet er den Koinzidenzbegriff auf die vollkommene Erscheinung Gottes, des Vaters, im Sohn an: Indem der Vater (der Welt) den Sohn offenbart, verherrlicht der Sohn den Vater. Durch die Koinzidenz des göttlichen und des geschöpflichen Wirkens vermag der menschliche Geist Gott als den Schöpfer zu erkennen. Auch wo Cusanus über das Schriftwort „Dein Glaube hat dich heil gemacht" (Lk 7,50) predigt, bedient er sich des Koinzidenzgedankens, um die gleichzeitige Einheit und Unterschiedenheit des Heil schenkenden Wirkens Jesu Christi und des glaubenden Empfangens des Menschen auszudrücken. „Dieser Glaube fällt mit dem Erlö-

---

[224] Dieses Missverständnis wehrt Cusanus in der Apologia doctae ignorantiae in Bezug auf das Trinitätsverständnis ausdrücklich ab: ‚Profitemur nos credere indivisibilem sanctam trinitatem, hoc est patrem et filium et spiritum sanctum, ita unum ut trinum et ita trinum et unum.' Ecce, quomodo penitus nullum habet intellectum in theologicis, qui ad coincidentiam unitatis et trinitatis non respicit; nec ex hoc sequitur patrem esse filium vel spiritum sanctum (Apologia doctae ignorantiae, S.23, Z.19-24 (N.34)). Cusanus beruft sich hier auf Papst Coelestin, wobei Raimund Klibansky im kritischen Apparat bemerkt: Hoc dictum neque apud Coelestinum I. (PL 50 col. 417-558) neque apud alios huius nominis Papas reperitur; qua via ad Cusanum pervenerit, incertum (S.23).

[225] Vgl. Sermo CCLXXXIII (280), V2, fol.270rb: Sequitur: ‚Haec locutus est Iesus, et sublevatis oculis in caelum, dicit: Pater, (venit) hora, clarifica filium (tuum), ut filius tuus clarificet te'. Nota hanc coincidentiam: Pater clarificat filium, et hoc est filium clarificare patrem. Clarificare, ut infra dicitur, est manifestare.

ser ineins, so dass des Erlösers ist, was (auch) des Glaubens ist."[226] Indem der Mensch glaubend in Christus Gott erkennt, erscheint das Erkennen Gottes, schöpferisch und heilend, in ihm.

Die doppelsinnige Bedeutung des Begriffs apparitio dei als genitivus subiectivus und als genitivus obiectivus bringt den Zusammenhang zwischen göttlicher Offenbarung und menschlichen Erkennen zum Ausdruck: Die Welt wird als Erscheinung Gottes (von diesem) geschaffen (genitivus subiectivus) und als solche (vom Menschen) erkannt (genitivus obiectivus). In seinem Erkennen oder Sehen der Dinge erkennt der Geist sich selbst als lebendiges Bild seines göttlichen Urbildes, jenes absoluten Sehens, das ihn selbst erst begründet.

Die gleichzeitige Einheit und Unterschiedenheit zwischen dem urbildlichen Schöpfungswirken Gottes und dem abbildlichen Erkennen des Menschen kommt nirgendwo so klar und konzentriert zum Ausdruck wie in der oft als mystisch charakterisierten Schrift De visione dei.[227] Cusanus entfaltet hier die Einheit des ermöglichenden göttli-

---

[226] Sermo LIV, N.18, Z.1-18. Hier zitiert nach Kremer, Konkordanz und Koinzidenz, 35, Anm.155. Christus, so Kremer, „hat der Sünderin die Sünden vergeben. (...) Anschließend heißt es im Evangelium: ‚Dein Glaube hat dich heil gemacht.' Aus diesem Ablauf ist nach Cusanus zu folgern: ‚Der Glaube, der sie heil gemacht hat, war also dieser Christus, der die Sünden vergeben hat. Christus heilt daher nur, wenn er als Erlöser geglaubt wird. (...) Auf diese Weise ist die Erlösung (ein Werk) Christi und des Glaubens, (aber) nicht als zweier verschiedener, so dass das eine der Glaube und der andere der Christus wäre, sondern aufgrund des Ineinsfalls (per coincidentiam), so dass Christus der Glaube ist, der rettet.'„

[227] Die Frage, inwieweit das Cusanische Denken als Mystik zu bezeichnen ist, ist schon verschiedentlich diskutiert worden. Der Untertitel des Werkes von Joseph Ranft, Schöpfer und Geschöpf nach Kardinal Nikolaus von Cusa, lautet: Ein Beitrag zur Würdigung des Kardinals als Mystiker. Wenn die Untersuchung Ranfts auch deutlich von dem Interesse diktiert ist, die Übereinstimmung des Cusanischen Denkens mit der scholastischen Theologie zu beweisen, und dessen Proprium daher nur bedingt gerecht zu werden vermag, liegt doch in dem Zusammenhang, den er zwischen Schöpfungstheologie und Mystik sieht, eine wichtige Erkenntnis. Hans Gerhard Senger bringt diesen Zusammenhang so zum Ausdruck: Die als mystisch zu bezeichnende „Einigungsbewegung durch Hinwendung zum Absoluten und Übererhabenen ist keine einseitige Bewegung des Menschen auf einen unbewegt in sich ruhenden Gott. Sie ist wechselseitige Bewegung, die seitens Gottes dadurch mitgetragen ist, dass Gott das Sehen und das Erkennen gibt. Dieses Geben ist (theologisch) gnadenhafte Gabe und (philosophisch) ursächliches Prinzipiieren", Schöpfung also. (Senger, Mystik als Theorie, 128). Mit anderen Worten: Durch die Rückbindung des menschlichen Erkennens an das dieses ermöglichende Schöpfungshandeln Gottes wird jene Verbindung von Intellekt und Affekt notwendig, die dem Cusanischen Denken seinen mystischen Charakter verleiht. Weil das göttliche Schaffen mit dem menschlichen Erkennen „ineinsfällt", d.h. weil Gott das Denken ermöglicht und das

chen und des ermöglichten geschöpflichen Wirkens ausgehend von einem Gemälde: dem Bild eines alles zugleich sehenden und folglich mit jedem Betrachter mitwandernden Antlitzes.[228] Der Betrachter

Denken sich im Erkennen des göttlichen Schaffens verwirklicht, deshalb ist die Cusanische Lehre weder nur eine Reflexion auf die Möglichkeitsbedingungen menschlicher Erkenntnis, noch nur Anleitung zu affektiver Gottesschau. Die als mystisch zu bezeichnende Einheit von Intellekt und Affekt bei Cusanus hat also ihren Grund in der ursprünglichen Einheit von Glauben und Denken, und diese wiederum gründet in der Auffassung des Geistes als Bild des göttlichen Urbildes.

[228] „In dilectione coincidit cognitio (Brief an Kaspar Aindorffer vom 22.9.1452, S.111,16f.) – dies ist Cusanus' Formel für die Einheit von intellectus und affectus, die sich in seiner Theorie und Praxis von Mystik gegenseitig fordern und einander intensiv durchdringen." (Beierwaltes, Mystische Elemente, 446). Der Mystikforscher Alois Maria Haas kommt zu dem Ergebnis: „Es geht in der Tat – ganz ähnlich wie bei Meister Eckhart (vgl. Haas, Sermo mysticus) – durchweg um eine grundsätzliche Erfassung des Verhältnisses zwischen Mensch und Gott, die deswegen mystisch genannt werden kann, weil in ihr die Gott-Mensch-Beziehung nicht als Diastase, sondern als (letztliche) Einheit gedacht wird. Insbesondere wenn diese Einheit als eine in den causae primordiales in Gott unvordenklich vorgegebene erfaßt wird, sind die Wege dazu kaum von entscheidender Wichtigkeit. Wesentlich ist einzig der Durchbruch im Sinne Eckharts oder das Überspringen (transilire) im Sinne Nikolaus von Kues." (Deum mistice videre, 62, Anm.110). Dass mit diesem „Überspringen" keine anti-intellektuelle Mystik intendiert ist, zeigt Haas, indem er fragt: Was heißt in der Mitte des 15. Jahrhunderts theologia mystica? Während der Kartäuser Hugo von Balma (+1304) als Exponent eines radikal affektiven Verständnisses gelten kann, steht der Mystikbegriff des Kanzlers der Pariser Universität, Johannes Gerson (1363-1429), stellvertretend für den Versuch einer Vermittlung von Intellekt und Affekt, wie Cusanus sie – als Antwort auf die Anfrage des Tegernseer Benediktinerabtes Kaspar von Aindorffer (1402-1461) – auf seine Weise leistet. Hugo von Balma prägt unter Berufung auf Dionysius Areopagita und den Augustinerkanoniker Thomas Gallus (+1246) einen Mystikbegriff, der nicht mehr die „Krönung und Vollendung des geistigen Aufstiegs zu Gott" bezeichnet, „der mit dem Betrachten seiner sichtbaren Werke beginnt und über das denkende Erfassen seines rein geistigen Wesens zu einer überbegrifflichen Erfahrung seiner nur dem liebenden Erkennen zugänglichen Unendlichkeit emporführt" (13), sondern der einen eigenen Weg neben dem der Erkenntnis, gleich am Beginn von ihm geschieden, darstellt. Ebenfalls ganz auf den Affekt gestützt ist das Mystikverständnis seines Ordensbruders Vinzenz von Aggsbach (1389-1464) (vgl. dazu Schmidt). Demgegenüber schließt Gerson den Erkenntnisaspekt nicht völlig aus, sondern versucht ihn dadurch mit dem affektiven Aufstieg zu verbinden, dass er den Terminus mystica theologia für die aktuelle mystische Erfahrung selber einsetzt, nicht etwa für die Reflexion darüber. „Intellekt und Affekt verhalten sich zueinander wie Licht und Wärme" (13). Zur Zeit des Cusanus meint theologia mystica also die mystische Einigungserfahrung selber (15). Cusanus verwendet den Terminus theologia mystica durchaus in doppeltem Sinn: für die mystische Einung selbst wie die Lehre darüber. (Stellennachweise bei Kremer, Größe und Grenzen der menschlichen Vernunft, S.30, Anm.123; S.33f., Anm.206). Jene versteht Cusanus nach Haas jedoch als Koinzidenz, gleichzeitige Einheit und Unter-

eines solchen Bildes erfährt nämlich, „dass das unbewegliche Antlitz genauso nach Osten wie auch zugleich nach Westen bewegt wird und genauso nach Norden wie nach Süden; dass es genauso an einen Ort wie auch an alle zugleich und genauso zu einer Bewegung wie zu allen zugleich hinblickt. Und während er darauf achtet, wie jener Blick niemanden verlässt, sieht er, dass er so liebevoll um einen jeden Sorge trägt, als sorge er sich allein um diesen, der erfährt, dass er angeschaut wird, und um niemanden sonst, so sehr, dass durch den einen, den er anblickt, nicht begriffen werden kann, dass er noch um

schiedenheit von Erkennen und Lieben, Intellekt und Affekt. In der Liebe fallen Wissen und Nicht-Wissen zusammen (17). Mystische Theologie ist für Cusanus „das Paradox des Ineinsfalls von Unmöglichkeit und Notwendigkeit, Verneinung und Bejahung" (20). „Gott als absolute Unendlichkeit in einem differenzlosen Sehen selbst zu sehen, deren Unbegreifbarkeit zu begreifen, sie als den alle anderen gründenden und bestimmenden Wesenszug Gottes zu bewahren, den endlichen Blick mit dem unendlichen Blick des absoluten Angesichts in eins fallen zu lassen – dies ist in der Intention des Cusanus Mystik oder Vollendung der mystica theologia." (Beierwaltes, Mystische Elemente, 433). Den Grund für die Koinzidenz von Wissen und Nicht-Wissen sieht Haas letztlich in der Trinität selbst gelegt: „Jede verständige Seele ist der göttlichen Liebe bräutlich vereint. Diese Liebe aber ist gleichzeitig in Gott erkennende und erkennbare Vernunft und die Verknüpfung beider, so dass die erschaffene Vernunft in ihr und mit ihr ihre Seligkeit erreichen kann. Denn die erschaffene Vernunft (...) kann die Einigung mit Gott erreichen, weil er liebenswert und einsehbar in einem ist. (...) Damit ist die Frage nach der Rolle von Erkenntnis oder Liebe in der mystischen Einigungserfahrung (...) im Sinne einer Gleichzeitigkeit beider gelöst" (40).
Cusanus selbst erinnert an das Gleichnis vom Schatz im Acker, um die Gleichzeitigkeit von intellektueller Erkenntnis und existentieller Aneignung der ewigen Weisheit zu verstehen: „So wie nämlich jedes Wissen vom Geschmack einer nie geschmeckten Sache leer und unfruchtbar ist, solange bis der Geschmackssinn sie berührt, so (gilt es auch) von diesem Wissen, welches niemand durch Hören schmeckt, sondern allein jener, der es in einem inneren Schmecken berührt; jener gibt nicht von etwas, das er gehört hat, Zeugnis, sondern von etwas, das er in sich selbst erfahrungsweise (experimentaliter) geschmeckt hat. Es bedeutet eine gewisse Leere, ohne den Geschmack der Liebe (nur) die vielen Beschreibungen von ihr zu kennen, die uns die heiligen Schriftsteller überliefert haben. Deswegen reicht es für den die ewige Weisheit Suchenden nicht, das zu wissen, was über sie gelesen werden kann, sondern es ist nötig, dass er, nachdem er mit der Vernunft gefunden hat, wo sie ist, sie zu der seinen macht. So kann sich jemand, der einen Acker findet, in dem ein Schatz ist, nicht über den Schatz freuen, wenn dieser in einem fremden und nicht in seinem eigenen Acker ist. Darum verkauft er alles und kauft jenen Acker, damit er den Schatz in seinem Acker habe. Von daher ist es nötig, alles Seine zu verkaufen und zu geben. Die ewige Weisheit nämlich lässt sich nicht haben außer dort, wo der, der sie hat, nichts von dem Seinen behält, auf dass er sie habe." De sapientia I, N.19, Z.3-14.

einen anderen Sorge trägt."[229] An diesem Gleichnis veranschaulicht Cusanus das, was die Tradition seit Augustinus als creatio continua bezeichnet: die ständige, konstitutive Präsenz des Grundes im Begründeten. Nur als apparitio dei kann die Schöpfung bestehen: als Erscheinung des selbst unsichtbaren Grundes. Wie der Blick des gemalten Antlitzes mit den ständig weiterwandernden Blicken der verschiedenen Betrachter je einzeln mitzuwandern scheint, so „begleitet" der ermöglichende Blick des allmächtigen Schöpfers immer schon die Bewegungen alles Geschaffenen.

Der Zusammenfall des begründenden göttlichen Wirkens mit dem begründeten geschöpflichen Wirken wird hier von dem dem Menschen empirisch zugänglichen Phänomen des Sehens her verdeutlicht, weil Sehen als intensivste Form von Erkennen, Erkennen aber als höchste Verwirklichung von Einheit gilt.[230] Cusanus fragt: „Was anderes, Herr, ist Dein Sehen, wenn Du mich mit dem Auge der Liebe (pietas) anblickst, als dass Du von mir gesehen wirst? Während Du mich siehst, gibst Du, dass Du von mir gesehen wirst, der Du der verborgene Gott bist. Niemand kann Dich sehen, außer insoweit Du gibst, dass Du gesehen wirst. Und es ist nichts anderes, dass Du gesehen wirst, als dass Du den Dich Sehenden siehst."[231] Werner Beierwaltes erblickt in der „visio facialis" die neuplatonisch inspirierte „Denkform eines nicht-intentionalen, gegenstands- und deshalb differenzlosen Sehens."[232] Im Sehakt wird Einheit aktuiert. „Sehen ins Angesicht ist (...) die stärkste Verbindung zweier Personen im Sehen, die unmittelbare Vergewisserung der Wirklichkeit des Anderen, Ausdruck auch von Vertrauen ohne Vorbehalt, von Liebe und von Hoffnung."[233] Insofern wird die Metapher des Sehens auch dem biblischen Zeugnis des einerseits für den Menschen unsichtbaren und doch andererseits für die eschatologische Erfüllung von dessen Erkenntnis-Streben notwendig sichtbaren Gottes gerecht. So umschreibt Cusanus – der etymologischen Ableitung des Wortes theos von theoro (=ich sehe) entsprechend[234] – das Wesen Gottes als absolutes Sehen (visio absoluta). Das absolute Sehen schließt im Sinne der von Raimundus Lullus in-

---

[229] De visione dei, N.4, Z.1-8.
[230] Zur Herkunft und Tradition des „Sehens" vgl. Beierwaltes, Visio absoluta, 146ff; 163f: ders., Eriugena und Cusanus, 325, Anm.52.
[231] De visione dei, N.13, Z.10-14.
[232] Beierwaltes, Visio facialis, 95.
[233] Beierwaltes, Visio facialis, 92.
[234] Vgl. De quaerendo deum, N.19, Z.9-10.

spirierten theologia circularis[235] aufgrund der göttlichen Absolutheit auch alle anderen göttlichen Wesenseigenschaften ein. Zu diesen gehört auch das Schaffen-Können Gottes. Wenn es in Gott die als Mangel verstandene Andersheit nicht gibt, sondern nur absolute Einheit im Sinne von Selbstidentität, dann ist sein Schaffen nichts anderes als sein Sehen[236], es ist Mitteilung seines Sehens und damit seines Wesens. So kann Cusanus Sehen in Gott mit Schaffen identifizieren: „Dein Sehen ist Wirken. Alles also bewirkst Du."[237]

Diese „Identifikation von Sehen und Schaffen in Gott lässt konsequenterweise das absolute Sehen als den creativen, konstituierenden Grund des Seins alles Endlich-Seienden erscheinen: visione tua sunt. Das kreativ nach außen sich aussprechende Wort er-sieht die Welt als ein Bild des ursprunghaften, absoluten Sehens. In ihm wird das unsichtbare oder verborgene Sehen Gottes sichtbar: Das Geschaffene oder Ersehene ist – im Sinne der Theophanie – Gottes Sichtbarkeit, die sich selbst wiederum – rückwendend – als Sehen Gottes (genitivus obiectivus) vollzieht"[238] Sowohl die absolute Einheit von Sehen und Gesehen-Werden, die der trinitarische Gott in sich selbst immer schon ist, als auch die durch diese begründete höchstmögliche Einheit zwischen Urbild und Abbild kann als „visio facialis" bezeichnet werden: als Relation zwischen freien Subjekten, die ihr Bild-Sein in ihrer gegenseitigen Erkenntnis selber (als „lebendige" Bilder) vollziehen. Cusanus unterscheidet daher verschiedene Sehensweisen, „visiones"[239], je nach dem Grad der in ihnen aktuierten Einheit: die „visio absoluta" als „Grundakt"[240] des trinitarischen Gottes selbst, die

---

[235] Vgl. De docta ignorantia I, S.44, Z.4 (N.66).

[236] Vgl. De visione dei, N.8, Z.1-13: Consequenter attendas omnia, quae de deo dicuntur, realiter ob summam dei simplicitatem non posse differre, licet nos secundum alias et alias rationes alia et alia vocabula deo attribuamus. Deus autem cum sit ratio absoluta omnium formabilium rationum, in se omnium rationes complicat. (...) Et ita tota theologia in circulo posita dicitur, quia unum attributorum affirmatur de alio.

[237] De visione dei, N.16, Z.1-2: Videre tuum est operari. Omnia igitur operaris.

[238] Beierwaltes, Visio facialis, 99, vgl. auch ebd., 100: „Diese Emphase einer intensiven Verbundenheit des unendlichen Blicks mit dem endlichen hat zwei Aspekte: zum einen macht sie die Vorgängigkeit des Unendlichen gegenüber dem Endlichen als dessen Grund deutlich, zum anderen aber nobilitiert sie die grundsätzliche Endlichkeit des Menschen zum Erscheinungs- und Wirk-Ort des Unendlichen und begreift damit den Menschen selbst als alter deus."

[239] Beierwaltes, Visio facialis (109), spricht von „Stufungen" der verschiedenen „visiones".

[240] Beierwaltes, Visio absoluta, 147.

„visio facialis"[241] als Ziel des Menschen in der Gotteskindschaft (filiatio dei) und die „visio intellectualis" als Weg des geistbegabten und an die Sinnesdinge verwiesenen Geschöpfs, die Schau Gottes von Angesicht zu Angesicht zu erreichen; ja sogar der nicht geistbegabten Schöpfung schreibt Cusanus die Fähigkeit des Sehens zu, durch die sie ihr Von-Gott-Geschaffen-Sein aktiv annimmt, wenn er formuliert: „Von allen Geschöpfen her bist Du sichtbar und alle siehst Du. Darin nämlich, dass Du alle siehst, wirst Du von allen gesehen. Anders nämlich können die Geschöpfe nicht sein, weil sie durch Deinen Blick sind. Denn wenn sie Dich nicht als Sehenden sähen, erhielten sie nicht das Sein von Dir. Das Sein des Geschöpfs ist Dein Sehen und Gesehen-Werden zugleich."[242] Das im Sinne des genitivus obiectivus verstandene „Sehen Gottes" wird also hier ausdrücklich auf alle Geschöpfe ausgedehnt. Alle verwirklichen ihr Von-Gott-Angeschaut-Werden, indem sie ihn „sehen", sich ihm, ihrem Grund und Ursprung, zuwenden. Worin die Zuwendung der nicht erkenntnisfähigen Geschöpfe besteht, erklärt Cusanus an anderer Stelle mit dem Streben der gesamten Schöpfung nach der höchstmöglichen Vollkommenheit. Alles strebt von Natur aus danach, seinem eigenen Konzept im göttlichen Schöpfungsplan zu entsprechen. „Jede Kreatur stimmt (dem Schöpfer) zu als ihrem Gott und sich selbst als dessen Ähnlichkeit (...). Jede Kreatur nämlich ist mit ihrer Eigengestalt zufrieden so wie mit der vollkommensten (...), weil sie sich selbst als Ähnlichkeit und vollkommene Gabe der unendlichen Schönheit ihres Gottes weiß."[243]

Von jedem einzelnen Geschöpf gilt, dass es durch das – im Sehen symbolisierte – ermöglichende Wirken Gottes sein Sein empfängt und dass dieses sein geschaffenes Sein grundsätzlich nur in seinem Bild-Sein bestehen kann: in seinem – ebenfalls im Sehen symbolisierten – Rückbezug auf den Schöpfer.[244] Anders ausgedrückt: Geschöpf-Sein

---

[241] Bezüglich der Herkunft dieses in der Tradition zunächst nicht begegnenden Terminus verweist Beierwaltes auf den sogenannten Visio-Streit, der zwischen Papst Johannes XXII. (1316-1334) und Benedikt XII. (1334-1342) um die Frage ausgetragen wurde, ob die menschlichen Seelen bereits unmittelbar nach dem Tode und nicht erst beim letzten Gericht das göttliche Wesen in einer intuitiven Schau von Angesicht zu Angesicht, unmittelbar und unverhüllt sehen. Die Diskussion wurde auf dem Konzil von Florenz (1438-1446) noch fortgesetzt. Vgl. Visio facialis, 102, Anm.38.

[242] De visione dei, N.40, Z.8-12.

[243] De venatione sapientiae, N.32, Z.17-21.

[244] Welt schreibt über den Gebrauch des Theophaniebegriffs in der Tradition: „Theophanie bezeichnet bald mehr den aktiven Aspekt des Hervorganges Gottes in die

ist nur im Modus der apparitio dei möglich. Jedes Geschöpf ist insofern Erscheinung Gottes, als es das göttliche Schöpfungswirken dadurch offenbart, dass es sein eigenes (Möglich)Sein verwirklicht und
in dieser Verwirklichung gleichsam das göttliche Schöpfungswirken –
die Erschaffung seiner Möglichkeit – sichtbar macht. Nun wurde jedoch bereits gesagt, dass nur der geistbegabte Mensch im strengen
Sinne Bild, nämlich „lebendiges Bild", Gottes ist. Cusanus erklärt in
De visione dei, worin das Bild-Sein des Menschen besteht: in seinem
freien Willen. In der menschlichen Freiheit liegt die Möglichkeit, das
Bild-Gottes-Sein bewusst und willentlich zu aktuieren. Bild Gottes
kann eigentlich nur ein mit Freiheit begabtes Geschöpf sein. Denn
weil das göttliche Schöpfungswirken frei von jeder inneren und äußeren Notwendigkeit ist[245], kann es prinzipiell nur in einem ebenfalls
freien geschöpflichen Handeln vollkommen zur Erscheinung kommen. Die Betonung der Freiheit entspringt bei Cusanus also nicht der
Projektion menschlicher Autonomie in das Wesen des göttlichen
Schöpfers und der daraus folgenden Spekulation über dessen unbegrenzte Möglichkeiten, sondern dem apparitio dei-Gedanken: Wenn
die Welt nur als „Erscheinung Gottes" sein kann, dann muss sie frei
sein, weil ihr Schöpfer frei ist. Die geschöpfliche Freiheit wird hier
aus der göttlichen Freiheit abgeleitet, nicht umgekehrt. So kann Cusanus zum Schöpfer der Welt sagen: „Du machst die Freiheit notwendig, da Du nicht mein sein kannst, wenn ich nicht mein bin."[246] Das
„Ich" dieses Satzes ist der geistbegabte Mensch. Dieser kann nur als
Erscheinung Gottes mit diesem eins sein, wenn er mit sich selber eins
ist. Wenn der Geist sich nicht selber gehört, sondern dem Diktat der
(ebenfalls zum Menschen gehörenden, aber auf Anderes verwiesenen) Sinne gehorcht, ist er nicht frei, kann er folglich nicht Ort der
apparitio dei, der Erscheinung des freien Wirkens Gottes sein.[247] „Sei

---

Welt, bald mehr den passiven Aspekt seines Aufleuchtens im Geschöpf und nähert
sich dann dem Begriff der Visio Dei." (Art. Theophanie, Sp.1116). Bei Cusanus werden beide Aspekte, der des Schaffens Gottes und der der Erkenntnis Gottes durch
das Geschöpf, vermittelt.

[245] Vgl. De ludo globi I, N.19, Z.12: (Mundus est) perfectus valde, quia secundum dei
optimi liberrimam factus est voluntatem.

[246] De visione dei, N.25, Z.17-19: Necessitares enim libertatem, cum tu non possis esse
meus, nisi et ego sim mei ipsius. Et quia hoc posuisti in libertate mea, non me necessitas, sed exspectas, ut ego eligam mei ipsius esse.

[247] Vgl. De visione dei, N.26, Z.3-7: Quomodo autem ero mei ipsius nisi tu, domine,
docueris me? Hoc autem tu me doces, ut sensus oboediat rationi et ratio dominetur.

du dein, und ich werde dein sein"[248] lautet daher nach Cusanus die dem Schöpfer in den Mund gelegte Anweisung zum seligen Leben. Nur in dem Maße, in dem der menschliche Geist er selbst, das heißt frei von jeder Bestimmung durch anderes ist, ist er wirklich, was er sein kann[249]: durch die visio facialis, den Blick ins Angesicht, Bild seines Schöpfers.[250] Der freie Wille nämlich ist „die Kraft, die ich von Dir habe, in welcher ich ein lebendiges Bild der Kraft Deiner Allmacht erhalte, durch welche ich die Aufnahmefähigkeit für Deine Gnade entweder ausweiten oder zurückbilden kann."[251] Je mehr der Geist sein Können, die capacitas gratiae, verwirklicht, umso mehr verwirklicht er sich als „lebendiges Bild der allmächtigen Kraft", ja sogar „gleichsam als zweiter Gott."[252] Über die Unfasslichkeit seines eigenen Vermögens staunend, spricht der Kardinal: „Du hast mir ein Sein gegeben (...), welches sich für Deine Gnade mehr und mehr empfänglich machen kann." Wie aber macht der Geist sich empfänglich?

Die Aufnahmefähigkeit, so erklärt Cusanus, ist nichts anderes als Ähnlichkeit. Der Mensch verwirklicht sich als Erscheinung seines Schöpfers, indem er die Ähnlichkeit mit diesem erstrebt. In diesem Streben nach conformitas liegt ebenso ein gnoseologisches wie auch ein ethisches Moment: die Koinzidenz von Lieben und Erkennen. Ich kann, so Cusanus, die Ähnlichkeit mit Dir „durch Gleichförmigkeit erweitern, wenn ich danach strebe, gut zu sein, weil Du gut bist, wenn ich danach strebe, gerecht zu sein, weil Du gerecht bist, wenn ich

---

Quando igitur sensus servit rationi, sum mei ipsius. Sed non habet ratio, unde dirigatur, nisi per te, domine, qui es verbum et ratio rationum.

[248] De visione dei, N.25, Z.13-14: Sis tu tuus et ego ero tuus.

[249] Vgl. auch De ludo globi I, N.31, Z.12-13: (Anima) vult esse in sua libertate, ut libere operetur. Haec autem vis libera (...) tanto est fortior, quanto a corporalibus contractionibus absolutior.

[250] De visione dei, N.26, Z.7-11: Unde nunc video, si audiero verbum tuum, quod in me loqui non cessat et continue lucet in ratione, ero mei ipsius, liber et non servus peccati, et tu eris meus et dabis mihi videre faciem tuam, et tunc salvus ero.

[251] De visione dei, N.11, Z.1-5: Dedisti mihi, domine, esse et id ipsum tale, quod se potest gratiae et bonitatis tuae continue magis capax reddere. Et haec vis, quam a te habeo, in qua virtutis omnipotentiae tuae vivam imaginem teneo, est libera voluntas, per quam possum aut ampliare aut restringere capacitatem gratiae tuae.

[252] Vgl. Sermo CLXVIII (161), V2, fol. 60va: Creavit autem deus naturam magis suae bonitatis participem, scilicet intellectualem, quae in hoc, quod habet liberum arbitrium, est creatori similior, et est quasi alius deus.

danach strebe, barmherzig zu sein, weil Du barmherzig bist."[253] Die Verwirklichung des Bild-Seins des Menschen darf also nicht auf einen rein geistigen Akt reduziert werden. Denn nicht nur der Geist, sondern der ganze Mensch mit all seinen Vermögen ist Bild Gottes. Die geschöpfliche Freiheit ist die Verähnlichungskraft, durch die der Mensch sich als lebendiges Bild, als lebendiger Spiegel seines Schöpfers verwirklichen kann, als lebendiges Psalterium gleichsam, durch welches das Lob Gottes erklingen kann. Weil die Freiheit so konstitutiv und wesentlich zum (Bild-)Sein des Menschen hinzugehört, achtet der Schöpfer sie unbedingt: Er höbe das Geschöpf auf, wenn er seine Freiheit aufhöbe, und er höbe seine Freiheit auf, wenn er ihm nicht mehr nahe wäre, auch wenn dieses sich von ihm abwenden sollte. „Ich bin nämlich in dem Maße, in dem Du mit mir bist. Und weil Dein Sehen Dein Sein ist, so bin ich, weil Du mich anblickst. Und wenn Du Deinen Blick von mir abwenden solltest, kann ich keineswegs mehr bestehen. Aber ich weiß, dass Dein Blick jene größte Güte ist, die sich selbst jedem Aufnahmefähigen nicht nicht mitteilen kann. Du also kannst (!) mich niemals verlassen, solange ich für Dich aufnahmefähig bin."[254] Die mit Freiheit verbundene und als similitudo verstandene Aufnahmefähigkeit des menschlichen Geistes für die kreative Selbst-Mitteilung Gottes ist für Cusanus das sicherste Zeichen des göttlichen Wirkens. Jeder Mensch, ob er die Gleichförmigkeit mit seinem Urbild erkennend und liebend erstrebt oder nicht, offenbart den Schöpfergott bereits durch dieses Können. Natürlich gibt es der Verwirklichung dieses Könnens entsprechende Abstufungen im theophanischen Charakter der Geschöpfe. Jesus Christus, so werden wir im folgenden Kapitel sehen, ist die perfectissima apparitio dei, weil er die totale Aktuierung der menschlichen capacitas ist.

---

[253] De visione dei, N.11, Z.5-8: Ampliare quidem per conformitatem, quando nitor esse bonus, quia tu bonus, quando nitor esse iustus, quia tu iustus, quando nitor esse misericors, quia tu misericors.

[254] De visione dei, N.10, Z.9-14: In tantum enim sum, in quantum tu mecum es; et cum videre tuum sit esse tuum, ideo ego sum, quia tu me respicis, et si a me vultum tuum subtraxeris, nequaquam subsistam. Sed scio, quod visus tuus est bonitas illa maxima, quae se ipsam non potest non communicare omni capaci. Tu igitur numquam me poteris derelinquere, quamdiu ego tui capax fuero.

Kapitel II:
Die Voraussetzungen
des Theophanischen Schöpfungsverständnisses

1) DIE TRINITÄTSTHEOLOGIE ALS VORAUSSETZUNG DER SCHÖPFUNGSTHEOLOGIE

Der vom menschlichen Geist und dessen Wahrheitsstreben ausgehende Gedankengang des Cusanus stellt sich bisher folgendermaßen dar: Der menschliche Geist erkennt sich als lebendiges Bild bzw. Ort der Erscheinung seines göttlichen Grundes. Aus der Reflexion seines selbständig-kreativen Erkenntnishandelns kann das urbildliche Schöpfungswirken Gottes als dessen Grund annäherungsweise, in der Andersheit des Bildes (in mentali alteritate) – Cusanus nennt dies auch: konjektural[255] – erkannt werden. Nur durch die Erkenntnis des göttlichen Schöpfungswirkens aber können die aus diesem hervorgehenden Geschöpfe in ihrem Wesen, in ihrer „Washeit", in ihrem Grund – wiederum annäherungsweise – erkannt werden.[256] Aus dem Wesen oder der Washeit der Dinge kann schließlich die Wahrheit des göttlichen Schöpfers selber gesehen werden, wie der Apostel Paulus dies in Röm 1,19f. bezeugt. In diesem Sehen des Schöpfers in und aus den Geschöpfen bzw. der Schöpfung besteht die Verwirklichung der Erscheinung Gottes.

---

[255] Vgl. die Definition dessen, was Cusanus unter konjekturaler Erkenntnis versteht: Coniectura igitur est positiva assertio, in alteritate veritatem, uti est, participans. De coniecturis, N.57, Z.10-11.

[256] Das Wesen der Dinge, so betont Cusanus in De venatione sapientiae, kann nicht unmittelbar erkannt werden (vgl. N.86, Z.3-7), sondern nur mittels der Begriffe unseres Geistes, die Annäherungen an die Dinge (rerum assimilationes seu similitudines, N.86, Z.10) darstellen. Die Begriffe folgen dem Wesen der Dinge nach (vgl. N.88, Z.2-3).

*a) Die Trinitätstheologie in ihrem Zusammenhang mit dem theophanischen
Schöpfungsverständnis*

Am Anfang des notwendigerweise vom Glauben ausgehenden
Denkweges steht also die Selbstreflexion des menschlichen Geistes.
Fragt man nach der Voraussetzung dieser Selbstreflexion, so gelangt
man zum Thema der Trinität. Das Denken unseres Geistes beruht
nämlich auf einem trinitarischen Geschehen. Nur in diesem trinitarischen Geschehen, in dem die Einheit mit ihrem Begriff vereint wird,
vesteht der Geist seinen eigenen Ursprung und alles aus diesem Ursprung Entsprungene, auch sich selbst. Die Trinitätslehre, deren
Notwendigkeit sich theologiegeschichtlich zunächst aus der Christologie ergibt, ist ebenso ein notwendiges Postulat des Schöpfungsglaubens. Sie hat bei Cusanus ihren eigentlichen und charakteristischen
Ort im menschlichen, d.h. geschaffenen Geist.

Grundsätzlich gilt: Gott muss in sich Beziehung sein, damit die Beziehung der Schöpfung zu ihrem Schöpfer diesem nicht als das Andere gegenübersteht.[257] Wenn Gott als Schöpfer gedacht wird, muss er
zugleich als trinitarischer, als der Differenz, in die die Schöpfung
gesetzt ist, mächtiger gedacht werden. Ansonsten würde die Schöpfung ihm noch etwas hinzufügen. So lesen wir in der 1463 entstandenen Schrift De ludo globi: „Gott also, weil er der Schöpfer ist, kann
nur ein drei und einer sein."[258] Diese Einsicht wird jedoch von Cusanus durch die Selbstreflexion des geschaffenen, menschlichen Geistes
vermittelt.[259] Der Geist vermittelt durch die Reflexion seines Erkennens den Zusammenhang zwischen Trinitäts- und Schöpfungslehre.
Er kann Gott nicht unabhängig von der Schöpfung, also auch nicht
unabhängig von sich selber denken, ohne die Dreieinheit des Absoluten zu denken. Cusanus drückt dies so aus: „Wenn das Unendliche
ohne Rücksicht auf das Endliche geschaut wird, dann begreift man
weder, dass es Endliches gibt, noch versteht man dessen Wahrheit
oder Maß. Geschöpf und Schöpfer können nicht gleicherweise gese-

---

[257] Im Sinne einer Selbsteinschränkung Gottes in der Cusanischen Schöpfungstheologie äußert sich Greshake, ohne jedoch entsprechende Textstellen oder Literatur an-
zugeben. Vgl. Der dreieine Gott, Freiburg 1997, S. 231, Anm.44.

[258] De ludo globi II, N.82, Z.34-35.

[259] Vgl. auch Dangelmayr, Vernunft und Glaube, 440, Anm.22: „Wie sehr Trinitätsspe-
kulation und Schöpfungsgedanke (...) zusammengehören, das unterstreicht nach
Gandillac neuerdings Etienne Gilson in seiner Analyse der Schrift De pace fidei, Die
Metamorphosen des Gottesreiches (Les métamorphoses de la cité de Dieu), Paderborn 1959, S.168f."

hen werden, wenn das Unendliche nicht als Dreieines bekräftigt wird."[260] Warum nicht? Wenn der menschliche Geist, wie schon gezeigt wurde, sich selbst nur als Ort der Erscheinung Gottes begreifen kann, und wenn er, wie im Folgenden gezeigt wird, sich selbst (sein Erkennen) nur trinitarisch – als dreieines Geschehen – begreifen kann, dann muss er sein göttliches Urbild, als dessen lebendiges Bild er sich verwirklicht, als trinitarisches verstehen.

Das gesamte Denken des Kardinals ist daher mit dem Trinitätsdogma in einer Weise verflochten, welche eine isolierte Behandlung dieses Dogmas, etwa in einer eigenen Schrift De trinitate, unmöglich macht. Daher kommt er an zentralen Stellen seiner Werke immer wieder auf die Dreieinheit des Absoluten zu sprechen. Im Geist erscheint Gott selbst als trinitarischer und zugleich als Grund der Spuren der Trinität in allen Dingen. Cusanus bezieht die – terminologisch vor allem durch Raimundus Lullus und Thierry von Chartres inspirierte – Trinitätslehre somit auf eine ihm eigene Weise in sein vom menschlichen Geist ausgehendes Theophaniekonzept ein.

b) Die Trinität als Ausdruck der gleichzeitigen Einheit und Unterschiedenheit zwischen der absoluten Wahrheit und ihrer Erscheinung im menschlichen Geist

Von Anfang an, so stellt Kurt Flasch fest, ist das Denken des Cusanus Korrelativen- und damit Trinitätslehre.[261] Nicht erst De docta ignorantia, sondern schon die früheste überlieferte Predigt, der vermutlich zu Weihnachten 1430 in Koblenz gehaltene Sermo I, lässt Spuren der Trinitätstheologie des Raimundus Lullus erkennen[262],

---

[260] De complementis theologicis., N.3, Z.80-83.

[261] Der Trinitätsglaube kann mit Martin Thurner als die dogmatische Artikulation der für Cusanus zentralen ursprünglichen Glaubenserfahrung der gleichzeitigen Anwesenheit und Abwesenheit Gottes begriffen werden. Denn das Trinitätsdogma erklärt, warum der Schöpfer in seiner Schöpfung anwesend und abwesend zugleich sein kann. So erklärt sich dann auch die Feststellung Rudolf Haubsts, mit noch größerer Berechtigung als bei Thomas von Aquin könne bei Nikolaus von Kues von einer analogia trinitatis gesprochen werden, aus der inneren Konsequenz dieses Denkansatzes heraus: Nirgendwo, so betont R. Haubst, könne mit größerem Recht von einer analogia trinitatis gesprochen werden als bei Nikolaus von Kues. Weitaus eher als bei Thomas von Aquin, dessen Sth (I, q.45, a.6; q.39, a.8) die analogia trinitatis in zwei Artikeln isoliert, sei hier der Zusammenhang zwischen Trinität und Schöpfung im Sinne der Theophanie bedacht. Vgl. R. Haubst, Die „bibliotheca trinitariorum".

[262] Vgl. Flasch, Geschichte, 25f. Rudolf Haubst bemerkt darüber hinaus: „Die Einwurzelung ins trinitäts-analoge Denken läßt sich bei Cusanus sogar bis in seine ersten Stu-

dessen Schrifttum Cusanus bereits im Jahre 1428 in Paris, vermutlich auf Anregung seines Kölner Lehrers Heymericus de Campo (1395-1460), studiert und exzerpiert hat. Er übernimmt in seiner Predigt von Lullus die ungewöhnliche und kaum übersetzbare Trinitätsbezeichnung als deificans, deificabilis und deificare deificantis et deificabilis.[263] In diesen Begriffen[264] sieht Cusanus den inneren Zusammenhang der als Einigungsgeschehen aufgefaßten vollkommenen göttlichen Einheit ausgedrückt. Das absolute Selbst-Sein Gottes (als „deificare" bezeichnet) kann sich nicht ohne ein verwirklichendes

dienjahre zurückverfolgen." Er verweist auf ein dem jungen Nikolaus gehörendes, in karmesinrotes Leder eingebundenes Büchlein vom Format eines Gebets- oder Betrachtungsbuches (heute Codicillus Straßburg 84), das Bonaventuras Itinerarium mentis in Deum und Johannes Gersons De mystica theologia enthält und in das Cusanus vermutlich schon etwa 1428 ein Exzerpt aus der Summa theologiae des Thomas von Aquin (I q. 39, a. 8) einträgt. „Thomas eröffnet seine dortige Responsio mit (der) Feststellung (...): „Unser Intellekt, der von den Geschöpfen (ex creaturis) zur Erkenntnis Gottes geführt wird, muß Gott unter denselben Aspekten betrachten, die er den Geschöpfen entnimmt." Wie Thomas fortfährt und Nikolaus sich notiert hat, führt das unter vier Aspekten zu diesen „Appropriationen" (Zueignungen) an die drei Personen in Gott: aeternitas-species-usus; unitas-aequalitas-conexio; potentia-scientia-bonitas sowie: ex quo – per quem – in quo (Röm 11,36). Das letztere wird mit „causa efficiens-formalis-finalis" gleichgesetzt. Von diesen vier (oder fünf) Ternaren, die Thomas auch schon bei Augustinus vorfinden konnte, hat Nikolaus den ersten und dritten schon in Sermo IV aufgegriffen, die übrigen in De docta ignorantia." (Streifzüge, 260f., vgl. außerdem: R. Haubst, Thomas von Aquin in der Sicht des Nikolaus von Kues, 199).

263 Sermo I, N.6, Z.9-23: In omni autem actione perfecta tria correlativa necessario reperiuntur, quoniam nihil in se ipsum agit, sed in agibile distinctum ab eo, et tertium surgit ex agente et agibili, quod est agere. Erunt haec correlativa in essentia divina tres personae, quare deum trinum vocamus. Est enim deus deificans, generans, iustificans, amans cum ceteris infinitis perfectionibus, quem Patrem vocamus. Est deus deificabilis, generabilis, iustificabilis, amabilis etc., et hunc filium a patre procedentem nominamus. Est postea deificare deificantis et deificabilis, id est patris et filii, et sic iustificare, generare, et amare amantis et amabilis, et hunc spiritum sanctum ab utroque procedentem nominamus.

264 Lohr erklärt dazu: „Lulls Absicht war es, die christliche Dreifaltigkeitslehre den Ungläubigen verständlich zu machen. Aus diesem Grunde sprach er nicht nur von Prinzipien des Seienden, sondern auch von Prinzipien des Dynamischen. Da Dynamik einen Ausgangspunkt, einen Zielpunkt und eine Verbindung zwischen ihnen voraussetzt, sprach er von drei Prinzipien des Dynamischen (z.B. amas, amatum, amare oder agens, agibile, agere)." Wir müssen „von den intrinsischen Tätigkeiten oder Prinzipien der göttlichen Güte, Größe, Macht usw. (=den Namen oder dignitates Gottes) sprechen. Diese intrinsischen Tätigkeiten oder Prinzipien des Dynamischen bezeichnete er als Korrelative" und nannte sie verallgemeinernd –tivum, -bile und –are. Bei den Gliedern dieses Ternars handelt es sich um „intrinsische actus, die notwendigerweise (...) für alle dignitates Geltung haben müssen." (224f.).

(„deificans") und ein ermöglichendes Moment („deificabilis") voll-ziehen – oder besser gesagt: Es kann vom Menschen nicht anders gedacht werden. Zwar thematisiert Cusanus die Trinität hier noch nicht ausdrücklich als Anschauungsform des menschlichen Geistes, der Geist reflektiert noch nicht über sich selbst, das heißt über die Bedingung seiner Möglichkeit (auch die Koinzidenzlehre ist zu die-sem Zeitpunkt noch nicht entwickelt), aber durch die von Lullus ü-bernommene eigenwillige Terminologie wird der Blick doch bereits auf die Frage nach der grundsätzlichen Erkennbarkeit des Absoluten für unser Denken und Begreifen mittels der Trinität gelenkt.

In seinem ersten theologischen Hauptwerk, De docta ignorantia, widmet Cusanus sich dann ausführlicher dem Trinitätsthema. Zu-nächst zeigt er, dass das Viele nur einen einzigen Ursprung haben kann.[265] Er entfaltet diesen Ursprung als trinitarischen, indem er das Viele durch Andersheit (alteritas), Ungleichheit (inaequalitas) und Unterschiedenheit (divisio) bestimmt sieht. Vielheit, so Cusanus, schließt Andersheit ein, und mit der Andersheit ist naturgemäß die Ungleichheit des Anderen und die Unterschiedenheit des Ungleich-en gleichzeitig mitgegeben.[266] In zwei Gedankenschritten[267] legt er nun dar, dass der Grund des Vielen ein dreieiner ist. Die Andersheit nämlich entsteht aus dem zuvor Geeinten, die Ungleichheit aus dem zuvor Gleichen und die Unterschiedenheit aus dem zuvor Verknüpf-ten, Einheit, Gleichheit und Verknüpfung gehen also der Vielheit der Dinge begründend voraus. Der mit der Zeitlichkeit gegebenen Ver-änderlichkeit der Dinge aber geht die Ewigkeit voraus. Einheit, Gleichheit und Verknüpfung fallen so im absoluten Grund zusam-men mit der Ewigkeit und sind als ewige ununterschieden.[268] Wie kommt Cusanus aber zu der hier einfach vorausgesetzten trini-

---

[265] Vgl. De docta ignorantia I, S.13, Z.6-10 (N.14): Nam uti numerus (...) praesupponit necessario unitatem pro tali numeri principio, ut sine eo impossibile sit numerum esse: ita rerum pluralitates ab hac infinita unitate descendentes ad ipsam se habent, ut sine ipsa esse nequeant.

[266] De docta ignorantia I, S.15, Z.20-21 (N.19): Inaequalitas et alteritas simul sunt natu-ra; ubi enim inaequalitas, ibidem necessario alteritas, et e converso. S.16, Z.9 (N.20): Divisio et alteritas simul sunt natura. Vgl. auch De aequalitate, N.25, Z.1-2: Plura esse non (possunt), nisi (sunt) alia et alia et distincta in essentiis.

[267] Vgl. De docta ignorantia I, S.14-16 (NN.18-21).

[268] De docta ignorantia I, S.16, Z.12-13 (N.21): Quoniam unitas aeterna est, aequalitas aeterna, similiter et connexio aeterna.
Der gleiche Argumentationsgang findet sich auch in der religionsphilosophischen Schrift De pace fidei – etwas verkürzt – wieder. Vgl. De pace fidei, N.21 (S.20, Z.12 – S.21, Z.14).

tarischen Bestimmung des Endlichen durch Andersheit, Ungleichheit und Verschiedenheit? Dieser keinesfalls willkürlich aufgestellte Ternar entspringt dem menschlichen Geist selber. Dem Geist liegt nämlich als Bedingung seiner eigenen Möglichkeit eine Dreieinheit zugrunde, die Cusanus in den auf Thierry von Chartres zurückgehenden Termini Einheit, Gleichheit und Verknüpfung zum Ausdruck bringt. Nur durch diese Dreieinheit vermag er die Vielheit der Dinge als solche zu erkennen. So erscheint ihm von seinem eigenen notwendigen Bezug auf die dreifach relationale Einheit her die Vielheit als Gleichzeitigkeit von Andersheit, Ungleichheit und Verschiedenheit. Die als Einheit, Gleichheit und Verknüpfung begriffene Trinität erscheint dem Geist also als die Möglichkeitsbedingung seiner Erkenntnis.

Diese Beobachtung lässt sich in dem 1450 verfassten Dialog Idiota de mente, wo der Geist des Menschen im Mittelpunkt der Reflexion steht, wiederholen. Schon der Titel dieser Schrift zeigt die zunehmende Konzentration auf die Möglichkeitsbedingungen des menschlichen Erkennens. Was diese Akzentverlagerung innerhalb des Cusanischen Denkens für die Trinitätslehre bedeutet, wird jedoch erst in der 1459 entstandenen Schrift De aequalitate greifbar. Kurt Flasch spricht hier sogar von einer „neuen" Trinitätslehre.

Doch zunächst zu De mente. Im elften Kapitel erklärt Cusanus: „Wie alles in Gott in Dreiheit ist, so ähnlich auch in unserem Geist."[269] Es lassen sich auch hier wieder deutlich zwei Gedankenschritte unterscheiden. Zuerst zeigt der die Cusanische Position repräsentierende Laie seinem Gesprächspartner, einem (aristotelisch geschulten) Philosophen, dass der Vielheit der zehn Kategorien, unter denen alles zeitlich Seiende ausgesagt werden kann, denknotwendig deren Einheit oder Verknüpfung in der Ewigkeit vorangeht.[270] Jeder Unterscheidung nämlich, so wird hier wiederholt, liegt die Verknüpfung des Unterschiedenen notwendigerweise voraus. Die ewige bzw. absolute Einheit kann mit dem Schöpfergott identifiziert werden. Im zweiten Schritt erklärt der Laie, wieso die in allem Vielen vorausgesetzte,

---

269 De mente, N.129, Z.2-3: Quomodo omnia in deo sunt in trinitate, similiter et in mente nostra.

270 De mente, N.129, Z.14-18: Dum (decem genera generalissima) ante incohationem essendi consideras sine divisione, quid tunc aliud esse possunt quam aeternitas? Nam ante omnem divisionem conexio. Illa igitur ante omnem divisionem unita et conexa esse necesse est. Conexio autem ante omnem divisionem aeternitas est simplicissima, quae deus est.

das Viele in sich einende Einheit als Dreiheit gedacht werden muss. Er geht dazu nicht von den zehn Kategorien aus, sondern von der realen Existenz der Dinge und nennt als deren Voraussetzung das Werden-Können, das Machen-Können und die Verknüpfung von beidem. Jedes Gewordene nämlich erscheint in unserem Geist als durch die Verknüpfung, das Zugleich von Werden-Können und Machen-Können Entstandenes. Da allem Vielen jedoch die Einheit vorausliegt, sind diese drei zugleich eins. Das Werden-Können bezeichnet die ewig bestehende Möglichkeit der Schöpfung, die mit dem Schöpfer identisch sein muss, da es in der Ewigkeit keine Andersheit gibt. Das Machen-Können bezeichnet die Macht, durch die der Schöpfer die Überführung der Möglichkeit in Wirklichkeit veranlassen kann. Die Verknüpfung schließlich muss eigens gedacht werden, da die konkret existierende Schöpfung nur durch Machen-Können und Werden-Können zugleich entstanden sein kann.[271] Cusanus begründet also auch hier wieder die Erkenntnis der Trinität Gottes aus der Erkenntnis seiner schöpferischen Offenbarung, des Geschaffenen (dessen Vielheit), aus der sie sich notwendig ergibt.

Doch im Unterschied zu De docta ignorantia geht er hier noch einen Schritt weiter. Er spricht ausdrücklich außer von der trinitas dei auch von der trinitas mentis.[272] Weil der Geist sich als Bild seines göttlichen Grundes verstehen muss[273], findet sich auch in ihm – abbildlich – die Einheit aus posse fieri, posse facere und nexus utriusque. Da die Tätigkeit des Geistes, sein Erkennen, als Angleichung an sein Erkenntnisobjekt (assimilatio) zu verstehen ist, verwirklicht der Geist sich als die Verknüpfung von posse assimilari und posse assimilare.[274]

---

[271] De mente, N.131, Z.1-9: Nonne, ut in esse prodiret rerum universitas, quam vides oculo mentis in absoluto posse fieri et in absoluto posse facere, necesse erat nexus ipsius utriusque, scilicet posse fieri et posse facere? Alias quod potuit fieri per potentem facere numquam fuisset factum. (...) Vides igitur ante omnem rerum temporalem existentiam omnia in nexu procedente de posse fieri absoluto et posse facere absoluto. Sed illa tria absoluta sunt ante omne tempus simplex aeternitas. Hinc omnia conspicis in simplici aeternitate triniter.

[272] De mente, N.129, Z.5: Tetigisti superius de trinitate dei et trinitate mentis.

[273] Vgl. De mente, N.95, Z.11-16: Et sicut ante omnem pluralitatem est unitas, et haec unitas uniens mens increata, in qua omnia unum, post unum pluralitas, explicatio virtutis illius unitatis, quae virtus est rerum entitas, essendi aequalitas et entitatis aequalitatisque conexio et haec trinitas benedicta, sic in nostra mente est illius trinitatis divinae imago.

[274] Vgl. De mente, N.133, Z.2-7: Est enim ipsa mens nostra, ut est similitudo divinae, uti vis alta consideranda, in qua posse assimilari et posse assimilare et nexus utriusque in

„So hat jeder Geist (...) von Gott, dass er in der Weise, in der er es vermag, ein vollkommenes und lebendiges Bild der unendlichen Kunst ist. Deshalb ist er dreieinig, Mächtigkeit, Weisheit und die Verknüpfung beider solchermaßen besitzend, dass er ein vollkommenes Bild der (Schöpfer-)kunst ist, indem er sich, einmal angeregt, dem Urbild immer mehr und mehr gleichgestalten kann."[275]

Nachdem der Laie erklärt hat, worin er die abbildliche Trinität des menschlichen Geistes erblickt, weist er den Philosophen darauf hin, „dass alles, wie es in unserem Geist ist, ähnlich in der Materie, in der Form und im Zusammengesetzten ist."[276] Der Dreieinheit, in der und durch die der Geist erkennt, das heißt in der und durch die er er selbst ist – Cusanus spricht hier von potentia, sapientia und nexus utriusque – entspricht in der gesamten Schöpfung eine Dreieinheit, durch die jedes Seiende es selbst ist. In allem Existierenden nämlich, so Cusanus, findet sich die Verknüpfung von materia und forma.[277] Die materia ist das quid est, das „Was" des Seienden, das, wodurch das Seiende wirklich ist; die forma ist das quo est, das „Woher", das, wodurch das Seiende möglich ist. Durch die Verknüpfung, die gleichzeitige Einheit und Unterschiedenheit von quid est und quo est, existiert das Seiende als wirkliches.[278]

Was hier weiterhin noch nicht ausdrücklich thematisiert wird, ist der innere Zusammenhang zwischen der Dreieinheit des menschlichen Geistes bzw. dessen Denken und der Dreieinheit, als die dem Geist alles, die Geschöpfe ebenso wie auch der Schöpfer selbst, erscheint. Cusanus behandelt die trinitas dei, die trinitas mentis und die trinitas in omni principiato noch neben- bzw. nacheinander. Dies ändert sich, wie gesagt, mit De aequalitate.

In dem 1459 als Einleitung in eine Predigtsammlung konzipierten Sermo „Über die Gleichheit" bildet das, was in De mente behauptet wurde, dass nämlich alles aus dem dreieinen Ursprung Hervorgehen-

---

essentia unum sunt et idem. Unde non potest mens nostra, nisi sit una in trinitate, quicquam intelligere, quemadmodum nec mens divina.

[275] De mente, N.149, Z.10-14.

[276] De mente, N.133, Z.21-23.

[277] De mente, N.137, Z.1-4: Philosophus: (...) vellem, ut et mihi ostenderes, quomodo ea, quae actu sunt, triniter sunt (...). Idiota: Facile erit tibi videre, si attendis omnia, ut actu sunt, in materia, forma et conexione esse.

[278] Vgl. De beryllo, N.39, Z.21, wo Cusanus seinen Gedanken am Menschen exemplifiziert: Dieser verwirklicht sich als nexus utriusque aus anima (=quo est) und corpus (=quid est).

de eine Ähnlichkeit mit diesem habe[279], den Ausgangspunkt des Gedankengangs. Der Blick geht hier nicht mehr vom Urbild (der absoluten Dreieinheit Gottes) zum Bild (dem menschlichen Geist), sondern umgekehrt vom Bild zum Urbild. Dies entspricht in konsequenter Weise dem Cusanischen Ansatz, dass der „Mensch das Maß der
Dinge"[280], das heißt die Selbstreflexion unseres Erkennens die Basis
der Gotteserkenntnis sei. „Der Geist", so ruft Cusanus zunächst in
Erinnerung, „will sich und alles andere erkennen", oder genauer
gesagt: Er will durch alles andere sich selbst erkennen (cognoscere).
Welterkenntnis und Selbsterkenntnis verhalten sich direkt proportional zueinander. Das Ziel dieses Erkennens aber ist das Sehen Gottes
(videre).[281] „Der Meister, der das Wort Gottes ist, hat (...) gelehrt, dass
Sehen und Erkennen dasselbe sei."[282] Cusanus interpretiert die beiden Bibelstellen Joh 17,3 und 14,9[283], auf die er sich hier bezieht, im
Sinne seines Verständnisses von Röm 1,19, nämlich im Sinne der
direkten Proportionalität von Welt- bzw. Selbsterkenntnis und Gotteserkenntnis, im Sinne der Koinzidenz von Schöpfungserkenntnis
(cognoscere se et alia) und Gottesschau (videre deum).[284] Die Drei-

---

[279] De mente, N.132, Z.9-12: Omnia principiata in se similitudinem principii habere
atque ideo in omnibus trinitatem in unitate substantiae in similitudine verae trinitatis et unitatis substantiae principii aeterni reperiri certum teneo.

[280] Vgl. De beryllo, N.6, Z.1.

[281] Vgl. De aequalitate, N.14, Z.1-7: Et hic intellectus animae, quo in se intelligit mundum notionaliter complicari quasi in universali lumine rationis lucis aeternae, quae
est causa sui st omnium, ad hoc tantum ordinata est, ut – dum se omnia complicare
notionaliter sive assimilative intelligit et suam notionem non esse rationem seu causam rerum, ut realiter id sint, quod sunt – ad causae suae et omnium inquisitionem
medio sui se convertat.

[282] De aequalitate, N.3, Z.1-9: Legisti in beryllo nostro, quomodo intellectus vult cognosci. Dico nunc hoc verum a se et aliis; et hoc non est aliud nisi quod se et alia vult
cognoscere, cum in cognoscendo sit vita eius et laetitia. Docuit me autem magister,
qui verbum die, videre et cognoscere idem esse. (...) Loquar igitur de visione, qua
cum cognitione hominis coincidit.

[283] Joh 17,3: Haec est autem vita aeterna: Ut cognoscant te, solum Deum verum, et
quem misisti Iesum Christum. Joh 14,9: Dicit ei Iesus: Tanto tempore vobiscum sum:
Et non cognovistis me? Philippe, qui videt me, videt et Patrem. Quomodo tu dicis:
Ostende nobis Patrem?

[284] Man kann daher bei Cusanus von einer gleichzeitigen Einheit und Unterschiedenheit der Selbsterkenntnis des menschlichen Geistes und der Erkenntnis alles anderen sprechen. Martin Thurner unterscheidet „Welt-, Selbst- und Gotteserkenntnis als
aufeinanderfolgende Phasen im Prozess der Selbstvergegenwärtigung des menschlichen Geistes" (Thurner, Die Einheit, 386). Durch die Integration der Weltzuwendung einerseits und der Gotteserkenntnis andererseits in die philosophische Urfrage

einheit Gottes wird nun erkannt durch die Dreieinheit, in der bzw. als die der Geist sich selbst notwendig aktuiert, wenn er sich um die Erkenntnis der Schöpfung bemüht. Die Trinität zeigt sich gleichsam als die Signatur des menschlichen Geistes, die in allem, was durch den Geist erkannt wird, widerleuchtet. Die Spuren der Trinität, die er im Erkennen der gesamten Schöpfung aufdeckt[285], sind letztlich nichts anderes als der Reflex seiner eigenen trinitarischen Verwirklichung angesichts der sinnenfälligen Schöpfung.[286] Und die Bezeichnung Gottes als Trinität trifft dementsprechend nur auf die Weise zu, in der Gott im menschlichen Geist erscheint, in der er begriffen werden kann, sie trifft nicht auf das eigentlich unsagbare Sein Gottes selbst zu.[287] Von der Trinitätstheologie gilt, wie von jeder affirmativen theo-

des Geistes nach sich selbst leiste Cusanus, so Thurner, eine Synthese der beiden in Thomas von Aquin und Augustinus repräsentierten Traditionssträng, die „zukunftsweisend" sei. Während Selbsterkenntnis für Augustinus nur im bewussten Bezug auf den in der eigenen Innerlichkeit zu findenden Gott möglich ist und die konkrete Weltwirklichkeit als dazu letztlich hinderlich gewertet wird, beginnt die Selbsterkenntnis für Thomas nicht mit dem Rückgang in das Innere, sondern mit der Hinwendung zur sinnenfälligen Welt. Die menschliche Vernunft verwirklicht sich als potentia intelligens angesichts der materiellen Wirklichkeit. Im Unterschied zu Augustinus betrachtet Thomas die Gotteserkenntnis nicht als integriertes Moment des Prozesses der Selbsterkenntnis, sondern begreift Gott als die causa prima der Weltwirklichkeit. Während also bei Augustinus der Weltbezug, bei Thomas aber der Gottesbezug aus der Einheit des menschlichen Geistvollzuges herausfällt, deutet Cusanus „seinen Grundgedanken der Zusammengehörigkeit von Gottesweisheit, Selbstbewusstsein und Weltwissen als die verschiedenen Momente eines und desselben menschlichen Wesensvollzuges (...) bereits auf der äußeren Ebene der Zuordnung seiner Schriften an. Gott, Geistseele und Welt sind die jeweiligen Themen einer Dreiergruppe von Dialogen, deren Zusammenhang schon in ihrem Titel daran ersichtlich wird, daß es dieselbe Gestalt ist, die in der ersten Schrift über die göttliche Weisheit (de sapientia), in der zweiten über den menschlichen Geist (de mente) und in der dritten über der wissenschaftlichen Erforschung der Weltwirklichkeit dienende Experimente mit der Waage (de staticis experimentis) spricht" (375f.).

285 Vgl. De docta ignorantia I, S.51, Z.15-16 (N.81): Haec sunt in unaquaque re Trinitatis vestigia.

286 Vgl. auch Flasch, Geschichte, 132: Die Trinitätslehre stamme aus unserer Welterfahrung, sie bestimme die unendliche Einheit, sofern wir sie als Grund der Einheit denken müssen, nicht in ihrem An-sich.

287 Die Trinität bedeutet keine Aussage darüber, wie Gott unabhängig von der Schöpfung, unabhängig vom Adressaten seiner Selbst-Mitteilung in sich ist. „In Wahrheit", so Cusanus, „kommt dem Größten weder der Name noch unser Begriff von der Trinität zu" (De docta ignorantia I, S.41, Z.26-28 (N.61)). „Gott", so betont er, „ist als Schöpfer drei und einer, als Unendlicher ist er weder drei, noch einer, noch irgendetwas von dem, was gesagt werden kann. Denn die Namen, die Gott zugeteilt werden, werden von den Geschöpfen genommen, da er selbst in sich unaussprechlich

logischen Aussage, dass sie durch eine entsprechende Negation nicht etwa als unzutreffend erkannt, wohl aber ergänzt werden muss.

Die Neuartigkeit dieses Ansatzes in De aequalitate kann gegenüber der bisher von Cusanus vertretenen Auffassung gewissermaßen als umgekehrt perspektivierte Trinitätserklärung charakterisiert werden.[288] Die Trinität erscheint als Eigenschaft unseres Geistes. Sie ist Ausdruck der gleichzeitigen Einheit und Unterschiedenheit (=der Koinzidenz) der absoluten Wahrheit und deren Erscheinen im menschlichen Geist. Denn in der Reflexion seines Erkennens, das sich auf dem Wege der Koinzidenz vollzieht, erscheint dem Geist seine eigene Einheit, die Einheit seines Erkenntnisvollzugs, durch die er alles erkennt, als trinitarische. Wenn der Geist sich selbst reflektiert, erkennt er die trinitarische Struktur seiner eigenen Denk-, Vollzugs- oder Erkenntnisform, der coincidentia oppositorum. Er erkennt sich selbst als trinitarisches Geschehen gleichzeitiger Einung und Unterscheidung.[289] Er gewinnt nämlich seine Erkenntnis grundsätzlich, indem er (per rationem) Gegensätzliches unterscheidet und (per intellectum) die Unterschiedenheit bzw. Zweiheit zugleich in deren Ursprung eint. Durch die Einung des zuvor Unterschiedenen, mittels des Berylls der Koinzidenz, erscheint ihm dann die absolute Einung als deren schöpferischer Grund und Ursprung. Da das koinzidentale Einigungsgeschehen des menschlichen Geistes sich trinitarisch verwirklicht, erscheint auch das absolute Einigungsgeschehen des göttlichen Ursprungs im Geist als trinitarisches.

Der Geist unterscheidet zunächst die „Wahrheit in den anderen Geschöpfen" von der „Wahrheit in sich selbst", indem er Begriffe von den Dingen bildet.[290] Er abstrahiert die sinnliche Andersheit des

---

und über allem, was benannt oder gesagt werden kann, ist." (De pace fidei, N.21, Z.9-12 oder Sermo LXI, N.11, Z.13-22). Affirmative Namen kommen Gott nur „im Hinblick auf die Geschöpfe" zu (De docta ignorantia I, S.50, Z.12-13 (N.79)). Vgl. dazu Offermann, Christus – Wahrheit, 94f., Anm.127.

[288] Kurt Flasch spricht von einer „neuen" Trinitätslehre ab 1459 (Geschichte, 514). Cusanus selbst verweist den Leser in De venatione sapientiae bezüglich der Trinität auf De docta ignorantia (N.26) zurück (vgl. De venatione sapientiae, N.63, Z.23-24). Es handelt sich also nicht um eine völlig andere Lehre, die mit der ursprünglichen nichts zu tun hätte.

[289] Die trinitarische Struktur eines Geschehens als Verwirklichung eines Verwirklichbaren durch einen Verwirklichenden findet Cusanus – wie schon erwähnt – bei Raimundus Lullus vorgeprägt.

[290] De aequalitate, N.9, Z.8-15: Anima igitur veritatem, quam videt in aliis, per se videt. Et est notionalis ipsa veritas cognoscibilium, quoniam anima intellectiva vera notio est. Visione intuitiva per se lustrat omnia et mensurat et iudicat per notionalem veri-

Wahrgenommenen und erkennt dann beispielsweise die Geradheit im anderen Geraden durch die Geradheit in sich selbst, die Gestalt im Gestalteten durch die Gestalt in sich selbst, die Gerechtigkeit im Gerechten durch die Gerechtigkeit in sich selbst, allgemein: das erkennbare Äußere durch das mitbestehende Innere. So wird „alles, das im Anderen anders gesehen wird, durch das, was in sich selbst ist, identisch gesehen mit der Seele des Sehenden."[291] Der Geist erreicht alles andere „durch sich selbst, wie er das Äußere durch das Innere erreicht."[292] Mittels seiner Begriffe wird ihm also bewusst, dass er die „begriffliche Einfaltung" (complicatio notionalis) aller ihm sinnenfällig begegnenden Dinge ist.[293] Aus der Unterschiedenheit zwischen der Wahrheit in den Dingen, also deren Teilhabe an der Wahrheit, und der Wahrheit in sich selbst, also seiner eigenen Teilhabe an der Wahrheit, erkennt er die Wahrheit selbst als Grund dieser Unterschiedenheit, als Grund der unterschiedlichen Teilhabe an ihr.

Diesen Grundgedanken, dass der menschliche Geist sich durch die coincidentia oppositorum in trinitarischer Weise verwirklicht, versucht Cusanus auf verschiedene Weise zu verdeutlichen. Er greift die auf Augustinus zurückgehenden Begriffe memoria, intellectus und voluntas auf[294] und zeigt daran: Erkennen vollzieht sich als dreieine

tatem veritatem in aliis. Et per eam, quam in aliis comperit aliter, ad se revertitur ut eam, quam in aliis aliter vidit, in se intueatur sine alteritate veraciter et substantialiter ut in se quasi in speculo veritatis notionaliter omnia perspiciat et se rerum omnium notionem intelligat.

[291] De aequalitate, N.6, Z.1-10: Omne autem id, quod videtur in alio aliter, videtur per id, quod est in se idem cum anima videntis. Videt homo sensum esse alium in visu, alium in auditu et ita de reliquis. Et sensum sic in aliis aliter exsistentem in se videt sine illa alteritate esse idem cum anima rationali. Et ita videt sensum in aliis per sensum in se, qui est communis et a contractione individuali absolutus; sic rectitudinem in aliis et aliis rectis per rectitudinem in se; ita formam in formatis per formam in se; et iustitiam in iustis per iustitiam in se; et generaliter extrinsecum cognoscibile per intrinsecum consubstantiale. Et hac via patet, quomodo intelligibile extrinsecum fit in actu per intrinsecum.

[292] De aequalitate, N.15, Z. 22-23: (Omnia) in alteritate anima per se attingit, sicut per intrinsecum attingit extrinsecum.

[293] De aequalitate, N.10, Z.14-20: Anima, dum se videt, (videt) intra se habere notionem mundi omnem omnium mundi notiones complicantem; videt in se esse verbum seu conceptum notionalem universorum et nomen omnium nominum, per quod de omni nomine notionem facit; et videt omnia nomina suum nomen explicare, cum nomina non sint nisi rerum notiones. Et hoc est, quod ipsa anima se videt omnibus nominibus nominari.

[294] Schon früh lesen wir bei Cusanus: „Dedit quidem sibi intellectum, voluntatem et memoriam cum angelis, sensus corporeos cum brutis" (Sermo III, N.4, Z.12-14) oder

Korrelation zwischen Gedächtnis, Denken und Wille. Aus dem Gedächtnis als dem Ursprung der Begriffe schöpft der Geist seine begriffliche Einsicht, die er willentlich erstrebt, weil er sie als seiner
Natur angemessen (conveniens intelligenti) erkennt.[295] Im Gedächtnis entdeckt der Geist die in ihm selbst begrifflich eingefaltete Wahrheit, im Willen strebt er die Wahrheit in den Dingen, seinen Erkenntnisobjekten, an, und im Denken verwirklicht er die Einheit des
(durch memoria und intellectus) Unterschiedenen. Cusanus exemplifiziert seinen Gedanken der Dreieinheit des menschlichen Geistes
durch einen Syllogismus. Im Syllogismus, so erklärt er, strahlt nämlich
die Dreieinheit unseres Geistes wie in dessen verständigem Werk wider[296]: Die drei Sätze: „Jedes verständige Lebewesen ist sterblich",
„Jeder Mensch ist ein verständiges Lebewesen" und „Jeder Mensch ist
ein sterbliches Lebewesen" sind gleich in ihrer Allgemeinheit (uni-
versalitas), Wesenheit (essentia) und Kraft (virtus). Keine Andersheit
der Substanz (alteritas substantiae) ist in ihnen, und ein jeder besteht
durch sich selbst (per se subsistens). Sie sind nicht durch Andersheit,
was für Cusanus stets Mangel, Nicht-Sein bedeutet, voneinander unterschieden, sondern ausschließlich durch ihre Relation zueinander.
Der erste Satz des Syllogismus gleicht dem Gedächtnis, weil er der
vorausgesetzte Ursprung ist, der zweite dem Denken, weil er die begriffliche Entfaltung des ersten ist, der dritte dem Willen, weil er aus
der Absicht des ersten und des zweiten als das ersehnte Ziel hervorgeht. Cusanus beschreibt die Relation, durch die der Syllogismus bzw.
der diesen hervorbringende erkennende Geist sich verwirklicht, mit
den Termini „zeugen" und „hervorgehen": Als Bild der Trinität hat
der Geist das Gedächtnis, von dem die verborgene Einsicht gezeugt
wird; und aus diesen beiden geht der Wille hervor.[297] Indem Cusanus
den Ternar Augustins hier aufgreift[298], will er sagen: Der menschliche

---

„in anima: memoria, intellectus et voluntas" (Sermo IV, N.30, Z.7-8). Doch bildet die
trinitarische Struktur unseres Geistes hier noch nicht den Ausgangspunkt des Gedankengangs.

[295] De aequalitate, N.20, Z.10-14: Revelat igitur intellectus absconditam memoriam, cum
nihil sit intellectus nisi memoriae intellectus. Et voluntas nihil est nisi memoriae simul et intellectus voluntas. Quod enim in memoria et intellectu simul non reperitur,
neque in voluntate esse potest.

[296] Vgl. De aequalitate, N.7, Z.9 - N.8, Z.34.

[297] De aequalitate, N.19, Z.6-8: (Magnus Augustinus dicit) animam trinitatis imaginem
habere memoriam, a qua abdita intelligentia generatur et procedit ex his voluntas.

[298] Zur Herkunft des Ternars von Augustinus her und seinem relativ zurückhaltenden
Aufgreifen durch Cusanus vgl. Haubst, Das Bild, der seine Bedeutung so zusammen-

Geist erkennt sich in seiner Selbstreflexion als Dreieinheit, nämlich als das Zugleich (intellectus) von Grund (voluntas) und Begründetem (memoria).[299] Das durch den Willen aktuierte Denken ist der Grund von Erkenntnis, der sich im Gedächtnis als selbst begründet erfährt. „Deshalb sahen die, die sagten, dass unser Lernen Wiedererinnern sei, auf irgendeine Weise dieses verborgene, geistige Gedächtnis."[300] Alles also, was der Geist erkennt, erkennt er, indem er sich bewusst und willentlich der seiner Verwirklichung vorgängigen Ermöglichung, der „begrifflichen Einfaltung" (complicatio notionalis) seines Gedächtnisses, „erinnert". Sich selbst erkennt er somit als „einer in

fasst: „Er meint (...) die lebendige geistige Einheit selbst, sofern sie in dreifacher Weise ihre Objekte enthält, mißt und ergreift, oder eine dreifache geistige Potenz; (wir dürfen) jedoch unter dieser keine Akzidentien verstehen, sondern die Fähigkeit der Seele selbst zu dreifacher Entfaltung in ihren Akten." (181).

[299] Dies verdeutlicht Cusanus ferner am Beispiel der Zeit (vgl. De aequalitate, N.11-13), die sich in der Andersheit der Dinge als Vergangenheit, Gegenwart und Zukunft voneinander unterscheidet. Im Geist jedoch erscheint sie als Gleichzeitigkeit (=Einheit) der drei Zeitstufen. Der Geist, so Cusanus wörtlich, „sieht sich als unzeitliche, einigdreie Zeit" (N.12, Z.9). Er verwirklicht sich durch die Einheit der drei: durch die Vergangenheit, die dem Gedächtnis entspricht, auf die Zukunft hin, die dem Willen entspricht, in der Gegenwart, die dem Denken entspricht.

[300] De aequalitate, N.19, Z.25-27: Qui dicebant addiscere nostrum esse reminisci, hanc absconditam memoriam intellectualem aliqualiter viderunt.
Derselbe Gedanke, den Cusanus in De aequalitate in den Termini memoria, intellectus und voluntas entfaltet, findet sich in der 1462/63 entstandenen Schrift Cribratio Alchorani in anderer Formulierung wieder. Cusanus führt hier zwei Beispiele an, um zu zeigen, dass die Verwirklichung der Vernunft eine Dreieinheit aus voluntas, ars und mens – Wille, Fertigkeit und Geist – erfordert. Aus den Beispielen wird deutlich, dass der Terminus mens in etwa die Funktion des Begriffs memoria aus De aequalitate übernimmt, während der Terminus ars das bezeichnet, was vorher der Begriff intellectus beinhaltete: Wie, so fragt Cusanus, könnte zum Beispiel „ein Maler etwas mit Vernunft malen, wenn er nicht im Geist hätte, was er malen wollte? Und wie könnte er das, was er im Geist hat, malen, wenn ihm das Wissen zu malen fehlte? Und wie könnte er es ausführen, wenn er (es) nicht wollte?" (Cribratio Alchorani, N.91, Z.7-10). Wie der Maler vorgängig sein Objekt im Geist oder Gedächtnis haben muss, so muss der Bauer von dem Samenkorn „eine Vorstellung haben, in seinem Wissen die Kunst des Säens besitzen und in seinem Willen den Willen zu säen. Säen nämlich ist eine Tätigkeit des menschlichen Geistes." (Cribratio Alchorani, N.93, Z.7-10). Jedwedes opus intellectus erscheint als Dreieinheit, denn „der Wille ist weder das Können noch der Geist, und auch das Können ist nicht der Geist. Nicht immer besitze ich nämlich zu dem, was ich will, auch das Können, noch besitze ich zu dem, was ich zu dem, was ich im Geiste habe, das Wissen oder das Können." (Cribratio Alchorani, N.91, Z.10-13).

seinem Wesen und drei in seiner Tätigkeit"[301], als Dreieinheit, die ihren Grund jedoch nicht in sich selbst findet, sondern sich als Erscheinung ihres Ursprungs aktuiert.

Deshalb fährt Cusanus fort: „Was der Geist in sich in Bezug auf die Vollendung seiner Wesenheit findet (...), das überträgt er auf seinen Ursprung, (...) um in sich gleichsam wie in einem Spiegel und Gleichnis seinen Ursprung irgendwie schauen zu können."[302] Der absolute Ursprung erscheint also gleichsam im Spiegelbild des trinitarisch sich vollziehenden Geistes. Im Geist aber zeigt sich eine Dreieinheit, die nicht durch Anderes außerhalb ihrer selbst, sondern vollkommen durch sich (per se), rein relational bestimmt ist.[303] Unter

---

[301] Vgl. Cribratio Alchorani, N.94, Z.9-10: nostro intellectu uno in essentia et trino in operatione.

[302] De aequalitate, N.13, Z.18-25: Quod igitur anima in se reperit de perfectione essentiae suae esse (...) ad sui principium, quod est aeternum, transsumit, ut in se tamquam in speculo et aenigmate suum principium aliqualiter possit intueri.
Wie der absolute Ursprung im Geist des Menschen als trinitarischer erscheint, erklärt Cusanus in der kurz nach De aequalitate (Januar/März 1459) entstandenen Schrift De principio (Juni 1459) so: Um den Ursprung denken zu können, muss der Geist, dessen Erkennen sich stets durch Einung des Gegensätzlichen (coincidentia oppositorum) verwirklicht, ein Entsprungenes denken. Der Begriff des Ursprungs impliziert nämlich für die unterscheidende ratio des menschlichen Geistes immer schon ein gegensätzlichen Begriff des Entsprungenen. Ursprung und Entsprungenes gehören für unseren Geist notwendig zusammen. Wenn Gott als Ursprung gedacht werden soll, dann muss also zugleich auch ein Entsprungenes in ihm selbst mitgedacht werden, da er nicht vollkommener Ursprung ohne Entsprungenes sein kann. Da er als Ursprung alles zeitlich Geschaffenen allerdings mit der Ewigkeit identisch ist, und es in der Ewigkeit keine Andersheit oder Gegensätzlichkeit, kein Nicht-Sein gibt, können sich Ursprung und Entsprungenes in Gott nicht durch Andersheit unterscheiden. Cusanus sagt: „Beachte, dass der Ursprung ewig ist, weil er eben Ursprung ist." (N.10, Z.1-2) Wäre der Ursprung zeitlich, hätte er selbst wiederum einen Ursprung, ein Vorher. Der Begriff des absoluten Ursprungs impliziert also für den Geist den Begriff der Ewigkeit. Ewigkeit aber definiert Cusanus als tota simul essentia und infinitas actu (N.10, Z.6-8; N.13, Z.10-11). Die Ewigkeit wird durch die Koinzidenz oder Gleichzeitigkeit von Vergangenheit, Gegenwart und Zukunft erblickt, als Zeit ohne Andersheit. Die drei Zeitstufen der Schöpfung sind nur durch die Andersheit bzw. durch Nicht-Sein sie selbst: Die Vergangenheit beispielsweise ist gerade dadurch Vergangenheit, dass sie nicht Gegenwart oder Zukunft ist. Ewigkeit aber bedeutet „vollkommene Wesenheit und wirkliche Unendlichkeit". Die Ewigkeit wird nicht erst durch die Zeit zur Ewigkeit, sondern sie ist all das, was die Zeit auch ist, deren Einfaltung. In der Ewigkeit gibt es keinen Ursprung ohne Entsprungenes, da die im Wesen des Ursprungs implizierte Relation zum Entsprungenen nicht durch Andersheit und Nicht-Sein vom Ursprung unterschieden, sondern wesentlich (essentialiter) gleich oder identisch ist. Cusanus spricht deshalb vom principium,

Verwendung der biblischen Terminologie erklärt Cusanus: Der Vater
versteht sich im von ihm gezeugten Sohn als Vater; der Sohn versteht
sich als Gezeugter im zeugenden Vater.[304] Vater und Sohn verstehen
sich ausschließlich durch die Relation, die sie selber zueinander sind:
Zeugen und Gezeugtwerden. Weil Zeugen und Gezeugtwerden nicht
als Ausdruck von Andersheit, sondern im Gegenteil als Ausdruck

vom principiatum principium und vom principiatum principii utriusque (N.11, Z.3-
5).

Dass die Vollkommenheit Gottes unserem Geist trinitarisch erscheint, verdeutlicht
Cusanus in De visione dei an der göttlichen Liebe: „Wenn es nämlich nicht den unendlich Liebenden gäbe, wärest Du (Gott) nicht unendlich liebenswert. Deine Lie-
benswürdigkeit nämlich, die das ins Unendliche Geliebt-Werden-Können ist, ist
(darin begründet, dass) es das ins Unendliche Lieben-Können gibt. Aus dem ins
Unendliche Lieben-Können und dem ins Unendliche Geliebt-Werden-Können entsteht die unendliche Verknüpfung des unendlichen Liebenden und des unendlich
Liebenswerten. Das Unendliche aber ist nicht vervielfältigbar" (N.71, Z.6-11). Cusanus entfaltet hier, inspiriert durch die Terminologie des Raimundus Lullus (vgl. dazu Haubst, Streifzüge, 256 und ders., Das Bild, 79-81), im Grunde den gleichen Gedankengang, den er auch bezüglich des absoluten Ursprungs anwendet: Wie das
Denken des Ursprungs, so impliziert auch das Denken der Liebe eine Dreieinheit im
Geist, die er als amor amans et amor amabilis et amoris amantis et amabilis nexus
beschreibt. Wenn Gott nach dem Zeugnis des Apostels Johannes die unendliche
Liebe ist, dann muss er die unendlich liebende Liebe, die unendlich liebenswerte
Liebe und deren unendliche Verbindung zugleich sein. Da die Unendlichkeit aber
keine Vervielfältigung zulässt, darf die Dreiheit nicht zahlhaft, d.h. nicht im Gegen-
satz zur Einheit gedacht werden.

[304] Werner Beierwaltes zeigt, wie die neuplatonische Konzeption Gottes als in Begreifen, Einsehen, Wissen oder Sprechen differenziertes Denken oder Sehen im Hintergrund der Cusanischen Trinitätstheologie steht. „Der innere Selbstaufschluss des
Prinzips begründet keine Vielheit, die durch ein reales Auseinander bestimmt wäre,
sondern vollzieht gerade die Einheit, die sich durch ihre eigene Unterschiedenheit
selbst begreift, dadurch aber nicht ihr Wesen durch Differenzierung aufhebt." (I-
dentität und Differenz, 153) „Die Entfaltung des Einen in sich konstituiert zwar Relationalität, aber keine Differenz." (155) Voraussetzung dieses durch die neuplatonische Nous-Lehre inspirierten Begriffs der christlichen Trinität ist jedoch die Aufhebung der absoluten Trennung zwischen dem Einen selbst und dem die erste Zweiheit implizierenden Denken des Einen (=dem Nous). In der christlichen Reflexion
des neuplatonischen Grundgedankens „hat die göttliche Trinität als das erste und
einzige (universale) Prinzip die Systemstelle von Hen und Nous inne." (Beierwaltes,
Negati affirmatio, 249). Da die im Nous implizierte Unterschiedenheit zwischen
Denkendem und Gedachtem noch keine „Andersheit" im Cusanischen Sinne einer
Unvollkommenheit, sondern im Gegenteil vollkommene Bildhaftigkeit und damit
Urbildlichkeit gegenüber der Schöpfung bedeutet, sieht Cusanus in der Erhebung
des Geistes auf die Stufe Gottes erst den Schlüssel zur Wahrheit, der den meisten
Philosophen fehlte.

vollkommener Einigung verstanden werden[305], geht aus ihnen die ewige Verknüpfung des Geistes (processio aeterna conexionis)[306] hervor. So wenig wie mit dem Verb generare ein zeitliches Entstehen des Einen aus dem Anderen gemeint ist, so wenig darf die processio aeterna conexionis als zeitliches Hervorgehen verstanden werden. Beide – analog verwendete – Ausdrücke heben gerade die Gleichursprünglichkeit von Vater, Sohn und Geist hervor. Zeugen, so erklärt Cusanus, meint „eine einzige Wiederholung der Einheit".[307] In dieser Wiederholung begreift sich die Einheit als Einheit, weshalb die Wiederholung auch als Gleichheit der Einheit bezeichnet werden kann. Denn die Gleichheit ist nichts anderes als die Einheit.[308] Sie ist der Wesenssinn der Einheit, in dem diese zu sich selber kommt. Die „Zeugung" der Gleichheit aus der Einheit meint gerade ihre Gleichursprünglichkeit. Die Identität von Einheit und Gleichheit bezeichnet einen Verhältnisbezug ohne Andersheit, ein Geschehen absoluter Einheit, das Mangel, Nicht-Sein und Unvollkommenheit dadurch ausschließt, dass es selbst alles ist, was sein kann. Die vollkommene Einheit erscheint im Beryll des menschlichen Geistes, der coincidentia oppositorum, durch die Gleichzeitigkeit wesenhafter Einheit und

---

[305] Zwischen der Verwirklichung der Einheit als Einigung, einmaliger Wiederholung oder Zeugung und der Verwirklichung der Gleichheit als Gezeugtwerden herrscht Nicht-Andersheit oder Identität. Vgl. De aequalitate, N.22, Z.3-15: Cum advertis quod concipere est commune ad generantem et genitum – pater enim generans non potest se ut patrem cognoscere nisi in conceptu geniti sui filii, et filius non potest se filium cognoscere nisi in conceptu generantis sui patris –, concipere autem non dicit generare in filio, sicut dicit in patre, sed generari. Unde pater non habet a filio quod se cognoscit, licet sine filio non se cognoscat patrem. Cum autem sit naturaliter intelligens, naturaliter de se generat, sine quo nec se nec quidquam intelligeret nec intelligi posset. Generat igitur de sua intellectuali substantia consubstantiale verbum, in quo se et omnia intelligit. Verbum igitur illud est, sine quo nec pater nec filius nec spiritus sanctus nec angeli nec animae nec omnes intellectuales naturae quidquam intelligere possunt.

[306] Vgl. De docta ignorantia I, S.18, Z.3-13 (N.24).

[307] De docta ignorantia I, S.17, Z.16-17 (N.23): Generatio (...) est una unitatis repetitio.

[308] Vgl. De aequalitate, N.28, Z.15-16: Id enim, quod est aequale, uno modo se habet. Harald Schwaetzer (Aequalitas) weist auf die Bedeutung der Tatsache hin, dass Cusanus die erkenntnistheoretische Dimension des aequalitas-Gedankens (Erkenntnis wird durch die Gleichheit von zu Erkennnendem mit schon Erkanntem im Erkennenden vermittelt) mit der trinitarischen bzw. christologischen Dimension (Der Sohn ist die Gleichheit des Vaters) verbindet. Vgl. dazu Kap.IV.1.g (Das Feld der Gleichheit).

personaler oder relationaler Unterschiedenheit.[309]

Stell dir vor, so Cusanus, das Verstehen des Vaters sei die absolute Gleichheit[310], dann könnte statt von Einheit, Gleichheit und Verknüpfung auch von zeugender Gleichheit, gezeugter Gleichheit und aus beiden hervorgehender Gleichheit gesprochen werden.[311] In dieser Terminologie kommt die Einheit im Wesen (nämlich der Gleichheit) und die rein relationale Unterschiedenheit (zeugen / gezeugt werden / hervorgehen) deutlicher zum Vorschein als in den Begriffen unitas, aequalitas und conexio. Das Hervorgehen der Gleichheit aus zeugender und gezeugter Gleichheit bezeichnet die Notwendigkeit des „dritten Ursprungs". Das Prinzip der Verknüpfung erscheint dem menschlichen Geist als die Bedingung für den Selbstaufschluss oder das Sich-selbst-Verstehen der absoluten Gleichheit in ihrem Begriff.[312] Nur aufgrund der Bewegung oder „Erstreckung" vom einen ins andere und vom anderen ins eine[313] kann die Gleichheit sich von sich selbst unterscheiden und zugleich mit sich selbst identisch bleiben. Es

---

[309] Jedes Seiende erscheint als ein durch die Abgrenzung (das Anders-Sein) gegenüber allem anderen vermitteltes mit sich selbst Identisches. „Das Andere", so Cusanus, „weil es ein anderes (in der Abhängigkeit von irgendetwas) ist, entbehrt dessen, wodurch es ein anderes ist. Das Nicht-Andere aber, weil es (in Abhängigkeit) von keinem ein anderes ist, entbehrt nicht irgendetwas, und außerhalb von ihm kann nichts sein." (De non aliud, S.13, Z.27-30).

[310] De aequalitate, N.23, Z.6: Puta esto quod intellectus loquentis sit absoluta aequalitas.

[311] De aequalitate, N.25, Z.2-5: Non erunt igitur plures aequalitates, sed ante omnem pluralitatem erit aequalitas generans verbum, aequalitas genita et aequalitas ab utroque procedens.

[312] Zum Einfluss der Schule von Chartres und besonders deren Zentralfigur Thierry von Chartres (+um 1156) auf die Cusanische Gleichheitsspekulation, die Gleichheit als den Aufschluss des eigenen Wesens und den kreativen Einschluss alles anderen vgl. Beierwaltes: „Sich selbst als Gleichheit (...) einzusehen oder zu begreifen, impliziert die Einsicht in alles Zu Schaffende, das ihr ‚zunächst', d.h. im Absoluten selbst, gleich ist: die absolute Gleichheit ist der Creator, der ‚weiß, dass er die Gleichheit ist, und sie weiß alles, was sie macht.' Dieses konstitutive oder zeugende, ursprunghafte Wissen der Gleichheit, seiner Gleichheit oder/und alles ihm selbst Gleichen in ihm selbst ist der Grund dafür, dass das Resultat der kreativen Entfaltung (explicatio) der absoluten Gleichheit durchweg als deren Analogie verstanden werden kann: innerhalb des Endlich-Geschaffenen, in dem eine absolute oder genaue Gleichheit nicht antreffbar ist, (...) wird die relative Gleichheit zur Darstellung (...) der absoluten Gleichheit, die als Maß alles Endlichen, eingeschränkt Gleichen in diesem wirkt." (Denken des Einen, 374).

[313] Vgl. De docta ignorantia I, S.18, Z.5-8 (N.24): Dicitur autem processio quasi quaedam ab altero in alterum extensio; quemadmodum cum duo sunt aequalia, tunc quaedam ab uno in alterum quasi extenditur aequalitas, quae illa coniugat quodammodo et connectat.

wäre also töricht zu fragen, wieso neben zeugender und gezeugter Gleichheit ein drittes Gleich-Ursprüngliches angenommen werden muss, da es ohne den Geist als das Prinzip der Einung unter Wahrung der relationalen Unterschiedenheit keine Gleichheit gäbe.[314] Die Gleichheit wäre weder der Wesenssinn der Einheit, wenn es nicht die Unterschiedenheit der Einheit von ihrem Begriff gäbe[315], noch wenn es keine Verknüpfung im Sinne einer Einheit des zugleich Unterschiedenen (nicht im Sinne einer nachträglichen Beseitigung der Differenz) gäbe. Die absolute Gleichheit, so sagt Cusanus in De possest, erscheint unserem Geist somit durch eine „Dreiheit ohne Zahl"[316]: „Das Einfache also, ohne das weder Zahl noch Gestalt sein kann, ist das, was nicht mehr eines als drei ist, es ist so eines, dass es drei ist, und es ist nicht drei aus der Zahl, weil die Zahl etwas Entsprungenes ist, sondern es ist drei, damit es der vollkommene Ursprung von allem sei."[317] Die Dreiheit des Ursprungs ist nicht als ein Zusammenbestehen dreier Teile, als nachträgliche Einheit dreier Elemente (in diesem Sinne zahlhaft) zu verstehen, sondern als Ausdruck der Koinzidenz von Selbstand (Einheit) und Beziehung (Dreiheit): Indem die göttlichen Personen durch sich selbst, d.h. durch ihre Seinsfülle, durch ihr Alles-Sein füreinander das sind, was sie sind, liegt ihre Identität in ihnen selbst als Beziehung zueinander, nicht

---

[314] Vgl. De beryllo, N.40, Z.5-6: Nam cum principia sint contraria, tertium principium utique necessarium non attigerunt. Wo Gegensätze herrschen, ist der eigentliche Ursprung noch nicht als solcher erkannt und damit die Erkenntnis insgesamt unvollkommen. In N.42, Z.1-5 fügt Cusanus hinzu, wie auch Aristoteles, den er zuvor wegen des fehlenden geistigen Verknüpfungs- oder Koinzidenz-Prinzips getadelt hat, hätte richtig sehen können: Quod si Aristoteles principium, quod nominat privationem, sic intellexisset, ut scilicet privatio sit principium ponens coincidentiam contrariorum, et ideo privatum contrarietate utriusque tamquam dualitatem, quae in contrariis est necessaria, praecedens, tunc bene vidisset.

[315] Um das Missverständnis einer Ununterschiedenheit in der absoluten Einheit abzuwehren, betont Cusanus: „Es ist nicht so, dass das Wort, das bei Gott dem Vater ist, mit dem Vater in eins fiele. Denn es ist auf nicht-koinzidierende Weise (incoincidenter) bei ihm. Sonst wäre es ja auch nicht beim Vater, sondern der Vater selbst." (De intellectu Evangelii Iohannis, 1443/44, zit. nach Haubst, Das Neue, 35, vgl. auch: Ders., Streifzüge, 295).

[316] Vgl. De possest, N.46, Z.15-18: Sicut igitur (anima credit) deum magnum sine quantitate continua, ita trinum sine quantitate discreta seu numero. Et sicut credit deum magnum sibi attribuendo magnitudinem, ita credit trinum sibi attribuendo numerationem.

[317] De possest N.45, Z.8-13.

jedoch in etwas, das sie selbst nicht sind[318] (=in etwas anderem). Wenn Cusanus sagt: Der Vater ist nicht der Sohn, aber erkennt sich im Sohn als Vater, dann heißt dies: Der Vater erkennt sich durch den Sohn als Beziehung (Nicht-Andersheit) diesem gegenüber.[319] Nicht durch Nicht-Sein (=Andersheit) bilden die göttlichen Personen eine Einheit im Wesen, sondern dadurch, dass sie dasselbe auf verschiedene Weise sind.[320]

Bis hinein in seine letzten Schriften bemüht Cusanus sich, das Eingesehene möglichst adäquat auszudrücken. Es geht ihm darum, die Koinzidenz von Einheit und Dreiheit sprachlich irgendwie zu vermitteln. Im Gespräch „über das Nicht-Andere" scheint ihm dies, nachdem er alle möglichen Bezeichnungen für die Trinität aus verschiedenen Gründen für zu ungenau erklärt hat,[321] am besten möglich, indem er vom „non aliud et non aliud atque non aliud" spricht. Doch erinnert er zugleich an das, was für alle Namen und Bezeichnungen gilt, die wir auf Gott anwenden: Sie sind mit dem wahren Namen

---

[318] Vgl. De possest, N.49, Z.1-6: Bene dicis (...), aliam esse personam patris, aliam filii, aliam spiritus sancti in divinis propter infinitae perfectionis trinitatem. Non tamen est alia persona patris per aliquam alteritatem, cum omnem alteritatem supergrediatur benedicta trinitas, quae non est ab alio, sed per se est id, quod est.

[319] Vgl. De aequalitate, N.31.

[320] Wenn vom Vater dennoch gesagt wird, dass er dem Sohn gegenüber der Andere ist, um dadurch zu betonen, dass Vater und Sohn keine ununterschiedene Einheit bilden, dann ist zu beachten, dass der Begriff der Andersheit hier analog verwendet wird. Vgl. Apologia doctae ignorantiae S.24, Z.1-6: Cum enim dicitur patrem unam esse personam et filium alteram et spiritum sanctum tertiam, non potest alteritas significatum suum tenere, cum sit haec dictio imposita, ut significet alteritatem ab unitate divisam et distinctam; et ita non est alteritas sine numero. Talis autem alteritas nequaquam indivisibili trinitate convenire potest.

[321] Vgl. De non aliud, S.13, Z.1-17. Hier fasst Cusanus die unterschiedlichen von ihm für die Trinität verwendeten Ternare zusammen: Trinitatis secretum, dei utique dono fide receptum, quamvis omnem sensum longe exsuperet atque antecedat, hoc medio, quo in praesentia deum indagamus, non aliter nec praecisius quam superius audisti, declarari potest. Sed qui patrem et filium et spiritum sanctum trinitatem nominant, minus praecise quidem appropinquant, congrue tamen nominibus illis utuntur propter scripturarum convenientiam. Qui vero unitatem, aequalitatem et nexum trinitatem nuncupant proprius accederent, si termini illi sacris in litteris reperirentur inserti; sunt enim hii, in quibus non-aliud clare relucescit; nam in unitate, quae indistinctionem a se dicit et ab alio distinctionem, profecto non-aliud cernitur. Ita et in aequalitate sese manifestat et nexu consideranti. Adhuc simplicius hii termini: hoc, id et idem lucidius praecisiusque non-aliud imitantur, sed minus sunt in usu. Sic itaque patet in non-aliud et non-aliud atque non-aliud, licet minime usitatum sit, unitrinum principium clarissime revelari supra omnem tamen nostram apprehensionem atque capacitatem.

Gottes so wenig identisch, wie der Weg, der den Wanderer zur Stadt führt, mit dieser identisch ist.[322] Keiner unserer stets das Gemeinsame oder das Unterscheidende abstrahierenden Begriffe erreicht den Begriff, in dem Gott sich selber aussagt und zu erkennen gibt: sein gleichwesentliches Wort. Daher, so Cusanus, muss der Geist sich am Ende „selbst verlassen."[323] Erst wenn er alle seine Begriffe hinter sich lässt, erkennt er die Trinität als das, was sie ist: als an den menschlichen Geist gebundene Erscheinungsweise der selbst unaussprechlichen Wahrheit.

c) Die Trinität als Möglichkeitsbedingung für die Schöpfung

Gott, so wurde gerade gezeigt, erscheint als trinitarischer, weil der menschliche Geist das Absolute nur so denken kann, nämlich als ein in sich selbst bestehendes bzw. durch sich selbst begründetes Einigungsgeschehen. Das Urbild erscheint in seinem lebendigen Bild, dem erkennenden Geist, als trinitarisches. Indem Gott sich im lebendigen Spiegel des Geistes aber als trinitarischer zeigt, zeigt er sich zugleich auch als Schöpfer einer selbständigen Schöpfung. In der im Geist als Trinität erscheinenden Vollkommenheit des absoluten Einen ist die Möglichkeit der Schöpfung nämlich impliziert. „Denn Gott konnte von Ewigkeit her schaffen, weil er, hätte er es nicht gekonnt, nicht die höchste Macht gewesen wäre. Also kommt ihm der Name Schöpfer schon zu (...), bevor noch ein Geschöpf war."[324] Wenn Gott die allumfassende Einheit ist, die nur durch die Koinzidenz des Minimum mit dem Maximum absolutum erschaut wird[325], dann um-

---

[322] De non aliud, S.6, Z.12-16: Cum nos autem alter alteri suam non possumus revelare visionem nisi per vocabulorum significatum, praecisius utique li non-aliud non occurrit, licet non sit nomen dei, quod est ante omne nomen in caelo et terra nominabile, sicut via peregrinantem et civitatem dirigens non est nomen civitatis.

[323] De aequalitate, N.14, Z.13-19: In me enim relucet universalitatis et omnipotentiae ipsius causae virtus rationalis, ut, dum in me intueor ut eius imaginem, ipsum possim contemplando per meiipsius transcensum propius accedere. Ut enim me in omnibus videam, alteritatem ab omnibus separo. Ut autem causam meam videre queam, me ut causatum et imaginem linquere oportet.

[324] De docta ignorantia I, S.50, Z.16-19 (N.79).

[325] Vgl. De docta ignorantia, S.10, Z.12-21 (N.11): Maximum absolute cum sit omne id, quod esse potest, est penitus in actu; et sicut non potest esse maius, eadem ratione nec minus, cum sit omne id, quod esse potest. Minimum autem est, quo minus esse non potest. Et quoniam maximum est huiusmodi, manifestum est minimum maximo coincidere. Et hoc tibi clarius fit, si ad quantitatem maximum et minimum contrahis.

fasst er auch all das schon, was die Schöpfung ist und sein kann. Aus der Selbstreflexion des Geistes ergibt sich nicht nur, dass Gott von uns notwendig als dreieiner gedacht werden muss, sondern ebenso, dass er von uns notwendig als Schöpfer gedacht werden muss. Als trinitarischer erscheint er zugleich als Schöpfer, und als Schöpfer erscheint er zugleich trinitarisch. Für Cusanus ergibt sich beides zugleich mit Notwendigkeit aus dem Ansatz bei der Selbstreflexion des Geistes, ohne dass man einseitig und ohne Bezug auf den Geist das eine aus dem anderen ableiten könnte. Der menschliche Geist erfährt sich ebenso als dreieiner wie als Geschöpf. Also muss er einen dreieinen Schöpfer, eine schöpferische Dreieinheit als Bedingung seiner eigenen Möglichkeit denken.[326] Trinitäts- und Schöpfungslehre werden bei Cusanus durch die Geist- oder Erkenntnislehre vermittelt. Wie aber sieht diese Vermittlung konkret aus?

Nachdem Cusanus im ersten Buch De docta ignorantia dargelegt hat, dass die absolute Vollkommenheit Gottes nur als Trinität (als unitas, aequalitas und conexio) zu denken ist, fragt er im zweiten Buch sinngemäß: Wie kann die Schöpfung in ihrer Eigenständigkeit

---

Maxima enim quantitas est maxime magna; minima quantitas est maxime parva. Absolve igitur a quantitate maximum et minimum – subtrahendo intellectualiter magnum et parvum –, et clare conspicis maximum et minimum coincidere. Gerda von Bredow (Die Bedeutung, 365) weist darauf hin, dass die Formel „minimum maximo coincidit" in ihrer theologischen Verwendung nicht einfach umkehrbar ist, vielmehr sichert das Minimum „als hinzukommende Bestimmung die Absolutheit des Maximum." Das Maximum absolutum unterscheidet sich nämlich vom Minimum absolutum „durch seinen positiven Gehalt; insofern besagt es mehr als das Minimum, das nur eine Funktion, aber keinen Gehalt hat." Das „Maximum ist, weil es alles ist, was sein kann, auch Minimum, aber das Minimum ist nicht auch einfach Maximum." Die Funktion des Minimum besteht darin, „den Überschritt zum Absoluten dadurch zu markieren, daß die Verschiedenheit des Absoluten von seinem Bilde, einer Vollkommenheit im Geschaffenen, nicht mehr als ein Gradunterschied gesehen wird, sondern als Gegensatz." Während der Begriff des Maximum für sich alleine nur das Ende möglicher Steigerungen bedeutet, das Maximum selbst aber kein Glied eines Kontinuums der Steigerungen ist, dient der Begriff des Minimum der Vermittlung des Absoluten mit dem Endlichen: „Damit der Reichtum des Maximum absolutum sichtbar werde, bedarf es der Grundlage des Maximum contractum; um die Beschränkung aufzulösen, bedarf es des Minimum. Das Maximum meint den Reichtum, das Minimum wahrt seine Reinheit; so bilden sie eine notwendige unbegreifliche Einheit."

[326] In diesem Sinne kann man auch bei Cusanus von einer Vorwegnahme des Rahnerschen Axioms: „Die ‚ökonomische' Trinität ist die ‚immanente' Trinität und umgekehrt" (Rahner, Der dreifaltige Gott, 328) sprechen. Vgl. auch z.B. De docta ignorantia I, S.51, Z.8-9 (N.80): Quare, si subtilius consideras, patrem filium gignere, hoc fuit omnia in verbo creare.

noch gedacht werden, wenn die Seinsfülle Gottes alles so umfasst, dass dieser durch die Schöpfung nichts mehr hinzugefügt wird, wenn die Schöpfung angesichts des absoluten göttlichen Seins geradezu als Nichts erscheint (penitus nihil), das nicht einmal die Seiendheit eines die Substanz prägenden Akzidens besitzt?[327] Oder anders gefragt: Wie können wir die Schöpfung als Schöpfung (creaturam ut creaturam), d.h. als wirkliche, Selbstand besitzende denken, wenn Gott notwendigerweise als das absolute Maximum erscheint, das alles ist, was sein kann?

Cusanus antwortet auf dieses Problem mit dem von Proklos, Boethius und vor allem Thierry von Chartres sich herleitenden Begriffspaar complicatio – explicatio.[328] Allgemein lässt sich sagen, dass diese beiden Begriffe Cusanus in unterschiedlichen Zusammenhängen zur Beschreibung eines einseitigen Abhängigkeitsverhältnisses zwischen einer Bedingung und einem Bedingten, einer Ermöglichung und einem Ermöglichten dienen. Die Bedingung erscheint stets als die Einfaltung des durch sie Bedingten und das Bedingte als die Ausfaltung seiner Bedingung.[329] Complicatio, Einfaltung, meint

---

[327] Vgl. De docta ignorantia II, S.72, Z.4-9 (N.111): Quomodo igitur poterimus intelligere creaturam ut creaturam, quae a deo est et nihil etiam ex consequenti ei tribuere potest, qui est maximus? Et si ut creatura non habet etiam tantum entitatis sicut accidens, sed est penitus nihil, quomodo intelligitur pluralitatem rerum per hoc explicari, quod deus est in nihilo, cum nihil non sit alicuius entitatis?

[328] Zur Begriffsgeschichte vgl. R. Haubst, Art. Complicatio – Explicatio, Sp.104, mit Literatur.

[329] Die durch die beiden Komplementärbegriffe beschriebene Gedankenfigur lässt sich vielfach konkretisieren: In Anwendung auf die Kategorie der Quantität etwa erscheint der Punkt als die Einfaltung alles quantitativ Bestimmbaren, der Linie und der Fläche ebenso wie des Körpers. Linie, Fläche und Körper sind nichts anderes als Ausfaltungen des im Punkt bereits Enthaltenen und daher Ermöglichten. Der Punkt ist die Voraussetzung der Linie, nicht umgekehrt. Analog dazu lässt sich die Zeit als „geordnete Gegenwart" (praesentia ordinata) begreifen, „Vergangenheit und Zukunft sind deren Ausfaltung; (die Gegenwart) ist die Einfaltung aller gegenwärtigen Zeiten." (De docta ignorantia II, S.69, Z.24 – S.70, Z.2). Die Ruhe erscheint als Einfaltung der Bewegung, die Bewegung als quies seriatim ordinata (De docta ignorantia II, S.69, Z.22-23 (N.106)), als durch die Ruhe bestimmte Ausfaltung derselben. In der Religionsphilosophie werden die vielen Artikulationen des Namens Gottes als Ausfaltungen des einen unaussprechlichen Namens, der alle Begriffe vorgängig einschließt, verstanden (De docta ignorantia I, S.53, Z.1-2 (N.84)). Der Glaube erscheint ferner als Einfaltung des Denkens, da das Denken ihm gegenüber keine zusätzliche Erkenntnis bringt, sondern als die Einsicht in die Notwendigkeit des Glaubens, insofern als dessen Ausfaltung begriffen wird (De docta ignorantia III, S.152, Z.3-4 (N.244)). Mathematisch stellt die Einheit die Einfaltung jeder Zahl und jede

das Enthaltensein des Bedingten in der Bedingung dadurch, dass die Einheit der Bedingung die Andersheit des Bedingten mit sich vereint. Mit dem Begriff complicatio drückt Cusanus aus, dass das Bedingte in seiner Bedingung, das Begründete in seinem Grund eins oder identisch mit dieser bzw. diesem ist. Ohne die vorgängige Identität des Begründeten mit seinem Grund, die als complicatio bezeichnet wird, ist das Begründete nicht als Begründetes, d.h. in seinem konstitutiven Bezug zum Grund, zu verstehen. Der Begriff explicatio bezeichnet das Begründete, insofern es gerade in seinem und durch seinen Bezug auf den Grund es selbst sein kann. Das Begründete ist als Ausfaltung seines Grundes zugleich von seinem Grund verschieden und mit seinem Grund geeint.

In der Schöpfungstheologie bezeichnet Cusanus Gott als complicatio omnium[330] und als complicatio complicationum[331], den menschlichen Geist aber als imago complicationis divinae[332], die gesamte sinnenfällige Schöpfung dagegen als explicatio complicationis.[333] Der Geist, so wurde schon gesagt, begreift sich selbst als begriffliche Einfaltung alles Seienden (complicatio notionalis) und seine Tätigkeit als Ausfaltung des in ihm, in seinem Gedächtnis Eingefalteten. Das complicatio-explicatio-Schema dient dem Geist also zunächst zu seiner Selbsterkenntnis. Er wendet es, logisch gesehen, zunächst auf sich selber an. Dann bezieht er das, was er in sich selber vorfindet, nämlich die Relation zwischen Ein- und Ausfaltung, auf sein Erkenntnisobjekt, die Schöpfung, die in ihrem Verhältnis zum Schöpfer, zur

---

Zahl die Ausfaltung ihrer Voraussetzung, der Einheit, dar (De docta ignorantia II, S.70, Z.17-18 (N.108)).

[330] Vgl. De docta ignorantia I, S.44, Z.14-15 (N.67): Manifestum est deum esse omnium complicationem, etiam contradictoriorum.

[331] Vgl. De ludo globi II, N.86, Z.11-12: Quare (deus) maxime potens et complicans. Igitur est complicatio complicationum.

[332] Wenn Kurt Flasch (Geschichte, 598f.) auf die Vindizierung des göttlichen Prädikats „complicatio complicationum" an die menschliche Seele in De ludo globi hinweist, darf man jedoch das tamquam nicht überlesen: Als Bild Gottes unterscheidet die Seele alles so wie die Einfaltung der Einfaltungen im Ausgefalteten, allerdings eben nur begrifflich: Anima rationalis est vis complicativa omnium notionalium complicationum. De ludo globi II, N.92, Z.1-2.

[333] Vgl. De mente, N.74, Z.12-22: Attende aliam esse imaginem, aliam explicationem. (...) Et ita mens est imago complicationis divinae prima omnes imagines complicationis sua simplicitate et virtute complicantis. Sicut enim deus est complicationum complicatio, sic mens, quae est dei imago, est imago complicationis complicationum. Post imagines sunt pluralitates rerum divinam complicationem explicantes. Vgl. auch De mente, N.122, Z.8-11.

göttlichen Wahrheit, erkannt werden muss. Angesichts der konkreten Schöpfung unterscheidet der Geist nun – genauso wie bei sich selber – zwischen complicatio und explicatio. Der als ratio und intellectus sich verwirklichende Geist, so ist zu erinnern, erkennt nämlich grundsätzlich durch gleichzeitige Unterscheidung und Einung, indem er die Koinzidenz des Entgegengesetzten erstrebt. Indem er bezüglich der Schöpfung zwischen deren Ein- und Ausfaltung unterscheidet, erkennt er die Einfaltung als Bedingung oder Ermöglichung der Ausfaltung.[334] Von der als Ausfaltung begriffenen sinnenfälligen Schöpfung ausgehend, erblickt er die Ermöglichung, den Grund der Schöpfung als die Einheit, „die alles eint"[335] und die jedes esse creabile[336] umfasst. Im Gedanken der complicatio erscheint „die unendliche Einheit (...), die jedem Gegensatz unendlich vorausgeht, wo alles ohne Zusammensetzung in der Einfachheit der Einheit eingefaltet ist, wo kein Anderes oder Verschiedenes ist, wo der Mensch nicht vom Löwen, der Himmel nicht von der Erde verschieden ist, wo dennoch alles wahrhaft es selbst ist, nicht seiner Endlichkeit entsprechend, sondern eingefaltet als die größte Einheit selbst."[337] In der hier beschriebenen komplikativen Seinsfülle Gottes herrscht reine Identität, die – wie das Verhältnis zwischen den göttlichen Personen – durch Relationalität und nicht durch Andersheit bestimmt ist. Alles, was in der Schöpfung schon (verwirklicht) ist und noch (verwirklicht) werden kann, ist in Gott eingefaltet eins mit ihm. Der Begriff complicatio ist Ausdruck für die Koinzidenz des Gegensätzlichen (Geschaffenen) in und mit dessen Ursprung. Der Geist des Menschen erkennt durch diesen Begriff, wie der in sich als trinitarisch erkannte Ursprung mit der Vielheit der entsprungenen Dinge zusammenhängt.

Durch die gleichzeitige Einheit und Unterschiedenheit (in diesem Sinne: „Koinzidenz") der konkret verwirklichten Schöpfung (explicatio) und ihrer Ermöglichung im schöpferischen Ursprung (complica-

---

[334] Daher kann Cusanus sagen: Nam posita complicatione non ponitur res complicata, sed posita explicatione ponitur complicatio (De docta ignorantia I, S.45, Z.21-22 (N.69)). – Wäre die Schöpfung nicht in ihrem Schöpfer eingefaltet und so ermöglicht, könnte sie nicht ausgefaltet in Wirklichkeit existieren. Da es sich jedoch um ein einseitiges Abhängigkeitsverhältnis handelt, gilt umgekehrt: Existierte die Schöpfung nicht in Wirklichkeit (ausgefaltet), wäre sie dennoch in der trinitarischen Seinsfülle Gottes eingefaltet.

[335] De docta ignorantia II, S.69, Z.9-11 (N.105): Unitas igitur infinita est omnium complicatio; hoc quidem dicit unitas, quae unit omnia.

[336] Vgl. De visione dei, N.83, Z.15.

[337] De docta ignorantia I, S.49, Z.14-19 (N.77).

tio) erscheint der Schöpfer selbst dem menschlichen Geist als complicatio complicationum, als Grund der Einfaltung oder Ermögli-chung der Schöpfung. Dieser Grund aber, so sahen wir, kann in sei-ner Vollkommenheit nur durch die Koinzidenz von Einheit und Rela-tion oder Dreiheit gedacht werden. Die als „Ausfaltung" verstandene Schöpfung ist also von Ewigkeit her in ihrem dreieinen Grund „ein-gefaltet" oder ermöglicht.[338] So wird auch verständlich, inwiefern Cusanus von der Welt sowohl sagen kann, sie sei „immer gewesen", als auch, sie sei „geworden": „Es scheint, dass die Welt, obgleich durch (den Logos) geworden, doch immer gewesen ist, wie der Strahl im-mer war, solange die Sonne war, obgleich er von der Sonne ist. Denn immer war der Schöpfer, und bei ihm ist kein Wandel und keine Ver-änderlichkeit." Deshalb, weil der schöpferische Grund der Zeit die Ewigkeit selber ist, kann die Welt, sofern sie, in ihm eingefaltet, mit ihm identisch ist, als „immer gewesen" oder „ewig" bezeichnet wer-den. Sofern sie allerdings begründet ist, ist sie zugleich, nicht in der Zeit, sondern als Zeit, geworden. Dass die sichtbare Welt durch ihn, den Logos des Johannesprologs, geworden ist, bedeutet – so erklärt Cusanus – , „dass er sich, den Unsichtbaren, durch sich selbst zu ei-nem Sichtbaren machte, und dies ganze besagt, dass die ewige und unsichtbare Welt zeitlich und sichtbar geworden ist."[339] Die Zeit er-

---

[338] In De ludo globi, der 1463 entstandenen „anschaulichen Hinführung zu anderen Werken, insbesondere De docta ignorantia und De mente" (Flasch, Geschichte, 582), wird die trinitarische Gott durch die Rundheit (rotunditas) einer vollkommen gedachten Kugel symbolisiert (vgl. De ludo globi, N.14ff.). Die absolute Rundheit der vollkommenen Kugel, die als Verknüpfung der Einheit des Mittelpunktes mit der Gleichheit der Radien vorgestellt werden kann, „koinzidiert" mit dem Punkt, der „mitteilbaren Unteilbarkeit im Kontinuum" (De beryllo, N.21, Z.6-7), der Einfaltung (complicatio) der absoluten bzw. transzendenten Rundheit in die Materie als die Sichtbarkeit der Gestalt (forma). Der Punkt ist als „Atom" ebenso der vollkomme-nen Rundheit geeint, wie er als „das kleinste Runde" dem „größten Runden" (=dem Universum) geeint ist. Das „Runde" (rotundum) als Gestalt ist die Verknüpfung o-der explicatio (gleichzeitige Einheit und Unterschiedenheit) zwischen Materie (Sichtbarkeit) und komplikativer Wahrheit (dargestellt im Punkt). Die „Rundung der Welt" bzw. die Gestalt des Universums ist als gleichzeitige Sichtbarkeit (Materie) und Unsichtbarkeit (rotunditas des Punktes) die „participabilis rotunditas in omni-bus mundi huius rotundis" (vgl. De ludo globi I, N.16, Z.8-9), d.h. das mit der complicatio des Punktes koinzidierende Sein des einzelnen Seienden. Was von der Welt zugänglich ist, sind ausschließlich die in ihr enthaltenen Gestalten der Dinge. Diese entziehen sich jedoch dem Blick (visus) und dem Sinn (sensus) und sind nur dem menschlichen Geist „sichtbar".

[339] Sermo CXLI, N.4, Z.14-27 = Koch, Vier Predigten im Geiste Eckharts (CT I 2/5), S.79, N.6.

scheint als die Offenbarung der Ewigkeit.[340] Deshalb darf die Offenbarung selbst nicht dem Maßstab der Zeit unterworfen werden. Zeitlichkeit und Ewigkeit der Schöpfung können im Schema von explicatio und complicatio vermittelt werden: Als zeitliche ist die Welt Ausfaltung der in der Ewigkeit eingefalteten, daher ewigen Welt.

Wie die Schöpfung insgesamt im trinitarisch erscheinenden Schöpfer gründet, dies bringt Cusanus mit dem folgenden Satz zusammenfassend zum Ausdruck: „Das Geschöpf beginnt deshalb zu sein, weil Gott Vater ist, es wird vollendet, weil er Sohn ist, es stimmt mit der universalen Ordnung der Dinge zusammen, weil er Heiliger Geist ist. Dies sind die Spuren der Trinität in jedem Ding."[341] Betrachten wir die drei Glieder dieses Satzes einzeln, so ergibt sich:

– „Das Geschöpf beginnt zu sein, weil Gott Vater ist." Dass es etwas anderes außerhalb des Absoluten geben kann, wird darauf zurückgeführt, dass Gott Vater bzw. Ursprung ist.[342] Weil der absolute Ursprung nämlich so Ursprung ist, dass er die Relation zum Entsprungenen in seinem absoluten Wesen schon umfasst, weil das Vater-Sein das Sohn-Sein schon impliziert, deshalb liegt im Sohn-Sein die Möglichkeit der Schöpfung. Die Schöpfung ist im Sohn eingefaltet. Deshalb kann es prinzipiell auch Entsprungenes außer dem Absoluten geben, das diesem nichts hinzufügt und dennoch nicht mit seinem Ursprung identisch ist: als Ausfaltung des im Sohn Eingefalteten nämlich. Dass Cusanus den Geist als lebendiges Bild von der übrigen

---

[340] Vgl. Sermo CXLI, N.5, Z.6-7: Aeternitas enim non potest se nisi temporaliter ostendere sicut pulchritudo visibiliter.

[341] De docta ignorantia I, S.51,13-16 (N.81): Nam creatura ex eo, quod deus pater est, esse incipit; ex eo, quod filius, perficitur; ex eo, quod spiritus sanctus est, universali rerum ordini concordat. Et haec sunt in unaquaque re trinitatis vestigia.

[342] In Sermo XXXVII will Cusanus ebenfalls erklären, wie die Schöpfung im trinitarisch erscheinenden Schöpfer gründet. Dort bezeichnet er den Vater als die „absolute Notwendigkeit", durch die die „Möglichkeit der Dinge" besteht. Die Schöpfung kann gerade deshalb sie selbst sein, weil sie nicht notwendig zum Selbst-Sein Gottes gehört, weil Gott von ihr losgelöste, ab-solute Notwendigkeit ist. Die Bedeutung des als „unendliche Weisheit" bezeichneten Sohnes sieht Cusanus hier jedoch – etwas anders akzentuiert als in De docta ignorantia – in der gestaltverleihenden Unterscheidung, durch die das Geschöpf das ist, was es ist, die Bedeutung des als „unendliche Gutheit" gefassten Geistes in der (durch die menschliche Natur des Sohnes vermittelte) „Anziehung" der Schöpfung, in ihrer Vollendung bzw. Vereinigung mit dem Ursprung. Cusanus wörtlich: Deus (...) est omnipotens et ipsa absoluta necessitas, per quam est possibilitas rerum; est sapientia infinita, per quam est discretio et dispositio formalis; est bonitas infinita, per quam est attractio. Creat igitur, disponit et attrahit. (N.5, Z.21-26).

Schöpfung, die „nur" Ausfaltung ist, abhebt, bedeutet keinesfalls, dass nicht auch der Geist jedes Menschen in Gott eingefaltet und von E-wigkeit her ermöglicht ist. Auch der Geist ist explicatio complicatio-nis, aber er ist dies gerade als imago complicationis divinae. Durch den Geist wird die gesamte Schöpfung als apparitio dei aktuiert; denn im Geist des Menschen erkennt die Schöpfung sich selbst als das, was sie ist: als apparitio dei.

– „Das Geschöpf wird vollendet, weil Gott Sohn ist." Wenn es au-ßerhalb des trintarischen Einen nur dessen Erscheinung geben kann, so muss diese Erscheinung vollkommen sein, das heißt ganz darin aufgehen, lebendiges Bild ihres vollkommenen Urbildes zu sein. Es bliebe sonst ein „Rest" an Andersheit übrig, der nicht wesenhaft zur Erscheinung gehörte, und daher nicht mit dem Urbild zur Einheit vermittelt würde. Da aber das Geschöpf aus eigener Kraft prinzipiell keine absolute Vollkommenheit (keine Vollkommenheit, die nicht mehr steigerbar, dem Bereich des Mehr oder Weniger also entzogen wäre,) erreichen kann, wird es als Erscheinung nur vollendet, wenn die absolute Vollkommenheit von sich aus an sich teilgibt und so ein vollkommenes Geschöpf ermöglicht, durch dessen Vermittlung alle anderen die Vollkommenheit erreichen können. Diese Ermöglichung aber besteht darin, dass „Gott Sohn ist". Während der innertrinitari-sche Sohn, der mit dem Begriff des Vaters identisch ist, vermittelt über den Gedanken der complicatio, als Möglichkeitsbedingung der Schöpfung erscheint, erscheint der inkarnierte Sohn als Möglich-keitsbedingung der Vollendung der Schöpfung. Der Sohn bezeichnet in dem oben zitierten Satz die durch die Hypostatische Union Jesu Christi aktuierte Teilnehmbarkeit der vollkommenen Einheit.

– „Das Geschöpf stimmt mit der universalen Ordnung der Dinge zusammen, weil Gott Heiliger Geist ist." Wenn die Schöpfung nur als Erscheinung der absoluten Einheit existieren kann, dann muss sie selbst eine Einheit bilden. Diese Einheit nennt Cusanus Uni-versum. Die Schöpfung bildet ein Universum jedoch nur durch den menschli-chen Geist, der die Gegensätzlichkeit des Vielen in seinem Erkennen des Ursprungs eint und so das Universum aktuiert. Der für die Exis-tenz und die Vollendung des Universums gleichermaßen konstitutive geschöpfliche Geist vermag sich jedoch in seiner Selbstreflexion nur als Bild des absoluten Geistes, der Verknüpfung von Einheit und Gleichheit, der Trinität also, zu begreifen.

So kann Cusanus von der Einheit von Welt-, Selbst-, und Gotteser-kenntnis, von dem dreifachen Bezug des menschlichen Geistes auf Gott (sein Urbild), auf sich selbst und auf die sinnenfällige Schöpfung her sagen: „Wer also kann leugnen, dass Du der dreifaltige Gott bist, wenn er sieht, dass Du weder der vornehme, noch der natürliche und vollkommene Gott wärest, dass es den Geist des freien Willens nicht gäbe, und dass er selbst nicht zu Deinem Genuss und zu seiner Seligkeit gelangen könnte, wenn Du nicht der drei und eine wärest?"[343] Dieser Satz enthält drei Gründe für die Denknotwendigkeit der Trinität.

Zunächst: Die Dreieinheit Gottes ergibt sich aus dem Gedanken der Vollendung oder Vollkommenheit, des vollkommenen Ursprungs und der vollkommenen Liebe, wie ihn die Erkenntnis des Entsprungen-Seins alles Geschaffenen erfordert.

Die Schöpfung kann ferner nur sie selbst, das geistbegabte Geschöpf, der Mensch, nur frei sein, wenn die Schöpfung nicht notwendig zur göttlichen Wesensverwirklichung gehört. Dies ist aber nur dann nicht der Fall, wenn Gott als durch-sich-selbst-bestehend, als Trinität gedacht wird. Gerade weil der trinitarische Gott die Schöpfung nicht nötig hat, ist sie immer schon in ihm ermöglicht.[344]

Schließlich: Der Mensch könnte seine Zielbestimmung, die Einheit mit seinem Urbild, nicht erreichen, wenn Gott nicht trinitarisch, wenn er nicht „teilnehmbare Nichtteilnehmbarkeit", die Gleichzeitigkeit von Teilnehmbarkeit und Nichtteilnehmbarkeit, wäre.[345] Als Bild ihres Urbildes ist die Schöpfung im Sohn oder durch den Sohn ermöglicht. Durch ihre Teilnahme am Sein des Sohnes nämlich kann die Schöpfung sie selbst sein und der menschliche Geist zu „dessen Genuss und seiner Seligkeit" gelangen.

---

[343] De visione dei, N.81, Z.1-4.

[344] Cusanus verleiht diesem Gedanken in De visione dei so Ausdruck: Si autem amor amabilis non esset distinctus ab amore amante, esses omnibus adeo amabilis, quod nihil praeter te amare possent et omnes rationales spiritus necessitarentur ad tui amorem (De visione dei, N.80, Z.9-12). Würde die Liebe, die im ersten Johannesbrief von Gott ausgesagt wird, nicht trinitarisch gedacht, so könnte die als Abbild Gottes geschaffene Schöpfung sich nicht im Gegenüber von liebender und liebenswerter Liebe selber (frei) aktuieren; ihr Bezug auf ihren Grund und ihr Urbild wäre vielmehr ein fertig gesetzter. Denn wenn Gott die Liebe wäre, ohne selber trinitarisch zu erscheinen, gehörte die Schöpfung notwendig zu seiner Selbstentfaltung, da zur Liebe notwendig ein Liebender und ein Liebenswerter gehören. Durch die gleichzeitige Einheit und Unterschiedenheit von Liebendem und Liebenswertem in der Liebe eröffnet sich sozusagen der Raum, in dem die Schöpfung sie selbst und dennoch – sofern Gott selbst der Raum ist – dem Schöpfer gegenüber nichts anderes zu sein vermag.

[345] Vgl. De coniecturis, N.98, Z.4: Unitatem imparticipabilem pariter et participabilem intellegito.

2) DIE FRAGE NACH DER VORAUSSETZUNG DER THEOPHANIE IM GESCHAFFENEN

Die erste Möglichkeitsbedingung des theophanischen Schöpfungsverständnisses fanden wir in der Trinitätslehre. Der absolute Grund muss als dreieiner gedacht werden, wenn der menschliche Geist sich als Ort seiner Erscheinung verstehen soll. Der dreieinige Ursprung impliziert nämlich zugleich die Möglichkeit der Schöpfung. Dies drückt Cusanus mit dem Begriff complicatio aus: Gott ist als trinitarischer die Einfaltung der gesamten Schöpfung (complicatio omnium). Der Eigenstand der Schöpfung besteht in der Ausfaltung des in Gott Eingefalteten. Darin ist die Schöpfung sie selbst, das Andere gegenüber dem Schöpfer, dass sie das, was in der göttlichen Seinsfülle ermöglicht ist, selbst entfaltet bzw. verwirklicht. Damit sind wir bei der zweiten Möglichkeitsbedingung des theophanischen Schöpfungsverständnisses: Die Ausfaltung der in Gott ermöglichten Schöpfung kann nur als ein Einigungsgeschehen gedacht werden, das nicht das trinitarische Einigungsgeschehen Gottes selber ist, in dessen Abbildung aber eins mit ihm und zugleich von ihm verschieden ist. Dieses geschöpfliche Einigungsgeschehen, durch das die apparitio dei sich verwirklicht, vollzieht sich in einer Weise, die Cusanus als modus contractus oder auch als contractio beschreibt.

Wir können somit sagen: Um die Schöpfung als apparitio dei begreifen zu können, bedient Cusanus sich der Begriffe complicatio und explicatio. Während die Trinitätslehre als Bedingung der Möglichkeit dessen erscheint, was er mit complicatio meint, erscheint das, was er mit dem Begriff contractio bezeichnet, als Bedingung der Möglichkeit der explicatio. Was ist damit näherhin gemeint?

a) Der Modus contractionis als die Seinsweise des Geschaffenen

Die absolute Dreieinheit Gottes umfasst notwendigerweise alles, was sein und werden kann, da sie sonst nicht absolut wäre. Cusanus spricht deswegen von Gott auch als vom maximum absolutum.[346] Was nicht mit dem dreieinen Gott identisch ist, aber dennoch ist, die Schöpfung nämlich, kann folglich nicht unabhängig von der absoluten Dreieinheit, ab-solut also, sondern nur als deren Erscheinung

---

[346] Vgl. De docta ignorantia I, S.7, Z.8-9 (N.5).

bestehen. Cusanus bezeichnet die Seinsweise dieser Erscheinung, den modus theophanicus, mit dem Begriff contractio.[347]

Er entnimmt diesen Begriff der ihm voraufgehenden Tradition, legt ihn aber in eigentümlicher Weise terminologisch fest auf die Bestimmung des Geschaffenen.[348] „Gott allein ist absolut, alles andere kontrakt."[349] Die gesamte Schöpfung kann nur auf kontrakte Weise sein. Nicht nur alles Sichtbare, jedes konkrete Einzelding wird ein contractum genannt, sondern auch das, was im Denken unseres Geistes erscheint: Das Universum, die Gesamtheit alles Geschaffenen, bildet das maximum contractum. Praedicamenta, genera und species sind „Stufen" der Kontraktion, die Möglichkeit ist durch die Wirklichkeit[350], die Ewigkeit durch die Zeit[351], die Menschheit durch den Menschen, die Einheit durch die Vielheit „zu diesem oder jenem"[352] kontrahiert. Contractio – wörtlich übersetzt: „Zusammenziehung"[353] – findet sich als die Grundbestimmung der gesamten Schöpfung.[354]

Der Begriff contractio (bzw. contractum, contracte oder contrahere) ermöglicht es Cusanus nämlich, eine Einheit außer der absoluten Einheit zu denken: eine Einheit, die als Erscheinung der absoluten

---

[347] Er führt den Begriff im zweiten Buch seines Frühwerks De docta ignorantia ausführlich ein, nachdem er zuvor gefragt hat: „Wie also sollen wir das Geschöpf als Geschöpf verstehen können, welches von Gott ist und ihm, der der Größte ist, folglich nichts hinzufügen kann?" (De docta ignorantia II, S.72, Z.4-6 (N.111)). Mit anderen Worten: Wie kann es außer dem Absoluten etwas Eigenständiges („als Geschöpf", nicht als bloßen Schein von Eigenständigkeit) geben?

[348] Vgl. zur Begriffsgeschichte Schnarr, Art. Contractus/Contractio. Siehe auch die Literaturübersicht zu Herkunft, Bedeutung und Verwendung des Begriffs contractio bei Benz, 104, Anm. 12.

[349] De docta ignorantia II, S.95, Z.27-28 (N.150): Solus deus est absolutus, omnia alia contracta.

[350] De docta ignorantia II, S.88, Z.9-10 (N.137): Omnis igitur possibilitas contracta est; per actum autem contrahitur.

[351] De dato patris luminum, N.104, Z.8: contractio aeternitatis in durationem.

[352] De docta ignorantia II, S.75, Z.12-13 (N.116): Contractio dicit ad aliquem, ut ad essendum hoc vel illud.

[353] Ulrich Offermann (Christus – Wahrheit) übersetzt den Begriff contractio zu Recht ganz wörtlich, um die negative Konnotation der verbreiteten Übertragung mit „beschränkt" oder „eingeschränkt" zu vermeiden. (Vgl. 106, Anm.32 und 142, Anm.4).

[354] Eine einzige Ausnahme bildet De mente, N.125, Z.10-11, wo es heißt: Unde subtiliter intuenti mens est viva et incontracta infinitae aequalitatis similitudo. Es handelt sich hier um eine contradictio in se, wenn Cusanus von einer geschaffenen Wirklichkeit – und sei es eine rein geistige – als incontracta similitudo spricht. Dieser Ausdruck ist auch singulär.

Einheit sie selbst und doch ganz und gar von jener abhängig ist.[355] Genau dies aber muss von der Schöpfung gesagt werden. Ihr Sein kann nur in ihrem ab-esse, in ihrer restlosen Abkünftigkeit vom Absoluten[356], von dem alles ist, was nicht das Absolute selbst ist, bestehen. Doch gerade in ihrer vollkommenen Abhängigkeit ist die Schöpfung unabhängig, weil sie angesichts des in sich selbst bestehenden Absoluten als dessen Erscheinung es selbst sein kann. Daher muss die Schöpfung im modus contractionis gedacht werden. Denn als contractio bezeichnet Cusanus eine Einheit, die die Andersheit, die mit der Schöpfung bzw. Erscheinung Gottes im Anderen seiner selbst mitgegeben ist, nicht nur nicht ausschließt, sondern für die die Andersheit geradezu konstitutiv ist. Die als contractio bestimmte Einheit vermag sich in das Andere ihrer selbst „zusammenzuziehen" und die Andersheit des Anderen so zu integrieren oder, wie Cusanus sagt, zu „absorbieren"[357], in die Einheit „einzubinden"[358].

Der als contractio gedachte Modus einer geschöpflichen Einheit ermöglicht somit das Verständnis der Schöpfung als Erscheinung Gottes, der absoluten Einheit, des maximum absolutum. Die absolute Einheit kann grundsätzlich in der kontrakten Einheit dargestellt werden. Deshalb, so Cusanus, gilt es nur, über die contractio richtig zu denken, dann „ist alles klar".[359]

b) Contractio als Modus einer Einheit in Andersheit und damit als Möglichkeitsbedingung für die Erscheinung der absoluten Einheit

Soll die Schöpfung als Erscheinung der absoluten Einheit Gottes verstanden werden, so muss sie selbst eine Einheit bilden, in deren Erkenntnis der menschliche Geist sich als Ort der Erscheinung Gottes verwirklichen kann. Wie aber kann die Schöpfung als Einheit, als Universum, als „Ins- Eine-Gewendete" begriffen werden?

---

[355] Der „Schlüsselbegriff" contractio, so schreibt daher Karl-Heinz Volkmann-Schluck, schließt die seinsmäßige Möglichkeit dessen" auf, „was nicht die einfache Einheit des Seins selbst ist und dennoch ist" (57).

[356] De docta ignorantia II, S.71, Z.17-23 (N.110): Quoniam esse rei non est aliud, ut est diversa res, sed eius esse est ab esse (...) Tolle deum a creatura, et remanet nihil; tolle substantiam a composito, et non remanet aliquod accidens et ita nihil remanet.

[357] Vgl. z.B. De coniecturis, N.129, Z.6 oder N.163, Z.6.

[358] So der Übersetzungsvorschlag von Hubert Benz, vgl. Individualität und Subjektivität.

[359] De docta ignorantia II, S.73, Z.22 (N.114): Unde, quando recte consideratur de contractione, omnia sunt clara.

Es ist zunächst die Vielheit der geschaffenen Dinge, die unserem Geist begegnet. Der Geist bringt nun eine Ordnung in die vielen Dinge, indem er sie zu Einheiten wie Arten und Gattungen und schließlich zu einer einzigen Einheit, dem Universum, zusammenfasst. Dabei stellt sich jedoch die Frage, ob der Geist den Dingen dann nur seine eigenen Begriffe beilegt, oder ob er, vermittelt durch die Begriffe, die er angesichts der vielen Dinge kreativ bildet, eine Einheit erkennt, die seinem Erkennen schon vorausliegt, ja dieses sogar erst ermöglicht. Dies ist genau die Frage des Universalienstreits, der fast das gesamte Mittelalter beschäftigt und in dem Cusanus seine eigene Position bezieht. Die Begriffe, die wir bilden (sub vocabulo cadunt), so Cusanus, sind durchaus unsere eigenen Schöpfungen, Gedankendinge (entia rationis). Soweit gibt er den Nominalisten Recht.[360] Aber in den Begriffen entfaltet unser Geist, das lebendige Bild Gottes, jene Einheit, die der Schöpfer als seine Erscheinung in der Andersheit geschaffen hat. Insofern sind sie eine „Ähnlichkeit des

[360] Fritz Hoffmann (Nominalistische Vorläufer) stellt fest: „Nicolaus Cusanus zeigt (...) deutliche Übereinstimmungen mit der nominalistischen Schule. Solche Lehrpunkte werden aber bei ihm nicht logisch-kritisch, sondern theologisch-metaphysisch begründet. In diesem methodischen Ansatz steht er Thomas näher als den Nominalisten" (135). Wenn die Unerreichbarkeit Gottes durch die Gebundenheit der natürlichen Erkenntnis an die Sinne, die Hoffmann bei Cusanus ebenso wie etwa bei Robert Holcot (+1349) konstatiert, jedoch „theologisch-metaphysisch" begründet wird, muss der sie begründende menschliche Geist immer schon über seine sinnliche Eingebundenheit hinaus sein, was den Nominalisten undenkbar erscheint. Johannes Hirschberger formuliert daher: Das Cusanische „Interesse an den vocabula ist auffallend stark. Aber ein Nominalist ist er deswegen noch lange nicht; denn der Verstand wird in demselben Augenblick wieder entmachtet, in dem ihm sein Eigenrecht eingeräumt wurde. (...) Der Verstand arbeitet tatsächlich so, wie die via moderna es sieht; aber er ist dabei auch nur Verstand. Über ihm steht die Vernunft. (...). Man sieht in De mente 2 deutlich die Entscheidung, vor die sich Cusanus gestellt sieht: Hier die Leute, die ihre Freude an der diskursiven Verstandesfunktion haben und die nichts im Geiste sein lassen, was nicht vorher in den Sinnen gewesen ist und für die dann die Ideen oder Urbilder nichts mehr sind (...) und auf der anderen Seite dann jene Denker, die diese Verstandesoperationen auch schätzen, aber nicht damit zufrieden sind, sondern nach den Urbildern fragen, die in den sinnlichen Vorstellungen und ihren vocabula vorausgesetzt werden, immer noch, womit dann diese Denker im Unterschied zu den Nominalisten ,ultra vim vocabuli theologice intueri conantur'. ,Theologisch' heißt hier also interessanterweise das Ideendenken. Cusanus entscheidet sich: die beiden Betrachtungsweisen ,resolvuntur et concordantur quando mens se ad infinitatem elevat.' Die Vernunft überhöht den Verstand. Das war sein Weg. Darum ist Cusanus nicht unter die Nominalisten gegangen." (Das Platonbild, 122f.).

in den Dingen zusammengezogenen Allgemeinen" oder Einen.[361] In den Universalien, in praedicamenta, genera und species entfaltet sich stufenweise die Einheit bzw. die Erkenntnis der Einheit, die Cusanus als maximum contractum oder universum bezeichnet.[362] Daher spricht er von ihnen als von Kontraktionsstufen oder von Stufen gleichzeitiger Einheit und Unterschiedenheit[363]. Über sie erkennt er aus der Vielheit der Geschöpfe deren Einheit als kontrakte, als durch das Zugleich von Einheit und Andersheit konstituierte.

Die Vielheit der sinnenfälligen Dinge, unserer Erkenntnisobjekte, schließt eo ipso deren Gleichheit aus. Da nämlich die Gleichheit, wie bereits im Zusammenhang mit der Trinitätslehre gezeigt wurde, mit der Einheit identisch ist, kann es keine zwei gleichen Geschöpfe geben. Wenn sie gleich wären, wären sie nicht viele, sondern eins. Also müssen sich alle Dinge notwendig voneinander unterscheiden. Sie unterscheiden sich durch Andersheit. Jedes Seiende ist aber durch seine Andersheit nicht nur von jedem anderen Seienden unterschieden, sondern zugleich auch mit jedem anderen Seienden verbunden. Alle Seienden unterscheiden sich nicht nur dadurch voneinander,

---

[361] Vgl. De docta ignorantia II, S.81, Z.7-8 (N.126): Quare universalia, quae ex comparatione facit, sunt similitudo universalium contractorum in rebus.

[362] Die Frage: Findet der Geist in seinen Begriffen nur sich selbst wieder oder aber die Wesenheiten der Dinge? wird also von Cusanus nicht im Sinne einer Alternative, sondern mit einem sowohl-als-auch beantwortet. Weil der Geist als begriffliche Einfaltung der Welt lebendiges Bild Gottes ist, entspricht den Begriffen, die er aus sich ausfaltet, die als Ausfaltung der göttlichen Seinsfülle verstandene Schöpfung. So stellen Ernst Hoffmann und Kurt Flasch übereinstimmend fest, dass die Universalien für Cusanus als Begriffe, als (durchaus im nominalistischen Sinne verstandene) Produkte unseres Geistes Bilder der sich selbst vermittelnden absoluten göttlichen Einheit sind: „Die logischen Einteilungen der Tradition", so Flasch, „genera und species, sind Mittel des Verstandes, die Sinneseindrücke zu ordnen. Sie sind keine Naturbestände, sondern Gedankendinge, entia rationis. Insofern gilt die nominalistische Lösung des Universalienproblems. Gäbe es keine Sinnesdinge, fielen auch ihre Namen weg. Aber wir müssen intellectus und ratio unterscheiden" (Flasch, Geschichte, 310). Insofern kann man mit Ernst Hoffmann fortfahren: „Die Universalia sind weder konkret wie die Dinge, noch absolut wie Gott, sondern sie sind abstrakt in dem genau bestimmten Sinne, dass sie zum Universum als solchem gehören. Universum und Universalia gehören zusammen. Universalia wie Gleichheit und Ähnlichkeit, Haben und Sein, Ruhe und Bewegung werden nicht etwa nur (!) durch abstrahierende Begriffsbildung künstlich gesetzt (=durch die ratio, Anm. d. Vf.), sondern sie sind. Nur sofern sie als wirkliche Ordnungen im Universum ein unsinnliches Sein haben, können sie uns als Erkenntnisgründe dienen." (Hoffmann, Das Universum, 22). Vgl. auch: Nikolaus von Kues, Die belehrte Unwissenheit, Buch II, hg. von Hans Gerhard Senger, 3.Aufl. 1999, S.122, Anm.63.

[363] Vgl. De coniecturis, N.89, Z.25: gradus differentiae et concordiae.

dass sie andere sind, sondern sie kommen gleichzeitig auch darin
überein, dass sie andere sind.[364]
Dieses Phänomen, die gleichzeitige Einheit und Andersheit aller
Seienden, erklärt Cusanus mit dem Terminus contractio: Jedes durch
seine Andersheit bestimmte Seiende ist nämlich eine Kontraktion der
größten Einheit, der Einheit alles Geschaffenen. Diese bezeichnet
Cusanus als Universum. Das Universum erscheint im menschlichen
Geist als Grund der gleichzeitigen Einheit und Andersheit, der Vielheit der Dinge. Es zieht sich in die Vielheit der einzelnen Geschöpfe
zusammen[365] und bewirkt so, dass diese durch Einheit und durch
Andersheit zugleich bestimmt sind. Jedes Geschöpf ist eine andere
Zusammenziehung der Einheit. Es partizipiert im modus contractionis an der Einheit des Universums. Das Universum erscheint dadurch
in den einzelnen Geschöpfen, dass jedes Geschöpf auf alle anderen
Geschöpfe bezogen ist. Das eine Geschöpf steht nämlich insofern zu
allen anderen Geschöpfen in Beziehung, als es allen Geschöpfen
gegenüber das Andere ist. So kann Cusanus sagen: Alle Geschöpfe
sind in ihm es selbst. An einem konkreten Beispiel: Die Sonne ist im
Mond (als) Mond. Der Mond gehört als das Andere der Sonne zu
deren Identität. Die Sonne ist dadurch Sonne, dass sie nicht der
Mond, dass der Mond das Andere ihr gegenüber ist. Weil die Gesamtheit aller Geschöpfe aber nichts anderes ist als das Universum,
kann man ebenso sagen: Das Universum ist in jedem Geschöpf dieses
selbst. Jedes Geschöpf „nimmt alles in sich selbst auf, so dass alles in
ihm es selbst ist"[366]. Es ist somit ein kontrakter Modus der Einheit,
eine Zusammenziehung des Universums. Jedes Geschöpf verwirklicht
auf andere Weise die Einheit mit allen anderen Geschöpfen. Es ist
eine „kontrakte" oder konkrete[367] Erscheinung des Universums, der

---

364 Vgl. De coniecturis, N.87, Z.7-8: Quodlibet igitur cum quolibet concordat atque
differt; N.88, Z.17-18: Omne igitur sensibile, hoc aliquid singulariter existens cum
omni et nullo concordat, ab omni et nullo differt; N.122, Z.2-3: Non est autem differentia sine concordantia.

365 De docta ignorantia II, S.79, Z.3-5 (N.123): Universum sive mundum esse comperi-
mus unum, cuius unitas contracta est per pluralitatem, ut sit unitas in pluralitate.

366 Vgl. De docta ignorantia II, S.76, Z.10-13 (N.117): In qualibet enim creatura universum est ipsa creatura, et ita quodlibet recipit omnia, ut in ipso sint ipsum contracte.
Cum quodlibet non possit esse actu omnia, cum sit contractum, contrahit omnia, ut
sint ipsum.

367 Zur Gleichsetzung der Termini concretum und contractum vgl. De docta ignorantia
II, S.73, Z.2-4 (N.112): Nam ipsum contractum seu concretum cum ab absoluto
omne id habeat, quod est, tunc illud, quod est maximum, maxime absolutum quantum potest concomitatur.

die ganze Schöpfung umgreifenden Einheit. Der Begriff der contractio ermöglicht also, dass das Eine im Anderen sein und erscheinen kann, ohne dass das Andere in das Eine aufgehoben wird.

c) Die Bildhaftigkeit des contractio-Geschehens gegenüber der Trinität

Der modus contractus oder contractionis, so sahen wir, beschreibt die Möglichkeit einer geschaffenen, das heißt die Andersheit gegenüber dem Schöpfer einschließenden Einheit. Die Einheit Gottes kann nur als absolute, die des Geschaffenen nur als kontrakte gedacht werden. Jede Einheit aber kann vom menschlichen Geist nur als Einigungsgeschehen, und das bedeutet: als Dreieinheit gedacht werden, weil der Geist sich in seinem Erkennen selbst als trinitarischer, als zugleich (durch das Vermögen der ratio) unterscheidender und (durch das Vermögen des intellectus) Einheit Schaffender verwirklicht. Deshalb überträgt er das, was er vom Absoluten auf absolute Weise in sich selbst eingesehen hat, nämlich dessen Dreieinheit, auf das Kontrakte in kontrakter Weise.[368] Die „Zusammenziehung" der Einheit „zu diesem oder jenem" erscheint dem menschlichen Geist dann als Geschehen der Verknüpfung eines „Zusammenziehenden" und eines „Zusammenziehbaren".[369] Contractio bezeichnet das Geschehen einer die Andersheit integrierenden Dreieinheit. Was die Philosophen materia und forma nannten, nennt Cusanus contrahibilitas und contrahens. Er begreift das Sein des Geschaffenen so als contractio, d.h. als nexus contrahentis et contrahibilis. Ohne diese drei voneinander untrennbaren Korrelationen, so Cusanus, kann nichts als contractum bestehen.[370] Die Schöpfung kann nämlich nur

---

[368] Vgl. De docta ignorantia II, S.73, Z.4-7 (N.112): Igitur quae in primo libro de absoluto maximo nobis nota facta sunt, illa, ut absoluto absolute maxime conveniunt, contracto contracte convenire affirmamus.

[369] Vgl. De docta ignorantia II, S.82, Z.15-16 (N.128): Non potest enim contractio esse sine contrahibili, contrahente et nexu.

[370] Vgl. De docta ignorantia II, S.82, Z.6-15 (N.128): In divinis tanta est perfectio unitatis, quae est trinitas, quod pater est actu deus, filius actu deus, spiritus sanctus actu deus; filius et spiritus sanctus actu in patre, filius et pater in spiritu sancto, pater et spiritus sanctus in filio. Ita quidem in contracto esse nequit. Nam correlationes non sunt subsistentes per se nisi copulate; neque quaelibet propterea potest esse universum, sed simul omnes, neque una est in aliis actu, sed sunt eo modo, quo hoc patitur conditio contractionis, perfectissime ad invicem contractae, ut sit ex ipsis unum universum, quod sine illa trinitate esse non posset unum.

als Bild der absoluten Einheit gedacht werden. Da die absolute Einheit dem menschlichen Geist aber als trinitarisches Einigungsgeschehen erscheint, muss der Geist auch das Geschaffene entsprechend verstehen und das Kontraktionsgeschehen, durch welches er alles Geschaffene konstituiert sieht, als ein dreieines begreifen. Jedes Geschöpf hat im dreieinen modus contractus an seinem Grund, der absoluten Dreieinheit, teil. Es verwirklicht sein eigenes Sein, indem die drei Korrelationen – contrahens, contrahibilis und nexus utriusque – zusammenwirken. Man kann nicht sagen, was das contrahens oder die contrahibilitas je für sich betrachtet sind, sondern man kann die Korrelationen nur in ihrer Beziehung zueinander innerhalb des contractio-Geschehens definieren.[371] Durch dieses Zusammenwirken ist das Geschöpf es selbst. Keine der drei das Geschöpf konstituierenden Relationen subsistiert, unabhängig von den anderen beiden, durch sich. Es gibt nicht das Zusammenziehende ohne die Verknüpfung mit dem Zusammenziehbaren. Nur allen drei Momenten[372] zugleich kommt in ihrer jeweiligen Bezogenheit aufeinander Wirklichkeit im konkreten Ding zu.[373] Dieses verwirklicht sich somit nicht unabhängig von der absoluten Einheit, sondern gerade als deren Ausfaltung. Die Ausfaltung des in Gott von Ewigkeit her eingefalteten Geschöpfs aber geschieht, indem die „Natur" oder „Weltseele" Materie und Form vereint zu einem wirklichen Geschöpf. Cusanus greift hier den antiken Begriff der Weltseele auf, korrigiert ihn aber in seinem Sinne. Er versteht darunter keine eigene Instanz, sondern ein Moment im Kontraktionsgeschehen, die Verwirklichung oder Ver-

---

371 In diesem Sinne kann Cusanus die contrahibilitas in ihrem Bezug auf das contrahens beschreiben als quandam possibilitatem, et illa ab unitate gignente in divinis descendit, sicut alteritas ab unitate. Dicit enim mutabilitatem et alteritatem, cum in consideratione principii (De docta ignorantia II, S.82, Z.18-20 (N.128)).

372 Der Begriff „Moment", der bei Cusanus selbst keine Rolle spielt, wurde schon mehrfach zur Interpretation herangezogen. (Z.B. Jacobi, Die Methode, 295 mit Bezug auf Rombach, vorher auch schon Gandillac, Nicolaus von Cues, 79: „Die Vorstellung ist verlockend, dass der Kardinal irgendwie eine Vorahnung haben mochte von dem, was später momentum genannt wurde, d.h. die Vorahnung einer kleinsten Einheit (...), die sich zu der Bewegung verhielte wie der Augenblick zur Dauer und der Punkt zur Linie.) Kurt Flasch sieht in dem Terminus „Moment" etwas ausgedrückt, das Cusanus zwar implizit gedacht, aber nicht explizit auf den Begriff gebracht habe: „das Nicht-Ertrinken des Kontrakten in der Ur-Kontraktion" (Geschichte, 418), das Ganze, nicht nur dessen Teil, aber auch nicht das Ganze, kurz: die Koinzidenz von Ganzem und Teil.

373 De docta ignorantia II, S.82, Z.3-5 (N.127): Tres illae correlationes (...) non habent esse actu nisi in unitate simul.

knüpfung von Zusammenziehendem und Zusammenziehbarem.

In dem dreifach differenzierten Begriff contractio ist also das Selbst-Sein der Schöpfung ausgedrückt, insofern die Zusammenziehung des Zusammenziehbaren durch das Zusammenziehende zugleich Akt des Schöpfers und des Geschöpfs ist: des Schöpfers, der das Geschöpf (als contrahibile, contrahens und nexus utriusque) ermöglicht und des Geschöpfs, das seine Möglichkeit (in der contractio) verwirklicht. Alle Vermittlungsinstanzen zwischen Schöpfer und Schöpfung werden durch den Kontraktionsgedanken, den Gedanken einer Erscheinung der göttlichen Einheit in der geschaffenen Andersheit, überflüssig, weil sie darin aufgehoben sind.

In diesem Sinne unterscheidet Cusanus die „contractio possibilitatis ex deo" von der „contractio actus ex contingenti".[374] Die Kontraktion der Möglichkeit der Schöpfung, ihres „Werden-Könnens", wie Cusanus später sagen wird, „stammt von Gott", ist also darin begründet, dass Gott selbst gewissermaßen die possibilitas absoluta ist.[375] Außer dieser kann es nur eine possibilitas contracta geben. Die kontrakte Möglichkeit der Schöpfung ist der absoluten, unbegrenzten Möglichkeit Gottes gegenüber gerade dadurch eine andere, dass sie auf diese bezogen ist Da die Schöpfung ihren Eigenstand jedoch darin besitzt, ihre Möglichkeit selbst zu verwirklichen (und so den Schöpfer zur Erscheinung zu bringen), kann Cusanus sagen: Die Kontraktion der Wirklichkeit stammt aus dem Zufälligen, Kontingenten. Dies bedeutet: Dass kein Geschöpf alles ist, was es sein kann, die totale actualitas seiner potentia, dass seine Möglichkeit in der konkreten Wirklichkeit stets nur „zusammengezogen", also in Andersheit und damit in Unvollkommenheit existiert, liegt in der kontingenten Schöpfung selbst begründet. Jedes Seiende kann sich seinem Urbild im Geiste Gottes, seiner Ermöglichung, noch unendlich ähnlicher machen, es kann die Verwirklichung seines Seins unendlich vervollkommnen, ohne jedoch die ihm vom Schöpfer gesetzte Grenze überschreiten zu können. Es kann als contractum somit im Endlichen unendlich, Bild des unendlichen Urbildes, sein.

---

[374] De docta ignorantia II, S.89, Z.8-10 (N.139): Quare, cum contractio possibilitatis sit ex deo et contractio actus ex contingenti, hinc mundus necessario contractus ex contingenti finitus est.

[375] De docta ignorantia II, S.88, Z.2-5 (N.136): Possibilitas absoluta in deo est deus, extra ipsum vero non est possibilis; numquam enim est dabile aliquid, quod sit in potentia absoluta, cum omnia praeter primum necessario sint contracta.

d) Das trinitarische contractio-Geschehen als Möglichkeitsbedingung des menschlichen Erkennens

Wie schon die Trinitätslehre, so erscheint auch die Lehre von der contractio, indem sie die Möglichkeitsbedingung der gesamten Schöpfung darstellt, zugleich auch als Möglichkeitsbedingung unseres auf Gegensätzlichkeit verwiesenen und damit an die Andersheit gebundenen Erkennens. Inwiefern?

Die Kreativität des Geistes, die eigenständige Verwirklichung seines Erkenntnisstrebens, so wurde schon im ersten Kapitel gesagt, ist an die sinnenfällige Schöpfung verwiesen. Weil der Geist im Menschen an einen Körper und damit an sinnliche Wahrnehmung gebunden ist, bedarf er zu seiner Aktuierung der sinnenfälligen Welt. Die gesamte Schöpfung ist daher auf den menschlichen Geist hin geschaffen, damit dieser sich durch sie als das, was er wirklich ist, als Erscheinung oder lebendiges Bild seines trinitarischen Grundes, verwirklichen und so sein Ziel, die filiatio dei, erreichen kann.

Aus dieser Einsicht ergibt sich die Frage: Wie muss die Schöpfung also gedacht werden, damit sie durch die Vermittlung des menschlichen Geistes in das Geschehen der apparitio dei einbezogen werden kann? Oder umgekehrt formuliert: Wie muss die Schöpfung gedacht werden, damit sie dem Geist als Medium seiner gleichzeitigen Selbst- und Gotteserkenntnis dienen kann?

Die Schöpfung, so erinnern wir uns zunächst, kann nur als apparitio dei verstanden werden. Der Geist, der allein capax infiniti ist, ist dabei der Ort, an dem „Gott erscheint"[376], an dem die Erscheinung Gottes sich verwirklicht. Der Geist kann Gott erkennen, indem er das Seiende und, durch dessen Vermittlung, sich selbst erkennt. Angesichts der eben beschriebenen kontrakten Dreieinheit aus „Zusammenziehbarem, Zusammenziehendem und der Verbindung beider" ist es dem menschlichen Geist möglich, sich selbst als Abbild der göttlichen Dreieinheit zu aktuieren. Als contractio nämlich kann das Geschaffene dem Geist zum Medium seiner Selbsterkenntnis, der Erkenntnis seiner Bildhaftigkeit oder Ähnlichkeit (similitudo) dem dreieinen Schöpfer gegenüber werden. Wie nämlich?

---

[376] Vgl. De mente, N.73, Z.6-11: Nam dei notitia seu facies non nisi in natura mentali, cuius veritas est obiectum, descendit, et non ulterius nisi per mentem, ut mens sit imago dei et omnium dei imaginum post ipsum exemplar. Unde quantum omnes res post simplicem mentem de mente participant, tantum et de dei imagine, ut mens sit per se dei imago et omnia post mentem non nisi per mentem.

Damit das Seiende vom Geist erkannt werden kann, muss es der Denkvollzugsform des menschlichen Geistes, der coincidentia oppositorum, entsprechen. Es muss als „Zusammenziehung" der Einheit in Andersheit zugleich intelligibilis, dem intellectus gemäß sein. Das Denken aber bedarf zunächst des Anderen, des Gegensätzlichen, von dem es ausgeht. Der Geist, so wurde gesagt, verwirklicht sich als ratio und intellectus, durch gleichzeitige Unterscheidung und Einung. Er kann die Unterschiedenheit oder Vielheit der Dinge nur zusammen mit deren Einheit erkennen. So erkennt er beispielsweise einen einzelnen Menschen nur, indem er dessen Andersheit, dessen Unterschiedenheit von allen anderen Menschen, zusammen mit der alle Menschen vereinenden Menschheit erkennt. Im abstrakten Begriff der Menschheit erscheint die Einheit des im konkreten Mensch-Sein Entgegengesetzten. Der Begriff der Menschheit ist daher dem Begriff des einzelnen Individuums gegenüber eine „einfachere" (der Einheit ähnlichere) Kontraktion. Der Geist erkennt die Menschheit als eine bestimmte Art nur, indem er gleichzeitig mit der Verschiedenheit aller Arten in der gemeinsamen Gattung deren Einheit erkennt. Und er erkennt die Verschiedenheit der Gattungen nur, indem er zugleich deren Einheit in den zehn Universalien erkennt, durch die sie alle gemeinsam bestimmbar sind. Die zehn Universalien aber erscheinen dem Geist in einer letzten Einheit, dem Universum, der einfachsten (der absoluten Einheit ähnlichsten) Kontraktion geeint. Art, Gattung, Universalien und Universum sind somit Begriffe für das, was dem Geist die Einsicht in die Einheit des Vielen vermittelt. Sie besitzen kein wirkliches Sein, sondern sind nur „contracte" in den einzelnen Geschöpfen.[377] Sie sind „Kontraktionsstufen", über die der Geist das

---

[377] Vgl. De docta ignorantia II, S.79, Z.5 – S.80, Z.7 (N.123f.): Quia unitas absoluta est prima et unitas universi ab ista, erit unitas universi secunda unitas, quae in quadam pluralitate consistit. Et quoniam (...) secunda unitas est denaria, decem uniens praedicamenta, erit universum unum explicans primam absolutam unitatem simplicem denaria contractione. (...) (N.124:) Et ita reperimus tres universales unitates gradualiter descendentes ad particulare, in quo contrahuntur, ut sint actu ipsum. Prima absoluta unitas omnia complicat absolute, prima contracta omnia contracte. Sed ordo habet, ut absoluta unitas videatur quasi primam contractam complicare, ut per eius medium alia omnia; et contracta prima videatur secundam contractam complicare, et eius medio tertiam contractam; et secunda contracta tertiam contractam, quae est ultima universalis unitas et quarta a prima, ut eius medio in particulare deveniat. Et sic videmus, quomodo universum per gradus tres in quolibet particulari contrahitur. Est igitur universum quasi decem generalissimorum universitas, et deinde genera, deinde species. Et ita universalia sunt illa secundum gradus suos, quae ordine quodam naturae gradatim ante rem, quae actu ipsa contrahit, existunt.

einzelne Geschöpf als Teilhabe an der absoluten Dreieinheit, als durch die Einheit kontrahierte Gegensätzlichkeit erkennt.

Die zusammengezogene, kontrahierte Gegensätzlichkeit ist gewissermaßen der die Andersheit einschließende Modus der Einheit. Denn Gegensätzlichkeit ist ähnlich wie Andersheit nur von einer höheren Einheit her für den Geist erkennbar. Was sich gegensätzlich verhält, ist durch Andersheit zugleich voneinander verschieden und miteinander geeint. Es ist durch sein Gegensätzlich-Sein aufeinander bezogen und vergleichbar. Das Absolute, so Cusanus, teilt sich mit, indem es gleichsam „in dem ihm Entgegengesetzten kontrakt begrenzt wird."[378] Die adverbiale Bestimmung „contracte" erläutert hier das „in opposito terminari". Die (der unterscheidenden ratio erscheinende) Gegensätzlichkeit ist die (dem einenden intellectus erscheinende) Zusammenziehung des Absoluten in die Gleichzeitigkeit von Einheit und Andersheit. Wenn jedoch das dem Absoluten Entgegengesetzte das gegensätzlich Seiende ist, dann erscheint das Absolute von diesem her als „oppositio oppositorum". Werner Beierwaltes macht auf die spezifisch Cusanische Doppelbedeutung dieses Ausdrucks aufmerksam: „Der göttliche Ursprung ist gerade als Zusammenfall (einigende Einfalt) der Gegensätze über den Gegensätzen oder: das aufhebend bewahrende Ineinander der Gegensätze ist nur über der Dimension des einander widersprechenden Gegensätzlichen denkbar. (...) Gott ist über den Gegensätzen und zugleich oder gerade darum deren Zusammenfall."[379] Als Gegensatz des Gegensätzlichen ist der Schöpfer der Schöpfung zugleich immanent (in der Gegensätzlichkeit wirkender Grund derselben) und transzendent (der Sphäre des Gegensätzlichen enthoben, da entgegengesetzt).

Der Gedanke des maximum contractum, so wurde gezeigt, ermöglicht das Verständnis der Schöpfung als apparitio dei, als Erscheinung des dreieinen Gottes im Anderen seiner selbst. Im Modus der kontrakten Einheit, als maximum contractum oder universum, kann die Schöpfung sich selbst grundsätzlich als lebendiges Bild der absoluten Einheit verwirklichen. Die (absolut) vollkommene Verwirklichung dieses maximum contractum ist allerdings aus den Potentialitäten der

---

Et quoniam universum est contractum, tunc non reperitur nisi in generibus explicatum, et genera non reperiuntur nisi in speciebus. Individua vero sunt actu, in quibus sunt contracte universa.

[378] De docta ignorantia II, S.74, Z.3-4 (N.114): Quasi absoluta necessitas se communicet absque permixtione et in eius opposito contracte terminetur.

[379] Beierwaltes, Deus oppositio oppositorum, 179.

Schöpfung alleine nicht erklärbar. Denn nichts Geschaffene kann so vollkommen sein, dass ein größerer Vollkommenheitsgrad nicht mehr möglich wäre. Damit gelangen wir zur dritten Möglichkeitsbedingung des theophanischen Schöpfungsverständnisses, der Christologie.

3) DIE EINHEIT DER SCHÖPFUNG MIT IHREM GRUND: DIE HYPOSTATISCHE UNION JESU CHRISTI ALS MAXIMUM ABSOLUTUM ET CONTRACTUM

Wir sahen, wie es durch den Gedanken eines „kontrakten" Seinsmodus grundsätzlich möglich erscheint, dass Endliches, Geschaffenes – wie durch die Glaubensvorgabe der Schöpfung gefordert – selbständig existieren kann, ohne den unendlichen Gott zu verendlichen, ohne aber auch nur ein Moment im Prozess dessen Zu-sich-selbst-Kommens[380] zu sein. Dennoch genügt es nicht, den Begriff der einfachsten Kontraktion bzw. den mit diesem identischen Begriff des Universums nur zu denken, wenn die Schöpfung als lebendiges Bild oder Erscheinung des dreieinen Gottes verstanden werden soll. Warum dies nicht genügt, ist recht einfach zu beantworten: Weil die Schöpfung in der Vielzahl der Geschöpfe wirklich (actu) existiert, das Universum aber ein bloßer Begriff ist. Es ist ein Begriff für den Zusammenhang (die Einheit) alles Geschaffenen. Nur wenn diesem Begriff eine Wirklichkeit entspricht, nur wenn das die Einheit des Schöpfers mit der Einheit der Schöpfung vermittelnde Universum

---

[380] Zu dem entscheidenden Unterschied zwischen Cusanus und Hegel in Bezug auf „das Absolute und die Dialektik" vgl. Stallmach, Das Absolute: „Selbstentfaltung – das lehrt gerade Cusanus – muß nicht als ein Werden-zu-sich-selbst (...), es kann auch als ein Selbst-Alles-Sein gedacht werden." (245) Indem Cusanus die Dialektik, in die sich vor dem Faktum der Vielheit schließlich alles einheitsmetaphysische Denken gezwungen sieht, in die Dialektik von Gott und Nichts überführt und Nichtsein mit Allessein identifiziert, so dass jedes Werden keine höhere Wahrheit, sondern nur eine Wirkung dieser Identität ist, „wird Einheitsmetaphysik als dialektische Metaphysik der Einen, die es mit dem Problem des Vielen aufnimmt, von innen her zu einer Metaphysik des Geistes." (248) „Bei Cusanus ist Gott, wie er selbst noch über das Eine hinaus ist, so auch über dessen Dialektik (...). Bei Hegel ist das Absolute selbst dialektisch, (...) also nicht vor der Wurzel des Widerspruchs, sondern diese selbst. (...) Für Cusanus ist das Absolute selbst den Gegensätzen entrückt, aller dialektischen Bewegung und allem Werden, weil es selbst immer schon ist, was es überhaupt sein kann. (...) Das Hegelsche Absolute wird – im Unterschied zum absoluten Ist Gottes bei Cusanus." (251).

oder maximum contractum aktuiert wird, ist die Schöpfung tatsächlich – und nicht nur der Möglichkeit nach – „apparitio dei", als geschaffene Einheit Bild ihres Schöpfers.

Als Wirklichkeit, so wurde schon gesagt, existiert aber nur das konkrete Einzelgeschöpf. Also müsste vom Universum als dem maximum contractum gelten, dass es in einem Geschöpf verwirklicht wird, damit die Schöpfung tatsächlich die Erscheinung Gottes im Anderen seiner selbst ist. Dieses Geschöpf würde dann die gesamte Schöpfung repräsentieren. Das Sein aller anderen Geschöpfe könnte als Teilhabe am Sein dieses „universalen", das Universum in sich einfaltenden Geschöpfs verstanden werden. Sofern Cusanus dieses das Universum aktuierende Geschöpf mit Jesus Christus identifiziert, kann man seine Christologie als Postulat oder Implikat der apparitio-dei-Konzeption bezeichnen.[381] Das aber bedeutet, dass die Inkarnation ganz im Horizont dieser Konzeption zu begreifen ist. Sie ist im Horizont des Zusammenhangs zwischen dem göttlichen Schöpfungswirken und dem menschlichen Erkennen, wie er im Begriff apparitio dei zum Ausdruck kommt, zu verstehen. Jesus Christus ist die perfectissima apparitio dei. Er ist die höchste Verwirklichung der Einheit göttlichen und geschöpflichen Wirkens.

a) Die Christologie als Implikat der Protologie: Die Notwendigkeit der Vermittlung zwischen Schöpfer und Schöpfung als Motiv der Inkarnation

Die von Anselm von Canterbury erstmals ausdrücklich gestellte Frage „Cur deus homo?" wird von Cusanus mit dem Hinweis auf die Bestimmung des Menschen zur Gotteskindschaft beantwortet. Er sieht

---

[381] Vgl. Roth, Suchende Vernunft, 78: „Die Menschwerdung ist Grund und wirkende Ursache der Schöpfung und des Schöpfungsaktes. Darin ist sie für die endliche Vernunft verankert. Ihre Bestimmung hat sie aber darin, die maximale Tätigkeit Gottes wieder in ihn selbst zurückzuführen. Daher ist natürlich ausdrücklich hervorzuheben, dass die Menschwerdung an Würde und der Logik des Gedankens nach der Schöpfung vorangeht. (...) So ist jener, der vor aller Zeit schon bei Gott existierte, nicht das göttliche Wort, sondern eigentlich Jesus, das inkarnierte Wort. Dementsprechend legt Cusanus immer wieder die Bezeichnung „primogenitus omnis creaturae" aus Kol 1,15 so aus, dass damit nicht das göttliche Wort, sondern der Gottmensch gemeint ist. (...) Erst mittels der contractio unibilis, das heißt letztlich der mit Gott vereinten menschlichen Natur, ist die Schöpfung und Gott als Schöpfer denkbar. Die maximale Entfaltung der Macht Gottes gehört wesentlich zu Gott selbst."

das Motiv der Inkarnation in der Einigung des Menschen mit Gott, in der filiatio dei: „Daher ist das Wort Fleisch geworden, damit der Mensch mittels des Menschen, welcher das Wort und der Sohn Gottes ist, Gott dem Vater im Reich des ewigen Lebens untrennbar vereint werde."[382] Die filiatio dei ist eigentlich bereits das Motiv für die Schöpfung. Denn Gott offenbart sich in der Schöpfung aus keinem anderen Grund als dem, dass seine Herrlichkeit vom menschlichen Geist erkannt werde. Nur so nämlich bleibt das göttliche Schöpfungswirken einerseits frei von jeder Notwendigkeit (ungeschuldet) und andererseits frei von bloßer Willkür (sinnvoll). Die Inkarnation erscheint auf diesem Hintergrund als Vollendung des Schöpfungswirkens, wenn ihre Bedeutung darin besteht, den Menschen durch die Erkenntnis der göttlichen Herrlichkeit zur Einheit mit dieser zu führen. Cusanus erklärt in seiner Palmsonntagspredigt vom 14. April 1454: „Gott, der reiner Geist ist, wollte seinen Reichtum mitteilen und bekannt machen, und darin ist der Mensch das Ziel aller Geschöpfe, dass er über einen Geist verfügt, der diese Kenntnis umfassen kann. Je gelehrter einer ist, desto bereitwilliger teilt er von seinem Wissen mit. Je bekannter der Rum eines Königs, desto ruhmreicher der König. Ein unbekannter König unterscheidet sich nicht von einem der gar nicht König ist. Weil der Mensch aber nicht Gott an sich ziehen konnte, denn Gott ist für den Menschen nicht sichtbar, (...) darum ist das Ziel der Schöpfung ein Mensch, der Gottes Sohn ist (...). Wäre das Wort, das im Werk eines Lehrers verborgen ist, lebendig wie der Geist, aus dem es hervorging, es würde den Vater offenbaren mit lebendiger Stimme (...). Hätte Gott nicht einen Menschen geschaffen und den Geist dieses Menschen so erhöht, dass er mit dem Wort Gottes eine Einheit einging, so wäre Gott unbekannt geblieben."[383]

Die endgültige Einung des Menschen mit seinem göttlichen Ursprung ist das Ergebnis des Zusammenwirkens von Gott und Mensch: Gott ermöglicht dem Menschen durch die Schöpfung, ihn zu suchen, der Mensch vermag ihn aus der Betrachtung der Geschöpfe immer mehr als Schöpfer zu erkennen und sich in diesem Erkennen „aufnahmefähig" (capax) zu machen für das unverhüllte Sich Zeigen

---

[382] De aequalitate, N.2, Z.18-20: Ideo ‚verbum caro factum est', ut homo mediante homine, qui verbum et filius dei, deo patri in regno vitae aeternae inseparabiliter uniatur. Vgl. auch De ludo globi II, N.71, Z.9-10: Filiatio dei in Christo seipsam quia veritas ostendit.

[383] Vgl. Sermo CLIV, N.21, Z.4-28 (Übers. zit. nach Pauli, Die geistige Welt, 184).

Gottes, das die untrennbare Einung[384] „im Reich des ewigen Lebens" bewirkt. In dieses Protologie und Eschatologie verknüpfende Schema zeichnet Cusanus nun die Bedeutung der Inkarnation, des Menschen, „welcher das Wort und der Sohn Gottes ist", ein.[385]

Der während seines irdischen Lebens an die Sinneswahrnehmung gebundene menschliche Geist verwirklicht seine Einheit mit dem Schöpfer in dem Maße, in dem er zum Ort der apparitio dei, in dem er zum lebendigen Bild Gottes wird. Cusanus gebraucht das Bild eines lebendigen Spiegels, auf dessen Spiegelglas das Absolute sich in dem Maße als es selbst zeigen kann, in dem das Spiegelglas glatt und rein ist. Je gekrümmter die Spiegeloberfläche ist, desto verzerrter erscheint das Urbild auf ihr. Erst in einem vollkommenen Spiegel vermag dieses sich vollkommen zu zeigen. Auf den menschlichen Geist übertragen, bedeutet das: Die als filiatio dei bezeichnete vollkommene und untrennbare Einung des Geschöpfs mit dem Schöpfer ist erst möglich, wenn das Geschöpf sich als Ort der apparitio dei, als lebendiger Spiegel für die Wahrheit vollkommen verwirklicht hat. Das geschieht dadurch, dass es im Erkennen seines Schöpfers mittels der Geschöpfe selbst schöpferisch aktiv wird. Dieses schöpferische Erkennen aber vollzieht sich weder in rein affektiv verstandenem mystischem Erleben, durch eine den Intellekt ausschaltende, in diesem Sinne missverstandene „mystische" Versenkung, noch durch Erkenntnis allein, intellektualistisch, gnostisch. Es bedarf vielmehr der Aktuierung aller Kräfte im Menschen zur schöpferischen Erkenntnis und zur Nachahmung des Urbildes. Cusanus lässt keinen Zweifel daran, dass das Heil der Gotteskindschaft nicht ohne die Verwirklichung der Liebe zu erwerben ist, dass es auf die Gleichgestaltung mit dem göttlichen Urbild in der tätigen und konkreten Liebe ankommt.[386] Aber etwas Unbekanntes kann man nicht lieben. Die Aktuierung des Intellektpotentials ist gewissermaßen die notwendige, aber nicht die

---

[384] Vgl. De visione dei, N.82, Z.4-5: Nexu enim filiationis non cognoscimus strictiorem.

[385] Wie in der Christologie Schöpfung und Erlösung eine Einheit bilden, sieht Cusanus selbst in der Bezeichnung Christi als der „Tür" (ostium) versinnbildlicht: Christus est ostium, in quo ut in ostio ingressus et egressus coincidunt. Ostium enim est ad egrediendum simus et ad ingrediendum. Christus est ostium, per quod omnis creatura egreditur in esse, quia est ratio rerum, per quam omnia facta sunt, et sine ea nihil. Est et ostium, per quod omnia redeunt in causam seu rationem suam tamquam ad suum principium. Est ostium creationis simul et salvationis seu effluxus et refluxus. (Sermo CCLXXX (277), V2, fol.263va).

[386] Vgl. etwa De venatione sapientiae, N.96, Z.6-7: ...si ipsi mediatori nostro conformes fuerimus; quod fide fit et amore.

hinreichende Bedingung auf dem Weg zur Gotteskindschaft. Die hinreichende Bedingung ist die – dem Menschen durch die Schöpfung grundsätzlich ermöglichte, also durchaus vom Schöpfer gnadenhaft geschenkte – Angleichung an das göttliche Urbild mit der gesamten Existenz.

Die filiatio dei ist also nur über den „Umweg" der Weltzuwendung zu erreichen. In der Erkenntnis und Annahme der Welt als Schöpfung erscheint der Schöpfer im menschlichen Geist. Weil nun der Geist ein einzelnes Geschöpf nur in bzw. aus dessen Zusammenhang mit allen anderen Geschöpfen versteht, kann man auch sagen: Der Geist versteht ein Geschöpf nur in dem Maße, in dem er das Universum, den Zusammenhang aller Geschöpfe, versteht. Und umgekehrt: Er versteht das Universum in dem Maße, in dem er sich dem einzelnen Geschöpf zuwendet. Der Geist erkennt soweit, als er das Universum in sich aktuiert. Er verwirklicht sich in dem Maße als lebendiges Bild Gottes, in dem das maximum contractum, das Bild des maximum absolutum, in ihm erscheint. Nun hatten wir gesagt: Das mit dem Universum identifizierte maximum contractum erfüllt seine Vermittlungsfunktion zwischen Schöpfer (maximum absolutum) und Schöpfung (contractio) nur, wenn es nicht ein bloßer Gedanke bleibt, sondern tatsächlich vollkommen verwirklicht wird. Ansonsten ist die Vermittlung zwar – im Begriff des Universums – denkbar, aber nicht Wirklichkeit. Von der faktischen Existenz der Schöpfung ausgehend, muss die Verwirklichung der Vermittlung zwischen Schöpfer und Schöpfung aber angenommen werden. Und genau darin sieht Cusanus den Sinn der Inkarnation. Durch die Inkarnation wird die Schöpfung mit ihrem Schöpfer vermittelt, an ihn zurückgebunden. In ihr wird die Einigung der Schöpfung mit ihrem Grund so verwirklicht, dass der einzelne Mensch sich in diese sozusagen „einschwingen", an ihr partizipieren kann. Die stets steigerbare und deswegen unvollkommene Erscheinung des Universums in jedem einzelnen menschlichen Geist kann dann als Teilnahme an dessen vollkommener Erscheinung in Jesus Christus verstanden werden. Im Geist Jesu nämlich „ruht die Vollendung der geschöpflichen Natur."[387] Die Unvollkommenheit der menschlichen Erkenntnis führt Cusanus auf die erbsündliche Verfasstheit des Menschen zurück. Auf Grund seiner Abstammung von Adam ist der Mensch nicht in der Lage, seine natürliche Gebundenheit an die Sinne vollkommen in seiner geistigen Er-

---

[387] De visione dei, N.118, Z.3-4: In cuius intellectu quiescit perfectio creabilis naturae.

kenntnis aufgehen zu lassen. Darum muss Gott Mensch werden, damit der Mensch in der Partizipation an der Verwirklichung des wahren Menschseins Jesu Christi Gott vereint werden, die Gotteskindschaft „im Reich des ewigen Lebens" erreichen kann, damit er gleichsam als Adoptivsohn an der Sohnschaft des wahren Sohnes teilnimmt. Das Urbild, in dessen Erkenntnis bzw. Nachahmung der Mensch zur Gotteskindschaft gelangt, wird ihm durch Christus vermittelt. In ihm als dem vollkommenen Spiegel der Wahrheit koinzidieren gewissermaßen göttliches Urbild und geschöpfliches Bild. In diesem Sinne versteht Cusanus das Leben und insbesondere das Kreuz Jesu Christi als Offenbarung der unbedingten Liebe Gottes[388], als Offenbarung,

---

[388] Martin Thurner beurteilt die Cusanische Christologie innerhalb des „offenbarungsphilosophischen" Ansatzes sehr kritisch. Er spricht von einer Degradierung der Mysterien des Lebens Jesu zu bloßen Bestätigungszeichen dafür, dass Jesus Christus der wahre Offenbarungsmittler ist. Diese äußeren Zeichen, so Thurner, die die Funktion der mystagogischen Hinführung zur Wahrheit haben, können „vergessen" werden, sobald der Geist die Offenbarung erkannt hat (vgl. v.a. Gott als das offenbare Geheimnis, 429-431). Mit anderen Worten: Das geschichtlich fassbare Leben Jesu zwischen Empfängnis und Tod ist nicht der Weg, die Wahrheit und das Leben, sondern nur sinnenfällige Bestätigung derselben. Der Grund für dieses christologische Problem liegt jedoch letztlich in der Schöpfungstheologie: in der Tatsache nämlich, dass Cusanus die sinnlich-körperliche Verfasstheit des Geschaffenen philosophisch mit der Andersheit und – sozusagen parallel dazu – theologisch mit der Erbsünde in Verbindung bringt. Die Gebundenheit des menschlichen Erkennens an die Sinne ist (philosophisch) Folge der Andersheit und (theologisch) Folge der Sünde. Obwohl er jeden Dualismus vermeidet und die Sinnlichkeit bzw. Körperlichkeit oder Andersheit in sein apparitio dei-Konzept zu integrieren vermag, bleibt diese durch ihren Zusammenhang mit der Sünde doch das zu Überwindende. Auf solche Weise stellt sich zwar das Theodizeeproblem für Cusanus nicht (Alles Nicht-Sein-Sollende ist das Andere, der Erscheinung Gottes noch Entgegengesetzte), doch gelingt ihm die Vermittlung zwischen Metaphysik und Heilsgeschichte, auf deren Notwendigkeit der Münchener Philosoph Richard Heinzmann in seiner Abschiedsvorlesung (Metaphysik und Heilsgeschichte) aufmerksam macht, nur bedingt. Was die Stärke seines Denkens ausmacht, erweist sich zugleich als seine Schwäche. Cusanus vermag die geschichtliche Selbst-Mitteilung des trinitarischen Gottes in Schöpfung und Inkarnation (=die Heilsgeschichte) zwar mit der Selbstreflexion des menschlichen Geistes (=der Metaphysik) zu vermitteln, indem er die göttliche Selbst-Mitteilung als Möglichkeitsbedingung der Selbsterkenntnis des Geistes erweist. Jedoch ergibt sich aus dieser Vermittlung zugleich die kritische Frage, ob die Geschichtlichkeit der „Erscheinung Gottes" nicht soweit in die Geistreflexion aufgehoben wird, dass die konkrete Heilsgeschichte aus dieser vollkommen deduziert werden kann. Darauf ist jedoch zu antworten, dass der menschliche Geist zwar die (metaphysische) Notwendigkeit der so geschehenen Offenbarung denken, ihre (geschichtliche) Wirklichkeit – actu – jedoch nicht aus eigenem Vermögen herbeiführen kann. Das Erlösungsgeschehen ist durchaus selbst ein geschichtliches Faktum, nämlich das Sterben Jesu

die der Sinnengebundenheit menschlichen Erkennens angemessen ist. Dem Menschen ist durch die Inkarnation die Möglichkeit geschenkt, sich dieser Liebe immer gleichförmiger zu machen.

Die Bedeutung Jesu Christi innerhalb des Theophanie-Konzepts wird somit vor allem durch zwei bzw. drei Begriffe erfasst: durch den Begriff des Mittlers (mediator)[389] und durch den des Vorbilds (exemplum)[390] oder Lehrers (magister)[391]. Als Vorbild nämlich ist Christus der Mittler, der die Menschen, die sich ihm durch Verähnlichung verbinden, mit dem Vater verbindet. Christus vermittelt den Menschen das göttliche Ur- und Vorbild (exemplar) in die sinnlich verfasste menschliche Natur hinein, so dass sie in der Erkenntnis seines Vorbildes am Urbild partizipieren können. Die Nachahmung des Vorbildes Jesu Christi ist der Modus, in dem seine Mittlerfunktion zwischen Gott und Mensch für den Menschen wirksam werden kann. Indem der Mensch an Jesus Christus glaubt und sich um Erkenntnis des Geglaubten durch konkrete Nachahmung des Vorbildes Christi bemüht, partizipiert er an der durch die menschliche Natur vermittelten Einheit des göttlichen Sohnes mit dem Vater.[392]

Auf die Frage nach dem Sinn der Inkarnation lässt sich also zusammenfassend antworten: Sofern der intellektbegabte Mensch mit einer natürlichen Sehnsucht nach Gott ausgestattet ist, gleichzeitig jedoch der Grundsatz gilt, dass es zwischen dem endlichen Geschaffenen und dem unendlichen Schöpfer keinen Verhältnisbezug (nulla proportio) gibt, kann von einer anthropologischen Motivation der Inkarnation gesprochen werden.[393] Sofern der aus Sinnlichkeit und

---

Christi, und nicht nur durch dieses symbolisiert. Wenn die Kritik Thurners also auch keineswegs unberechtigt ist, so ist doch an die unbedingte Notwendigkeit der sinnenfälligen, geschichtlich ergehenden Zeichen für unser „Sehen", und damit an ihre Unverzichtbarkeit zu erinnern.

[389] Vgl. De ludo globi I, N.51, Z.20-21: mediator dei et hominum; De ludo globi II, N.75, Z.22: Ipse est unicus mediator; De visione dei, N.85, Z.8: in filio tuo, qui est intelligibilis et mediator.

[390] De ludo globi I, N.51, Z.5-6: (Christus) nobis exemplum relinquens, ut quemadmodum fecit faciamus.

[391] Vgl. etwa De venatione sapientiae, N.55, Z.16-17: magist(er) veritatis, dei verbum incarnatum, außerdem De visione dei, N.91, Z.20; N.113, Z.4; N.114, Z.7 (praeceptor); ferner zahlreiche Predigtstellen.

[392] In diesem Sinne bezeichnet Cusanus die Menschheit Christi auch als die Treppe, über die das Geschöpf zur filiatio dei, zur Einheit mit dem Schöpfer aufsteigen kann. Vgl. Sermo III, N.11, Z.8-9.

[393] Vgl. Haubst, Vom Sinn der Menschwerdung, 21-30; vgl. auch Dahm, der darauf hinweist, dass „die kosmologischen Überlegungen des zweiten Buches (der docta

Geistigkeit bestehende Mensch als natura media die gesamte Schöpfung repräsentiert und diese folglich nur durch ihn und in ihm vollendet werden kann, kann ebenso von einer kosmologischen Motivation gesprochen werden.[394] Sofern der Mensch seine vollkommene Verwirklichung, das wahre Menschsein, auf Grund seiner Abstammung von Adam und seiner Verhaftung an die Sinnlichkeit nicht erreichen kann, kann schließlich auch von einer soteriologischen Motivation der Inkarnation gesprochen werden.[395] Es entspricht durchaus dem die Gegensätze vereinenden Denken des Cusanus, wenn er hier um eine Synthese dessen bemüht ist, was in der ihm voraufgehenden Tradition oftmals als Alternative (zwischen einer absoluten, von der Sünde unabhängigen und einer relativen, auf den Sündenfall bezogenen Prädestination der Inkarnation) behandelt wurde.[396] Das eigentliche Motiv für die Inkarnation ist die Konzeption der Welt als apparitio dei.

---

ignorantia) sich auf eine anthropologische Einstellung zu (bewegen). Die Gottsuche wird zum Thema." Die endgültige „Wende von der kosmologischen zur existential-ontologischen Betrachtungsweise" vollziehe sich erst nach De docta ignorantia ab 1444 (92-94).

[394] So Schneider, Die kosmische Größe Christi, 215.

[395] Albert Dahm bemüht sich in seinen Veröffentlichungen zur Soteriologie des Nikolaus von Kues zwar, im Blick auf das Frühwerk De docta ignorantia und die Predigten bis zum Jahr 1445 den mehrfach erhobenen Vorwurf einer theologia gloriae bzw. einer entsprechenden Vernachlässigung der Kreuzestheologie (vgl. Kandler, Nikolaus von Kues) von Cusanus abzuwenden, kommt allerdings selbst zu dem Ergebnis, dass der kosmologische Aspekt der Christologie aus dem soteriologischen Zusammenhang bereits in De docta ignorantia heraustritt und ein eigenes Profil erhält. Dennoch kann man sagen, dass die schöpfungstheologische Perspektive auf die Inkarnation durchaus ihre soteriologische Bedeutung insofern integriert, als Schöpfung von Anfang an als Berufung zur Gotteskindschaft, zum ewigen Heil verstanden wird, die sich durch und in Jesus Christus voll verwirklicht. Die Inkarnation ist somit nicht die göttliche Antwort auf die Sünde des Menschen, sondern umgekehrt: Die Sünde ist die dem Glauben entgegengesetzte Antwort des Menschen auf die göttliche Offenbarung durch die Schöpfung und durch die Inkarnation als deren Vollendung.

[396] Heinrich Pauli erkennt gerade in den zahlreichen ausgearbeiteten Predigten, die Cusanus als Bischof von Brixen gehalten hat, das Bemühen, „die Menschwerdung einerseits als freie Liebestat Gottes zu begreifen, die es dem Menschen trotz seiner (...) Sündhaftigkeit ermöglicht, für immer zu Gott zurückzukehren, (...) und sie doch andererseits als eine ursprüngliche, nicht bloß kompensatorisch reaktive Heilszuwendung Gottes anzusehen." (Pauli, Die geistige Welt, 184). Auch Walter Euler belegt die Verknüpfung der unterschiedlichen Motive zur Inkarnation Christi ausführlich anhand der Predigten (vgl. Die Christusverkündigung, 68-76).

b) Die Möglichkeit der Inkarnation

Die Deutung der Welt als apparitio dei, so sahen wir gerade, lässt das dem Glauben vorgegebene Faktum der Inkarnation als denknotwendig erscheinen. Wenn der Mensch als Ort der Erscheinung Gottes seine Vollendung erreichen soll, ist das Bekenntnis zu Jesus Christus als dem Mittler zwischen Schöpfer und Schöpfung notwendig.[397] Wie aber kann die Möglichkeit der Inkarnation, der vollkommenen Selbst-Mitteilung Gottes als Geschöpf, überhaupt gedacht werden?

Cusanus bezeichnet die Inkarnation als „das vollkommenste Werk der unendlichen und unbegrenzbaren Macht des größten Gottes, in der nichts fehlen kann. Andernfalls gäbe es weder Schöpfer noch Geschöpf. Wie nämlich wäre das Geschöpf auf kontrakte Weise vom göttlichen, absoluten Sein, wenn die Kontraktion selbst diesem nicht vereinbar wäre? Durch (die Vermittlung der contractio unibilis nämlich) existiert alles."[398] Cusanus sieht also in einer dem Absoluten „vereinbaren Kontraktion" die Möglichkeit gegeben, das, was durch keinerlei Proportion vergleichbar ist, nämlich Gott und Welt, Schöpfer und Schöpfung, zu vermitteln. Denn „es koinzidiert die einfachste

---

[397] Vgl. De ludo globi II, N.75, Z.20-22: Vides Christum omnibus beatificandis adeo necessarium quod sine ipso nemo felix esse potest. Ulli Roth stellt dementsprechend fest: „Bei Cusanus ist klar, dass die Menschwerdung Gottes geglaubt wird. Sie ist die Erfüllung und das Ziel allen Vernunftstrebens und geht diesem logisch voraus. Ohne Jesus bleibt die endliche Vernunft nicht nur ohne Ziel und Ruhepunkt, sondern kann sich überhaupt nicht bis zur belehrten Unwissenheit über sich, Gott und das Universum fortbestimmen" (127). „Es ist unmöglich, dass sich Gott nicht inkarniert, wenn es schon eine Schöpfung gibt oder auch nur geben soll. Diesen Schluss begründet Cusanus (...), wenn er die contractio auf den inkarnierten Gottessohn selbst zurückführt und in ihm verankert. (...) Ohne Inkarnation gibt es keine Schöpfung und keinen Schöpfer" (73f.). Ulrich Offermann zeigt in seiner Studie mit dem bezeichnenden Titel „Christus – Wahrheit des Denkens", dass „das ganze Werk ‚De docta ignorantia' als eine auf Jesus Christus hin zentrierte Explikation des apostolischen Glaubensbekenntnisses" zu verstehen ist (142). In diesem Sinne spricht Christoph Schönborn von einer „Schlüsselposition", die der Christologie für das Cusanische Denken zukommt (142). Ähnlich schreibt auch Michael Thomas: „Die Inkarnation stellt mithin die Bedingung der Möglichkeit einer göttlichen Selbstausfaltung im Endlichen dar. Ohne die im Plan Gottes der Schöpfung vorgeordnete Menschwerdung gäbe es keine Schöpfung." (Der Teilhabegedanke, 120f.).

[398] De docta ignorantia III, S.128, Z.26 – S.129, Z.1 (N.202): Haec autem est perfectissima operatio maximae dei potentiae infinitae et interminabilis, in qua deficere nequit; alioquin neque creator esset neque creatura. Quomodo enim creatura esset contracte ab esse divino absoluto, si ipsa contractio sibi unibilis non esset? Per quam cuncta (...) existerent.

Kontraktion mit dem Absoluten"[399]. Der Zusammenfall der Gegensätze im intellectus, so wurde bereits mehrfach deutlich, darf grundsätzlich nicht als Beseitigung jeder Verschiedenheit zugunsten einer unterschiedslosen Einheit missverstanden werden. Es geht bei der coincidentia oppositorum vielmehr immer um die Zusammenschau des Unterschiedenen, Entgegengesetzten mit seinem Grund, letztlich dem absoluten Grund. In diesem Sinne weist Cusanus das Missverständnis zurück: „Du (Jesus) bist nicht die Koinzidenz des Geschöpfs und des Schöpfers auf die Weise, auf welche die Koinzidenz bewirkt, dass das Eine das andere sei."[400] Ausdrücklich wird hier eine bestimmte Weise (modo, quo…), ein bestimmtes Verständnis der Koinzidenz verworfen: Die Andersheit zwischen Schöpfer- und Geschöpfnatur soll nicht beseitigt und die eine Natur nicht von der anderen absorbiert, sondern zu einer relationalen Einheit vermittelt werden. Das Größte, so Cusanus, „ist gleicherweise kontrakt und absolut, Schöpfer und Geschöpf."[401] Es ist „mit dem Geiste zu begreifen, dass es auch Geschöpf ist, so Geschöpf, dass es Schöpfer ist, Schöpfer und Geschöpf ohne Vermischung und Zusammensetzung."[402] Cusanus vermeidet hier zwar den Koinzidenzbegriff, er weist ihn, in einem bestimmten Sinne missverstanden, sogar zurück, spricht aber ausdrücklich davon, dass die gleichzeitige Einheit und Unterschiedenheit von Schöpfer und Geschöpf in Christus nur „mit dem Geiste" (mente), auf die diesem spezifische Erkenntnisweise, zu fassen ist. Die Erkenntnisweise des Geistes aber, so wurde gesagt, ist der „Beryll" der coincidentia oppositorum. So spricht Cusanus durchaus davon, dass „humana coincidant divinis"[403], dass also Aussagen über die Eigentümlichkeiten der menschlichen Natur mit solchen über die Eigentümlichkeiten der göttlichen Natur aufgrund der höchsten Einung (propter supremam unionem) in der Person des göttlichen Logos als „zusammenfallend" eingesehen werden. Es ist keine Rede davon, dass die menschliche Natur einfachhin mit der göttlichen koinzidert oder zu einer mo-

---

[399] De visione dei, N.7, Z.15-16: Coincidat igitur simplicissima contractio cum absoluto.

[400] De visione dei, N.101, Z.8-9: Neque es coincidentia creaturae et creatoris modo, quo coincidentia facit unum esse aliud.

[401] De docta ignorantia III, S.123, Z.11-12 (N.190): Maximum contractum pariter est et absolutum, creator et creatura.

[402] De docta ignorantia III, S.125, Z.15-17 (N.194): Oporteret enim ipsum tale ita deum esse mente concipere, ut sit et creatura, ita creaturam ut sit et creator, creatorem et creaturam absque confusione et compositione.

[403] De docta ignorantia III, S.140, Z.7-8 (N.223).

nophysitischen Einheit verschmilzt, im Gegenteil.[404] Cusanus betont ausdrücklich: „Die menschliche Natur kann nicht in eine wesenhafte Einheit mit der göttlichen übergehen, so wie das Endliche dem Unendlichen nicht unendlich geeint werden kann. Es ginge nämlich in die Identität des Unendlichen über und hörte so auf, Endliches zu sein, da es von diesem als Unendliches bewahrheitet würde."[405] Die Möglichkeit einer Einigung zwischen der größten geschöpflichen Ähnlichkeit (der maximalen menschlichen Möglichkeit oder Natur) und der göttlichen Gleichheit, wie sie innertrinitarisch mit dem Sohn identifiziert wird und in Jesus Christus verwirklicht ist, erscheint im menschlichen Geist, da nur in ihm eine Einheit unter Wahrung der Differenz erscheinen kann. Jesus Christus „ist" nicht die Koinzidenz von Ähnlichkeit und Gleichheit[406], das Absolute „ist" nicht die Koinzidenz des im Kontrakten Entgegengesetzten – dann könnte es vom menschlichen Geist begriffen werden –, sondern die Koinzidenz ist der „Beryll", der Weg, der den menschlichen Geist über die Schöpfung hinaus bis zur Grenze seines eigenen Vermögens führt: zur Einsicht in seine gleichzeitige Einheit und Unterschiedenheit dem göttli-

---

[404] Ulli Roth hält als entscheidend fest, „dass die Hypostatische Union gerade nicht als Koinzidenz von Schöpfer und Geschöpf verstanden wird, nur so kann sie ja den Weg zu Gott über das Widerspruchsprinzip hinaus erschließen." (Roth, Suchende Vernunft, 217). Auch der Gedanke, „dass es sich bei der Hypostatischen Union um eine Koinzidenz eines bis ins Maximale gesteigerten Endlichen und dem Unendlichen handle, muß verworfen werden, da das Endliche durch keine Steigerung ins Unendliche überführt werden kann. Es gibt hier keinen kontinuierlichen Übergang." (Roth, 226). Natürlich hat Roth Recht, wenn er auf die von Cusanus immer wieder eingeschärfte Proportionslosigkeit zwischen dem Geschaffenen und dessen absoluten Grund hinweist. Auch in Jesus Christus geht die menschliche Natur nicht bruchlos – fließend in das göttliche Sein über. Dies wird jedoch mit dem Koinzidenzbegriff, wie er für Cusanus charakteristisch ist, auch keineswegs behauptet. Die auf der Fähigkeit des Geistes beruhende Möglichkeit der Koinzidenz besagt ja gerade die Erkenntnis gleichzeitiger Einheit und Unterschiedenheit, nicht Aufhebung der Unterschiedenheit in Einheit.

[405] De visione dei, N.87, Z.9-13: Nam humana natura non potest transire in unionem cum divina essentialem, sicut finitum non potest infinito infinite uniri; transiret enim in identitatem infiniti et sic desineret esse finitum, quando de eo verificaretur infinitum. Vgl. auch De aequalitate, N.2, Z.14-18: Erit igitur intellectus tunc in unitate lucis, quae verbum dei, non sicut verbum dei patris cum deo patre seu filius cum patre in unitate substantiae, quia intellectus creatus non potest increato deo in unitate substantiae uniri; sed homo bene unitur homini in unitate essentiae humanae.

[406] Um den Modus der Einheit des Menschen Jesus mit dem innertrinitarischen Sohn auszudrücken, verwendet Cusanus beispielsweise den Begriff copulatio: Es enim copulatio divinae creatricis naturae et humanae createae naturae (De visione dei, N.89, Z.20-21).

chen Geist gegenüber. Da der Koinzidenzbegriff die Weise des intellektualen Erkennens und keine Seinsweise wie der Begriff contractio bezeichnet, wäre es durchaus möglich, von einer coincidentia creatoris et creaturae zu sprechen, ohne damit die ontologische Unterschiedenheit zwischen göttlicher und geschaffener Natur aufzulösen. Dass Cusanus, dem genau diese Auflösung zugunsten einer pantheistischen Position bekanntlich immer wieder vorgeworfen wurde, dies nicht tut, zeigt, wie wichtig ihm die differenzierte Betrachtung jenes Mittlers Jesus Christus ist, in dem das Grundproblem seines gesamten Denkens die äußerste Zuspitzung und zugleich die Lösung erfährt: die Frage nach der Vermittlung von Einheit (Gott, das maximum absolutum) und Andersheit (Welt, das maximum contractum).[407]

Die Möglichkeit der Inkarnation erscheint also im menschlichen Geist durch die Koinzidenz des Absoluten mit der diesem vereinbaren Kontraktion (contractio unibilis). Vor dem Hintergrund dieser Koinzidenz können nun zwei Möglichkeitsbedingungen für die Inkarnation angegeben werden:

Die Möglichkeitsbedingung auf Seiten des Geschaffenen besteht in der contractio unibilis. Im Zusammenhang mit der Einführung des Kontraktionsbegriffs sahen wir bereits, dass Cusanus zwischen der Kontraktion der Möglichkeit eines Geschöpfs durch den Schöpfer (contractio possibilitatis ex deo) und der Kontraktion der Wirklichkeit eines Geschöpfs durch das Geschöpf selbst (contractio actus ex contingenti) unterscheidet.[408] Jedes Seiende ist demnach gewissermaßen „doppelt" kontrahiert (=durch Andersheit begrenzt): Es ist als Geschöpf durch den Schöpfer in seinen Möglichkeiten begrenzt, und es ist in der Verwirklichung seiner Möglichkeiten durch sich selbst begrenzt. Es ist somit ein Seiendes denkbar, dass zwar Geschöpf ist, also in seinen Möglichkeiten durch den Schöpfer begrenzt ist, dass aber in der Verwirklichung seines Geschöpf-Seins vollkommen, also dem Absoluten geeint ist.

Die Möglichkeitsbedingung auf Seiten Gottes besteht in dessen trinitarischem Selbstaufschluss: Weil Gott in sich selbst die Vereinigung (und somit das Gegenüber) von Liebendem und Geliebtem, Erken-

---

[407] Vgl. Dahm, Die Soteriologie, 73: „Tatsächlich erweist sich ja das Christusereignis als die Lösung dessen, was in der philosophischen Spekulation eben nur als Problem aufgewiesen, aber selbst nicht mehr zu Ende gedacht werden kann. (...) Die im Bewusstsein der totalen Geschiedenheit (von Endlichem und Unendlichem) zugleich mitgesetzte Frage erfährt von Christus her ihre Beantwortung."

[408] Siehe oben, Kap.II.2.c).

nendem und Erkennbarem ist, kann das Geschöpf dem Schöpfer vereint werden.[409] Die mit dem innertrinitarischen Sohn identifizierte Intelligibilität des Absoluten stellt das Gegenüber des geschaffenen Geistes dar. Der geschaffene Geist kann dem Sohn Gottes, den Cusanus als den absoluten Mittler bezeichnet[410], prinzipiell vereint werden, indem er diesen – vermittelt über dessen sinnenfällige Selbst-Mitteilung in der Schöpfung – erkennt und liebt.

c) Die Entfaltung der Christologie als perfectissima apparitio dei

Cusanus entwickelt im dritten Buch der Docta Ignorantia, zunächst hypothetisch, den Begriff des maximum contractum et absolutum, um die scheinbare Widersprüchlichkeit und Unmöglichkeit eines absolut vollkommenen Geschaffenen denkerisch zu überwinden, bevor er diesen Begriff mit der tatsächlich ergangenen Offenbarung Jesu Christi konfrontiert. Der Gedankengang der von der Schöpfungslehre her bzw. auf diese hin konzipierten Christologie des Cusanus kann in sechs logisch voneinander zu unterscheidenden Schritten kurz nachgezeichnet werden:

(1) Vom Ausgangspunkt des menschlichen Geistes aus ergibt sich das Postulat eines größten Geschaffenen, durch dessen Vermittlung bzw. Partizipation der geschaffene Geist zum Ziel seiner natürlichen Sehnsucht, zur Schau des Schöpfers, zur Einheit mit diesem (zur filiatio dei) gelangt. Da alle Geschöpfe, wie es sich aus dem Begriff des Absoluten ergibt, kontrakt sind, ist das größte Geschaffene das maximum contractum. Das maximum contractum aber wird mit dem Universum identifiziert.[411] Das Universum ist die einfachste Zusammenziehung, die größte Einheit alles Geschaffenen, Vielen, Anderen. Die

---

[409] Vgl. De visione dei, N.81, Z.4-18: Nam quia es intellectus intelligens et intellectus intelligibilis et utriusque nexus, tunc intellectus creatus in te deo suo intelligibili unionem tui et felicitatem assequi potest. Sic cum sis amor amabilis, potest creata voluntas amans in te deo suo amabili unionem et felicitatem assequi. (...) Video (...) naturam rationalem non posse unionem tui assequi, nisi quia amabilis et intelligibilis. Unde natura humana non est unibilis tibi deo amanti, sic enim non es obiectum eius, sed est tibi unibilis ut deo suo amabili, cum amabile sit amantis obiectum. Sic pariformiter intelligibile est obiectum intellectus. (...) Quare tu, deus meus, quoniam es veritas intelligibilis, tibi uniri potest intellectus creatus.

[410] De visione dei, N.85, Z.5.15.

[411] De docta ignorantia II, S.73, Z.14-16 (N.113): Mundus sive universum est contractum maximum atque unum, opposita praeveniens contracta, ut sunt contraria.

Größtheit dieses maximum contractum besteht darin, alles in den geschöpflichen Möglichkeiten Liegende wirklich zu sein.[412] Es ist dasjenige, in dem alles Viele geeint, zusammengezogen ist, das in allem Einzelnen dieses Einzelne ist, und das alles Seiende als dessen Zusammenhang umfasst. Allerdings ist das Universum nur im Vielen „contracte"[413], d.h. nichts anderes als: Es ist nur in den Einzeldingen, in den vielen konkreten Geschöpfen erkennbar. Der Möglichkeit nach ist es in allen Geschöpfen als deren Einheit mit allen anderen. Als Wirklichkeit existiert es aber nur insoweit, als es im menschlichen Geist erkannt wird. Damit sind wir beim zweiten Schritt des Gedankengangs.

(2) Das mit dem Universum identifizierte maximum contractum verwirklicht sich nur in der menschlichen Natur. „Allein in der Natur der Menschheit ist ein solches Maximum", wie es das Universum zunächst potentiell darstellt, aktuell möglich.[414] Der Mensch ist „der Allgemeinheit der Seienden am meisten gemeinsam" und daher „dem Größten am ehesten vereinbar."[415] Weil er alles Geschaffene, die körperhafte, sinnenhafte und geisthafte Natur in sich vereint, ist der Mensch „universitati entium commune", dem Universum als dem maximum contractum in dessen Erkenntnis vereinbar, aufnahmefähig für die Gesamtheit alles aktuell und potentiell Seienden. Die höchste Kraft im Menschen, „der intellectus", so Cusanus, „ist der Möglichkeit nach in allen Menschen alles, Schritt für Schritt wachsend von der Möglichkeit in Wirklichkeit, auf dass er je größer in Wirklichkeit, desto kleiner nach der Möglichkeit sei."[416] Die Verwirklichung eines als Universum begriffenen maximum contractum ist innerhalb des Geschaffenen nur durch den menschlichen Geist mög-

---

[412] De docta ignorantia III, S.123, Z.15-21 (N.190): Si maximum contractum ad speciem actu subsistens dabile esset, quod tunc ipsum secundum datam contractionis speciem omnia actu esset, quae in potentia generis aut speciei illius esse possent. Maximum enim absolute est omnia possibilia actu absolute, et in hoc est infinitissimum absolute. Maximum ad genus et speciem contractum pariformiter est actu possibilis perfectio secundum datam contractionem.

[413] De docta ignorantia II, S.73, Z.16-18 (N.113): Existens contracte id, quod sunt omnia; in omnibus principium contractum atque contractus finis rerum, ens contractum, infinitas contracta, ut sit contracte infinitus. Vgl. auch (N.182): (Universum) non aliter quam contracte hoc et illud existit.

[414] De docta ignorantia III, S.125, Z.22-23 (N.195): Quomodo in natura humanitatis solum est ipsum tale maximum possibilius.

[415] De docta ignorantia III, S.126, Z.5-7 (N.195): Clarum est hoc ens magis maximo sociabile, quod magis universitati entium est commune.

[416] Vgl. De docta ignorantia III, S.132, Z.2-5 (N.206).

lich. Je mehr er seine potentia, sein Können verwirklicht, desto mehr verwirklicht sich in ihm das Universum. Je mehr er, durch die Sinneswahrnehmung angeregt, die übrigen Geschöpfe erkennt, desto mehr erkennt er seine Einheit mit den Geschöpfen, d.h. sich selbst. Aus der Einheit von Intellekt und Körper im Menschen ergibt sich, dass allein die menschliche Natur, von Cusanus als natura media bezeichnet, das ganze Universum in sich einfaltet und repräsentiert. Daher ist die geschöpflich vermittelte Verwirklichung des Universums grundsätzlich nur im Menschen möglich.

(3) Die vollkommene Verwirklichung des Universums durch die menschliche Natur kann sich nur in einem einzigen Individuum vollziehen. „Die Menschheit aber ist nur kontrakt in diesem oder jenem. Daher wäre es nicht möglich, dass mehr als ein wahrer Mensch zur Einheit mit der Größtheit aufsteigen könnte."[417] Nachdem erstens das Postulat eines größten Geschaffenen durch den Begriff des Universums erfüllt wurde, und zweitens gezeigt wurde, dass das Universum nur in der universal erkenntnisfähigen menschlichen Natur verwirklicht werden kann, besteht ein weiterer Schritt der spekulativen Herleitung der Inkarnation in der Einsicht, dass die vollkommene Verwirklichung des Universums nur ein einziges Mal möglich ist: in einem Menschen nämlich, der auf absolute Weise Geschöpf ist. Dieser Mensch repräsentiert in seinem Geschöpf-Sein das Absolute. Sofern der Begriff „universum" die Einheit alles Geschaffenen zum Ausdruck bringt, kann von jedem geistbegabten Geschöpf, von jedem Menschen gesagt werden, dass das Universum sich durch ihn, durch sein Erkennen nämlich auf individuelle Weise verwirklicht. Das im Schöpfer gründende Universum wird von jedem menschlichen Geist dessen je individueller Fassungskraft gemäß mehr oder weniger als das maximum contractum erkannt und so in Wirklichkeit versetzt (ponitur in actu). Die Aktuierung des Universums durch den an einen Körper gebundenen und also kontrakten Geist muss somit individuell verschieden ausfallen. Denn wenn contractio die Zusammenziehung von Einheit und Andersheit besagt, dann kann es keine zwei genau gleichen Kontrakta geben, sondern jedes (kontrakte) Geschöpf unterscheidet sich aufgrund seiner Andersheit notwendig von jedem ande-

---

[417] De docta ignorantia III, S.127, Z.7-9 (N.199): Humanitas autem non est nisi contracte in hoc vel illo. Quare non esset possibile plus quam unum verum hominem ad unionem maximitatis posse ascendere.

ren.[418] So unterscheidet sich jeder menschliche Geist durch den Grad seiner Verwirklichung oder aktuellen Erkenntnis von jedem anderen. So kann Cusanus die Möglichkeit präziser Gleichheit innerhalb des Geschaffenen definitiv ausschließen: Nichts kann jemals mit einem anderen zu irgendeiner Zeit in irgendetwas gleich sein.[419] Wenn auch äußerlich kein wahrnehmbarer Unterschied zwischen zwei Objekten mehr besteht, so liegt dies in der Ungenauigkeit unserer Erkenntnis und keinesfalls in der tatsächlichen Gleichheit der Objekte begründet. „Es impliziert nämlich einen Widerspruch, dass es zwei in allem Gleiche ohne jede Unterschiedenheit gibt. Wie nämlich könnten mehrere mehrere sein ohne Unterschiedenheit?"[420] Absolute Gleichheit, Gleichheit im strengen Sinne, ohne jede Andersheit, ist dem menschlichen Geist ausschließlich via negativa zugänglich: in der Erkenntnis ihrer Unerreichbarkeit in allem Geschaffenen nämlich. Für die Christologie bedeutet dies, dass es prinzipiell nur einen einzigen Menschen geben kann, der die Möglichkeit des Menschseins vollkommen verwirklicht.

(4) Wenn das maximum contractum sich in der beschriebenen Weise, nämlich in der Einzigkeit des vollkommenen Menschen, verwirklicht, dann kann es nur als „maximum contractum pariter et absolutum" gedacht werden, es kann nur in Einheit mit bzw. in Abhängigkeit von dem Absoluten bestehen.[421] Denn, so Cusanus, „es ist offensichtlich, dass das maximum contractum selbst nicht als rein kontraktes bestehen kann, (...) da es keine solche Fülle der Vollendung in der Art der Verschränkung erreichen kann."[422] Ein Maximum ist

---

[418] Vgl. De docta ignorantia III, S.119, Z.14-23 (N.182f.): Quapropter universa ab invicem gradibus distinguuntur, ut nullum cum alio coincidat. Nullum igitur contractum gradum contractionis alterius praecise participare potest, ita ut necessario quodlibet excedat aut excedatur a quocumque alio. Consistunt igitur inter maximum et minimum omnia contracta, ut quocumque dato possit dari maior et minor contractionis gradus, absque hoc quod hic processus fiat in infinitum actu, quia infinitas graduum est impossibilis, cum non sit aliud dicere infinitos gradus esse actu quam nullum esse, ut de numero in primo diximus.

[419] Vgl. De docta ignorantia III, S.122, Z.6-7 (N.188): ...sicut cum nullo ullo umquam tempore aequale in quocumque esse potest.

[420] De ludo globi I, N.6, Z.3-6: Implicat enim contradictionem esse duo et per omnia aequalia sine omni differentia. Quomodo enim plura possent esse plura sine differentia?

[421] Vgl. De docta ignorantia III, S.123, Z.11-12 (N.190): Maximum contractum pariter est et absolutum, creator et creatura.

[422] De docta ignorantia III, S.124, Z.10-13 (N.192): Et ex hoc manifestum est ipsum maximum contractum non posse ut pure contractum subsistere, secundum ea quae

schon per definitionem ein maximum absolutum. Denn um als Geschöpf vollkommen (maximum contractum) zu sein, müsste die Verwirklichung der geschöpflichen Möglichkeiten die absolut größte
sein. Ein vollkommenes Seiendes wäre ja als Individuum jene Gattung
und Art, der es angehörte, in Vollständigkeit (plenitudinem), es wäre
„die Richtung, die Form, der Wesensgrund und die Wahrheit in der
Vollkommenheitsfülle aller Dinge, die in dieser Art möglich wären."[423] Es wäre somit mehr als alle anderen kontrakt Seienden, „die
höchste Gleichheit" (summam aequalitatem) allen gegenüber und
damit zugleich als kontraktes Individuum von allen anderen losgelöst
(absolut). Ein maximum contractum ist von daher eigentlich ein Widerspruch in sich, es sei denn, es kann als durch das Absolute selbst,
durch die Einheit mit diesem ermöglicht gedacht werden. Daher ist
das maximum contractum als das „auf absolute Weise Größte alles
Mögliche absolut wirklich, und darin ist es das absolut Unendliche."[424]
    Der philosophische Gedanke, dass das maximum contractum, ver-
standen als vollkommenes Abbild der absoluten Einheit, nur als maximum contractum pariter et absolutum bestehen kann, bedeutet
theologisch, dass die Schöpfung – sofern sie vollkommen, d.h. auf
ihre Vollendung hin angelegt ist – nicht ohne die Inkarnation, die
aktuelle Vereinigung des Schöpfers mit der Schöpfung, gedacht werden kann. Die Schöpfung kann nur als Universum, das Universum
aber nur als maximum contractum pariter et absolutum gedacht werden. Die relative, nämlich auf das Urbild bezogene, und zugleich
absolute, nämlich in sich selbst nicht größer denkbare Vollkommenheit des Bildes, als das das Universum erscheint, erfordert aus sich
heraus die Existenz bzw. Aktualität eines als Geschöpf bestehenden
Maximums, also eines maximum absolutum et contractum. Wie aber
verwirklicht sich dieses?
    (5) Das maximum contractum et absolutum besteht in der hyposta-
tischen Union zwischen dem „absoluten Mittler" (=dem innertrinitarischen Sohn) und einer von diesem auf höchstmögliche Weise „an-
gezogenen" menschlichen Natur (=dem „Menschensohn"). Cusanus

---

paulo ante ostendimus, cum nullum tale plenitidinem perfectionis in genere
contractionis attingere possit.

[423] De docta ignorantia III, S.124, Z.1-4 (N.191): Quapropter, si aliquod dabile foret
maximum contractum individuum alicuius speciei, ipsum tale esse illius generis ac
speciei plenitudinem necesse esset ut via, forma, ratio atque veritas in plenitudine
perfectionis omnium, quae in ipsa specie possibilia forent.

[424] De docta ignorantia III, S.123, Z.18-19 (N.190): Maximum enim absolute est omnia
possibilia actu absolute, et in hoc est infinitissimum absolute.

schließt zunächst aus, wie diese Einheit nicht zu verstehen ist: Die Einung des größten, das Universum einfaltenden Geschöpfs mit seinem göttlichen Urbild ist weder im Sinne einer Einung von Verschiedenem (quemadmodum diversa uniuntur), noch einer Verbindung von zuvor Getrenntem (ut duo prius divisa, nunc coniuncta), noch einer Zusammensetzung von Teilen zu einem Ganzen (ut partes coniuguntur in toto), noch der Einung von Form und Materie (unio formae ad materiam) zu verstehen.[425] Es dürfen also weder Andersheit, noch Zeitlichkeit, Teilbarkeit oder Stofflichkeit in Gott durch diese Einung hineingetragen werden. Mittels der menschlichen ratio, durch Unterscheidung und Zusammensetzung, ist die unio des größten Geschöpfs mit dem Absoluten daher nicht zu erreichen.[426] Der Intellekt jedoch vermag sie, wie schon gesagt, durch die Koinzidenz der einfachsten Kontraktion mit dem Absoluten hindurch zu erkennen.[427] In der Kategorie des Bildes ausgedrückt: „Wie das Bild, zwischen dem und dessen Urbild kein vollkommeneres Bild vermitteln kann, am nächsten in der Wahrheit subsistiert, deren Bild es ist, so sehe ich Deine menschliche Natur als in der göttlichen Natur subsistierende."[428] Wenn Bild und Urbild so nahe aneinanderrücken, dass keine Vermittlungsinstanz mehr dazwischen passt, dann handelt es sich um eine Einheit, die nicht die schlechthin größte, die absolute, mit dem Heiligen Geist identifizierte Einheit zwischen Vater und Sohn ist,[429] die jedoch deshalb die (absolut) größte ist, weil sie nicht größer sein kann.[430] Als größtmögliche Einheit, die den Gegensatz zwischen contractum und absolutum vermittelt, ist sie Bild der absoluten Einheit selbst. Das Absolute erscheint im Endlichen somit durch das Verhältnis, in dem Möglichkeit und Wirklichkeit zueinander stehen; es erscheint in der absoluten Aktuierung des Kontrakten. Es war bereits von der „zweifachen" Begrenzung des Geschaffenen, nämlich seiner Möglichkeit nach in Gott (contractio possibilitatis ex deo) und seiner Wirklichkeit nach in sich selbst (contractio actus ex contingenti) die Rede. In der hypostatischen Union wird die „Zusammenzie-

---

[425] Vgl. De docta ignorantia III, S.124, Z.24 - S.125, Z.5 (NN.193f.).

[426] Vgl. De visione dei, N.101, Z.5-6: Non es tamen quasi compositus ex deo et homine.

[427] De visione dei, N.7, Z.15-16: Coincidat igitur simplicissima contractio cum absoluto.

[428] De visione dei, N.88, Z.9-12.

[429] De visione dei, N.87, Z.6-7: Unio enim, qua unione tu, deus pater, es unitus deo filio tuo, est deus spiritus sanctus.

[430] Vgl. auch De docta ignorantia III, S.132, Z.8-13 (N.206), wo Cusanus die Einheit von göttlicher und menschlicher Natur mit dem geometrischen Vergleich eines dem Kreis eingeschriebenen unendlichen Vielecks zu verdeutlichen versucht.

hung der Wirklichkeit", also die kontingente Verwirklichung der geschöpflichen Möglichkeit gewissermaßen durch die „Anziehung
durch den absoluten Mittler" ersetzt. Der Mensch Jesus aktuiert die
Möglichkeit des Menschseins nicht kontrakt (ex contingenti), sondern absolut, weil der Vater durch den (innertrinitarischen) Sohn
(=den absoluten Mittler) die menschliche Natur Jesu anzieht.[431] Dieser „höchste Grad der Anziehung der menschlichen Natur an die
göttliche"[432] ermöglicht es Jesus im Unterschied zu allen anderen
Menschen, die Möglichkeit des Menschseins vollkommen zu verwirklichen. Bei ihm findet sich also nicht die „Zusammenziehung der
Wirklichkeit auf Grund des Kontingenten" (contractio actus ex contingenti), sondern vielmehr die vollkommene Verwirklichung des
Möglichen. Dies ist gemeint, wenn Cusanus von dem Geschöpf Jesus
sagt, es subsistiere in Gott „wie das Angezogene im Anziehenden und
wie das Geeinte im Einenden."[433] Der Mensch Jesus wird zur Einheit
mit der maximalen, d.h. absolut größten Möglichkeit[434] erhoben, „so
dass er nicht als in sich bestehendes Geschöpf Mensch ist, sondern in
Einheit mit der unendlichen Möglichkeit. (Dann) ist die Möglichkeit
nicht im Geschöpf, sondern in sich selbst begrenzt."[435] Die Möglichkeit des Menschseins wird grundsätzlich durch ihre jeweilige Verwirklichung im einzelnen Individuum individuell begrenzt. „Die Vernunft
nämlich ist bei allen Menschen nur der Möglichkeit nach alles", ihre
Verwirklichung lässt sich jedoch innerhalb des Endlichen nur als
relative und niemals als (absolut) größte denken.[436] Der Mensch aber,

---

[431] Vgl. De visione dei, N.93, Z.1-2: Tuam, Ihesu, humanitatem per filium suum pater
attraxit.

[432] De visione dei, N.87, Z.13-16: Haec unio, qua natura humana est naturae divinae
unita, non est nisi attractio naturae humanae ad divinam in altissimo gradu, ita quod
natura ipsa humana ut talis elevatius attrahi nequit.

[433] De visione dei, N.86, Z.9.

[434] Die größte Möglichkeit, so Cusanus, ist ausschließlich in sich selbst begrenzt, nichts
anderes setzt ihr eine Grenze, denn dann könnte sie größer sein als sie ist. Sie ist
somit absolute Möglichkeit. Vgl. De docta ignorantia III, S.128, Z.20-23 (N.201): Potentia autem maxima non est terminata nisi in seipsa, quoniam nihil extra ipsam est,
et ipsa est infinita. In nulla igitur creatura terminatur, quin data quacumque ipsa infinita potentia possit creare meliorem aut perfectiorem.

[435] De docta ignorantia III, S.128, Z.24-26 (N.202): Sed si homo elevatur ad unitatem
ipsius potentiae, ut non sit homo in se subsistens creatura, sed in unitate cum infinita potentia, non est ipsa potentia in creatura, sed in seipsa terminata.

[436] Vgl. De docta ignorantia III, S.132, Z.2-7 (N.206): Intellectus enim in omnibus
hominibus possibiliter est omnia, crescens gradatim de possibilitate in actum, ut
quanto sit maior, minor sit in potentia. Maximus autem, cum sit terminus potentiae

in dem Möglichkeit und Wirklichkeit total übereinstimmen, ist nicht durch die defiziente (relative) Verwirklichung seiner Möglichkeit (contractio actus ex contingenti), sondern durch deren vollkommene Verwirklichung und d.h. durch die größte Möglichkeit selbst begrenzt oder bestimmt; er hat seinen Selbstand im Absoluten; er ist er selbst durch die Verwirklichung der mit dem Absoluten koinzidierenden maximalen Möglichkeit des Geschaffenen, der simplicissima contractio.

(6) Für die Person Jesu Christi bedeutet das konkret, dass es sich um die „vollkommenste Erscheinung" des Absoluten in der Andersheit des Endlichen handelt. Was Cusanus als apparitio dei bezeichnet, so hatten wir gesagt, wird durch die Koinzidenz göttlichen und geschöpflichen Wirkens erblickt. Gott erscheint als Schöpfer im alles Geschaffene einbeziehenden bzw. erkennenden Intellekt des Menschen. Am vollkommensten erscheint der Schöpfer in Christus. Folglich ist dieser dessen vollkommene Erscheinung, indem er den Schöpfer mittels des Geschaffenen vollkommen erkennt. Auf diesen Gedanken eines vollkommenen Erkennens oder Sehens – bis schließlich zur „visio mortis"[437] – hin ist das gesamte Christus-Bild des Cusanus konzipiert.

Das Leben und Wirken Jesu Christi zeichnet sich daher vor allem durch seine Fähigkeit eines buchstäblich grenzenlosen Verstehens aus.[438] Christus muss „nicht im Akzidentellen herausragend sein, sondern nur hinsichtlich des Intellectus. Es wird nämlich nicht gefordert, dass er ein Riese oder ein Zwerg, dass er von dieser oder jener Größe, Farbe, Gestalt oder den übrigen Akzidentien ist; sondern nur dies ist notwendig, dass der Körper selbst sich so von Extremen abwendet, dass er das geeigneteste Instrument der intellektualen Natur ist, welcher er ohne Widerstand, Murren und Müdigkeit Gehör schenken und gehorchen soll."[439] Indem der Intellektvollzug Jesu Christi Sinnlichkeit (sensus), Vorstellung (imaginatio) und Verstand (ratio) beherrscht und integriert, gelangt er zu seiner höchsten Verwirklichung

---

omnis intellectualis naturae in actu exsistens pleniter, nequaquam exsistere potest, quin ita sit intellectus, quod et sit deus, qui est omnia in omnibus.

[437] Vgl. dazu vor allem Sermo CCLXXVI (273), V2, fol.242ra/rb.

[438] Vgl. De visione dei, N.90, Z.1-10: Hoc autem inter tuum humanum intellectum et alterius cuiuslibet hominis interesse video, quia nemo hominum scit omnia, quae per hominem sciri possunt (...). Tuus (...) intellectus actu omnia per hominem intelligibilia intelligit, quia in te natura humana est perfectissima et exemplari suo coniunctissima.

[439] De docta ignorantia III, S.132, Z.16-22 (N.207).

und somit zu vollkommener, mit der göttlichen Schau koinzidierender menschlicher Erkenntnis.[440] Wenn er der Mensch ist, der seinen prinzipiell für alles Geschaffene aufnahmefähigen Geist ganz verwirklicht, dann erkennt er alles, was ihm gegenübertritt, in dessen tiefstem Wesen. Cusanus führt diesen Gedanken sehr genau durch: Mit seinen menschlichen Augen sah Jesus das, was auch wir sehen. Aber er sah darin kraft seines mit Gott unmittelbar geeinten Geistes unendlich viel tiefer. Weil das Antlitz und insbesondere die Augen eines Menschen „Bote seines Herzens" sind, offenbaren sie dieses für den, der genau hinsieht. Christus war somit „der wahre Richter der Leidenschaften der Seele, des Zornes, der Freude und der Trauer."[441] Aus dem Sinnenfälligen vermochte er mit seinem menschlichen und zugleich göttlichen Blick die Wahrheit zu erkennen.[442] Cusanus bemüht sich, an Analogien zu exemplifizieren,wie er sich dies vorstellt: Es gebe Menschen, die in der Lage seien, auf Grund ihrer überragenden Intelligenz aus wenigen Worten schon den Sinn eines Textes zu ersehen oder durch sorgfältige Betrachtung in fremden Schriftzeichen Geschriebenes zu entziffern, ferner Ordensleute, die sich durch lange Gewöhnung nur noch durch wenige Zeichen verständigen könnten.[443] Doch reichen diese Beispiele nicht im Entferntesten an das „Sehen" Jesu heran. Nur von ihm nämlich kann gesagt werden, dass es als menschlich kontraktes Sehen dem absoluten Sehen geeint ist.[444] Niemand, so Cusanus, „der im Fleisch bestand, außer dir, Jesus,

---

[440] Vgl. De visione dei, N.100, Z.1-7: Ita in te Ihesu meo video perfectionem omnem. Nam cum sis homo perfectissimus, in te video intellectum virtuti rationali seu discursivae, quae est supremitas sensitivae, uniri. Et sic video intellectum in ratione quasi in loco suo ut locatum in loco, quasi candela in camera, quae illuminat cameram et omnes parietes et totum aedificium, secundum tamen gradus distantiae plus et minus.

[441] Vgl. De visione dei, N.94, Z.6-17: Nam tu, Ihesu, dum in hoc sensibili mundo ambulares, carneis nobis similibus oculis utebaris. Cum illis enim non secus quam nos homines unum et unum videbas. Erat enim in oculis tuis spiritus quidam (...). In eo spiritu erat vis nobilis discretiva, per quam videbas, domine, distincte et discrete hoc coloratum sic et aliud aliter (...), verus eras iudex passionum animae, irae, laetitiae et tristitiae; atque adhuc subtilius ex paucis signis comprehendebas id, quod in hominis mente latebat. Nihil enim in mente concipitur, quod non in facie et maxime in oculis aliquo modo non signetur, cum sit cordis nuntius.

[442] Vgl. De visione dei, N.97, Z.4-5: Videbas igitur, Ihesu, oculo humano accidentia visibilia, sed visu divino absoluto rerum substantiam.

[443] Vgl. De visione dei, N.95f.

[444] Vgl. De visione dei, N.97, Z.1-2: Sed erat huic tuae humanae perfectissimae licet finitae visioni ad organum contractae absoluta et infinita visio unita.

hat jemals das Wesen oder die Washeit der Dinge gesehen. Du allein sahst die Seele und den Geist und was immer im Menschen ist in der vollen Wahrheit."[445] Die Wundertaten Jesu werden als bestätigende Zeichen für die Einung der menschlichen mit der göttlichen Natur interpretiert.[446] Weil der Glaube an den menschgewordenen Gottessohn notwendig ist für die erkennende und liebende Verähnlichung bzw. Vergöttlichung des Menschen, wirkt Christus Beweise, „damit man ihm glaube".[447] Im Zusammenhang mit diesen Beweisen versteht Cusanus auch Tod und Auferstehung Jesu Christi. In einer Karfreitagspredigt sagt er: „Weil Christus also alle Beweise der Liebe zu Gott und dem Nächsten an sich selbst (vorbildhaft) zeigen wollte, erwählte er als der Unschuldige den Tod. Er wollte zeigen, wie sehr er Gott liebte, indem er im Gehorsam gegen ihn starb, und wie sehr er den Menschen liebte, um dessen Heiles willen er in den Tod ging."[448]

Die Vollkommenheit des Menschseins Jesu wirkt sich also nicht nur auf das Leben und Wirken, sondern auch auf das Sterben aus, das als Beweis vollkommener Liebe interpretiert wird. „Er wollte durch ein solches Urteil der Welt dazu gelangen, seinen Geist aufzugeben, damit wir belehrt seien, dass das Urteil Gottes über diese Welt und seine Erwartungen so ausfalle, wie das Urteil dieser Welt über den ausgefallen war, der die Wahrheit ist."[449] Im als Urteil der Welt über Gott verstandenen Kreuzestod offenbart sich also mittels der „Koinzidenz" das Urteil Gottes über die Welt. Beide „Urteile" fallen im Kreuz zusammen. Doch das Kreuz hat nicht nur Offenbarungsfunktion, es soll nicht nur die Liebe Gottes besiegeln und den Weg zu Gott weisen, der darin besteht, der Welt zu sterben, sondern es hat zugleich Ver-

---

[445] De visione dei, N.97, Z.6-8.

[446] Die biblischen Wunder dienen, wie Cusanus in Bezug auf das Pfingstwunder erklärt, dazu, den Glauben – durch Erweckung des Staunens – einzupflanzen. Wo der Glaube einmal Wurzeln geschlagen hat, soll er keine Zeichen suchen, sondern „rein und einfach" sein. Vgl. De possest, N.37, Z.9-11: Et sic si (sc. fides) plantari debuit expediebat, non modo post eius receptionem, ut non quaerat signa sed sit pura et simplex.

[447] Vgl. Brief an Albergati, N.53: Ut nosceretur esse ille unicus salvator, fecit adventum suum et modum adventus praeconisari per prophetas et sapientes, ambulavit publice viam vitae et per mortem pervenit ad resurrectionem vitae immortalis, ut in se ipso ostenderet magisterium esse faciendi mortales homines immortales, et plura ad credendum sibi fecit experimenta.

[448] Sermo CCLXXVIII (275): V2, fol.248rb, Übers. nach Haubst, in: GuL, 5.

[449] Sermo XXVII, N.4, Z.29-33.

mittlungsfunktion. Auch im Tod erweist Christus sich nämlich als absolut höchster Vollzug von Liebe und Erkenntnis. Indem er sich freiwillig dem Tod, und zwar in dessen schrecklichster und schmerzhaftester Gestalt, in der Gestalt des Kreuzes, aussetzt, führt er seinen Geist zur vollkommensten Herrschaft über alles Körper- und Sinnenhafte.[450] In diesem Sinne ist seine Selbsthingabe in den Tod das „vollkommene Opfer" (perfectum sacrificium).[451] Der Tod Christi ist nämlich mors consummata – der vollzogene, den Tod vernichtende Tod.[452] Durch seinen Tod wird die menschliche Natur zur Unsterblichkeit geführt, indem sie die Sterblichkeit ablegt. Die Sterblichkeit der als „Einheit des Körpers und der Seele"[453] beschriebenen Menschennatur ist die Folge der Herrschaft der Sinne bzw. des Körpers über den Geist, der das Abbild des unsterblichen Gottes ist. Durch die Sünde haben sich die niederen Kräfte im Menschen (Sinne und Verstand) von dessen höchster, ihn mit Gott verbindender Kraft, dem intellectus, gleichsam abgekoppelt. Indem Cusanus sowohl von der „Wahrheit des Körpers" als auch von der „Wahrheit der Seele" spricht[454], drückt er aus, dass nicht der Körper an sich dem Tod verfallen ist, sondern nur, sofern er sich der Herrschaft durch den Geist entzieht. Dies ist jedoch schon im Zeugungsakt eines jeden Menschen der Fall. Selbst ein Mensch, der seine Sinne ganz und gar dem Geist unterzuordnen bestrebt ist, ist auf Grund seiner Herkunft aus dem

---

[450] Vgl. die Kennzeichnung des Todes Christi in De docta ignorantia III, S.137, Z.27-28 (N.218) als voluntaria et innocentissima, turpissima atque crudelissima hominis Christi crucis mors.

[451] Vgl. Sermo CCLXXVI (273): V2, fol.240vb: Consummata oblatio (...) est oblatio Christi.

[452] Vgl. Brief an Albergati, N.68: Christi mors est consummata mors. In einer 1456 in Brixen gehaltenen Predigt bezeichnet er Christus, ausgehend von dem letzten Wort des Gekreuzigten „Consummatum est" (Joh 19,30) als „consummatio legis et prophetarum et omnium scripturarum, virtus consummata, consummata humilitas, consummata oboedientia, pietas consummata, mititas consummata, paupertas consummata, fides consummata, spes consummata, caritas consummata, sanctitas consummata, vita consummata." (Sermo CCXXVII, N.10, Z.8-14). Nimmt man alle diese Aussagen zusammen, kann man sagen: Indem Christus die (positiven) Möglichkeiten seiner (und der gesamten) menschlichen Natur vollkommen aktuiert, ist er deren vollkommener Vollzug (Vgl. auch Sermo CCXXIX, N.7, Z.5: (Christus) ipse est consummatio et perfectio.) und als solcher die perfectissima apparitio dei.

[453] Vgl. De docta ignorantia III, S.140, Z.10-11 (N.223): Homo vero ex corpore et anima unitus est, quorum separatio mors est.

[454] Vgl. De docta ignorantia III, S.140, Z.27-28 (N.224): Requirebat veritas, veritatem corporis veritati animae adunaret.

mit fleischlischen Begierden verknüpften Zeugungsakt bereits dem Tod bzw. der Sterblichkeit verfallen.[455] So war „niemand jemals aus sich mächtig, über sich selbst und seine eigene, den Sünden des fleischlichen Begehrens ursprünglich unterworfene Natur hinaus aufsteigen zu können, über seine Wurzel hinaus zum Ewigen und Himmlischen, außer dem, der vom Himmel herabstieg, Christus Jesus. Dieser ist es, der aus eigener Kraft aufsteigt, in dem die nicht aus dem Willen des Fleisches, sondern aus Gott geborene menschliche Natur selbst nicht gehindert war, machtvoll zu Gott, dem Vater, zurückzukehren."[456] Aufgrund seiner Geburt aus Maria ist Christus, sofern er die menschliche Natur mit allen anderen Menschen teilt, zwar sterblich (er kann sterben), aufgrund seiner Zeugung durch den Heiligen Geist ist er seiner Sterblichkeit jedoch nicht machtlos ausgeliefert und endgültig unterworfen, sondern er vermag den Tod freiwillig auf sich zu nehmen.[457] Indem er sich in seinem Leben jeder Sünde enthält, verwirklicht er gewissermaßen seine mit der jungfräulichen Empfängnis gegebene Möglichkeit, als Unschuldiger in den Tod zu gehen und den Tod dadurch von innen her zu entmachten. Vom Tod Jesu Christi sagt Cusanus daher nicht, dass er Folge der Sünde ist, sondern, dass er „einzig durch Liebe verursacht ist."[458] Weil er den Tod freiwillig auf sich nimmt, deshalb „macht einzig der Tod des unschuldigen Christus (...) die Aufnahmebereiten, die in ihm bleiben und sind und wie er wandeln, gerecht."[459]

Im Tod nun trennen sich Körper und Seele. Die Seele hört auf,

---

[455] Vgl. De docta ignorantia III, S.136, Z.26 - S.137, Z.6 (N.217): Intellectus (...) videt, etiamsi sensus rationi subiceretur per omnia, sibi connaturales passiones non insequendo, quod nihilominus homo per se in finem intellectualium et aeternorum affectuum pervenire non valeret. Nam cum homo ex semine Adam in carnalibus voluptatibus sit genitus, in quo ipsa animalitas secundum propagationem vincit spiritualitatem, tunc ipsa natura in radice originis carnalibus deliciis immersa, per quas homo in esse a patre prodiit, penitus impotens remanet ad transcendendum temporalia pro amplexu spiritualium.

[456] De docta ignorantia III, S.137, Z.14-19 (N.218).

[457] Vgl. De docta ignorantia III, S.139, Z.26 – S.140, Z.3 (N.222): Christus igitur si semper mortalis remansisset, etiamsi numquam mortuus fuisset, quomodo naturae humanae immortalitatem praestitisset mortalis homo? Etsi ipse mortuus non fuisset, solus remansisset mortalis sine morte. Oportebat ergo ipsum a possibilitate moriendi per mortem liberari, si multum fructum afferre debuit, ut sic exaltatus ad se omnia traheret, quando eius potestas non tantum esset in mundo ac terra corruptibili, sed et in caelo incorruptibili.

[458] Sermo CCLXXVIII (275): V2, fol.248va; Haubst (GuL), 6.

[459] Sermo CCLXXVIII (275): V2, fol.248vb; Haubst (GuL), 6.

den Körper zu beleben. Weil jedoch die menschliche Natur, das heißt Körper und Seele Jesu in der Person des göttlichen Sohnes subsistieren, die Person des göttlichen Sohnes aber zu keiner Zeit tot sein kann, können sie sich nach dem „vollzogenen" Tod wieder zusammenfügen.[460] Auf Grund seiner durch den Sohn vermittelten Einheit mit dem Vater ersteht Christus „aus eigener Kraft".[461] In ihm hat die sterbliche Natur auf Grund ihrer Einung mit der unsterblichen ihre Sterblichkeit abgelegt, indem sie den Tod durchlitten hat. Insofern kann man von Christus sagen, dass durch ihn, der die „wahre Weisheit" ist, „jene Notwendigkeit des Sterbens in Tugend verwandelt wird."[462] Die Möglichkeit, die menschliche Natur durch den Tod, verstanden als Vernichtung der vom Geist separierten anderen menschlichen Kräfte, von der Sterblichkeit zu erlösen, wurde von Jesus Christus verwirklicht.

Die Erlösung durch Jesus Christus besteht somit darin, dass er durch sein Leben und Sterben gleichsam das Defizit aller Menschen ausgeglichen hat, dass durch ihn alle Menschen mit dem Vater vereint werden können.[463] Indem er alles verwirklicht hat, was in der Möglichkeit des Menschen, genauer des menschlichen Geistes liegt, hat er etwas für uns getan, was wir selbst auf Grund unserer erbsünd-

---

[460] Vgl. De docta ignorantia III, S.140, Z.10 – S.141, Z.5; vgl. auch De visione dei, N.104, Z.5-10: Numquam igitur fuit verum neque erit umquam divinam naturam ab humana tua separatam, ita nec ab anima nec a corpore, quae sunt, sine quibus natura humana non potest esse, quamvis verissimum sit animam tuam desisse corpus vivificare et te veraciter mortem subisse et tamen numquam a veritate vitae separatum.

[461] Vgl. De visione dei, N.105, Z.6-8: Quid mirum, si tu, Ihesu, potestatem habuisti, cum sis lux viva liberrima, vivificantem animam ponendi et tollendi, et quando tollere voluisti, passus es mortem, et quando ponere voluisti, propria virtute resurrexisti.

[462] De venatione sapientiae, N.96, Z.14-16: vera erit sapientia, per quam necessitas illa moriendi vertitur in virtutem et fiat nobis certum iter et securum ad resurrectionem vitae.

[463] Cusanus erblickt in der Eucharistie, die er als exemplar consummatae fidei bezeichnet (Brief an Albergati, NN.55-60), ein den Glauben an die Auferstehung stärkendes Zeichen unserer künftigen Gotteskindschaft. Innerhalb der natürlichen Ordnung, so erklärt er, geht die unbelebte Substanz des Brotes (substantia panis, quae non est viva) in das Leben des Lebewesens über (convertitur), das es verzehrt. Auf analoge Weise befiehlt die göttliche Weisheit in der Eucharistie kraft ihres allmächtigen Willens – ohne an den natürlichen Vorgang des Essens gebunden zu sein (sine modo naturali) – dass die Brotsubstanz in den Leib Christi gewandelt werde. Wenn nun, so fragt Cusanus, „durch das Wort die Substanz des Brotes, obgleich unbelebt, in die Gemeinschaft der Unsterblichkeit überging, wie kann man dann davor zögern, dass die Substanz des Menschen, die in geistigem Leben lebendig ist, durch das Wort Christi in die Gemeinschaft der Unsterblichkeit übergeführt werden könne?"

lichen Verfallenheit an die Sinne nicht tun können. Er hat die Einheit der menschlichen Natur mit der göttlichen so verwirklicht, dass alle Wesen, die der menschlichen Natur teilhaftig sind, über seine Vermittlung, in ihm ebenfalls der göttlichen vereint werden können. „Also hat die Menschheit in Christus Jesus alle Fehler aller Menschen behoben. Denn weil sie selbst die größte ist, umfaßt sie das ganze Vermögen der Art, um solche Gleichheit des Seins eines jeden Menschen zu sein, dass sie einem jeden viel weitreichender verbunden ist als ein Bruder oder ein ganz besonderer Freund. Denn dies bewirkt die Maximität der menschlichen Natur, dass Christus in jedem Menschen, der ihm durch den gebildeten Glauben anhängt, durch die vollkommenste Einung dieser selbe Mensch selbst ist, (und das) unter Wahrung von dessen Einmaligkeit."[464] Was bereits über das Verhältnis zwischen dem Universum und jedem einzelnen Seienden gesagt wurde, dass das Universum nämlich in jedem Seienden dieses selbst ist, das wird nun über die Konkretion des Universums in Jesus Christus und dessen Verhältnis zu jedem Menschen gesagt. Er ist „die Gleichheit des Seins eines Jeden." Weil die Sünde für Cusanus nicht in der Verwirklichung, sondern in der Nicht-Verwirklichung der von Gott geschaffenen (geschenkten) Möglichkeit(en) besteht, deshalb gilt von Jesus Christus, dass er all das Gleiche auch verwirklicht, was jeder andere Mensch auf einmalige Weise verwirklicht, er verwirklicht jedoch nicht nur das, was der andere Mensch verwirklicht. Als vollkommene Verwirklichung der höchsten im Geschöpflichen liegenden Möglichkeit ist er die perfectissima apparitio dei.

---

[464] De docta ignorantia III, S.138, Z.3-9 (N.219).

Kapitel III:
Die Schöpfungstheologie

1) DIE BEDEUTUNG DER SCHÖPFUNGSTHEOLOGIE IM DENKEN DES CUSANUS

a) Der Zusammenhang zwischen dem göttlichen Schöpferwirken und dem Verständnis der Schöpfung als apparitio dei

Das Cusanische Denken, so hat M. Thurner in seiner Cusanus-Interpretation mit dem bezeichnenden Titel „Gott – das offenbare Geheimnis des Nikolaus von Kues" gezeigt, entspringt aus der Glaubenserfahrung der gleichzeitigen Anwesenheit und Abwesenheit Gottes als des absoluten Grundes. Dieser paradoxen Grunderfahrung der Offenbarkeit und zugleich der Entzogenheit des alles – auch das Denken selbst erst – begründenden Ursprungs gemäß prägt Thurner die auf die Theologie des Kardinals anzuwendende Formel „cogito ergo credo."[465] In dieser Formel, so legt er überzeugend dar, kommt der Kern des Cusanischen Gedankens zum Ausdruck: Das Denken erkennt die Vorgabe des christlichen Glaubens als Bedingung seiner eigenen Möglichkeit; es vermag den Inhalt des Glaubens aus der Rückfrage nach seinen eigenen Möglichkeitsbedingungen als denknotwendig einzusehen, vorausgesetzt freilich, es versteht sich als Ausfaltung jener ursprünglichen Glaubenserfahrung des offenbaren göttlichen Geheimnisses, es ist also überhaupt bereit, vom Glauben bzw. vom Staunen über das im Glauben Erfahrbare seinen Ausgang zu nehmen. Tut es dies, so gelangt es zu seiner höchsten Verwirklichung – ich denke, also glaube ich.

Aus dieser durch den menschlichen Geist vermittelten Zuordnung von Glauben und Denken ergibt sich die Notwendigkeit eines Weltverständnisses als Selbst-Offenbarung oder Erscheinung Gottes. Der

---

465 Thurner, Gott – das offenbare Geheimnis, 226.

an den Körper gebundene menschliche Geist bedarf nämlich zu seiner Aktuierung der sinnenfälligen Welt. Das Denken oder Erkennen
der Welt durch den menschlichen Geist führt aber nur dann zu Gott
(dem Inhalt des Glaubens), wenn es als dessen Selbst-Offenbarung
oder Abbildung begriffen werden kann, aus der heraus das verborgene Urbild offenbar wird und doch zugleich verborgen bleibt. Nur
wenn Gott in der Schöpfung sein Wesen offenbart, kann dieses (als
trinitarisch erscheinendes) aus der Offenbarung erkannt werden. Das
solchermaßen vom Ausgangspunkt des Cusanischen Denkens geforder-
derte theophanische Weltverständnis setzt allerdings ein Verständnis
des die Welt und ihr Erkennen konstituierenden Schöpfungsaktes als
göttliche Selbst-Mitteilung[466] voraus. Das durch die Heilige Schrift
bezeugte Schöpfungswirken muss als Teilgabe am göttlichen Wesen
selbst verstanden werden können, damit die Welt apparitio dei sein
kann. Die hier unter der Überschrift „Schöpfungstheologie" verstandene Reflexion des Schöpfungsaktes oder der Schöpferkunst als göttliche Selbst- oder Wesensoffenbarung bedingt daher die Erkenntnis
des Theophaniecharakters der Welt, wie er sich vor allem in den posse-Spekulationen der Spätwerke des Kardinals Ausdruck verschafft
und im abschließenden vierten Kapitel dieser Arbeit entfaltet werden
soll.

   Bisher wurde gezeigt: Indem die Schöpfung vom menschlichen
Geist als Offenbarung des Schöpfers verstanden wird, aktuiert sich das
Universum, die Einheit des erkennenden Geistes mit allem Geschaf-

---

[466] Wir setzen den Begriff Selbst-Mitteilung hier durchgängig durch die ungewöhnliche
Schreibweise mit Bindestrich von seinem sonstigen, von Karl Rahner geprägten
Gebrauch in der Theologie ab. Sebstmitteilung bedeutet bei Rahner, „dass Gott
nicht nur in Wirkursächlichkeit das von ihm verschiedene Andere schöpferisch hervorbringen kann und bringt, sondern in einer eigenen ungeschaffenen göttlichen
Wirklichkeit die reale Bestimmung der Kreatur werden kann (...) ohne dadurch auf-
zuhören, Gott, d.h. der von nichts Abhängige, zu sein" (Rahner, Art. Selbstmittei-
lung, 522). In diesem Sinne beschreibt der Begriff nicht allgemein das Schöpferwirken Gottes, sondern innerhalb der Geschichte lediglich das Inkarnations- und das
Erlösungsgeschehen, jene Ereignisse also, in denen Gott selbst „nicht nur effizienter
Urheber eines geschöpflichen Zeichens oder Wortes über ihn (...), sondern auch
inneres Prinzip der Aufnahme eines Zeichens oder des Höens eines Wortes ist"
(Menke, Art. Selbstmitteilung, 426).
Wenn wir hier den Begriff Selbst-Mitteilung als Übertragung des lateinischen Terminus identificatio wählen, dann bezeichnet er – anders als bei Rahner – das schöp-
ferische Wirken Gottes. Dieses beschreibt Cusanus, wie wir noch sehen werden, als
Selbig-Machung, Ver-selbigung oder – sprachlich schöner, doch theologisch missver-
ständlich: Selbst-Mitteilung.

fenen, durch sich selbst, also in gewisser Weise „autonom". Der Geist
des Menschen ist das Maß der Dinge[467], findet sein eigenes Maß jedoch in seinem göttlichen Ursprung. Damit die Schöpfung sich aber
– vermittels des erkennenden Geistes – eigenständig verwirklichen
kann, muss sie als vom Vater im Sohn durch den Geist ermöglichte
gedacht werden, deren selbsttätige Aktuierung im Sinne einer Ausfaltung ihrer trinitarisch begründeten Ermöglichung oder Einfaltung
nichts hinzufügt. Nur so kann die Schöpfung als Gabe und Aufgabe,
als Objekt und Adressat der Offenbarung ihres Schöpfers, als Von-
her-Sein und Selbst-Sein zugleich, und so als wahres, d.h. „lebendiges
Bild" ihres Urbildes begriffen werden. Dementsprechend ergaben
sich die Trinitätslehre, die contractio-Lehre und in deren Schnitt-
punkt die Christologie in systematischer Hinsicht als Voraussetzungen
der Cusanischen Schöpfungstheologie.

Ausgehend vom menschlichen Geist und dessen apriorischer Verwiesenheit auf die göttliche Dreieinheit, auf die er sich immer schon
(zunächst glaubend) bezieht, stellt für Cusanus nicht der Rückgang
aus dem Vielen auf das Eine das Hauptproblem dar; nicht dass das
Viele einen einzigen Grund, die Schöpfung einen einzigen Ursprung
hat, ist das eigentlich Erstaunliche, sondern vielmehr die Tatsache,
dass das absolute Eine der Grund für das faktische Viele überhaupt
sein kann, dass demselben Ursprung Unterschiedliches entspringt.[468]

Nicht die Existenz Gottes, sondern die der Schöpfung gilt es zu
verstehen. Wenn jedoch der Grund für die Rückführung des Vielen
auf das Eine im Hervorgang des Vielen aus dem trinitarischen Einen
besteht, dann liegt der Schlüssel zu allen theologischen Einsichten
letztlich in der Reflexion des Schöpfungsgeschehens. Wenn die erkennende Aktuierung des Universums durch den menschlichen Geist
sich als „lebendiges Bild" erfährt, d.h. wenn sie in einem urbildlichen
Geschehen gründet, dann kann der Geist sich selbst nur in dem Maße
verstehen, in dem er sein Urbild, den göttlichen Schöpfergeist in
dessen Mitteilung, der Schöpferkunst, versteht. Der Geist, so Cusanus,
kommt erst zur Ruhe, wenn er zum Wissen Gottes gelangt ist, durch

---

[467] Vgl. De beryllo, N.6, Z.1.

[468] Mehrfach bringt Cusanus sein Erstaunen über diese Tatsache deutlich zum Ausdruck. Vgl. De genesi, N.143, Z.1-2: Admiror, quomodo idem ipse est omnium causa,
quae adeo sunt diversa et adversa. Ganz ähnlich De visione dei, N.41, Z.6: Quomodo
tot sunt diversa ex unico conceptu?

welches jener die Welt erschaffen hat.[469]

b) Die grundlegende Entfaltung der Cusanischen Schöpfungstheologie in der
Schrift De genesi

Dieses göttliche Schöpferwissen ist der Gegenstand des 1447 in
Lüttich verfassten Dialogs De genesi. Hier findet man die ausführ-
lichste Behandlung der Frage nach dem Schöpfungsakt. Das Buch
lässt sich in fünf Abschnitte einteilen, die meistens als Exegese einer
das göttliche Schöpfungswirken betreffenden Schriftstelle konzipiert
sind. Zunächst (NN.141-157) wird Ps. 102 (101),26 ff. auf seinen philosophischen Gehalt hin ausgelegt: „Vorzeiten hast Du der Erde
Grund gelegt, die Himmel sind das Werk Deiner Hände. Sie werden
vergehen, Du aber bleibst; sie alle zerfallen wie ein Gewand, Du wechselt sie wie ein Kleid und sie schwinden dahin. Du aber bist der Selbe
selbst, und Deine Jahre enden nie."[470] Vom Gedanken der identitas
ausgehend, erklärt Cusanus den göttlichen Schöpfungsakt als „Verähnlichung der absoluten Seiendheit". Sodann (NN.158-160) erläutert er in eher grundsätzlicher Weise, wie bei allen biblischen Aussagen zur Schöpfungsproblematik zwischen Aussageinhalt (Moyses...humaniter exprimit..., N.159, Z.1-2) und Aussageabsicht
(...intentioni legislatoris Moysi..., N.159, Z.13) unterschieden werden
muss. Er bezieht sich konkret auf Gen 1,27.31, Röm 5,12, Gal 3,19-24,
Joh 1,12 und Eph 1,5.[471] Im folgenden Sinnabschnitt (NN.161-177)

---

[469] Vgl. De possest, N.38, Z.8f.: Nisi igitur ad scientiam dei qua mundum creavit perve-
nerimus, non quietatur spiritus. Cusanus ist sich darüber bewusst, dass es sich um
eine res, quam omnes prisci gravissimam atque inexplicabilem deseruerunt handelt.
Vgl. De genesi, N.143, Z.5-6.

[470] Initio tu, domine, terram fundasti, et opera manuum tuarum sunt caeli. Ipsi peri-
bunt, (tu autem permanes, et omnes sicut vestimentum veterascent. Et sicut operto-
rium mutabis eos, et mutabuntur:) tu autem idem ipse es (et anni tui non deficient).

[471] Als theologischer Gehalt der hier zum Teil dem jeweiligen Verständnis der Hörer
angepassten Ausdrucksweise in den Heiligen Schriften gilt Cusanus, „dass Gott die
Welt und den Menschen auf sein Bild hin und ihn selbst (den Menschen) sehr gut
geschaffen hat, dass die Sünde durch den Menschen und nicht durch den Schöpfer
in das Menschengeschlecht eingetreten ist, dass Gott den Menschen durch viele Mittel von dem schlechten Wege, den dieser sich von den ersten Eltern und nicht von
Gott zugezogen hat, (außerdem) durch prophetische Versprechen und Gaben zu-
rückgerufen hat, dass er selbst den Zurückgerufenen mit Gesetzen ausrüstete, damit
dieser seiner korrupierten Neigung widerstehe, dass er ihm über all dies hinaus in

geht es um die Frage, inwieweit Ps 33 (32),6 sich den bisherigen Einsichten zur Genesis „entsprechend verhält"[472]: „Durch das Wort des Herrn wurden die Himmel erschaffen, ihr ganzes Heer durch den Hauch seines Mundes."[473] Mit Hilfe eines Gleichnisses versucht Cusanus, den theologischen Sinn der trinitarischen Differenzierung des göttlichen Schöpfungsaktes in „Herr", „Wort des Herrn" und „Hauch seines Mundes" herauszuarbeiten. Dann (NN.178-183) kommt er nochmals auf das Buch Genesis zurück, nämlich auf Gen 2,7: „Also formte Gott den Menschen aus Erde vom Ackerboden und hauchte in dessen Angesicht den Lebensatem, er wurde zu einem lebendigen Wesen."[474] Dem Schöpfungsakt, so interpretiert Cusanus diese Bibelstelle, entspringt lebendiges, selbständiges Seiendes. Schließlich (NN.184-187) fragt der Dialogpartner, ausgehend von Ps 148,1 f.: „Lobet den Herrn vom Himmel her, lobt ihn in den Höhen. Lobt ihn, all seine Engel, lobt ihn, all seine Scharen"[475], nach den Engeln, die als ministri dei creatoris[476] dafür Sorge tragen, dass „jede Bewegung aller verstandbegabten Eigengestalten auf das absolute Selbe hinziele."[477]

Im Folgenden sollen die zentralen Passagen des Buches De genesi ausführlich zur Sprache kommen, da hierin die wichtigsten Aussagen zum Verständnis des schöpferischen Wirkens Gottes enthalten sind. Die Interpretation der grundlegenden Ausführungen des Buches De genesi werden dann noch durch weitere Beiträge zum Schöpfungswirken Gottes in den späteren Werken um einige Aspekte ergänzt.

---

seinem Sohne das Versprechen der Gotteskindschaft hinzugegeben hat" (N.158, Z.7-14). Vgl. Reinhardt, Nikolaus von Kues in der Geschichte, 56-60.

[472] De genesi, N.162, Z.3-4: Edoceri supplico, si haec assimilatio convenienter se habeat.

[473] Verbo domini caeli firmati sunt, et spiritu oris eius omnis virtus eorum.

[474] Formavit igitur (dominus) deus hominem de limo terrae, et inspiravit in faciem eius spiraculum vitae, et factus est (homo) in animam viventem.

[475] Laudate dominum de caelis, laudate eum in excelsis. Laudate eum omnes angeli eius, laudate eum omnes virtutes eius.

[476] De genesi, N.186, Z.7.

[477] De genesi, N.185, Z.3-4. Cusanus fährt fort: Spiritualem et rationalem quidem motum esse dicimus, quasi spiritus sit virtus spirata ex ore dei, per quam identificalis ille motus ministratur indeficienter, qui est ipsa vis dei sic participantia dirigens et movens ad idem (Z.4-7). Er vergleicht die Engel mit den einer Schulklasse vorstehenden Unterlehrern (submonitores), durch deren Hilfe der Oberlehrer (doctor, qui est scholarum rector, N.186, Z.8-9) die Schüler an seinem Wissen teilhaben lässt.

2) „IDEM IDENTIFICAT" – SCHÖPFUNG ALS SELBST-MITTEILUNG DES ABSOLUTEN

a) Das dreieine Idem absolutum als Grund für die Vielheit des Geschaffenen

Das zunächst im Glauben angenommene und dann im Denken des Geistes sich entfaltende absolute Eine, mit dem neuzeitlichen Begriff „Gottesapriori" durchaus treffend bezeichnet, erscheint angesichts der geschaffenen Wirklichkeit des denkenden Geistes als trinitarisches. Daher sagt Cusanus: Nur als trinitarischer kann Gott Schöpfer sein. Die Trinität, die jede Andersheit ausschließende Relation zwischen Einheit, Gleichheit und Verknüpfung, aber kann, so wurde bereits ausgeführt, nur als identitas absoluta gedacht werden, so dass es ebenso richtig ist zu sagen: Nur als idem absolutum kann Gott Schöpfer sein.

Wenn das Gespräch über die Genesis seinen Ausgang von den Versen 26-28 des Psalms 102 (101) nimmt: „...Du aber bist derselbe selbst und Deine Jahre vergehen nie", dann steht das dreieine Sein des Schöpfers als idem ipse also im Hintergrund. Der in De genesi zentrale Gedanke der Selbigkeit ist für Cusanus biblisch, alttestamentlich bezeugt. Von diesem Gedanken ausgehend, entfaltet er nun sein Verständnis des göttlichen Schöpfungswirkens. Der Gedankengang beruht ganz auf seinen Ausführungen über die Einheit, deren Gleichheit und die diese ermöglichende Verknüpfung. Der schon in der 1443 entstandenen Schrift De coniecturis thematisierte Begriff identitas[478] bezeichnet nämlich die Beziehung, die zwischen Einheit und Gleichheit, Vater und Sohn herrscht: eine rein relationale Unterschiedenheit ohne Andersheit, d.h. ohne Nicht-Sein. Die Gleichheit

---

[478] Vgl. De coniecturis, N.54, Z.3-7: Quoniam unitatem unitatem esse est ipsam praecise atque uti est, esse, satis tibi atque clarissime constat unitatem esse ipsam identitatem incommunicabilem, inexplicabilem atque, uti est, inattingibilem. Sicut ebim omne ens in propria sua entitate est, uti est, ita in alia aliter.

Die identitas absoluta ist das von jeder Andersheit freie Verhältnis zwischen der Seiendheit (oder dem Wesen) der absoluten Einheit und deren Aktuierung. Im Unterschied zum Kontrakt-Seienden, wo zwischen die Seiendheit und deren Verwirklichung die Andersheit tritt, kann bei der identitas absoluta unterschiedslos von Möglichkeit (possibilitas absoluta) und Wirklichkeit (actus omnium actuum) gesprochen werden, was Cusanus im posse ipsum ausdrückt. Im absoluten Grund erscheinen Möglichkeit und Wirklichkeit gleichursprünglich.

(das „id")[479] ist all das, was die Einheit (das „hoc") auch ist, nichts anderes, jedoch durch den Geist (das „idem") von dieser verschieden. Idem oder identitas ist trinitätstheologisch ein anderer Begriff für den Geist.[480] Gott ist derselbe, weil er Geist ist; und weil er absoluter (nicht kontrakter) Geist ist, ist er Sonderung (Vater und Sohn) ohne Andersheit, Mangel oder Nicht-Sein.

Ohne die trinitarische Dimension des idem in De genesi ausführlich zu wiederholen[481], legt Cusanus hier nun zunächst dar, wie das Selbe aufgrund seiner wesenhaften Gleichheit jegliche Andersheit ausschließt: Alle Wesensbestimmungen des idem: aeternum, simplex, interminum, infinitum, inalterabile und immultiplicabile[482] sind Implikate der die Veränderbarkeit (alterabilitas) ausschließenden Identität zwischen der Einheit und deren Gleichheit. Die Selbigkeit, die als ewige auch selbsturprünglich ist, da sie keinen – notwendigerweise anderen – Ursprung voraussetzt, kann somit eo ipso nur als absolute, als von allem anderen (Vielheitlichen, Gegensätzlichen) losgelöste gedacht werden. Die identitas des idem absolutum ist das-

---

[479] Vgl. De non aliud, S.13, Z.13.

[480] Vgl. De docta ignorantia I, S.18, Z.16-25 (N.25): Quamvis ab unitate gignatur unitatis aequalitas et ab utroque connexio procedat, unum tamen et idem est unitas et unitatis aequalitas et connexio procedens ab utroque, – velut si de eodem dicatur: ‚hoc, id, idem'. Hoc ipsum quidem, quod dicitur id, ad primum refertur; quod vero dicitur idem, relatum connectit et coniungit ad primum. Si igitur ab hoc pronomine, quod est id, formatum esset hoc vocabulum, quod est iditas, ut sic dicere possemus ‚unitas, iditas, identitas', relationem quidem faceret iditas ad unitatem, identitas vero iditatis et unitatis designaret connexionem, satis propinque trinitati convenirent.

[481] Cusanus verweist in De genesi nur relativ kurz auf diese Zusammenhänge, indem er seinen Gesprächspartner Conrad auf den Irrtum der „Platonici" (gemeint sind die Neuplatoniker) hinweist, die meinten, das absolute Eine sei das transzendente Gegenteil des Verschiedenen (vgl. De genesi, N.145, Z.2-9), und das Verschiedene sei folglich erst nach dem Einen (vgl. ebd., N.148, Z.1-8). Vielmehr jedoch, so Nikolaus, werde am absoluten Einen in Identität identisch partizipiert (in identitate (...) identice participetur). Das heißt: Nicht nur das vom unum absolutum Unterschiedene (die Gleichheit) ist ein Selbiges (in identitate), sondern auch das, wodurch es ein Unterschiedenes ist; die Partizipation der Einheit durch die Gleichheit geschieht „identice".[481] Ohne diese Dreieinheit im absoluten Selben, so Cusanus ausdrücklich, hätte das Selbe nicht (die Fähigkeit), Selbiges zu machen (vgl. ebd, N.177, Z.1-2). Ausdrücklich verweist Cusanus in N.177 auf seine früheren Ausführungen zur Trinität als der absoluten Voraussetzung von allem und – in aller Bescheidenheit – nicht nur auf seine eigenen.

[482] De genesi, N.144, Z.14-17: Necesse est enim idem esse aeternum, quia a nullo alio esse potest idem. Interminum est igitur, quia aeternum. Sic infinitum, inalterabile. Nam alterabilitas ab altero est. Idem autem per se dicit inalterabilitatem, sic et immultiplicabilitatem.

jenige, „in dem der Gegensatz, der Selbiges nicht erduldet, nicht
gefunden werden kann, so dass alles Andere, Verschiedene, Gegen-
sätzliche, Zusammengesetzte, Kontrakte, das Allgemeine und Eigen-
gestaltliche und das übrige derartige dem absoluten Selben in weitem
Abstand folgen."[483] Wenn die Andersheit des Vielheitlichen, Gegensätzlichen nicht konstitutiv für die diese ausschließende Selbigkeit
sein soll, dann ist die Absolutheit des Selben (durch den – hier nicht
erwähnten[484] – „Beryll" der Koinzidenz) als Übergegensätzlichkeit zu
denken: Das absolute Selbe, ist „über alle Verschiedenheit und Gegensätzlichkeit gestellt", so dass in ihm alles als dasselbe erscheint:
„das Allgemeine und das Besondere, die Einheit und die Unendlichkeit, (...) Wirklichkeit und Möglichkeit, Wesen und Sein. Ja sogar Sein
und Nicht-Sein sind im absoluten Selben notwendigerweise das Selbe
selbst."[485] Weil das idem absolutum keine Andersheit einschließt, fallen in ihm die Gegensätze ineins. Indem die Selbigkeit Gottes als
übergegensätzlich, und das heißt als Gegensatz der Gegensätze begriffen wird, erscheint sie diesen gegenüber als nichts anderes, dennoch
aber nicht als selbst gegensätzlich bestimmt.

Nachdem erkannt worden ist, dass das Wesen der identitas mit keinerlei Andersheit vereinbar ist, besteht die entscheidende Einsicht in
Bezug auf die Genesis nun darin, dass sich in der absoluten Identität
zwar keine Gegensätzlichkeit findet, aber die Gegensätzlichkeit bzw.
Verschiedenheit alles Geschaffenen nur durch die Partizipation am
idem absolutum zustande kommen kann. Das idem absolutum ist der
Grund für die Vielheit des Geschaffenen.

---

[483] De genesi, N.145, Z.16-19: Unde absolutum idem tale intelligo, in quo oppositio,
quae idem non patitur, inveniri nequit, ut omnia alia, diversa, opposita, composita,
contracta, generalia, specialia et cetera id genus idem absolutum longius sequantur.

[484] Cusanus klammert in De genesi „pro compendiosa facilitate" (N.148, Z.7) alles aus,
was nicht unmittelbar zum Verständnis des Schöpfungsaktes beiträgt. Es geht ihm
hier um eine möglichst leicht verständliche Kurzfassung (facili compendio, ebd.,
Z.11f.) dessen, von dem alle Früheren als von dem Schwersten und Unerklärbarsten
abließen (Rem, quam omnes prisci gravissimam atque inexplicabilem deseruerunt,
facili compendio quomodo ego, stolidissimus omnium, patefaciam? N.143, Z.5-7).

[485] De genesi, N.145, Z.8-13: Est ipsum idem absolutum omni diversitati et oppositioni
suprapositum, quoniam idem. Nulli igitur alteri est idem aut diversum ineffabile i-
dem, in quo omnia idem. Universale et particulare in idemipsum idem, unitas et infinitas in idem idem. Sic actus et potentia, sic essentia et esse. Immo esse et non-esse
in idem absoluto idem ipsum esse necesse est.

b) Der Schöpfungsakt als identificatio des idem absolutum

Weil Gott das absolute Selbe ist, kann er nur „Selbiges schaffen" (i-
dentificare). Negativ ausgedrückt bedeutet dies: Er kann nichts verur-
sachen, was er nicht in sich selbst immer schon ist. Dies bedeutet jedoch keine Einschränkung seiner Allmacht, da die Andersheit, die er
nicht bewirken kann, als Defizienz, als Mangel an Sein definiert ist.
Gott kann nur Selbiges schaffen heißt also: Er kann nichts Unvollkommenes schaffen. Da die Andersheit, die sich in allem Geschaffenen findet, dem Sein des Seienden nichts positiv hinzufügt, darf ihre
Verursachung also nicht in unmittelbaren Zusammenhang mit dem
Schöpfer gebracht werden, sie darf jedoch ebensowenig auf einen
eigenen, vom Absoluten verschiedenen, dessen Absolutheit somit
aufhebenden Ursprung reduziert werden. Bevor aber der Ursprung
der Andersheit näher thematisiert wird, ist zunächst in drei Schritten
nachzuvollziehen, wie Cusanus zu seiner Beschreibung des göttlichen
Schöpfungsaktes als „identificatio" kommt. Erstens lässt sich feststellen: (1) Jedes Seiende ist ein „idem", das am idem absolutum partizipiert und ohne dieses nicht begriffen werden kann. Sodann: (2) Jedes
„idem" bewirkt, da es ein idem ist, „Selbiges" (identificat). Schließlich: (3) Also kann die Wirkung des idem absolutum als „identificatio" beschrieben, kann dessen „Schaffen" als jene Selbst-Mitteilung
begriffen werden, die das Theophanische Weltverständnis erfordert.[486] Diese drei Gedankenschritte seien nun kurz erläutert:
(1) Jedes Seiende ist zugleich mit sich selbst identisch und von allen
anderen Seienden verschieden. Die Wahrnehmung der Verschiedenheit des Seienden ist untrennbar an die Wahrnehmung von dessen
Selbstidentität gebunden, insofern Verschiedenheit und Identität sich
gegenseitig bedingen. Das einzelne Seiende erscheint gerade dadurch als ein allen anderen Seienden gegenüber anderes, dass es es
selbst ist; und: Es erscheint gerade dadurch als es selbst, dass es von
allen anderen Seienden verschieden ist. Die Verschiedenheit des
Verschiedenen schließt also dessen Selbstidentität ein.[487]

   Dass das Seiende ein mit sich selbst Identisches ist, führt Cusanus
auf die „Gestalt" (forma) zurück, denn „die Gestalt bewirkt, dass eine

---

[486] Nichts betont Cusanus in seiner Schrift De genesi so nachdrücklich wie die Einsicht,
dass „das Selbe Selbiges bewirkt": N.143, Z.14; N.144, Z.7-8; N.148, Z.9; N.149, Z.2;
N.150, Z.7-8; N.151, Z.7; N.152, Z.5.

[487] Vgl. De genesi, N.146, Z.1-2: Nam cum dicimus diversum esse diversum, affirmamus
diversum esse sibi ipsi idem.

Sache sich selbst gegenüber ein Selbiges ist."[488] Die Selbstidentität bzw. die diese begründende Gestalt des Seienden aber ist nur als Partizipation am idem absolutum[489], der „Gestalt jeder Gestalt", zu verstehen. Wenn es nämlich in der Schöpfung Selbigkeit gibt, dann kann diese der Selbigkeit des absoluten Selben gegenüber keine andere sein, da die absolute Selbigkeit ihrem Wesen gemäß eben Andersheit ausschließt. Und doch ist „alles, was mit sich selbst identisch und dem anderen (gegenüber) ein anderes ist, nicht das absolute Selbe, das dem anderen (gegenüber) weder dasselbe noch ein Verschiedenes ist."[490] Die Verschiedenheit aller Seienden untereinander führt Cusanus auf die Tatsache zurück, dass deren Selbigkeit nicht die absolute Selbigkeit ist, die keine Andersheit zulässt.[491] Somit kann das idem absolutum als Grund für die gleichzeitige, sich gegenseitig bedingende Selbstidentität und Verschiedenheit alles Seienden erblickt werden.

(2) Worin aber besteht die Identität eines jeden idem eigentlich? Jedes Seiende ist dadurch es selbst (=mit sich identisch), dass es Selbiges zu bewirken versucht[492], dass es sich als es selbst an anderes mitteilt.[493] „Jede Sache (ist) sich selbst gegenüber dieselbe und (hat) die Eignung, Selbiges zu machen."[494] Das Warme wärmt, das Kalte kühlt, das Denken denkt etc. Jedes Geschöpf ist in Bewegung auf die Ver-

---

[488] De genesi, N.147, Z.5-6.

[489] Vgl. De genesi, N.147, Z.14-18: Quando adverto negari non posse quodlibet esse idem sibi ipsi, video idem absolutum ab omnibus participari. Nam si idem absolutum foret ab omnibus aliud et diversum, non essent id quod sunt. Quomodo enim quodlibet esset idem sibi ipsi, si absolutum idem ab ipsis foret diversum et distinctum aut aliud?

[490] De genesi, N.146, Z.2-6: Non enim potest diversum esse diversum nisi per idem absolutum, per quod omne, quod est, est idem sibi ipsi et alteri aliud. Sed omne, quod est sibi idem et alteri aliud, non est idem absolutum, quod alteri nec idem nec diversum.

[491] De genesi, N.147, Z.6-7.

[492] De genesi, N.143, Z.14: Idem videtur aptum natum esse facere idem.

[493] De genesi, N.152, Z.11-13: Illa autem, cum quodlibet sit idem sibi ipsi, nituntur identificare, sicut calidum calefacere, frigidum frigefacere; N.149, Z.5-7: Non est igitur aptum natum nisi identificare et hoc est idem facere. Hinc omnis res, quia idem sibi ipsi, identificat, ut intellectus intelligit, visus videt, calor calefacit, et ita de omnibus. Vgl. auch De mente, N.57f., wo mens und mensurare in Zusammenhang gebracht werden. Dieser Zusammenhang wird allerdings eingeschränkt: Arbitror vim illam, (...) quam mentem appello, nequaquam proprie nominari (N.58, Z.9-11).

[494] De genesi, N.151, Z.11-12: Quaelibet res sit eadem sibi ipsi et aptitudinem habeat ad faciendum idem.

wirklichung seiner eigenen Möglichkeit hin. Das geistbegabte Geschöpf, der Mensch, verwirklicht sich, indem er in allem Seienden die
Bewegung von der Möglichkeit zur Wirklichkeit, sich ihr verähnli-
chend, erkennt bzw. sich ihr erkennend verähnlicht. Anders ausgedrückt: Der menschliche Intellekt schafft Selbiges, das Erkennen gewinnt Erkenntnis, indem es erkennt, wie jedes Geschöpf sich als es
selbst, als idem verwirklicht. Als sich bewegendes ist jedes Seiende ein
„agens", das sein Sein, genauer: sein Möglich-Sein, durch identificatio
(durch Mitteilung seiner selbst) selbst aktuiert. In der Erkenntnis
dieser Tatsache aktuiert sich der menschliche Geist. Die als identificatio begriffene Aktuierung der eigenen Möglichkeit ist innerhalb des
Geschaffenen allerdings der Relativität des Mehr oder Weniger unterworfen: Das eine Seiende holt seine identitas im Laufe der Zeit
mehr ein als das andere. Die Aussage: Jedes Geschöpf ist sich selbst
gegenüber dasselbe und anderem gegenüber ein anderes[495] bedeutet
nichts anderes als: Jedes Geschöpf ist das, was es ist, durch sich selbst,
durch die Verwirklichung seiner eigenen Möglichkeit, in seinem Bezug auf oder in seiner Mitteilung an alles andere. Identificatio, „hoc
est idem facere"[496], meint also die selbständige Aktuierung des im
jeweiligen Wesen Ermöglichten, die das als idem begriffene Geschöpf
es selbst sein lässt.

(3) Der im Hinblick auf das Endliche explizierte Zusammenhang
zwischen den Begriffen idem und identificatio muss nun übertragen
werden auf das idem absolutum, durch das, wie schon erwähnt wurde,
jedes Seiende ein idem ist. Da die Identität des Absoluten darin besteht, alles zu umfassen (Cusanus drückt das an anderer Stelle mit
dem Terminus complicatio aus: alles einzufalten), kann dessen „Verselbigung", dessen Wirkung, nur in der Mitteilung (oder Ausfaltung –
explicatio) seiner Seinsfülle bestehen. So erscheint die Verwirklichung der in der Trinität, der identitas absoluta, ermöglichten Schöpferkunst als identificatio: „Es ruft daher das Selbe das Nicht-Selbe ins
Selbe."[497] Indem Cusanus hier das Verb „rufen" verwendet und nicht

[495] Vgl. De genesi, N.146, Z.1-6.

[496] De genesi, N.149, Z.4-5: Non est igitur idem aptum natum nisi identificare et hoc est
idem facere.

[497] De genesi, N.149, Z.8-9: Vocat igitur idem non-idem in idem. In diesem Sinne sind
auch die Aussagen zu interpretieren, in denen Cusanus das „creare" Gottes als „intelligere" begreift: Vgl. Thurner, Die Einheit, 379: „Mit dem Selbstvollzug des absoluten Geistes (vgl. De sapientia II, N.34, Z.7) vergewissert Cusanus somit jenen seins-
begründenden Akt, den die Theologie Schöpfung nennt: tunc eius conceptio est en-

etwa sagt: Es schafft das Selbe Selbiges, bezieht er sich nicht nur auf
das Paulinische Schriftwort über den Gott, „der die Toten lebendig
macht und das, was nicht ist, ins Dasein ruft"[498], sondern deutet bereits auf ein Problem, oder besser gesagt auf die Lösung eines Problems hin, das sich aus der Konzeption des göttlichen Erschaffens als
identificare ergibt: „Rufen" impliziert eine gewisse Eigenständigkeit,
mit der das Gerufene dem Ruf folgt, während im „Schaffen" die Aktivität ganz auf Seiten des Schaffenden liegt und das Geschaffene ein
rein Passives ist.[499] Da die Mitteilung der identitas absoluta keine Andersheit begründen kann, weil die als Fülle oder Vollkommenheit
verstandene Selbigkeit nicht der Grund der als Mangel verstandenen
Andersheit ist[500], muss der Schöpfungsakt einerseits als „identificare,
hoc est idem facere", als identificatio, Selbst-mitteilung des idem absolutum begriffen werden. Da das Selbe, das mit dem Einen koinzidiert,
aber andererseits nicht vervielfacht werden und es nicht zwei „Selbige" geben kann[501], kann er nicht im Sinne einer Selbstverdoppelung
des idem absolutum verstanden werden. Anders ausgedrückt: Im
Hinblick auf den schöpferischen Grund alles Vielen muss der Schöpfungsakt als identificatio gedacht werden, da das Selbe Selbiges bewirkt. Im Hinblick auf das Geschaffene, Begründete aber darf er nicht
als identificatio aufgefasst werden, da das Geschaffene nicht dasselbe
ist wie der Schöpfer (wenngleich der Schöpfer alles das auch ist, was
das Geschaffene ist). Daher formuliert Cusanus: „Jede Verselbigung
wird in Verähnlichung gefunden."[502] Damit ist der Begriff gefallen,

---

est entium creatio (id. m. 3; N.72,8)" Thurner verweist außerdem auf De principio,
N.21, Z.9-11: Conditor est essentians (...) Conditor in se omnia videt, hoc est se omnium videt conditivum sive formativum exemplar. Unde eius intelligere est creare.

[498] Röm 4, 17.

[499] Darin liegt wohl der Grund für die zutreffende Beobachtung Alvarez-Gomez´: „Bezeichnenderweise werden in diesem Zusammenhang, in dem es eigentlich direkt um
die Schöpfung geht, die Ausdrücke creare oder creatio kaum erwähnt (...); dafür
werden aber meistens identificare, vocare, assimilare gebraucht." (Die verborgene
Gegenwart, 103, Anm.126). Es geht Cusanus darum, die gleichzeitige Einheit und
Unterschiedenheit zwischen göttlicher Ermöglichung und geschöpflicher Verwirklichung auszudrücken.

[500] De genesi, N.149, Z.2-4: Nam quomodo posset idem ex eo, quia idem diversificare,
cum diversitas in idem absoluto sit idem, post quod longe posterius est omnis diversitas?

[501] Vgl. De genesi, N.150, Z.1-4: Cum autem unitas, quae coincidit cum idem absoluto,
sit immultiplicabilis, quia idem quae et unitas, ideo non-unum cum absolutam immultiplicabilem identitatem attingere nequeat, non potest nisi in pluralitate reperiri.

[502] De genesi, N.149, Z.8: Omnis identificatio reperitur in assimilatione.

mit dem Cusanus den Schöpfungsvorgang möglichst treffend zu um-
schreiben glaubt: der Begriff „assimilatio entitatis absolutae."

3) „CREATIO EST ASSIMILATIO ENTITATIS ABSOLUTAE" – SCHÖPFUNG ALS KOINZIDENZ GÖTTLICHEN UND GESCHÖPFLICHEN WIRKENS

a) Selbst-Mitteilung als Verähnlichung (assimilatio)

Wenn das idem absolutum Selbiges schafft, teilt es sich als es selber,
als idem also, mit. Daher, so wurde gesagt, ist das als Selbst-Mitteilung
des idem absolutum verstandene Geschöpf ebenfalls ein idem. Dessen
identitas aber besteht darin, ein „agens" zu sein, seinem Wesen gegenüber Selbiges zu bewirken, d.h. sich selbst zu verwirklichen. Da
das „agere" als „identificare" verstanden werden muss, sagt Cusanus:
„Jedes Handelnde also repräsentiert im Handeln in einer gewissen
Ähnlichkeit die Schöpfung."[503] Jedes Geschöpf stellt auf seine Weise
den göttlichen Schöpfungsakt und damit den Schöpfer selber dar.[504]
Wenn das Selbe Selbiges bewirkt, dann begründet es Seiendes, dessen
Selbigkeit in dessen „agere" besteht, in der Fähigkeit, in der Entfal-
tung des eigenen Wesens ebenfalls Selbiges zu bewirken, Subjekt
(agens) seines (Ermöglicht-)Seins zu sein. Das aus dem Schaffen von
Selbigem Hervorgehende ist also zugleich Selbiges, – da das Selbe
nichts Anderes bewirken kann, und Anderes, – da das Selbe nicht
verdoppelt werden kann. Cusanus formuliert daher ganz allgemein:
„Jede Verselbigung wird in Verähnlichung gefunden." Die mit dem
Schöpfungsakt zu identifizierende Verselbigung (oder Selbst-
Mitteilung) des absoluten Selben erscheint dementsprechend als
„assimilatio entitatis absolutae." Man kann also sagen: Weil der
Schöpfer, wenn er „schafft", Selbiges bewirkt, ist das Bewirkte gerade

---

503 De genesi, N.162, Z.11-12: Igitur omne agens in agendo quadam similitudine crea-
tionem repraesentat.

504 Eriugena spricht im dritten Buch seines Hauptwerks De divisione naturae (Sheldon-
Williams, 182 (687C)) treffend vom Geschöpf als einer causa facta, was Cusanus allerdings nicht tut. Vgl. Riccati, „Processio" et „Explicatio, 24f.: „On trouve chez Jean
Scot une formule heureuse qui montre très clairement la condition ontologique de
la théophanie: la créature, dit-il, est cause faite (causa facta); elle n'est pas un effet
quelconque de la cause, c'est la cause qui se fait elle-même effet."

nicht Selbiges, d.h. mit dem Schöpfer Identisches (denn zwei Selbige kann es nicht geben, dann wären sie eins), sondern Ähnliches. Die Ähnlichkeit aber besteht darin, sich selbst gegenüber Selbiges zu sein. Die auch als „Kosmos" oder – lateinisch – Schönheit (pulchritudo) bezeichnete Welt, so erklärt Cusanus, entsteht in „möglichst klarer Vergegenwärtigung des unberührbaren Selben."[505] Die Bezeichnung der Welt als Kosmos bringt zum Ausdruck, dass sie als Partizipation an der Schönheit des absoluten Selben verstanden werden muss. Der Komparativ „in clariori repraesentatione" zeigt an, dass es sich bei allem Geschaffenen zwar um ein idem handelt, das jedoch nicht das idem absolutum ist. Cusanus drückt das mit dem Begriff similitudo bzw. assimilatio aus, den er an anderer Stelle durch „aequalitas gradualis" – abgestufte (also nicht absolute) Gleichheit – ersetzt. Den für seine Schöpfungstheologie zentralen Begriff der Verähnlichung (assimilatio) aber definiert Nikolaus als „Koinzidenz des Abstiegs des Selben selbst zum Nicht-Selben und des Aufstiegs des Nicht-Selben zum Selben", wobei der Abstieg des Selben den Aufstieg des Nicht-Selben ermöglicht, ihm also ontologisch (nicht chronologisch) vorausgeht.[506] Wie ist diese Definition nun genau zu verstehen?

Wenn Cusanus hier statt vom Anderen vom Nicht-Selben spricht, in welches das Selbe absteigt, und welches dadurch zum Selben aufsteigt, so verdeutlicht er damit terminologisch die totale Abhängigkeit des non-idem vom idem absolutum und vermeidet das Missverständnis der Andersheit als eines zweiten, selbständigen Ursprungs. Das non-idem kann nur in Abhängigkeit vom idem und das idem nur in Abhängigkeit vom idem absolutum gedacht werden. Wie in De genesi das Nicht-Selbe ontologisch durch das Selbe bedingt ist, so ist in der später entstandenen Schrift De non aliud (1461) das Andere durch das Nicht-Andere bedingt, wenngleich erkenntnistheoretisch hier die Andersheit des Anderen und nicht die Selbigkeit des Selben am Anfang zu stehen scheint. Sachlich kann das „Nicht-Selbe" ohne weiteres durch das „Andere" ersetzt werden. Es bezeichnet das Nichts, aus dem alles geschaffen ist. Dieses Nichts kann nur in vollkommener Abhängigkeit vom Absoluten gedacht werden, als dessen Gegenteil es

---

[505] De genesi, N.151, Z.1-2: Sic igitur cosmos seu pulchritudo, quae et mundus dicitur, exortus in clariori repraesentatione inattingibilis idem.

[506] De genesi, N.149, Z.15-18: Assimilatio autem dicit quandam coincidentiam descensus ipsius idem ad non-idem et ascensus non-idem ad idem. Potest igitur creatio seu genesis dici ipsa assimilatio entitatis absolutae, quia ipsa, quia idem, identificando vocat nihil aut non-ens ad se.

nicht aktuell existiert. Das non-idem tritt erst ins Sein, indem es vom idem gerufen wird. In dem Augenblick ist es allerdings kein non-idem, kein Nichts mehr, sondern ein das idem absolutum abbildendes idem. Das non-idem existiert also nicht als Wirklichkeit.

Das Selbe „ruft" (vocat) das Andere zu sich, das Andere „erhebt sich" (surgit) daraufhin zum Selben.[507] Die Begriffe vocare und surgere entfalten, ebenso wie die Begriffe descensus und ascensus, die zwei Momente des einen – nur durch den Koinzidenzgedanken sichtbaren – Schöpfungsvorgangs. Mit dem Begriff der Koinzidenz, so wurde schon gesagt, bezeichnet Cusanus grundsätzlich die menschliche Erkenntnis eines Verhältnisses gleichzeitiger Einheit und Unterschiedenheit. Das göttliche „Rufen" begründet nun dieses Verhältnis gleichzeitiger Einheit und Unterschiedenheit zum „Gerufenen." Weil das absolute Selbe Selbiges bewirkt, fällt die Verwirklichung seiner Schöpfermacht (ausgedrückt durch das Verb „vocare") ineins mit der daraus entstehenden Verwirklichung des Geschöpfs (ausgedrückt durch das Verb „surgere"). Göttlicher Abstieg und geschöpflicher Aufstieg erscheinen als ein und derselbe schöpferische Akt; der göttliche Abstieg (=identificatio) ist zugleich der geschöpfliche Aufstieg (=identificatio), ohne dass das eine durch das andere aufgehoben würde, im Gegenteil: Der göttliche Abstieg verursacht den geschöpflichen Aufstieg als von ihm unendlich unterschiedenen und zugleich mit ihm verbundenen Akt. Die Aktuierung der Schöpfermacht Gottes bewirkt die Aktuierung der geschöpflichen Möglichkeiten. Das Verhältnis zwischen beiden Momenten, zwischen dem rufenden Schöpferwort und der daraus entstehenden geschöpflichen Antwort, „wird in (oder als) Verähnlichung gefunden", weshalb „die Heiligen die Schöpfung Gottes Bild und Gleichnis nannten."[508] Der Begriff der assimilatio, der im Unterschied zum Begriff der similitudo die Dynamik des Prozesses ausdrückt, in welchem das Geschöpf das für es konstitutive Schöpfungswirken Gottes aufnimmt (indem es „sich erhebt"), vermittelt also den scheinbaren Widerspruch zwischen ursächlichem und verursachtem Wirken, zwischen der Selbst-Mitteilung des

---

[507] De genesi, N.149, Z.8-15: Vocat igitur idem non-idem in idem. Et quia idem est immultiplicabile et per non-idem inattingibile, non-idem surgit in conversione ad idem. Et sic reperitur in assimilatione, ut, cum absoluta entitas, quae est idem absolutum, vocat non-ens ad idem, tunc, quia non-ens non potest attingere immultiplicabilem absolutam entitatem, reperitur non-ens surrexisse in conversione ad absolutam entitatem, hoc est in assimilatione ipsius idem.

[508] De genesi, N.149, Z.18-19: Hinc sancti creaturam dei dixerunt similitudinem ac imaginem.

Selben und dem Selbst-Sein des Mitgeteilten. Was auf den ersten Blick als Alternative erscheint: Entweder das Geschöpf ist als Selbst-Mitteilung Gottes mit dem Schöpfer identisch und also nur scheinbar es selbst, oder aber: Das Geschöpf ist wirklich es selbst, dann kann es nicht Selbst-Mitteilung des Schöpfers sein, das wird durch den Gedanken der assimilatio in Beziehung gesetzt, d.h. geeint. Der als göttliche Selbst-Mitteilung zu verstehende Schöpfungsvorgang erscheint als Verähnlichungsprozess zwischen Urbild und Abbild. Die Bildhaftigkeit besteht gerade in der Dynamik dieses Vorgangs, in der vom Urbild ermöglichten Abbildung des Urbildes durch das Abbild. Der biblisch bezeugte (allerdings dort nur auf den Menschen angewandte[509]) Abbildgedanke wird so von Cusanus schöpfungstheologisch begründet und philosophisch unterfasst. Als assimilatio entitatis absolutae ist der Schöpfungsakt die Selbst-Mitteilung des Urbildes in der Selbst-Mitteilung des Abbildes. Im „Sich-Erheben" des Geschöpfs verwirklicht sich das „Rufen" des Schöpfers.

Mit dem Ausdruck „assimilatio entitatis absolutae" drückt Cusanus die gleichzeitige Einheit und Unterschiedenheit zwischen göttlichem Schaffen und geschöpflichem Schaffen bzw. Erschaffen-Werden insofern treffend aus, als dieser im Sinne eines genitivus subiectivus als auch im Sinne eines genitivus obiectivus verstanden werden kann. Wird assimilatio entitatis absolutae als genitivus subiectivus, die absolute Seiendheit des göttlichen idem also als Urheber des assimilatio-Geschehens verstanden, so bezeichnet der Begriff assimilatio den „Abstieg des Selben zum Nicht-Selben", wie er im Geschaffenen erscheint: als Gleichzeitigkeit oder Koinzidenz von Selbigkeit und Andersheit, als Ähnlichkeit also. Das Selbe schafft sich ein ihm Ähnliches, es ermöglicht dessen Ähnlichkeit. Da die Ähnlichkeit des Geschaffenen allerdings in dessen Fähigkeit zur Angleichung (assimilatio) an das absolute Urbild besteht, kann der genitivus subiectivus nicht separat vom genitivus obiectivus verstanden werden: „Während also das absolute Selbe selbst, weil es auch das Seiende, das Eine und das Unendliche ist, das Nicht-Selbe zu sich ruft, erhebt sich die Verähnlichung in den vielen am Selben selbst verschieden Partizipierenden."[510]

Wird die assimilatio entitatis absolutae als genitivus obiectivus ver-

---

[509] Vgl. Gen 1,26; Weish 2,23; Jak 3,9; Eccli 17,1.

[510] De genesi, N.150, Z.4-6: Dum igitur ipsum idem absolutum, quod est et ens et unum et infinitum, ad se vocat non-idem, surgit assimilatio in multis ipsum idem varie participantibus.

standen, als Anähnlichung an die absolute Seiendheit, so ist das Geschöpf selbst das Subjekt des Verähnlichungsprozesses. Der Begriff assimilatio bezeichnet dann die Bewegung, durch die das Geschöpf sein individuelles, von Gott geschenktes Sein selber aktuiert. Deshalb stellt die identificatio, der Akt, durch den das Geschöpf in der Mitteilung an die anderen Geschöpfe sein Wesen verwirklicht[511], zugleich eine Anähnlichung an das göttliche Konzept, an seine im göttlichen Denken begründete individuelle Möglichkeit dar. Weil die Selbstverwirklichung des Geschaffenen als assimilatio begriffen werden kann, steht sie nicht im Gegensatz zur Wirksamkeit des Schöpfers. Durch identificatio, Mitteilung seines Wesens, ist das Geschöpf es selbst. Dieses Selbst-Sein aktuiert sich im Rahmen seines Gedacht- oder Begründet-Seins im göttlichen Schöpfungskonzept, im Rahmen seiner Ermöglichung.[512] Die identificatio aber wird nur „in Verähnlichung

---

[511] Vgl. etwa De docta ignorantia II, S.105, Z.25 – S.106, Z.6 (N.166): Quaelibet stella alteri communicat lumen et influentiam (...) ita quidem deus benedictus omnia creavit, ut dum quodlibet studet esse suum conservare quasi quoddam munus divinum, hoc agat in communione cum aliis.

[512] Wir sahen bereits, dass der Bildbegriff bei Cusanus undifferenziert verwendet wird. Es wird weder systematisch zwischen Bild und Ähnlichkeit (imago/similitudo) unterschieden, noch wird der Begriff similitudo grundsätzlich dem geistbegabten Geschöpf, dem Menschen vorbehalten, wenngleich es in De mente heißt, das eigentliche Bild Gottes sei der Mensch. Was lässt sich daraus bezüglich der Schöpfungswirklichkeit unterhalb des Menschen ableiten? Sind auch Steine, Pflanzen, Tiere Bilder Gottes? Gilt auch für sie die Aussage „creatio est assimilatio entitatis absolutae"? Haubst (Streifzüge, 216-231) hat die These vertreten, der moderne Evolutionsgedanke sei zwar von Cusanus nicht ausdrücklich ausgesprochen worden, lasse sich jedoch ohne Schwierigkeiten mit dessen Denken in Einklang bringen. Wenn man nämlich die Cusanischen Aussagen zum göttlichen Schöpfungsakt, die Koinzidenz von descensus und ascensus konsequent auf die gesamte Schöpfungswirklichkeit anwendet, dann besteht in dem metaphysischen Gedanken des geschöpflichen ascensus die Möglichkeitsbedingung des naturwissenschaftlichen Evolutionsgedankens. Wenn man nicht davon ausgeht, dass Gott die Welt fix und fertig hingestellt (Simultanschöpfung) und lediglich den Menschen als „assimilatio entitatis absolutae" dorthinein geschaffen hat, sondern dass die gesamte Schöpfung sich als Antwort auf das göttliche (ermöglichende) „Rufen" selbst aktuiert, – ein Gedanke, den Cusanus naturwissenschaftlich freilich noch nicht belegen konnte –, dann kann man mit Rudolf Haubst durchaus der Meinung sein, Evolution sei bei Cusanus zumindest möglich. Vgl. dazu auch Haubst, Albert, wie Cusanus ihn sah, 176: Cusanus nähere sich „dem modernen Evolutionsgedanken, indem er im Hinblick auf das schon in der Materie liegende Streben nach der Form und das in der Form liegende Verlangen nach (fortschreitender) Verwirklichung nicht nur von einem ‚Herabsteigen der Form', sondern zugleich auch von einem Aufstieg der Potentialität zu fortschreitender Verwirklichung spricht." Vgl. außerdem, etwas vorsichtiger, Schneider, Die

gefunden." Damit stellt sich die Frage nach dem Ursprung der Andersheit innerhalb des Schöpfungsaktes. Wieso führt das Geschehen der identificatio, der Selbst-Mitteilung des Selben, außertrinitarisch zu Ähnlichkeit (similitudo) und nicht – wie innertrinitarisch – zur identitas absoluta? Wieso also beschreibt Cusanus den Schöpfungsakt als assimilatio und nicht als identificatio entitatis absolutae, obwohl doch gilt: „Idem identificat"?

b) Der Ursprung der Andersheit

Das idem absolutum, so wurde gezeigt, kann sich aufgrund seiner in der Trinität begründeten komplikativen Seinsfülle „nach außen" mitteilen, ohne dass die Mitteilung ihm etwas hinzufügt, was es nicht in sich selbst immer schon ist. Die kreative Mitteilung des absoluten Selben an das „Nicht-Selbe", das „Andere" oder „Nichts" bewirkt jedoch nicht unmittelbar die notwendig mit dieser Mitteilung gegebene Andersheit des Mitgeteilten.

Die absolute, jede Andersheit ausschließende Selbigkeit des trinitarischen Schöpfers ermöglicht und begründet unmittelbar die Selbstidentität des Geschaffenen. Die Tatsache, dass jedes Seiende an der unteilbaren Identität partizipiert, indem es sich selbst gegenüber das Selbe ist, kann nur von der identitas absoluta des Schöpfers stammen. Von der Selbstidentität des Geschaffenen aber, die sich in dessen selbständiger Aktuierung auswirkt, sagt Cusanus: „Jene aber (sc. die Geschöpfe), weil ein jedes sich selbst gegenüber das Selbe ist, bemühen sich, Selbiges zu machen, so wie das Warme zu wärmen, das Kalte zu kühlen (versucht). Weil so das Warme das Nicht-Warme zur Selbigkeit mit sich ruft und das Kalte das Nicht-Kalte zu seiner Selbigkeit ruft, entsteht Kampf, und aus dieser (Tatsache) Zeugung und Untergang und all solches wie Zeitliches, Fließendes, Unbeständiges und die Vielheit der Bewegungen."[513]

Mit anderen Worten: Das Phänomen der Andersheit entspringt

„kosmische" Größe Christi, 63: „Die Frage, ob Cusanus sich den Aufstieg von esse, vivere, intelligere tatsächlich auch als eine evolutive Sukzession dachte, ist noch offen."

[513] De genesi, N.152, Z.11-16: Illa autem, cum quodlibet sit idem sibi ipsi, nituntur identificare, sicut calidum calefacere, frigidum frigefacere. Sic cum calidum noncalidum ad sui identitatem vocat, et frigidum non-frigidum ad suam vocat identitatem, oritur pugna, et ex hoc generatio et corruptio et quaeque talia temporalia, fluida, instabilia et varietas motuum.

dem Geschehen, durch welches die Schöpfung sich selbst aktuiert, es entspringt weder der Aktuierung der göttlichen Schöpferkraft in der Ermöglichung des geschöpflichen Geschehens,[514] noch dem Wesen des Geschaffenen als göttlicher Selbst-Mitteilung.[515] Die Andersheit entsteht erst aus der Selbst-Mitteilung des Vielen, Geschaffenen, aus der Konkurrenz nämlich, die sich aus der jeweiligen Entfaltung der unterschiedlichen Wesensgründe der Seienden ergibt. Wenn Cusanus schreibt: „Vielheit aber, Andersheit, Verschiedenheit und das übrige Derartige erheben sich aus dem (Grunde), weil das Selbe Selbiges macht"[516], dann soll mit diesem Satz gerade nicht gesagt werden, die identificatio des idem absolutum bewirke unmittelbar Andersheit. Das idem, von dem hier die Rede ist, ist nicht das idem absolutum. Die Andersheit ist vielmehr die Folge der Aktuierung des geschöpflichen Seins, der geschöpflichen identificatio. Weil das absolute Selbe Selbiges bewirkt, ist das Geschaffene Selbiges, bewirkt also ebenfalls Selbiges. Daraus erst entsteht die Andersheit. Um die Entstehung der Andersheit vom göttlichen Schöpferwirken abzuheben, unterscheidet Cusanus in der Schrift De complementis theologicis sprachlich genau zwischen dem göttlichen Wirken (creat) und dessen geschöpflicher Wirkung (effluit) innerhalb des Schöpfungsvorgangs.[517] Der Schöpfer „schafft" nichts anderes als er selber ist: Einheit, die „im Hinblick auf

---

[514] De ludo globi II, N.81, Z.4-12: Omnia creat deus, etiam quae alterabilia et mutabilia et corruptibilia; tamen alteritatem et mutabilitatem corruptionemve non creat. Cum sit ipsa entitas, non creat interitum, sed esse. Quod autem intereant aut alterentur non habent a creante, sed sic contingit. Deus est causa efficiens materiae, non privationis et carentiae, sed opportunitatis seu possibilitatis, quam carentia sequitur, ita quod non sit opportunitas absque carentia, quae contingenter se habet. Malum igitur et posse peccare et mori et alterari non sunt creaturae dei, qui entitas.

[515] De ludo globi II, N.81, Z.12-20: De essentia igitur cuiuscumque non potest esse alteritas, cum in ipsa non sit entitas nec ipsa in entitate. Nec est de essentia binarii alteritas, licet eo ipso quod est binarius contingat adesse alteritatem. Sicut enim plura pisa unica proiectione super planum pavimentum proiecta sic se habent quod nullum pisum aut moveatur aut quiescat aequaliter cum alio et alius sit locus et motus cuiuslibet, tamen illa alteritas et variatio non est a proiciente omnia simul aequaliter, sed ex contingenti, quando non est possibile ipsa aequaliter moveri aut eodem in loco quiescere.

[516] De genesi, N.150, Z.6-8: Pluralitas igitur, alteritas, varietas et diversitas et cetera talia surgunt ex eo, quia idem identificat.

[517] Vgl. De complementis theologicis, N.6, Z.38-42: Et ita dum creator ad se ipsum respicit, creat unitatem seu entitatem seu centrum et formam seu essendi aequalitatem et nexum utriusque. Effluit autem creatura a creatore meliori modo, quo patitur naturae condicio in similitudine creatoris.

die Geschöpfe Seiendheit genannt werden kann"[518], Gleichheit und Verknüpfung. Dies ist gleichsam die Möglichkeit der Schöpfung, aus der heraus sich das Geschöpf in der Ähnlichkeit mit dem Schöpfer bildhaft verwirklicht.

Die Andersheit darf weder mit der Materie als dem subiectum alte-rationis[519], noch mit dem Nichts als dem vom menschlichen Geist als unmöglich existierend erkannten Gegenteil der göttlichen All-Einheit identifiziert werden. Karl Bormann nennt die Andersheit, ausgehend von der Schrift De coniecturis und der darin aufgenommenen Plato-nischen Lichtmetaphorik, den Schatten, der vom Nichts auf die Schöpfung fällt.[520] Bei der Andersheit handelt es sich um die dem Selbst-Sein der Geschöpfe entstammende Folge der Selbst-Mitteilung Gottes, wie sie dem menschlichen Geist erscheint.

Die allem Geschaffenen anhaftende Andersheit stellt jedoch kei-neswegs ein Hindernis auf dem Weg des menschlichen Geistes zum göttlichen non aliud dar. Michael Thomas macht auf die positive Deutung der Andersheit, besonders in ihrem Zusammenhang mit der singularitas, der Einmaligkeit jedes Seienden, aufmerksam.[521] Im sinn-lich wahrnehmbaren Vielerlei der Dinge hat die Andersheit eine Un-terscheidungsfunktion für den Geist. Der Geist ist in seinem durch Unterscheidung und Einung sich vollziehenden Erkennen auf die Andersheit und zugleich über diese hinaus verwiesen, indem er hin-ter sie zurückfragen und damit eine „Andersheit ohne Andersheit"[522] als deren Voraussetzung denken muss.[523] Die coincidentia opposito-rum, so sahen wir bereits, ist die Denkvollzugsform des aus unter-scheidender ratio und einendem intellectus zugleich bestehenden menschlichen Geistes. Dieser erkennt bzw. verwirklicht sich als Bild der absoluten Einheit, indem er die absolute Einheit als Gegensatz und damit Grund aller Gegensätze erkennt. Die Gegensätzlichkeit des Endlichen aber ist nicht ohne dessen Andersheit wahrzunehmen. So vermag die Andersheit aufgrund ihrer Unterscheidungsfunktion in

---

[518] De complementis theologicis, N.6, Z.33-34.

[519] De aequalitate N.3, Z.18. Vgl. auch Bormann, Zur Lehre des Nikolaus von Kues von der „Andersheit", 133 und Thomas, Zum Ursprung der Andersheit.

[520] Vgl. Bormann, ebd., 137.

[521] Thomas, Der Teihabegedanke, 69, Anm. 16.

[522] Vgl. De visione dei N.75, Z.1-2.

[523] Vgl. Beierwaltes, Andersheit, 372: „Andersheit ist der Modus, in dem sich die absolu-te Identität entfaltet und damit dem Denken zugänglich wird: Identitas igitur i-nexplicabilis varie differenter in alteritate explicatur, atque ipsa varietas concordan-ter in unitate identitatis complicatur." (De coniecturis, N.55, Z.11-12).

das Geschehen der apparitio dei, der Erscheinung Gottes im menschlichen Geist, eingebunden werden, obwohl sie nur indirekt dem göttlichen Schöpfungsakt entspringt. Ihre aus dem Selbstvollzug des Geschaffenen zu erklärende Entstehung drückt Cusanus durch den Begriff der Kontingenz aus.[524] Indem er die Entstehung der Andersheit nämlich mit dem Begriff der Kontingenz beschreibt (contingenter, ex contingenti)[525], verneint er zugleich ihr positives Begründet-Sein (causa positiva).[526] Die Andersheit wird nicht erschaffen, sondern sie „tritt hinzu" und bewirkt, dass jeder Akt eines Selben (jede identificatio) zur Verähnlichung (zur assimilatio) führt.

4) DIE GLEICHNISSE FÜR DAS SCHÖPFUNGSWIRKEN GOTTES

a) Der Sinn der Gleichnisse

Vom Gottesbegriff der identitas absoluta ausgehend, kann der Schöpfungsakt umschrieben werden als der durch die Selbst-Mitteilung des Schöpfers (identificatio) ermöglichte Prozess der Verähnlichung des Seienden mit dessen Grund (assimilatio entitatis absolutae). Diese Verähnlichung erscheint dabei gleichermaßen als Akt des Schöpfers und des Geschöpfs. In seinem Bemühen um Anschaulichkeit auch und gerade da, wo das Unterscheidungsvermögen des menschlichen Verstandes (ratio) versagt, greift Cusanus zu Gleichnissen, in denen er das kreative Wirken Gottes repräsentiert sieht. Doch warum belässt er es nicht bei seinen Ausführungen über die Begriffe identificatio und assimilatio? Haben die in De genesi und in anderen Schriften eingeschobenen Gleichnisse lediglich die didaktische Funktion, das Abstrakte etwas konkreter erscheinen zu lassen? Die Antwort auf diese Frage gibt Martin Thurner in seiner Cusanus-Interpretation, wo er erklärt, warum der Vergleich der Welt mit ei-

---

[524] Vgl. De docta ignorantia II, S.66, Z.4-6 (N.99): Quod autem eius (sc. creaturae) unitas est in pluralitate, discretio in confusione et conexio in discordantia, a deo non habet neque ab aliqua causa positiva, sed contingenter.

[525] Vgl. auch Anm. 514 und 515 (De ludo globi II, N.81, Z.4-20).

[526] Vgl. De docta ignorantia II, S.65, Z.17-23 (N.98): Quoniam autem ipsum maximum procul est ab omni invidia, non potest esse diminutum ut tale communicare. Non habet igitur creatura, quae ab esse est, omne id quod est: corruptibilitatem, divisibilitatem, imperfectionem, diversitatem, pluralitatem et cetera huiusmodi a maximo aeterno, indivisibili, perfectissimo, indistincto, uno, neque ab aliqua causa positiva.

nem von Gott geschriebenen Buch[527] nicht nur als Metapher bzw.
Allegorie zu verstehen ist: „Der Sinn dieser Aussageweise", so Thurner, „wäre nicht erfasst, wenn man sie nur als eine Allegorie verstehen
würde. Weil die Welt auf den endlichen Intellekt hin ausgerichtete
sinnliche Mitteilung des göttlichen Geistes ist, erfüllt sie die Wesensbestimmungen des Buches nicht in einem übertragenen, sondern
tieferen Sinn. Dies kann näherhin begründet werden, wenn man das
Buch auf das sich darin manifestierende Grund-Phänomen der Sprache zurückführt. Weil die Sprache wesenhaft Mitteilung ist, kommt in
ihr zum Ausdruck, was die Welt (...) ursprünglicher ist."[528] Das
Gleichnis – die Welt als Buch – ist also kein nachträglich erfundenes
Bild, sondern gewissermaßen die Quelle, aus der Cusanus die Erkenntnis des sich mitteilenden Gottes erst schöpft. Er erkennt nicht
zuerst die Selbst-Mitteilung Gottes und veranschaulicht sie dann mit
dem Bild der Welt als Buch, sondern indem er die Welt gleichsam als
Buch, d.h. als Mitteilung des Grundes durch das Begründete erkennt,
erkennt er auch den Grund. Was Thurner hier von der Bezeichnung
der Welt als Buch Gottes sagt, lässt sich in entsprechender Weise vom
Vergleich des Schöpfungsaktes mit der Herstellung eines Gegenstandes durch menschliche Kunst und mit der Hervorbringung von Sprache durch einen Lehrer zur Belehrung eines Schülers sagen: Es gibt
einen inneren Zusammenhang zwischen der einmal in der Kunst des
Handwerkers und einmal in der Kunst des Lehrers wirkenden
menschlichen Kreativität und der Schöpferkunst des dreieinen Gottes. Es handelt sich dabei um einen Kausalzusammenhang, durch den
der Grund im Begründeten geschaut werden kann. Das Begründete
ist ein Gleichnis seines Grundes. Cusanus spricht in De genesi von
einer „propinquior assimilatio"[529], einer „similitudo"[530], und einem
„exemplatum paradigma"[531]. Es handelt sich also nicht um erfundene,
gleichsam äußerliche Vergleiche, sondern um konkrete Beispiele
dafür, wie die gesamte Schöpfung in ihrer aktiven Verwirklichung als
similitudo, als apparitio ihres Schöpfers aufzufassen ist. Was in der
gesamten Schöpfung sichtbar wird, zeigt sich exemplarisch, in besonderer Deutlichkeit, in bestimmten geistigen wie körperlichen mensch-

---

[527] De genesi, N.171, Z.5-8.

[528] Thurner, 89.

[529] De genesi, N.163, Z.2 oder N.165, Z.4: satis propinqua assimilatio universalis modi
creationis.

[530] De genesi, N.164, Z.12.

[531] De genesi, N.164, Z.7-8 oder N.165; Z.2-3: apta paradigmata.

lichen Tätigkeiten.

Als Gleichnisse für die Schöpfertätigkeit Gottes finden sich im Dialogus de genesi die Hervorbringung eines Glases durch einen Glasbläser und die Hervorbringung eines Wortes durch einen Gelehrten zwecks Belehrung eines nicht gelehrten Schülers. Aufgrund seiner zentralen Bedeutung für die übrige Theologie wird der Schöpfungsakt auch in anderen Schriften immer wieder thematisiert. Neben das Bild des Glasbläsers, das in De mente (1450) nochmals bemüht wird (NN.146f.), tritt dort das des Löffelschnitzers und in De ludo globi (1462) das des Drechslers, der eine Kugel produziert. Das Motiv des Lehrenden klingt schon in De filiatione Dei (1445) und De dato patris luminum (1445/46) an und wird im Compendium (1463) noch einmal aufgegriffen. Im Trialogus de possest (1460) dient das Bild eines Knaben, der einen Kreisel in Bewegung versetzt, als „manuductio"[532], als „Handleitung" zum göttlichen Schaffen. Inwiefern repräsentiert der in den verschiedenen Gleichnissen jeweils Handelnde nun das göttliche Schöpferhandeln?

b) Die Entstehung der materiell verfassten Weltwirklichkeit (genesis sensibilium)

Der Mensch verwirklicht sein Wesen (identificat), indem er kreativ tätig ist.[533] In seiner handwerklichen Kunstfertigkeit nämlich erfährt er sich als geistiges Wesen, dessen Geistbegabung durch die Vermittlung körperlicher Aktivität sichtbar wird. Indem er ein Werkzeug oder einen Kunstgegenstand schafft, kommen alle seine Kräfte und Begabungen, körperliche wie geistige, zur Entfaltung. Das exemplifiziert Cusanus zunächst an einem Glasbläser.

Ein Glasbläser möchte die in seinem Geist konzipierte Gestalt eines Glasgefäßes verwirklichen. Die Gestalt existiert vorerst nur in seinem Geist. Von ihr gilt dasgleiche, was Cusanus an anderer Stelle den Löffelschnitzer von der Gestalt eines Löffels sagen lässt: „Der Löffel hat

---

[532] Vgl. De possest, N.18, Z.4. In N.23 wird das Bild in seinem Bezug zur Schöpfungstheologie erläutert.

[533] Wie ernst Cusanus das kreative Vermögen des Menschen nimmt, zeigt sich darin, dass er die in der scholastischen Tradition Gott vorbehaltene Fähigkeit des Schaffens, das göttliche Attribut des Schöpfers ausdrücklich auf das Geschöpf appliziert. Vgl. zum scholastischen creatio-Begriff Kremer, Die creatio nach Thomas von Aquin, bes. 321-326.

außerhalb der Idee unseres Geistes kein anderes Urbild. Denn wenn auch ein Bildhauer oder ein Maler die Urbilder von den Dingen her bezieht, die er zu gestalten sich bemüht, so handle ich dennoch nicht so, der ich Löffel aus Holz und Schüsseln und Töpfe aus Ton herausführe. Ich ahme darin nämlich nicht die Gestalt irgendeiner natürlichen Sache nach. Denn solche Gestalten wie Löffel, Schüsseln und Töpfe werden allein durch menschliche Kunst vollendet. Darum ist meine Kunst vollkommener als die, die geschaffene Gestalten nachahmt, und darin (ist sie) der unendlichen Kunst ähnlicher."[534] Die Kreativität des Künstlers, des Löffelschnitzers wie des Glasbläsers, zeigt sich also schon in der Erfindung neuer „formae", nicht erst in deren sinnenfälliger Verwirklichung.

Der Glasbläser nun „sammelt das Material; darauf macht er es im Ofen mit Hilfe des Feuers geeignet. Danach bläst (er) seinen Hauch, der in die Materie eintritt, mittels eines eisernen Rohres, mit dem die Materie zusammengefasst wird, dorthinein, auf dass sie durch das Eindringen des Künstlers die Gestalt des im Geist des Meisters gefassten Gefäßes annehme; und mittels des die Materie zur Intention des Meisters hinbewegenden Hauchs entsteht das gläserne Gefäß durch den Meister aus der Materie, die (zuvor) jeder Gestalt eines Gefäßes entbehrte."[535]

Cusanus ist hier sichtlich bemüht, keines der einzelnen Elemente, die zur Entstehung des Gegenstandes notwendig sind, zu unterschlagen: weder das Feuer im Ofen, noch das Rohr, noch die Glasmaterie. Er unterscheidet die Gestalt des Glases von deren Konzept im Geist des Künstlers ebenso wie das Blasen des Künstlers von dessen Hauch (spiritum insufflat). Erst nachdem er auch die einzelnen Arbeitsgänge und deren Wirkung genau differenziert hat (colligit – adaptat – insufflat / subintrat – fit), überträgt er das geschöpfliche Schöpfungswirken auf das göttliche: „Nach solcher entfernten Ähnlichkeit führt Gott alles in das Sein ein, wenn er auch nicht die Möglichkeit der

---

534 De mente, N.62, Z.8-14.
535 De genesi, N.163, Z.6-15: Vitrifex materiam colligit. Deinde ipsam in fornace ministerio ignis adaptat. Post mediante canna ferrea, cui colligatur materia, ut recipiat per influxum artificis formam vasis concepti in mente magistri, vitrificator spiritum insufflat, qui subintrat ipsam materiam, et mediante spiritu movente materiam ad intentionem magistri fit vas vitreum per magistrum de materia, quae caruit omni forma vasis. Quae adeo est formans materiam, ut sis vas tale talis speciei, quod materia ipsa nunc stans sub forma caret possibilitate universali ad omnem formam vasis, quia universalis possibilitas est actu specificata.

Dinge aus irgendetwas nimmt, das er nicht geschaffen hat."[536]

Schon die einzigartige und überaus staunenswerte[537] Fähigkeit Gottes, „aus Nichts" zu schaffen und nicht zuerst „die Materie zusammensammeln" zu müssen, lässt jedes Gleichnis als „entferntes", jedes Abbild als von seinem Urbild unendlich verschiedenes erscheinen.[538] Diese unendliche Verschiedenheit oder Disproportionalität zwischen Urbild und Abbild bedeutet, dass das Abbild niemals die Identität mit dem Urbild erreichen kann; das Abbild wird niemals selber das Urbild, der schöpferische Mensch niemals mit dem göttlichen Schöpfer identisch. Dass es innerhalb dieser Unähnlichkeit allerdings dennoch eine Ähnlichkeit gibt, ist damit jedoch nicht ausgeschlossen. Worin aber besteht die Ähnlichkeit?

Wie die im Geist des Glasbläsers enthaltene Vorstellung (conceptus) des Glases so wird die im Geist des trinitarischen Schöpfers eingefaltete, mit diesem identische Welt verwirklicht durch deren Mitteilung, dargestellt im Blasen des Künstlers. Dieses Blasen ist sozusagen die Verwirklichung seines Könnens, seiner Schöpfermacht, durch die die Verwirklichung des Geschöpfs ermöglicht wird. Der göttliche Meister bläst seinen Hauch (spiritus) in die „Materie".

Die Materie ist jedoch, anders als im Glasbläser-Gleichnis, nicht der der Mitteilung des Meisters vorausliegende Adressat derselben, sondern sie entsteht erst durch das göttliche Wirken. Was Cusanus unter der an anderer Stelle auch als „Modus der Welt, der Möglichkeit oder Werden-Können genannt wird"[539], bezeichneten materia genau versteht, kann am besten negativ ausgedrückt werden: „Non est igitur aliquid actu."[540] Zwar ist die Materie nicht nichts, denn aus nichts kann nichts werden[541]; sie ist jedoch auch nichts Wirkliches, da sie

---

[536] De genesi, N.164, Z.1-2: Tali licet remota similitudine deus, licet non colligat ex aliquo quod non creavit possibilitatem rerum, omnia in esse producit.

[537] Vgl. De quaerendo deum, N.48, Z.11-18: Adhuc supra omnem intellectum inenarrabilis stupor est quod non solum scit de lapidibus excitare vivos homines, sed et de nihilo homines et vocare ea ad esse quae non sunt tamquam quae sunt. (...) Quis est hic magister, qui non similitudinem cum defectu, sed essentiam veram sine aliqua materia ex qua in esse producit?

[538] Vgl. auch De ludo globi I, N.45, Z.11-13: Habes igitur ex hac similitudine humanae artis, quomodo artem divinam creativam aliqualiter conicere poteris, licet inter creare dei et facere hominis tantum intersit sicut inter creatorem et creaturam.

[539] De ludo globi I, N.46, Z.3-4: (modus mundi,) qui possibilitas seu posse fieri (...) dicitur. Vgl. auch De non aliud, S.15, Z.17: materia seu possibilitas.

[540] De ludo globi I, N.46, Z.12-13.

[541] De ludo globi I, N.47, Z.2: Non est igitur penitus nihil, cum de nihilo nihil fiat.

dann ihr Werden-Können, d.h. sich selbst, voraussetzte. Die Materie
erscheint dem Geist also als geschaffene Voraussetzung jedes wirklich
existierenden Geschöpfs. Also, so Cusanus, ist es notwendig anzunehmen, „dass alles, was wirklich sein soll, ob auf sinnenhafte oder
vernunfthafte Weise, etwas voraussetzt, ohne das es nicht ist, weil es
durch sich selbst weder sinnenhaft noch vernunfthaft ist. Und weil
jenes der sinnenhaften oder vernunfthaften Gestalt entbehrt, kann es
nicht erkannt werden, wenn es nicht gestaltet wird. Es hat auch keinen Namen. Dennoch wird es Hyle, Materie, Chaos, Möglichkeit,
Werden-Können oder Zugrundeliegendes und mit anderen Namen
genannt."[542] Als selbst nicht ursprüngliche, sondern vielmehr dem
dreieinen göttlichen Ursprung entsprungene Voraussetzung alles
wirklich-Gewordenen (als dessen „Werden-Können", wird Cusanus
später sagen) ist die Materie zwar „Geschöpf Gottes"[543], aber sie ist
Geschöpf im Modus der Möglichkeit, nicht im Modus der Wirklichkeit. Aus diesem Grund können wir uns von der Materie ebensowenig
wie von Gott selber einen „Begriff" machen; vor der Materie „flieht
jeder Begriff"[544], da sie als Modus der Möglichkeit durch keine konkrete Gestalt (forma) bestimmt ist (determinata). Was nämlich nicht
gestaltet ist, (...) wird nicht begriffen, wie Gott, die Hyle oder das
Nichts."[545] Cusanus, der sich bekanntlich nicht auf Begriffe festlegen
lässt, kann daher ohne Unterschied sagen, der Schöpfer erschaffe die
Materie, er erschaffe das Werden-Können[546], die Möglichkeit oder das
Nichts, sofern das Nichts als reine Ermöglichung (als „nichts" Wirkliches) verstanden wird. Gott ermöglicht durch die Erschaffung der
Materie die selbständige Ausfaltung oder Aktuierung des in seinem
Geist eingefalteten Weltbegriffs. Da der Gedanke der Welt (conceptus) im göttlichen Geist eingefaltet, komplikativ mit diesem identisch,
also auch gleichewig ist, kann dessen Mitteilung als Selbst-Mitteilung
(identificatio) des Schöpfers bezeichnet werden. Im Blasen aktuiert
der Künstler seinen Geist bzw. seinen Gedanken, d.h. nichts anderes

---

[542] Compendium, N.19, Z.37-43.

[543] De ludo globi I, N.47, Z.5: Dei igitur creatura videtur; entsprechend De venatione
sapientiae, N.25, Z.3: Sed posse fieri esse dei creaturam expressius dixit Moyses.

[544] De ludo globi I, N.47, Z.8-9: Sicut enim conceptus de deo omnem excellit conceptum, sic de materia omnem fugit conceptum.

[545] De non aliud, S.19, Z.23-25: Ideo quod non est formatum, quia praecedit aut sequitur, non comprehenditur, sicut deus et hyle et nihil et talia.

[546] Zum posse fieri ist zu beachten, dass dies nur in De ludo globi und in De venatione
sapientiae in diesem Sinne als Geschöpf verstanden wird, nicht aber in der früheren
Schrift De mente. Vgl. dazu Brüntrup, 67.

als sich selbst.

Jede Verselbigung aber, so wurde schon gesagt, führt, da die Selbigkeit mit der Einheit koinzidiert, es also keine zwei „Selben" geben kann, zur Verähnlichung. Verähnlichung wird jedoch durch den Beryll der Koinzidenz von Selbigkeit und Andersheit erblickt. Durch das Blasen seines Hauchs bewirkt der Glasbläser eine Bewegung, die die Materie (den modus possibilitatis) dem Willen des Meisters gemäß gestaltet. Die durch seinen Hauch gelenkte Bewegung der Materie, die schließlich zum geformten Glas führt, ist als Wirkung des meisterlichen Blasens diesem gegenüber zugleich Selbiges, nämlich Mitteilung des schöpferischen Könnens, und Anderes, nämlich durch dieses Können Bewirktes. Die „Bewegung der Materie", durch die die Materie die im Geist des Schöpfers eingefaltete Gestalt annimmt, kann also als die „Verähnlichung" des göttlichen Geisthauchs oder – wirkens begriffen werden. Sie ist dessen geschaffene Wirkung, so dass man sagen kann: Der Schöpfer bewirkt, wenn er schafft, eine Bewegung. Die Bewegung ist gleichermaßen Akt des Schöpfers und des Geschöpfs. Als Geschöpf der Selbst-Mitteilung Gottes durch dessen Geisthauch ist diese Bewegung die Verwirklichung des göttlichen Konzepts. Gott schafft eine Bewegung, das bedeutet: er schafft kein fertiges Objekt. Die Bewegung, so erläutert Cusanus in De docta ignorantia, entsteht aus dem Abstieg und dem Aufstieg, aus der Koinzidenz also von göttlichem, prinzipiierendem und geschöpflichem, prinzipiiertem Wirken im Schöpfungsgeschehen. Bewegung als Ausfaltung der Ruhe in die Andersheit einer Aufeinanderfolge ist ein Geschehen. Dieses Bewegungsgeschehen wird als Medium der Verknüpfung von geschöpflicher Möglichkeit (im Gleichnis: Materie) und Wirklichkeit (im Gleichnis: geformtem Glas) bezeichnet.[547] Jedes Seiende verwirklicht sich durch eine Bewegung von der Möglichkeit zur Wirklichkeit. Durch die Bewegung „ruft" Gott vom Nicht-Sein oder Möglich-Sein zum Sein oder Wirklich-Sein[548], ähnlich wie durch die Bewegung aus der ungeformten Materie ein geformtes Glas entsteht.

Auf der ständigen Suche nach neuer, besserer Veranschaulichung der komplizierten Zusammenhänge spricht Cusanus in dem 1453 entstandenen Tractatus de complementis theologicis statt von der

---

[547] De docta ignorantia II, S.97, Z.23-26 (N.152): Ex ascensu et descensu motus exoritur connectens utrumque; qui motus est medium connexionis potentiae et actus, quoniam ex possibilitate mobili et motore formali oritur ipsum movere medium.

[548] Vgl. De beryllo, N.19, Z.4: figurans motum, quo deus vocat de non esse ad esse.

Bewegung vom Punkt: „Gott scheint also zweierlei gemacht zu haben: neben dem Nichts den Punkt."[549] Zunächst: Gott hat „das Nichts gemacht"; damit ist hier, wie schon erklärt wurde, gemeint: Er hat die Möglichkeit geschaffen. Diese ist insofern „nichts", als sie nicht schon verwirklicht ist. Wo Cusanus das „Nichts" nicht auf die (geschaffene) Materie, sondern im Sinne der Formel „creatio ex nihilo" anwendet, ist das Nichts, aus dem er schafft, letztlich nichts anderes als er selbst.[550] Denn wäre Gott nicht selbst das Nichts, dann läge dieses seinem Schöpfungswirken als anderes bedingend voraus. Das Nichts kann nur in Relation zu Gott, nicht unabhängig von ihm gedacht werden: als er selbst bzw. als die in seinem unfassbaren Wesen eingefaltete reine Möglichkeit zur Schöpfung. Gott „scheint das Nichts gemacht zu haben"[551], und „nahe dem Nichts den Punkt": Der Punkt

---

[549] De complementis theologicis, N.9, Z.36-37: Creator igitur duo fecisse videtur, scilicet prope nihil punctum.

[550] Vgl. De principio, N.33.

[551] Bezieht man das Nichts hier als nihil per excellentiam auf die göttliche Seinsfülle als die Möglichkeit der Schöpfung, dann ist es kein großer Schritt mehr zu der noch radikaleren Aussage, Gott „erschaffe sich selbst" bzw. „werde gleichsam erschaffen", die sich in den beiden 1453 entstandenen Werken De theologicis complementis (September) und De visione dei (November) an drei Stellen, leicht variiert, findet:
- Unde non est magis absurdum dicere deum creare se et omnia quam deum videre se et omnia, et quod creare omnia est creari in omnibus (De complementis theologicis, N.14, Z.25-27).
- Videris enim creare te ipsum, sicut vides te ipsum. Sed consolaris me, vita spiritus mei, quoniam etsi occurat murus absurditatis, qui est coincidentiae ipsius creare cum creari, quasi impossibile sit, quod creare coincidat cum creari – videtur enim, quod hoc admittere sit affirmare rem esse, antequam sit; quando enim creat, est, et non est, quia creatur – tamen non obstat. Creare enim tuum est esse tuum. Nec est aliud creare pariter et creari quam esse tuum omnibus communicare, ut sis omnia in omnibus et ab omnibus tamen maneas absolutus. Vocare enim ad esse, quae non sunt, est communicare esse nihilo. Sic vocare est creare, communicare est creari. Et ultra hanc coincidentiam creare cum creari es tu, deus absolutus et infinitus, neque creans neque creabilis, licet omnia id sit, quod sunt, quia tu es (De visione dei, N.49, Z.4-16).
- Ostendis te, deus, quasi creaturam nostram ex infinitae bonitatis tuae humilitate, ut sic nos trahas ad te. Trahis enim nos ad te omni possibili trahendi modo, quo libera rationalis creatura trahi potest. Et coincidit in te, deus, creari cum creare. Similitudo enim, quae videtur creari a me, est veritas, quae creat me, ut sic saltem capiam, quantum tibi astringi debeam, cum in te amari coincidat cum amare (De visione dei, N.66, Z.1-7).
Die „schockierende Formel", Gott werde erschaffen, lehrt uns, so Flasch, „das Kausalverhältnis im Licht der absoluten Einheit und damit nach der Koinzidenzlehre zu sehen" (Flasch, Metaphysik, 284-286). Die Koinzidenz von creare und creari bezieht den menschlichen Geist als Ort dieser Koinzidenz mit ein., weshalb Flasch in der

soll hier als geometrisches Bild für die Ermöglichung einer jeden Bewegung verstanden werden. Er faltet nämlich die Bewegung, die dann etwa zur Linie und zur Figur führt, ein, und die Bewegung geht von ihm aus. „Zwischen dem Punkt und dem Nichts", so Cusanus, „gibt es kein Mittleres. Der Punkt ist dem Nichts so nahe, dass, wenn du dem Punkt einen Punkt hinzufügst, nicht mehr entsteht, als wenn du dem Nichts das Nichts hinzufügtest. Es ist das sich nahe Andere, nämlich das Eine. Und er vereinte jenes, so dass es ein einziger Punkt sei. In jenem einen Punkt war die Einfaltung des Universums."[552] Gott schafft den mit dem Nichts koinzidierenden Punkt, das heißt er ermöglicht zugleich mit der Erschaffung der Möglichkeit die Bewegung, in der das Geschaffene als sich bewegendes, sein Sein selbst aktuierendes es selbst sein kann. Aus dem Bild des Punktes, so meint Cusanus, „mögest du entnehmen, wie der Schöpfer des einen Universums aus einem Punkt, den er schuf, bewirkte, dass das eine Universum in Ähnlichkeit hervorging, wie wenn unser Geist, wenn er eine Figur bilden will, von einem Punkt ausgeht, jenen zur Linie ausdehnt, hierauf jene zu Winkeln biegt, damit sie eine Fläche umschließe und ein Vieleck darstelle."[553] Cusanus will mit dem Vergleich des Punktes die Einheit des göttlichen Schöpfungsaktes wahren: Gott schafft nicht zweierlei („duo fecisse videtur"!), sondern er ermöglicht allein aus seiner wesenhaften Fülle die Entfaltung der sichtbaren Schöpfung.

Was bedeutet es nun, wenn er in der Auslegung des Glasbläser-Gleichnisses mit der (ursprünglich Aristotelischen) Formulierung fortfährt: „Die Natur ist der Ursprung der Bewegung"[554], obwohl ge-

---

Aussage deus creatur keine „uneigentlichere Ausdrucksweise" gegenüber der Aussage deus creat erblickt. Die aktive Annahme der göttlichen Selbst-Mitteilung (des creare) besteht auf Seiten des Geschaffenen in deren Abbildung (dem creare durch die Schöpfung) als Sich-selbst-Schaffen oder Geschaffen-Werden Gottes. Der Ausdruck deus creatur ist freilich, für sich betrachtet, genauso unzutreffend wie der Ausdruck deus creat. Nur durch beide Ausdrücke zugleich, der Koinzidenz des creare pariter cum creari, erscheint das Schöpfungswirken in seiner gleichzeitigen Einheit und Unterschiedenheit zum geschöpflichen Selbst-Sein.

[552] De complementis theologicis, N.9, Z.37-41: Inter enim punctum et nihil non est medium; adeo enim prope nihil est punctus, quod si puncto punctum addas, non plus resultat, quam si nihilo nihilum addideris, – et aliud prope se, scilicet unum. Et illa univit, ut sit unus punctus; in illo uno puncto fuit complicatio universi.

[553] De complementis theologicis, N.9, Z.53-57: Ex quo elicias, quomodo creator unius universi ex uno puncto, quem creavit, fecit prodire unum universum in similitudine; uti mens nostra volens figurare incipit ab uno puncto et illum extendit in lineam, deinde illam flectit in angulos, ut claudat superficiem, et facit polygoniam.

[554] De genesi, N.164, Z.8: Natura est principium motus.

rade gesagt wurde, Gott ermögliche (sei der Ursprung für) die Bewegung? Welche Rolle spielt schöpfungstheologisch der Naturbegriff?

Die Natur, so erklärt Cusanus, handelt „wie der Hauch des Glasbläsers, und die Natur wird vom Geist des höchsten Künstlers gelenkt wie der Hauch des Meisters von seinem Geist."[555] Als natura bezeichnet Cusanus ein aktives, dem Schöpferwort zugeordnetes, geschaffenes Prinzip, sozusagen das „ausführende Organ" des göttlichen Geistes, durch das alle Geschöpfe veranlasst werden, sich als Erscheinung ihres Schöpfers zu aktuieren.[556] Die Natur vermittelt die Mitteilung des göttlichen Konzepts in die Materie hinein. „Sie hat die Aufgabe, die ihr vorgegebenen rationes des göttlichen Denkens zu entfalten."[557] Sie bedient sich dabei eines „Werkzeugs", der „Wärme der Sonne", so wie der Glasbläser sich des Feuers im Ofen bedient.

Im Vergleich der Natur mit dem Hauch des Glasbläsers deutet sich hier bereits an, was Cusanus in der drei Jahre später entstandenen Schrift Idiota de mente, das Glasbläser-Beispiel wiederum aufgreifend, klarer ausführt und was Kurt Flasch als Assimilation des Aritotelischen Naturbegriffs an das eigene Denken bezeichnet[558]: dass nämlich zwischen dem Hauch des göttlichen Geistes (spiritus) und der daraus entstehenden geschöpflichen Bewegung (motus) das unmittelbare Verhältnis gleichzeitiger Einheit und Unterschiedenheit herrscht oder, negativ formuliert: dass zwischen dem Wirken des göttlichen Schöpfergeistes und der geschaffenen Wirkung keine eigenständige Vermittlungsinstanz, etwa in Gestalt einer Weltseele, besteht. Die Natur steht nicht zwischen Schöpfer und Geschöpf, sondern sie bezeichnet die dem Wirken des Schöpfers unmittelbar entspringende Teilhabe alles Geschaffenen am göttlichen Geist[559], die gegenseitige Durchdringung von geistiger und materieller Schöpfung, welche dann als der „Ursprung der Bewegung" betrachtet werden kann. Jedes Geschöpf „bewegt sich", d.h. verwirklicht sich seiner eigenen Natur entsprechend.[560] Wie der Hauch des Glasbläsers die Materie ges-

---

[555] De genesi, N.164, Z.4-5: Agit natura uti spiritus vitrificatoris, et dirigitur natura a mente summi opificis sicut spiritus magistri a mente eius.

[556] Vgl. die Ausführungen bei Schnarr, Modi essendi, Der Begriff der Natur, 120-137.

[557] Flasch, Ars imitatur naturam, 288.

[558] Flasch, Ars imitatur naturam, 288, Anm. 90.

[559] „Die Natur pflanzt in die erkennenden Geschöpfe das Verlangen nach der Erkenntnis des Schöpfers ein. (Sie) vermittelt auch den vernunftlosen Geschöpfen eine Teilhabe an der Weisheit des Schöpfers." Schnarr, Modi essendi, 123ff.

[560] Schnarr (Modi essendi) weist in seiner sorgfältigen Analyse auf die doppeldeutige Verwendung des Naturbegriffs bei Cusanus hin: Einerseits meint Natur ein umfas-

taltend durchdringt, so durchdringt die Natur die körperliche Welt, damit diese für den menschlichen Geist erkennbar wird. In einem anderen Bild verdeutlicht: „Die Natur – das sind die Saiten, auf denen der Geist spielt."[561] Sie ist dasjenige, was dem menschlichen Geist gegeben ist, damit dieser sich als lebendiges Bild seines Urbildes, als Psalterspieler gleichsam, dessen Aufgabe im Lobe seines Schöpfers besteht, verwirklichen kann. „Dreierlei aber", so Cusanus, „ist notwendig, wenn Psalterium gespielt werden soll: ein aus zweierlei, nämlich einem Klangkörper und den Saiten zusammengesetztes Psalterium und der Psalterspieler. Das ist: Vernunft, Natur und Zugrundeliegendes. Der Psalterspieler ist die Vernunft, die Saiten sind die Natur, die von der Vernunft bewegt wird, der Klangkörper das zur Natur hinzukommende Zugrundeliegende."[562] Die Natur erscheint also als die im göttlichen Geist begründete Vernunftgemäßheit der Schöpfung.[563]

Während in De genesi das Wirken der Natur mit dem Hauch des schöpferischen Geistes verglichen wird, erklärt Cusanus in De mente: „Ich glaube, dass Platon das Weltseele nannte, was Aristoteles als Natur bezeichnete. Ich aber vermute, dass weder jene Weltseele noch jene Natur etwas anderes sind als der alles in allem bewirkende Gott, den wir als Geist des Universums bezeichnen."[564]

Mit anderen Worten: Der Begriff „natura" deckt sich mit dem alles (nämlich jede Bewegung) bewirkenden und daher in allem (in jeder Bewegung) wirkenden spiritus, dem sich mitteilenden göttlichen Geist, der geschaffenen Wirkung des schöpferischen Geistes.[565] Dieser

---

sendes Prinzip, das alle Einzelnaturen einfaltet, dieses wird auch als „Weltseele" bezeichnet; andererseits ist von der Natur jedes einzelnen Seienden die Rede. In beiden Fällen fungiert der Naturbegriff jedoch als Ausdruck für das Selbst-Sein der Geschöpfe durch ihre Teilhabe an der göttlichen Weisheit. Das Verhältnis zwischen der Natur eines einzelnen Geschöpfs und der Natur insgesamt lässt sich im complicatio-explicatio Schema vermitteln.

561 Flasch, Ars imitatur naturam, 287.

562 De venatione sapientiae, N.56, Z.13-16.

563 Flasch spricht von einer „Reduktion von Natur auf Geist", die sich von Platon (Nomoi X) herleitet und „von Plotin bis Cusanus nachweisbar ist" (Ars imitatur naturam, 279).

564 De mente, N.145, Z.6-9: Puto, quod animam mundi vocavit Plato id, quod Aristoteles naturam. Ego autem nec animam illam nec naturam aliud esse conicio quam deum omnia in omnibus operantem, quem dicimus spiritum universorum.

565 Schon in De docta ignorantia II, S.97, Z.27-28 (N.153) heißt es vom alles Seiende belebenden und durchdringenden Geist, dem „spiritus per totum universum et singulas eius partes diffusus et contractus", dass er „natura dicitur". Daher, so Cusanus

Geist bedient sich zwar eines Werkzeugs (der Wärme der Sonne), das heißt er handelt vermittels geschöpflicher Kausalitäten, aber es ist der göttliche Geist selbst, der durch ihn vermittels dieser Kausalitäten seinen ewigen Plan ausführt. Der Prophet, so Cusanus unter Berufung auf Esth. 13,10, deutet uns an, „dass die Himmel und was immer mit dem Namen, der Ähnlichkeit oder dem Wesenssinn des Himmels ins Sein kam, hervorgegangen ist wie das Wort eines Herrn und Herrschenden, welches in der Ausführung nicht verzögert wird, dessen Wesenssinn Wille und dessen Wille Wesenssinn ist, er spricht, und es geschah, er befiehlt, und es wurde geschaffen ohne das Dazwischentreten einer Verzögerung."[566] Der göttliche Schöpfergeist bedarf „keines anderen Ausführers,"[567] da in ihm, der absoluten Selbigkeit, der Wille (velle) mit seiner Ausführung (exequi) koinzidiert, „gleichsam wie wenn der Glasbläser ein Glas herstellt; er bläst seinen Hauch hinein, der seinen Willen ausführt; in diesem Hauch sind das Wort oder der Begriff und die Macht: Wären nämlich nicht Macht und Begriff des Glasbläsers im Hauch, den er aussendet, würde kein solches Glas entstehen."[568]

Wenn die Schöpfung das Werk des idem absolutum ist, dann darf nichts „Anderes" (keine absolut eigenständige Natur oder Weltseele) zu ihrem Hervorgang notwendig sein. Wenn der Schöpfer aber die alleinige Ursache des Schöpfungsaktes sein soll, dann kann er nur als trinitarischer, d.h. als durch sich selbst bestehender gedacht werden.

---

weiter, „ist die Natur gleichsam die Einfaltung von allem, was durch Bewegung entsteht." Da aber alles durch die Bewegung von der göttlichen Ermöglichung zur Verwirklichung der je eigenen Gestalt entsteht, ist die Natur letztlich nichts anderes als die mit dem göttlichen Geist identische complicatio omnium. Vgl. auch Stabile, Art. Natur, Sp.455f.: „Als Akt kontinuierlicher Explikation kontrahiert sich die Natur in einer Vielfalt endlicher Wesen, die vom Geist Gottes belebt und befruchtet werden: Das ist für Cusanus der ‚Geist, der durch das ganze Universum und durch dessen einzelne Teile verbreitet und verschränkt ist; er wird Natur genannt.' (...) In der vielfältigen, kontrahierten und durch das Geist-Wort beseelten Natur löst Cusanus die Aristotelische physis und die Platonische anima mundi auf; eine anima mundi, die nicht mehr Vermittlerin zwischen Gott und der Natur ist, sondern unmittelbare Explikation seiner weisen Allmacht, die mittels der Bewegung die Welt aktuiert und sie im Blick auf die Einheit zur ‚amorosa connexio' zurückführt."

[566] De genesi, N.178, Z.1-5; Esth 13, 10 (Vulg.) = 4,17c (LXX).

[567] De mente, N.146, Z.11-13: Sed cum voluntati omnipotenti omnia necessario oboediant, tunc voluntas dei alio exsecutore opus non habet.

[568] De mente, N.146, Z.13-17: Nam velle cum exequi in omnipotentia coincidunt. Quasi ut dum vitrificator vitrum facit. Nam insufflat spiritum, qui exsequitur voluntatem eius, in quo spiritu est verbum seu conceptus et potentia; nisi enim potentia et conceptus vitrificatoris forent in spiritu, quem emittit, non oriretur vitrum tale.

Vom Gleichnis der menschlichen Schöpferkunst herkommend ausgedrückt: Der göttliche Schöpfer, die alle Andersheit ausschließende identitas absoluta, muss die Verknüpfung oder Einheit von Künstler und Kunst sein. Während von einem menschlichen Künstler, der seine Kunst immer nur relativ gut beherrscht, niemals gesagt werden kann, er falte die gesamte Kunst in sich ein, ja er sei geradezu identisch mit ihr, muss genau dies vom absolut vollkommenen Künstler angenommen werden. „Begreife also die absolute schöpferische Kunst als durch sich selbst bestehende, so dass die Kunst der Künstler ist und die Meisterschaft der Meister. Diese Kunst enthält in ihrem Wesen notwendig Allmacht, damit nichts sich ihr widersetzen kann, Weisheit, damit sie weiß, was sie tut, und die Verbindung von Allmacht und Weisheit, damit geschieht, was sie will. Jene Verbindung, die Weisheit und Allmacht in sich hat, ist der Geist." Und dieser Geist „wird von einem gewissen Gleichnis her deshalb als Geisthauch bezeichnet, weil Bewegung nicht ohne Geisthauch entstehen kann; wir nennen ja auch das, was im Wind und in allem anderen die Bewegung bewirkt, Geisthauch."[569] Cusanus verdeutlicht am Beispiel des Glasbläsers, dass der als identificatio des idem absolutum verstandene Schöpfungsakt als das alleinige Werk des dreieinen Schöpfers zu begreifen ist. „Durch Bewegung aber bewirken alle Künstler, was sie wollen. Daher bewirkt die Kraft der Schöpferkunst, welche die absolute und unbegrenzte Kunst oder der gepriesene Gott ist, alles in ihrem Geisthauch oder Willen, in dem die Weisheit des Sohnes und die Allmacht des Vaters ist, so dass sein Werk das der einen ungeteilten Trinität ist."[570]

In dem fünfzehn Jahre nach De genesi entstandenen Dialogus de ludo globi veranschaulicht Cusanus den göttlichen Schöpfungsakt in ähnlicher Weise am Beispiel der Herstellung einer Holzkugel, die als

---

[569] De mente, N.147, Z.1-10: Concipe igitur absolutam artem creativam per se subsistentem, ut ars sit artifex et magisterium magister. Haec ars habet in sua essentia necessario omnipotentiam, ut ei nihil resistere possit, sapientiam, ut sciat quid agat, et nexum omnipotentiae cum sapientia, ut quid velit fiat. Nexus ille in se habens sapientiam et omnipotentiam spiritus est (...). Sic in perfectissima voluntate inest sapientia et omnipotentia et a similitudine quadam spiritu dicitur, eo quia motus sine spiritu non est, adeo quod et id, quod in vento motionem facit et in omnibus aliis spiritum appellemus.

[570] De mente, N.147, Z.10-14: Per motum autem omnes artifices efficiunt quod volunt. Quapropter vis artis creativae, quae est ars absoluta et infinita seu deus benedictus, omnia efficit in spiritu seu voluntate, in qua est sapientia filii et omnipotentia patris, ut opus eius sit unius indivisae trinitatis.

sichtbare ein Bild der unsichtbaren, im Geist des Meisters konzipierten, mit dessen Geist selbst geeinten Kugelgestalt (forma) ist.[571] Das Beispiel ergibt sich aus der in dieser Schrift vorgenommenen symbolischen Auslegung des Kugelspiels[572], es unterscheidet sich in seiner Aussageabsicht jedoch nicht vom Glasbläser-Beispiel. Auch hier geht es um die handwerklich-künstlerische, d.h. materiell vermittelte Verwirklichung eines Gedankendings, um einen kreativen menschlichen Akt also, in dem der ganze Mensch (Geist und Körper) sein Können aktuiert. Beachtenswert ist zunächst, dass der Gesprächspartner des Kardinals, der Bayernherzog Johannes, gar nicht – wie in De genesi – unmittelbar nach dem rechten Verständnis des göttlichen Schöpfungswirkens fragt. Er will vielmehr wissen, „wie die größte Welt, welche Gott ist, im Universum widerleuchtet."[573] Cusanus antwortet darauf „mit einem Gleichnis der menschlichen Kunst, (mit dem man) die göttliche Kunst irgendwie mutmaßen kann." Es geht hier eigentlich um die Frage nach dem Sinn von Röm 1,19f., nach dem Verständnis dessen, was Cusanus apparitio dei nennt. Dabei zeigt sich: Der Inhalt der Theophanie, der Erscheinung Gottes im Geschaffenen, seines Widerleuchtens im menschlichen Geist, ist die ars divina creativa, die Kunst, in der und durch die der unsichtbare Gott selber sichtbar wird.

Zunächst schildert Cusanus dann wieder recht detailliert die menschliche Kunst der Herstellung einer Kugel aus Holz, um darin eine Darstellung des göttlichen Schöpfungswirkens zu erkennen. Angenommen, so Cusanus „ein Töpfer will die Töpfe, Schalen, Krüge und ähnliches, die er im Geist begreift, ausdrücken und sichtbar zeigen zu dem Zweck, dass er als Meister erkannt werde: Zuerst bemüht er sich, die Möglichkeit herbeizuführen oder die Materie für die aufzunehmende Gestalt der Kunst geeignet zu machen; dann sieht er, dass er diese Möglichkeit nicht ohne Bewegung zur Wirklichkeit überführen kann, damit sie die Gestalt besitze, die er im Geist gefasst hat. Und er macht eine Töpferscheibe, durch deren Bewegung er die vorgefasste Gestalt aus der Möglichkeit der Materie herausführt."[574]

---

[571] De ludo globi I, N.44, Z.4-5: Globus visibilis est invisibilis globi, qui in mente artificis fuit, imago.

[572] Vgl. dazu ausführlich Thurner, Theologische Unendlichkeitsspekulation.

[573] De ludo globi I, N.44, Z.1-2: Non pigriteris istis pulcherrime dictis adicere, quomodo maximus mundus, qui deus est, in universali relucet.

[574] De ludo globi I, N.44, Z.9-16: Esto igitur, quod ipse figulus velit ollas, patellas, urceos et quaeque talia quae mente concipit exprimere et visibiliter ostendere, ad finem ut

Um seinen Gedanken mitteilen zu können, muss der Künstler also zweierlei tun: Er bereitet die Materie zu und schafft das Werkzeug, das zur Entstehung einer Bewegung notwendig ist, durch welche die Materie dann zum Kunstwerk geführt wird. Dies entspricht dem schon angeführten Gedanken aus De complementis theologicis, Gott scheine „nahe dem Nichts den Punkt" geschaffen zu haben. Das „Nichts" hatte dort die Funktion der „Materie", der Punkt symbolisierte die Einfaltung oder Ermöglichung der Bewegung. Allerdings dürfen die Schaffung des „Nichts" und die des „Punktes" nicht als zwei getrennte Akte verstanden werden.

Neben der Idee bzw. dem Begriff der Kugel im Geist des Meisters bedarf es des Stoffes, des Werkzeugs und der Absicht, sich in der Mitteilung der Idee als Künstler zu offenbaren. Dementsprechend interpretiert Cusanus sein Kugel-Gleichnis mit Hilfe des Aristotelischen Vier-Ursachen-Schemas. Die Materialursache besteht im Holz, aus dem die Kugel werden soll, die Finalursache im Willen des Künstlers, sich mitzuteilen, die Formalursache im im Geist des Künstlers gefassten Urbild der Kugel und die Wirkursache im sich der Bewegung der Töpferscheibe bedienenden Künstler.[575] „Drei Ursachen", so Cusanus, „treffen also im Künstler zusammen, die vierte ist die Materialursache. So ist (auch) Gott dreiursächlich, (er ist) Wirk-, Gestalt- und Zielursache jedes Geschöpfs und der Materie selbst, die ohne etwas zu sein, etwas verursacht."[576] Wie der göttliche Schöpfer in seiner Dreiursächlichkeit alles, auch die Materie als modus possibilitatis mundi, begründet, geht aus den folgenden Sätzen hervor: „Der göttliche Geist, der die Welt, die als Begriff der dem Begriff gleiche Geist selbst ist, in sich begreift, wird archetypische Welt genannt. Gott aber wollte die Schönheit seines Begriffs offenbaren und sichtbar machen. Er

cognoscatur magister; primum studet possibilitatem inducere seu materiam aptam facere ad capiendam formam artis; qua habita videt sine motu non posse hanc possibilitatem in actum deducere, ut habeat formam quam mente concepit, et rotam facit, cuius motu educat de possibilitate materiae formam praeconceptam.
N.45, Z.1-5: Sic igitur in mente tornatoris globus iste mens ipsa existens, dum mens se in ea forma quam concepit – et cui conceptui se assimilavit – visibilem facere vellet, adaptavit materiam, scilicet lignum, ut illius formae capax esset. Deinde tornatili motu formam in ligno introduxit.

[575] Vgl. De ludo globi I, N.48, Z.6-8: Causa materialis est lignum et efficiens artifex et formalis exemplar in mente artificis et finalis ipse artifex, qui propter seipsum operatus est.

[576] De ludo globi I, N.48, Z.8-11: Tres igitur causae concurrunt in artifice et quarta est materialis. Ita deus est tricausalis, efficiens, formalis et finalis omnis creaturae et ipsius materiae, quae non causat aliquid, cum non sit aliquid.

schuf die Möglichkeit oder das Werden-Können der schönen Welt und die Bewegung, durch die sie aus der Möglichkeit geführt werden soll, damit diese sichtbare Welt entstehe, in der die Möglichkeit des Seins der Welt so, wie Gott es wollte und wie sie werden konnte, wirklich bestimmt ist."[577]

Der in Gott mit Gott identische Begriff soll in seiner Schönheit mitgeteilt werden. Da der mundus archetypus mit dem göttlichen Geist identisch ist, kann gleichermaßen gesagt werden, Gott schaffe um seiner selbst willen und um der Schönheit seines Begriffs willen. Wenn Cusanus sagt, der göttliche Künstler schaffe „um seiner selbst willen", so heißt dies keineswegs, dass er seiner Schöpfung bedarf, um er selbst zu sein. Er schafft vielmehr, weil er jene Allmacht ist, die immer schon alles umfasst, der nichts hinzugefügt werden kann. Wenn er um seiner selbst willen schafft, schafft er gerade um der Schöpfung willen, damit diese sie selbst sein kann. Weil die Mitteilung des idem absolutum Selbst-Mitteilung (identificatio) ist, bedeutet es keinen Unterschied, ob die causa finalis der Schöpfung in der Offenbarung der Schönheit des Schöpfers oder in der Offenbarung der Schönheit der Welt bzw. ihres göttlichen Begriffs besteht. Der Schöpfer aktuiert seine Schöpfermacht, indem er „Selbiges" mitteilt, d.h. indem er die Aktuierung des geschöpflichen Könnens ermöglicht und bewirkt. Er ermöglicht sie durch die Erschaffung der Materie oder des Werden-Könnens, und er bewirkt sie durch die Erschaffung der Bewegung. Mit der Unterscheidung von posse fieri und Bewegung (als schaffe Gott gleichsam zweierlei) drückt Cusanus die Verursachung einer sich selbst verwirklichenden Schöpfung aus, welche die Unterscheidung von potentia und actus voraussetzt.

c) Die Entstehung der geistig verfassten Weltwirklichkeit

Mit dem zuerst angeführten Beispiel des Glasbläsers erläutert Cusanus die Genesis der sinnenfälligen Welt.[578] Die entscheidende Frage lautet dabei: Wie kann die Entstehung der materiell verfassten, d.h. sichtbaren Wirklichkeit aus dem Wirken des unsichtbaren Gottes gedacht werden? Cusanus antwortet mit der Unterscheidung von geschaffener „Materie" bzw. geschaffenem „Werden-Können" und ebenfalls geschaffener „Bewegung", aus deren Zusammenwirken erst

---

[577] De ludo globi I, N.45, Z.14-20.
[578] Vgl. De genesi, N.164, Z.7: (Conradus:) Optime assimilasti genesim sensibilium.

das sichtbare Geschöpf hervorgeht. Gleichwohl macht er dabei deutlich, dass Gott nicht „zweierlei" geschaffen hat. In der drei Jahre nach De genesi entstandenen Schrift De mente führt Cusanus, nach seinem Verständnis der Weltseele gefragt, das Glasbläser-Beispiel – wie schon erwähnt – nochmals an. Der dortige Gesprächspartner antwortet darauf: „Oh, wie sehr erfreut bin ich, eine so glänzende Erklärung zu hören. Aber ich bitte darum, dass du uns durch noch ein Beispiel hilfst, die Erschaffung unseres Geistes in diesem unserem Körper zu begreifen." Ähnlich wie in De mente bittet auch der Gesprächspartner in De genesi um ein „noch allgemeineres Gleichnis"[579], um ein Gleichnis also, mit dem auch die Entstehung des geschaffenen Geistes als identificatio des idem absolutum eingesehen werden kann.

Zwar durchdringen sich – wie schon im Zusammenhang mit dem Naturbegriff gezeigt – die körperlich verfasste und die geistig verfasste Welt in jedem Geschöpf[580] gegenseitig, so dass in Wahrheit alles durch ein und denselben schöpferischen Akt Gottes ins Sein gerufen ist, jedoch kann die Erschaffung des Geistes nicht ohne weiteres durch ein handwerkliches Gleichnis eingesehen bzw. erklärt werden. Der göttliche Schöpfungsakt ist in Bezug auf die Entstehung des Körpers und auf die Entstehung des Geistes zwar derselbe, sein (natürlich

---

[579] De genesi, N.164, Z.11-12: Universaliorem, si potes, applica, quaeso, similitudinem.

[580] Wir können im Deutschen sprachlich wenig differenzieren, wenn von „Geist" die Rede ist. Unter „Geist" bzw. „geistiger Verfasstheit" der Welt ist in diesem Falle nicht nur die mens bzw. der intellectus des Menschen zu verstehen, sondern das, was Cusanus in De genesi, N.178, Z.7 als das „intrinsecum" jedes Geschöpfs im Unterschied zu dessen „extrinsecum" bezeichnet. Jedes Geschöpf, so Cusanus unter Berufung auf die Aussage in Gen 2,7 („Also bildete Gott den Menschen aus dem Lehm der Erde und hauchte in sein Gesicht den Atem des Lebens"), die in der Bibel allerdings nur auf den Menschen bezogen wird, existiert durch seine „Berufung aus dem Nichts" als ein „den Himmel gleichsam verbergendes und einschließendes Äußeres" (Z.6-7), als Körper nämlich, und durch die Einhauchung der göttlichen Kraft als ein an dieser Kraft partizipierendes „Inneres", das sich „hinwendet" zu seinem Schöpfer (versio eius ad creatorem, Z.8). Jedes Seiende, so könnte man auch sagen, verwirklicht sein Sein als mit sich selbst Identisches selbst. Dieses Selbst-Sein des Geschöpfs tritt natürlich auf der Stufe des „vivere" oder „intelligere" deutlicher hervor als auf der Stufe des bloßen „esse" (ut in animali plus virtutem vivificantem et sentientem a deo spiratam est affirmandum quam caelum animae, hoc est corpus, Z.11-13). In allem Geschaffenen betrachten wir daher, weil es eine Verähnlichung ist, „gleichsam diese drei: die Möglichkeit durch die Berufung aus dem Nichts, die Wirklichkeit durch Teilhabe an der göttlichen Kraft und beider Verknüpfung" (Z.16-18). Es gibt also kein Geschöpf, das „nur" Körper (extrinsecum) wäre, sondern schon durch sein Geschaffen-Sein, durch seine Herkunft vom idem absolutum teilt es jene „Kraft", sein Sein in der Hinwendung, im Aufstieg zum Ursprung selbst zu verwirklichen.

nur „konjekturales") Verstehen aber nicht. Die hier vorgenommene Unterscheidung in körperlich und geistig verfasste Wirklichkeit legitimiert sich von zwei verschiedenen Problem- oder Fragestellungen bezüglich der Schöpfungstheologie her: Die allgemeinere Frage nach der Entstehung des geschöpflichen   Abbildes aus dem göttlichen Urbild ist zu unterscheiden von der vergleichsweise spezielleren Frage nach der Entstehung der sichtbaren Wirklichkeit aus dem unsichtbaren Wirken Gottes.

Während nur vom geschaffenen Geist gesagt werden kann, dass er im eigentlichen Sinn Bild des göttlichen Geistes ist, kann von der körperlich-materiell verfassten Schöpfung lediglich gesagt werden, dass sie dem Geist, nämlich der Erkennbarkeit und dem Erkennen alles Geschaffenen, dient. Wenn Cusanus nun von einem „allgemeineren Gleichnis" der göttlichen Schöpferkunst spricht, dann besteht dessen größere Allgemeinheit darin, dass es die Entstehung des Abbildes aus dem Urbild erklären soll, nicht nur die Entstehung der dem Abbild dienenden Sichtbarkeit der Geschöpfe. Da das Abbild des göttlichen Urbildes, der menschliche Geist, unsichtbar ist, eignet sich zur Erläuterung von dessen Erschaffung das Beispiel der Schaffung eines sichtbaren Gegenstandes nicht. Dies zeigt schon der in De mente angeführte Vergleich eines Malers, der seine Malkunst abbilden will.[581] Während die Kunst des Glasbläsers oder des Holzschnitzers durchaus als Repräsentation jener göttlichen Schöpferkunst, durch die die materiell-sichtbare Welt entsteht, verstanden werden kann, stellt die Kunst des Malers, der seinen Gedanken in einem Bild sichtbar macht, gerade kein geeignetes Beispiel einer Analogie für die Erschaffung des Geistes dar. Der Maler kann seine Kunst nämlich nur in der Mannigfaltigkeit unzähliger „toter" Bilder dokumentieren. Doch keine Leinwand ist auch nur im Entferntesten die „Ähnlichkeit" seiner Kunst. Es bedürfte schon der Möglichkeit eines „lebendigen" Bildes, das selber die Schöpferkunst des Meisters besäße und sie nicht nur passiv erstrahlen ließe, um von einer „Selbst-Mitteilung" der Kunst des Künstlers in seinen Produkten sprechen zu können. Hier wird jedoch der Vergleich gesprengt. Auch wo Cusanus, gefragt, „wie der Geist bei der Erschaffung eingegossen wird"[582], mit dem Vergleich der Erzeugung eines Tones durch das Anstoßen eines Trinkglases antwortet, wechselt er an der entscheidenden Stelle vom Indikativ in den Konjunktiv: Wenn die den Ton im Glas erzeugende Kraft bei

---

Zerbrechen des Glases nicht aufhören würde, sondern auch ohne Glas subsistierte, dann hättest du ein Beispiel dafür, wie der in den Körper eingegossene oder eingehauchte Geist nach dessen Tod fortbesteht...[583] Mit anderen Worten: Um die Entstehung des geschaffenen Geistes in einem Gleichnis wie das Urbild im Abbild erblicken zu können, bedarf es eines beispielhaften, paradigmatischen geistigen Geschehens, das gleichwohl sinnenfällig vermittelt ist, da es sonst überhaupt nicht wahrgenommen werden könnte.

Ein solches Paradigma findet Cusanus nun im Lehren, in der durch das hörbare Wort vermittelten Mitteilung eines geistigen Gehalts: „Einem vieles Betrachtenden können zur Genüge geeignete Beispiele entgegenkommen. Aber ich glaube, dass das Lehren unter den uns bekannten Taten eine reichlich geeignete Verähnlichung des allgemeinen Modus der Schöpfung darstellt. Von daher haben Mose, David und die übrigen Propheten (diese Verähnlichung) als treffend darstellenden Modus der Schöpfung aufgenommen."[584]

Das Lehren geschieht mittels des Wortes. Die Entstehung eines lautlichen, d.h. sinnlich wahrnehmbaren Wortes (verbum vocale) aber ist schon deshalb ein hervorragend geeignetes Gleichnis für die Genesis[585], weil das Wort – anders als irgendein Gegenstand – als verbum sensibile, verbum rationale und verbum intellectuale zugleich die gesamte Weltwirklichkeit in gewisser Weise repräsentiert.[586] In seiner Dreidimensionalität repräsentiert das Wort die Dreidimensionalität des aus Körper, Verstand und Vernunft bestehenden Universums und kann daher als „möglichst allgemeines Gleichnis" gelten. Das aus Buchstaben und Silben sich zur vernünftigen Rede fügende Wort stellt in seiner Lautlichkeit (vocalitas) die körperliche Verfasstheit des geschaffenen Geistes dar. Es ist kein (toter) Gegenstand,

---

[583] Vgl. De mente, N.150, Z.8-15. (In der von Dietlind und Wilhelm Dupré besorgten lateinisch-deutschen Studienausgabe des Textes wird der Konjunktiv in der Übersetzung nicht beachtet, vgl. Bd.III, S.595).

[584] De genesi, N.165, Z.2-5: Multa consideranti occurrere possunt satis apta paradigmata. Sed puto quod docere sit inter nobis notas operationes satis propinqua assimilatio universalis modi creationis. Hinc ipsam Moyses, David et ceteri prophetae tamquam propinque modum creationis figurantem assumpserunt.

[585] Vgl. Compendium, N.19, Z.26-28: Si igitur vis speciem haurire modi, quo modo omnia fiunt, respice quomodo fit vocale verbum.

[586] De genesi, N.166, Z.1-14: Est deinde verbum magistri sic prolatum in se tenens triplicem ordinem. Nam est ipsum tale verbum sensibile (...) est deinde verbum ipsum rationale (...) deinde, qoniam mathematicus aut theologus mentem magistri in verbo eius intuetur, verbum intellectuale ex hoc elicis tertii ordinis, quod gerit proximam similitudinem mentis magistri.

sondern es „lebt" gewissermaßen im Gebrauch des Schülers, der es nachspricht, der seinen Geist in der Aufnahme und im Verstehen dieses Wortes aktuiert. Das Wort „koinzidiert" ferner als Gesprochenes mit dem Akt seiner Hervorbringung, mit dem Sprechen. Es ist der Schöpfung darin ähnlich, dass es das Sprechen des Sprechenden (dessen Selbst-Mitteilung) und als gesprochenes zugleich dessen Resultat ist. Ebenso ist die Schöpfung als Verwirklichung der trinitarischen Schöpferkraft mit ihrem göttlichen Ursprung geeint und zugleich als deren Produkt von ihm unterschieden. Cusanus sagt: Das Wort ist Ausdruck des Ausdrückenden und des Ausgedrückten, Sprechen und Gesprochenes des Sprechenden, Denken und Gedachtes des Denkenden, Schreiben und Geschriebenes des Schreibenden, Machen und Gemachtes des Machenden.[587] Das wahrnehmbare Wort ist eins mit der Kunst dessen, der es hervorbringt, und damit mit dessen Geist. Daher ist die Entstehung eines Wortes ein ausgezeichnetes Beispiel für die identificatio des idem absolutum.[588]

Die schöpfungstheologische Frage also, wie das geschaffene Abbild, das im eigentlichen Sinne nur der menschliche Geist ist, aus dem göttlichen Urbild entsteht, kann daher treffend durch das Beispiel eines Lehrers einsichtig gemacht werden, der zur Belehrung eines nicht gelehrten Schülers durch die Bewegung seiner Sprechwerkzeuge eine sinnvolle Rede hervorbringt: „Zu dem Ziel nämlich, einen nicht gelehrten Schüler zur Selbigkeit seiner Meisterschaft zu rufen, ruft der Gelehrte das Schweigen zur Stimme in die Ähnlichkeit seines Begriffs, und das Schweigen erhebt sich in der Verähnlichung des Begriffs des Lehrers. Und zwar ist diese Verähnlichung das geistige Wort, welches im verständigen dargestellt wird wie jenes im sinnlichen."[589]

Der Lehrer hat einen Begriff von dem, was er vermitteln will. Um diesen in seinem Geist eingefalteten, mit dem Geist identischen Begriff mitzuteilen, „ruft" er. Das das göttliche Handeln versinnbildlichende Rufen des Lehrers ist jedoch nichts anderes als dessen Wirkung, das das Geschöpf repräsentierende verbum intellectuale. Inso-

---

[587] Compendium, N.19, Z.15-21.

[588] Cusanus nennt das Wort die „species artis omnia formantis", vgl. Compendium, N.19, Z.13-14.

[589] De genesi, N.165, Z.7-11: Doctor enim ad finem, ut ad identitatem magisterii non doctum discipulum vocet, silentium ad vocem in similitudinem sui conceptus vocat et surgit silentium in assimilatione conceptus magistri. Quae quidem assimilatio est verbum intellectuale, quod in rationali et illud in sensibili figuratur.

fern dieses verbum intellectuale nichts anderes als das Rufen des Meisters ist, ist es mit dessen Begriff identisch; sofern es als verbum vocale sinnlich wahrnehmbar ist, unterscheidet es sich vom conceptus magistri.[590] Da die coincidentia oppositorum von Selbigkeit und Andersheit aber als assimilatio erkannt wird, bezeichnet Cusanus das „vernunfthafte Wort" als „Verähnlichung des Begriffs des Meisters". Es „erhebt sich vom Schweigen stufenweise über das konfuse Geräusch zur unterschiedenen, artikulierten Stimme."[591] Wie schon bezüglich der anderen Gleichnisse gesehen, begnügt Cusanus sich auch hier nicht mit einer oberflächlichen Betrachtung, sondern analysiert den Sprachvorgang sehr genau. Die nicht chronologisch, sondern logisch zu differenzierende Entstehung eines Wortes setzt zunächst „irgendeinen verworrenen Klang" voraus.[592] Dieser stellt gleichsam die „Materie", die Möglichkeit der Stimme dar. Der Klang ist weder Schweigen bzw. Nichts noch gestaltete bzw. verwirklichte Stimme. Er ist dasjenige, was der Lehrer hervorbringen muss, um daraus seinem Geist bzw. Begriff gemäß die Stimme zu gestalten; denn erst durch die Stimme (vox) wird das Wort vernehmbar (verbum vocale), in ihr aktuiert sich das Rufen (vocare). Wodurch aber entsteht aus dem Klang die das Wort vernehmbar machende Stimme? Cusanus antwortet: Durch vom Geisthauch des Meisters ausgelöste „verschiedene Bewegungen der Zunge, der Lippen und anderer Instrumente"[593], die den Klang zur Stimme, zur Wahrnehmbarkeit des geistigen Wortes formen. Damit hat er den Schöpfungsakt wiederum auf die Verursachung der „Materie" und der „Bewegung", der Möglichkeit und deren Verwirklichung reduziert.

Der Vergleich des göttlichen Schöpfungsaktes mit der Hervorbrin-

---

590 In De filiatione dei, N.77 bestimmt Cusanus das Verhältnis zwischen ungeschaffenem und geschaffenem Wort so: Verbum autem intellectuale est ineffabilis verbi intellectualis receptio (Z.9); mentale (=intellectuale) verbum est fons vocalis (verbi) (Z.6). Entsprechend lesen wir im Compendium (N.20, Z.11-14), das verbum vocale sei die ostensio verbi a mente geniti, dieses vom Geist gezeugte verbum mentale bzw. intellectuale aber sei nichts anderes als die cognitio ipsius mentis.

591 De genesi, N.165, Z.11-12: Unde sensibile quoad eius vocalitatem surgit de silentio per gradus de confuso sono in discretam articularem vocem.

592 De genesi, N.165, Z.13-17: Docente enim magistro remotius distantes sonum quendam confusum audiunt: Sonus igitur possibilitas seu vocis propinqua materia exsistit. Quapropter dum se silentio vox vocatur, primo oritur sonus quasi vocis possibilitas, ut sic possibilitas quae sonus nec sit silentium nec vox formata sed formabilis.

593 De genesi, N.167, Z.1-3: Vides etiam quoad vocalitatem ipsius verbi quandam virtutem in magistro spirativam, ex qua varie motus linguae, labiorum et aliorum instrumentorum prodire necesse est, ut sit vocale verbum.

gung eines vernunfthaften Wortes findet sich schon in der zwei Jahre vor De genesi entstandenen Schrift De filiatione dei. Die hier zitierte Passage enthält gegenüber den Gedanken aus De genesi nichts wesentlich anderes, sei aber dennoch zum Vergleich in deutscher Übersetzung angeführt: „Die Vernunft des Meisters (...) wird aus der Fülle der Meisterschaft, der Kraft oder Güte bewegt, um andere zur Ähnlichkeit mit sich zu vereinen. Sie zeugt aus sich das geistige Wort, welches das einfache und vollkommene Wort der Meisterschaft oder selbst die vollkommene Kunst des Meisters ist. Diese Kunst will er den Geistern der Schüler einhauchen. Da aber nichts außer durch sinnliche Zeichen in den Geist eintreten kann, zieht er Luft an und bildet aus ihr die Stimme, die er verschiedenartig gestaltet und ausdrückt, auf dass er so die Geister der Schüler zur Gleichheit seiner Meisterschaft erhebe. (...) In solcher Ähnlichkeit schuf unser dreieiner Ursprung aus seiner Güte um der vernunfthaften Geister willen die sinnenfällige Welt, ihre Materie gleichsam als Stimme, in der er das geistige Wort mannigfaltig widerleuchten ließ, auf dass alle Sinnendinge Reden verschiedener Ausdrücke seien; (diese sind) von Gott dem Vater durch den Sohn als das Wort im Geist des Universums ausgefaltet worden zu dem Ziel, dass durch die sinnlichen Zeichen die Lehre der höchsten Meisterschaft in die menschlichen Geister sich ergieße und diese schließlich zu einer ähnlichen Meisterschaft umforme."[594]

Als Motiv für die Hervorbringung der Schöpfung erscheint hier nicht ein Mangel auf Seiten des „Meisters", dem abgeholfen werden müsste, sondern im Gegenteil dessen absolute „Fülle". Aus dieser Fülle „zeugt" er den Begriff seiner selbst, das „geistige Wort" oder, biblisch gesprochen: den Sohn. Die Sohnschaft, filiatio dei, ist die „vollkommene Meisterschaft", die an das Andere mitgeteilt werden und dieses so zur Ähnlichkeit führen soll. Zu ihrer Verwirklichung als Abbild des göttlichen Urbildes durch den geschaffenen Geist muss die filiatio dei jedoch sinnlich vermittelt werden. So schafft der Meister die „Stimme" als das Medium, durch das der geschaffene Geist sich der absoluten Meisterschaft verähnlichen kann. Weil die zum lautlichen Wort geformte Stimme eins ist mit der Kunst und dem Geist des Meisters, verähnlicht sich der menschliche Geist dem göttlichen Geist, wenn er sich dessen Wort, d.h. den Geschöpfen verähnlicht, wenn er diese erkennt. Der Schöpfer ermöglicht also die „assimilatio entitatis absolutae", indem er deren Voraussetzungen, Cusa-

---

[594] De filiatione dei, N.74, Z.1-N.76, Z.8.

nus sagt: ihr Werden-Können, schafft. Im Erkennen dieser Voraussetzungen vermittels der sichtbaren Welt aktuiert sich der menschliche
Geist.

Dass der Schöpfer die Voraussetzungen für das Erscheinen des Urbildes im Abbild schafft, bringt Cusanus nochmals deutlich in der als
Zusammenfassung seiner bisherigen Forschungen konzipierten
Schrift De venatione sapientiae zum Ausdruck. Allerdings lesen wir
schon siebzehn Jahre zuvor in De dato patris luminum: „Ein Gelehrter hat einen geeigneten, mächtigen und tätigen Geist. Jener kann
nicht erscheinen, wenn nicht in der Mannigfaltigkeit vieler Schlüsse.
Also steigen mannigfaltige verständige und syllogistische Lichter aus
einem solchen Geist ab, der der Vater der Lichter ist, damit er sich so
offenbare."[595]

Wiederum ist es die Fülle des Geistes, die zu ihrem Erscheinen
drängt. Die Mitteilung der „ars syllogistica" kann als Selbst-Mitteilung
des Geistes des Meisters verstanden werden. Das Denken denkt nämlich, indem es Schlussfolgerungen zieht. Will der denkende Geist das
Denken anderer Geister begründen, muss er die Kunst des Denkens
mitteilen: „Der Geist des Meisters will die Kunst des Schlussfolgerns
erschaffen. Er selbst geht dem Werden-Können dieser Kunst voraus.
Die Kunst ist in ihm wie in ihrem Grund. Also setzt und stärkt er das
Werden-Können dieser Kunst."[596] Cusanus legt nun ausführlich dar,
was genau zur ars syllogistica dazugehört: nämlich drei aus Subjekt
und Prädikat bestehende Sätze, die sich in bestimmter Weise zueinander verhalten bzw. aufeinander beziehen. Der Meister ermöglicht
die Aktuierung der von ihm erfundenen Kunst, indem er ihre Voraussetzungen, gleichsam die „Materie" der Kunst, das ihr Zugrundeliegende, schafft; dann „übergibt er die Kunst dem gehorchenden
Schüler und trägt ihm auf, entsprechend allen ihm vorgesetzten Weisen Schlussfolgerungen zu ziehen."[597] Daraufhin fährt Cusanus mit
Bezug auf das „artificium mundi" fort: „Denn als ihr Meister, der
glorreiche Gott, die schöne Welt aufbauen wollte, erschuf er ihr Wer-

---

[595] De dato patris luminum, N.109, Z.1-4: Habet doctor intellectum adeptum potentem
et practicum, non potest ille apparere nisi in varietate multarum rationum. Descen-
dunt igitur varia lumina rationalia syllogistica ab intellectu tali, qui est pater luminum, ut sic se manifestet.

[596] De venatione sapientiae, N.9, Z.3-5: Intellectus magistri vult creare artem syllogisti-
cam. Ipse enim posse fieri huius artis praecedit, quae ars in ipso est ut in causa. Ponit igitur et firmat posse fieri huius artis.

[597] De venatione sapientiae, N.10, Z.10-11: Hanc artem inventor magister oboedienti
tradit discipulo et mandat, ut secundum omnes sibi propositos modos syllogizet.

den-Können und, in diesem eingefaltet, alles zum Aufbau jener Welt Notwendige. (...) Dieses göttliche Kunstwerk übergab Gott der mit dem Werden-Können zugleich geschaffenen gehorchenden Natur, auf dass sie das Werden-Können der Welt gemäß den genannten vorherbestimmten Wesensgründen des göttlichen Geistes entfalte."

Das Schöpfungswirken erscheint hier wiederum als die Ermöglichung des durch die Natur vermittelten Selbst-Seins der Schöpfung. Der Schöpfer ist, indem er „das Werden-Können und, in diesem eingefaltet, alles Notwendige" schafft, die alleinige Ursache für die Entfaltung bzw. Verwirklichung der sichtbaren Welt. Denn im Unterschied zum „discipulus oboediens" des Gleichnisses ist die „natura oboediens" mit dem Werden-Können zugleich geschaffen. Als das „Werkzeug der göttlichen Vorsehung" entfaltet sie das Konzept des Meisters „gehorsam". Mit der Hinzufügung des Adjektivs „oboediens" betont Cusanus nochmals, dass die Natur nicht als eigenständiger Ursprung verstanden werden darf. Sie ist nichts anderes als Werkzeug. Als solches jedoch ist sie gerade sie selbst, entsprungener Ursprung der sichtbaren Welt. Indem der Schöpfer das Werden-Können als die Möglichkeit der Welt und als deren Entfaltung zugleich erschafft, ermöglicht er deren Verwirklichung.

Die vom Verständnis des Schöpfungsaktes als identificatio des idem absolutum her notwendige Unterscheidung in den Modus der Möglichkeit oder der Werden-Könnens und den des Gewordenen oder Wirklich-Seins glaubt Cusanus in der Heiligen Schrift wiederfinden zu können, wenn es in Gen 1,1 bzw. 1,3 heißt: „Im Ursprung schuf Gott Himmel und Erde, dann das Licht. Dadurch", so seine Exegese, „deutet sich an, dass das Werden-Können der Welt, das in ‚Himmel und Erde' enthalten ist, im Ursprung geschaffen ist. Denn später drückt er (=Mose) das, was wirklich Himmel geworden ist, mit ‚Firmament' aus, das, was Erde geworden ist, mit dem ‚Trockenen' und das, was Licht geworden ist, mit der Sonne, so Dionysius. Alles nämlich", so Cusanus weiter, „ist im Werden-Können vereint und eingefaltet geschaffen, was später als geworden und ausgefaltet bezeichnet wird. Wenn es daher heißt, Gott habe gesprochen „Es werde Licht, und es ist Licht geworden", dann hat er dies zur Natur des Werden-Könnens gesagt. Er sah nämlich im Werden-Können jenes gute und zur Schönheit der sichtbaren Welt notwendige Licht, und er sagte der Natur des Lichtes im Werden-Können, dass das Licht wirklich werden solle, und das Licht des Licht-Werden-Könnens ist geworden. Durch den Befehl des Wortes des Schöpfers ist das Licht auf natürliche Weise geworden. Diese Bewegung, durch die das Können bewegt wird, auf dass es wirklich werde, wird als natürliche bezeichnet. Es ist nämlich von der Natur, die das Werkzeug der göttlichen Vorsehung im Werden-Können selbst ist, geschaffen worden, damit natürlich und fröhlich, frei von jeder ermüdenden Mühe wirklich wird, was werden kann. Das Wort Gottes aber, auf das die Natur blickt, damit alles werde, ist Gott selbst, nichts nämlich ist Gottes, was nicht Gott selbst ist."[598]

Hier zeigt sich nochmals deutlich das Bemühen, den Schöpfungs-akt als das Zusammenwirken von göttlicher Verursachung und deren geschöpflicher Verwirklichung zu verstehen. Indem Gott den mit seinem Geist identischen Begriff mitteilt, entsteht das Werden-Können der Welt als die Verwirklichungspotenz dieses Begriffs. In-dem Cusanus sich dem Schöpfungsgeschehen in der Kategorie des Wortes annähert, benötigt er keinerlei Vermittlungsinstanzen zwi-schen dem trinitarischen Gott und der als dessen Abbild sich aktuie-renden Schöpfung, um die Entstehung der sichtbaren Welt aus dem Offenbarungswirken des unsichtbaren Gottes zu erklären. Dieses, so wurde gezeigt, wird als Selbst-Mitteilung – identificatio – verstanden. Die der Selbst-Mitteilung des idem absolutum entspringende Verähn-lichungsbewegung (assimilatio entitatis absolutae), in der die Schöp-fung sie selbst ist, ist aber die Voraussetzung für das theophanische Weltverständnis, das – wie schon gesagt – vom Selbstverständnis des menschlichen Geistes her gefordert ist. Der menschliche, an die Sin-neswahrnehmung verwiesene Geist holt seine Gottebenbildlichkeit ein, indem er erkennt, d.h. indem er seine kreative Erkenntniskraft angesichts seines Objektes, der sinnenfälligen Welt, als Bild der gött-lichen Schöpferkraft aktuiert. Erkennen nämlich, so wurde ebenfalls schon gesagt, ist Verähnlichen. Der Geist verähnlicht sich aber sei-nem göttlichen Urbild, indem er sich der als assimilatio entitatis abso-lutae verstandenen Schöpfungswirklichkeit verähnlicht. Insofern kann gesagt werden: Das in diesem Kapitel vor allem im Anschluss an De genesi dargelegte Verständnis des Schöpfungsgeschehens als „Ver-ähnlichung der absoluten Seiendheit" bildet die Voraussetzung für das im folgenden Kapitel thematisierte Verständnis des Begriffs der „apparitio dei".

---

[598] De venatione sapientiae, N.23, Z.5-23.

Kapitel IV:
Der Theophanische Charakter der Schöpfung

1) DIE BEDEUTUNG VON RÖM. 1,19F. INNERHALB DES CUSANISCHEN DENKENS UND DIE „ZEHN FELDER" DER SCHRIFT DE VENATIONE SAPIENTIAE

Indem der Geist des Menschen Gott, seinen Grund und Ursprung, erkennt, erscheint dieser in jenem. Und indem Gott im Geist erscheint, ist der Geist (Ort der) Erscheinung Gottes. Genauer gesagt: Er ist eine, und zwar die höchste, alle anderen einfaltende Weise (modus) der Erscheinung Gottes im Geschaffenen, Begründeten. Gott erscheint nämlich in allem dem menschlichen Geist als Erkenntnisobjekt gegenübertretenden Seienden „gemäß der Glut dessen Sehnsucht"[599] nach ihm. Während der menschliche Geist sich bewusst (in diesem Sinne: am meisten von allen Geschöpfen) nach der Einheit mit seinem göttlichen Ursprung und Ziel sehnt, sehnt sich jedes andere Geschöpf gleichsam unbewusst nach dieser. Alle Geschöpfe sind somit für den menschlichen Geist verschiedene Weisen der einen Erscheinung Gottes. Denn alle Geschöpfe verwirklichen ihr von Gott gegebenes (=ermöglichtes) Sein selbst, indem sie danach streben, auf möglichst vollkommene Weise ihrem je eigenen in Gott eingefalteten Urbild zu entsprechen. Der Begriff apparitio dei wurde ja bereits bestimmt als Ausdruck der gleichzeitigen Einheit und Unterschiedenheit göttlichen, ermöglichenden und geschöpflichen,

---

[599] De venatione sapientiae, N.73, Z.19-20.

verwirklichenden Wirkens.[600] Das Geschöpf verwirklicht seine Möglichkeit, indem es das für es Lebensnotwendige „erkennt" und nach seinem jeweils besten Sein strebt.

Das Wirken des geschaffenen Geistes vergleicht Cusanus in einer seiner letzten Schriften mit der Jagd eines Lebewesens nach der für es geeigneten Nahrung.[601] Wie ein Tier von Natur aus, ursprünglich, dazu befähigt ist, die für seine jeweiligen Bedürfnisse passende Nahrung zu erjagen, um auf die bestmögliche Weise zu sein, so strebt der menschliche Geist nach der für seine eigene Vollendung, die filiatio dei, nötigen göttlichen Weisheit.[602] Im Unterschied zur Nahrungsaufnahme eines Lebewesens wird der Geist jedoch von seiner Speise niemals „satt". Im Erkenntnis und Liebe, Intellekt und Affekt gleicherweise einschließenden Erstreben dieser Weisheit durch den menschlichen Geist verwirklicht sich die gesamte Schöpfung als apparitio dei.

Im ersten Kapitel der vorliegenden Arbeit wurde die Erkenntnislehre als Ausgangspunkt der Cusanischen Theologie beschrieben. Der Geist des Menschen sieht, dass die Erkenntnis der Wahrheit aller Dinge einschließlich seiner selbst in der Erkenntnis der absoluten Wahrheit beschlossen liegt. Und er sieht zugleich, dass die Erkenntnis der absoluten Wahrheit die wahre Erkenntnis der Dinge erst ermöglicht. Da er jedoch an die sinnenhafte Wahrnehmung gebunden ist, muss die sinnenfällige Schöpfung ihn zur Erkenntnis der Wahrheit führen, die er in allem Erkennen immer schon voraussetzt und deren Schau „von Angesicht" (visio facialis) er erstrebt. Der Sinn des Paulinischen Gedankens, dass der unsichtbare Gott von der Schöpfung der

---

[600] Es sei noch einmal an den großen Einfluss des Raimundus Lullus auf Cusanus erinnert, welcher die Wirklichkeit der Geschöpfe als dreieine Relation aus Wirkendem, Bewirkbarem und Wirken beschrieben hat, also als ein Geschehen der selbständigen Verwirklichung des eigenen Wesens.

[601] Zur Herkunft der Jagdmetapher, vor allem aus den Werken des Raimundus Lullus, vgl. De venatione sapientiae, Praefatio, S.IX, SS.XXIII-XXV und Adnotationes 1.7, SS.147-149.152. Die Herausgeber führen 15 Stellen an, wo Cusanus sich schon vor De venatione sapientiae der Jagdmetaphorik bedient, und schließen daraus: Nicolaum ipsum imagini venationis magnopere favisse apparet (148).

[602] Vgl. De venatione sapientiae, N.4, Z.7-14: Ecce si animal omne habet conatam intelligentiam eorum, quae ad necessitatem conservationis ipsius in se et in eius prole, cum sit mortale, sunt necessaria, et hinc industriam habet venandi pabulum suum et lumen opportunum et organa venationi suae apta (...), utique vita intellectualis nostra his nequaquam carebit.

Welt her erkannt wird[603], liegt für Cusanus somit darin, dass der theophanische Charakter der Schöpfung notwendig angenommen werden muss, wenn der Geist des Menschen sein (eigenes!) Ziel, die Spiegelschau der Wahrheit in der filiatio dei, erreichen können soll. Wenn der Mensch einerseits auf die Wahrheit hin geschaffen, andererseits aber an die Sinnenhaftigkeit gebunden ist, muss die gesamte Schöpfung als Sichtbarkeit des Unsichtbaren verstanden werden. „Wenn nämlich", so Cusanus, „das, was geschaffen ist, erkannt wird, wird das unsichtbare (Wesen) Gottes erblickt wie seine Ewigkeit, Kraft und Göttlichkeit. So vollzieht sich durch die Schöpfung der Welt die Offenbarung Gottes."[604] Die Welt kann also vom Geist des Menschen nicht anders verstanden werden als als apparitio dei. Als appartio dei aber wird sie nur erkannt, indem das göttliche Schöpfungswirken, der Grund der Schöpfung, in seinem Verhältnis gleichzeitiger Einheit und Unterschiedenheit zum menschlichen Erkennen eingesehen wird. Das Schöpfungswirken Gottes erscheint nämlich im Spiegel des auf die sichtbare Welt verwiesenen menschlichen Erkennens, in dessen Selbstreflexion. Die den Ansatzpunkt des Cusanischen Denkens bildende Erkenntnislehre gründet somit auf der Schöpfungslehre: Indem der Geist sich selbst erkennt, erkennt er sich als Spiegelbild seines Schöpfers.

Im zweiten Kapitel wurde der Zusammenhang zwischen Trinitätslehre und Christologie entfaltet, insofern dieser Zusammenhang die Voraussetzung für die Schöpfungslehre bildet: Denn nur durch die Koinzidenz, also die denkmögliche Einheit zwischen einem vollkommenen Geschöpf und dem die Schöpfung immer schon einfaltenden, d.h. ermöglichenden dreieinen Schöpfer wird die wirkliche Andersheit des Geschaffenen gegenüber dem Schöpfer ermöglicht.

Der im dritten Kapitel thematisierte Schöpfungsakt kann nur als

---

[603] Vgl. Brüntrup, Können und Sein, 28f.: „Mit diesem bekannten Wort des Völkerapostels (Röm 1,19f.) ist der Horizont aller philosophischen Theologie umrissen: die Offenbarung Gottes in seiner Schöpfung und der Aufruf an die menschliche Vernunft, die Schöpfung als eine solche zu erkennen und erkennend zu transzendieren auf ihren Ursprung hin. Im vorgängigen Akt der Offenbarung Gottes in der Welt und durch die Welt wird eben diese konstituiert als Sichtbarwerdung des Unsichtbaren. Das Geschöpf hat darin seine letzte Bestimmung, Theophanie zu sein. Dieser Theophanie-Charakter des Seienden ist mit dem Licht der Vernunft zu erkennen, mehr noch: Gottes Unsichtbarkeit leuchtet auf in der Sichtbarkeit seiner Schöpfung."

[604] De possest, N.2, Z.9-11: Ideo si ea quae facta sunt intelliguntur, invisibilia dei conspiciuntur, uti sunt sempiternitas, virtus eius et divinitas. Ita a creatura mundi fit dei manifestatio.

Selbst-Mitteilung (identificatio) des absoluten Schöpfers verstanden werden. Für das aus dem Schöpfungsakt Hervorgehende bedeutet dies, dass es als Bild des dreieinen Schöpfers dessen Erscheinung ist. So aber ermöglicht das Geschaffene dem menschlichen Geist den von dessen Selbstverständnis her postulierten Aufstieg über die Geschöpfe zur göttlichen Schöpfer-Weisheit.

Im vierten Kapitel soll nun die Frage beantwortet werden, wie der menschliche Geist konkret aus der Betrachtung der Schöpfung den Schöpfer erkennen kann, wie er sich also angesichts der sichtbaren Welt als „lebendiges Bild", als Erscheinung des göttlichen Geistes aktuiert. Diese Frage durchzieht das Cusanische Schrifttum wie ein roter Faden.

Die als theologisches „Testament" konzipierte, nochmals stark an Pseudo-Dionysius anknüpfende[605] Schrift De venatione sapientiae kann auf der Suche nach der Antwort als Leitfaden dienen.[606] In ihr retraktiert der im Suchen nach der Wahrheit „unermüdliche" und stets „wieder jung zu werden"[607] scheinende Cusanus, knapp zwei Jahre vor seinem Tod, um die Jahreswende 1462/63, die wichtigsten Themen seines bisherigen Denkens[608] – jedoch nicht ohne nochmals

---

[605] Vgl. besonders die als „magna" gepriesenen Worte „illius divini (!) viri", die Cusanus in N.90 zitiert.

[606] Wilhelm Dupré legt seiner zweisprachigen Studienausgabe der philosophisch-theologischen Schriften als Gliederungsprinzip die zehn „Felder" der „Weisheits-jagd", des „Vermächtnisses" des Cusanus, zugrunde. Der Versuch Duprés, alle von ihm übertragenen Schriften in das Schema der zehn Felder zu integrieren, wirkt vielleicht etwas erzwungen. Dennoch ist es durchaus berechtigt, in den Bezeichnungen der zehn Felder Schlüsselbegriffe zu erblicken, die im Gesamtwerk für die Durchführung des apparitio dei-Themas von besonderer Bedeutung sind. Vgl. auch die Rezension Haubsts in TThZ 74 (1965).

[607] Vgl. De non aliud, S.3, Z.17-19: Tu autem te infatigabilem ostendis in eo etiam tuo declinante senio, et quando pulsatus de ipsa loqueris, videris iuvenescere.

[608] Paul Wilpert zählt in De venatione sapientiae (Nikolaus von Kues, Die Jagd nach Weisheit, 197) zehn Verweise auf frühere Werke des Kardinals: auf De aequalitate (N.70, Z.16-17), auf De beryllo (N.18, Z.8), auf De docta ignorantia (N.32, Z.9; N.63, Z.23), auf De mente (N.82, Z.20), auf De non aliud (N.41, Z.23-24), auf De possest (N.38, Z.11), auf De visione dei (N.63, Z.23-24), ferner auf die nicht bekannte, von Gerda von Bredow mit De ludo globi identifizierte, von Erich Meuthen jedoch für verschollen gehaltene Schrift De figura mundi (N.67, Z.17-18), auf De coniecturis (N.1, Z.11) und De quaerendo deum (N.1, Z.10). Kurt Flasch (Geschichte, 604) weist jedoch darauf hin, dass zumindest die beiden letztgenannten Titel möglicher-weise nicht einfach mit den entsprechenden Schriften zu identifizieren sind, son-dern eher Stadien einer Denkentwicklung bezeichnen. Wilpert ergänzend, sei aller-

neue Aspekte einzufügen. Zehn „Felder"[609] seien für eine erfolgreiche Jagd nach der Weisheit des göttlichen Schöpfers „am meisten geeignet: Zuerst nenne ich das Wissen des Nichtwissens, zweitens das Können-Ist, drittens das Nicht-Andere, viertens (das Feld) des Lichtes, fünftens das des Lobes, sechstens das der Einheit, siebtens das der Gleichheit, achtens das der Verknüpfung, neuntens das der Grenze, zehntens das der Ordnung."[610] Diese „Felder" bezeichnen allesamt Wege, die Cusanus auf der Suche nach der Wahrheit beschritten hat, „manuductiones", also Anleitungen zur Erkenntnis Gottes aus der Erkenntnis der geschaffenen Dinge heraus.[611] Es gibt unzählige Weisen (modi) des Begreifens, so bemerkt Cusanus in De beryllo[612], wo er Licht, Geradheit und Wärme als Gleichnisse (aenigmata) dafür anführt, wie der absolute, göttliche Modus über jedem kontrakten Modus steht und wie jeder geschöpfliche Modus am absoluten Modus des Schöpfers, an dessen Ähnlichkeit (similitudo), partizipiert.[613] Um

---

dings noch N.73, Z.27-28 angeführt, wo Cusanus auf seine „verschiedenen Predigten" (in variis sermonibus) aufmerksam macht.

[609] Zu dieser schon bei Laktanz gebräuchlichen Metapher vgl. De venatione sapientiae, Adnotatio 7, S.152.

[610] De venatione sapientiae, N.30, Z.7-10: Decem vero puto campos venationi sapientiae plurimum aptos. Primum nomino doctam ignorantiam, secundum possest, tertium non aliud, quartum lucis, quintum laudis, sextum unitatis, septimum aequalitatis, octavum conexionis, nonum termini, decimum ordinis.

[611] Zutreffend bemerken Wilhelm Dupré und Leo Gabriel zum Sinn der „zehn Felder": Der Ansatz der philosophischen Bemühung im Raum mehrerer Felder enthält „einen tiefen Sinn: Das grundsätzliche Offensein für das Ganze, das Philosophie allererst ermöglicht, ist – im einzelnen – notwendig auch Erschlossensein des Ganzen, jedoch so, dass damit kein Abschluss, sondern die Dynamik weiterer Erschließens – d.h. die Entdeckung der übrigen Felder – mitgegeben ist!" (Nikolaus von Kues, Bd. I, XXXI). Mit anderen Worten bedeutet dies: Es widerspräche dem Inhalt des Cusanischen Denkens zutiefst, in die Form einer Summa, eines den Anspruch der Vollständigkeit und – zumindest prinzipiellen – Abschließbarkeit erhebenden Werks, gefasst zu werden. Nichts kann so präzise erkannt werden, dass es nicht noch viel präziser möglich wäre. So versteht sich zum Beispiel auch das 1463 entstandene Compendium nicht eigentlich als Kurzfassung der wichtigsten Erkenntnis-Inhalte, sondern eher – wie z.B. auch De beryllo – als Kurzfassung des Erkenntnis-Weges zur Schau des Unbegreifbaren (Vgl. N.45, Z.2: Tendit tota directio ad unitatem obiecti). In den Anmerkungen zu ihrer Übersetzung der Schrift De ludo globi bemerkt ferner Gerda von Bredow: „Auch das Globusspiel bietet Felder an, auf denen weitere Schätze verborgen liegen" (Nikolaus von Kues, De ludo globi, 164).

[612] Vgl. De beryllo, N.27, Z.13-15: Innumerabiles modi possunt concipi, multos alios in Docta ignorantia et libellis aliis posui. Sed nullus praecisionem attingere potest, cum divinus modus sit supra omnem modum.

[613] Vgl. De beryllo, N.27, Z.1-13.

welche Art der Erkenntnis es sich dabei handelt, wird schon im ersten „Jagdfeld" klargestellt: nämlich um das Begreifen der göttlichen Unbegreifbarkeit.[614] In den folgenden neun „Feldern" will Cusanus letztlich immer wieder ein und dasselbe zeigen: Die Erkenntnis des Schöpfers und die Erkenntnis der Schöpfung bedingen einander und verhalten sich direkt proportional zueinander. Gott erscheint im sinnlich Wahrnehmbaren als das, wodurch das Wahrnehmbare ist und das Seiende wahrnehmbar ist: als das possest im posse cum addito, als das non aliud im aliud, als das Licht in der Farbe, als das Lob im Lobwürdigen, als die Einheit im Einzigartigen, als die Gleichheit im Ähnlichen, als die Verknüpfung im Verknüpften, als das Begrenzende im Begrenzten und als die Ordnung im Geordneten.

a) Das Feld der docta ignorantia: Größe und Grenze menschlichen Erkennens als Erscheinung der unbegreifbaren Wahrheit

Dass Cusanus das Feld der docta ignorantia als erstes nennt, hat seinen Grund nicht einfach in der chronologischen Tatsache der frühen Entstehung des entsprechenden Werks, das hier kommemoriert wird, sondern in der grundsätzlichen Bedeutung der Einsicht in die Qualität aller Gotteserkenntnis. Diese ist immer nur als docta ignorantia möglich: als Erkenntnis der Unbegreifbarkeit der absoluten, nicht auszuschöpfenden Wahrheit.[615] Die docta ignorantia kommt zustande durch die Koinzidenz affirmativer und negativer Aussagen.[616] Nur indem der menschliche Geist sich selbst vollständig erkennt, die Gesamtheit seiner Möglichkeiten abschreitet und so die Grenze seiner Erkenntnisfähigkeit erreicht, erscheint ihm auf dieser Grenze sein eigener Grund. Hier klingt nicht nur schon das Thema des neunten Jagdfeldes, die „Grenze" (terminus) an, sondern auch das Bild der Paradieses-Mauer aus der Schrift De visione dei. Gott, so

---

[614] De venatione sapientiae, N.31, Z.3-4: In primum intrans adverto, quomodo incomprehensibilis incomprehensibiliter capitur.

[615] Vgl. De coniecturis, N.2, Z.5-6: Non enim exhauribilis est adauctio apprehensionis veri.

[616] Burkhard Mojsisch formuliert: Die göttliche Einheit ist „reine Negation, und zwar die Negation der Disjunktion von Affirmation und Negation wie die Negation der Kopulation von Affirmation und Negation, so dass in ihr die Entgegengesetzten koinzidieren" (688).

das Bild[617], ist für unser Erkennen (intellectus) gleichsam „umgeben" von einer hohen Mauer, unzugänglich also.[618] Doch ist diese Mauer die Mauer der für den Intellekt einsichtigen coincidentia oppositorum.[619] Der Ineinsfall des Gegensätzlichen kann vom menschlichen Geist geschaut werden, ist jedoch keineswegs identisch mit dem unbegreifbaren Gott, der „jenseits der Mauer wohnt".[620] Um Gott zu schauen, muss die Mauer „übersprungen", die Einsicht in die Koinzidenz, in die Gleichzeitigkeit von Affirmation und Negation, zurückgelassen werden.[621] Die Begriffe unseres Denkens, die Erkenntnis des Ineinsfalls alles Gegensätzlichen müssen als unzulängliche Vorstufe erkannt werden. Der Geist muss sich am Ende seines Erkenntnisweges selbst als unwissend erkennen, er muss „in die Dunkelheit eintreten"[622], dann wird eine „augenblickhafte" Gottesschau, bildlich gesprochen: ein Blick über die Mauer, eine Ahnung des göttlichen Wesens möglich, so ähnlich wie dem Auge durch einen kurzen Blick in die Sonne eine Ahnung von deren Glanz vermittelt wird.[623] Gerade auf dem Wege der docta ignorantia also vollzieht sich die apparitio

---

617 Vgl. zum Bild der Mauer: Haubst, Die erkenntnistheoretische und mystische Bedeutung der „Mauer der Koinzidenz".

618 Vgl. De visione dei, N.51, Z.8-12: Terminus enim omnis modi significandi nominum est murus, ultra quem te video. (...) Omnis enim conceptus terminatur in muro paradisi.

619 Vgl. De visione dei, N.42, Z.7-9: Murus autem est coincidentia illa, ubi posterius coincidit cum priore, ubi finis coincidit cum principio, ubi alpha et o sunt idem. N.46, Z.9-: Disiunctio enim pariter et coniunctio est murus coincidentiae, ultra quem exsistis absolutus ab omni eo, quod aut dici aut cogitari potest.

620 Vgl. De visione dei, N.48, Z.3-5: Tu enim (...) habitas intra murum illum excelsum, quem nullum ingenium sua virtute scandere potest.

621 Vgl. De visione dei, N.48, Z.1-2: Oportet (...) murum illum invisibilis visionis transilire.

622 Vgl. De visione dei, N.52, Z.8-12: Oportet igitur intellectum ignorantem fieri et in umbra constitui, si te videre velit. Sed quid est, deus meus, intellectus in ignorantia? Nonne docta ignorantia? Non igitur accedi potes, deus, qui es infinitas, nisi per illum, cuius intellectus est in ignorantia, qui scilicet scit se ignorantem tui.

623 Vgl. Apologia doctae ignorantiae, S.12, Z.4-13: Si igitur quoquo modo ad ipsam (=veritatem absolutam) accedi debet, oportet ut hoc quodam incomprehensibili intuitu quasi via momentanei raptus fiat, uti carneo oculo solis claritatem incomprehensibiliter momentanee intuemur,- non quod sol non sit maxime visibilis, cum lumen se oculis ingerat propria virtute, sed ob excellentissimam visibilitatem est comprehensibiliter invisibilis. Sic deus, qui est veritas, quod est obiectum intellectus, est maxime intelligibilis et ob suam superexcelsam intelligibilitatem est inintelligibilis. Unde sola docta ignorantia seu comprehensibilis incomprehensibilitas verior via manet ad ipsum transcendendi.

dei, die Erscheinung Gottes im Geist des Menschen. Inwiefern aber helfen dem Geist dabei die sichtbaren Dinge?

Alle Geschöpfe, so Cusanus, zeigen ein gewisses Vollkommenheitsstreben. Kein Seiendes strebt danach, ein anderes zu werden, jedes aber danach, als es selbst vollendet zu werden.[624] Wendet der menschliche Geist diese Erkenntnis, die er aus der Beobachtung des Geschaffenen gewinnt, auf sich selber an, so sieht er das Ziel seines Vollkommenheitsstrebens als unerreichbares. „Die Vernunft sehnt sich nach Wissen, und doch ist ihr dieses natürliche Verlangen nicht zur Erkenntnis des Wesens ihres Gottes angeboren, sondern um zu wissen, dass ihr Gott so groß ist, dass seine Größe keine Grenze kennt, also über alles Begreifen und Wissen groß. Die Vernunft wäre nämlich mit sich selbst nicht zufrieden, wenn sie das Abbild eines so geringen und unvollkommenen Schöpfers wäre, dass er größer und vollendeter sein könnte."[625] Das Ziel des menschlichen Geistes ist nicht ein begreifbarer Gott, sondern die docta ignorantia, das „Wissen des Nicht-Wissens" das „Nicht-Wissen als Wissen"[626] oder das „Lernen des Nicht-Wissens".[627]

Dementsprechend handelt es sich bei den Bezeichnungen der folgenden neun Felder nicht um (eo ipso affirmative) Gottes-"Namen"[628], sondern um Begriffe, in denen auf je eigene und mehr oder weniger beschränkte Weise das zum Ausdruck kommt, was der menschliche Geist auf der höchsten Stufe seiner Betrachtung zu erkennen vermag: die gleichzeitige Anwesenheit und Abwesenheit des Schöpfers in der Schöpfung.[629] Dies scheint Cusanus am Ende, nach-

---

[624] De venatione sapientiae, N.32, Z.18-21: Contentatur enim omnis creatura de sua specie tamquam perfectissima (...) quia ipsam infinitae pulchritudinis dei sui scit similitudinem et donum perfectum.

[625] De venatione sapientiae, N.32, Z.10-15.

[626] So übersetzt Kurt Flasch den Ausdruck „docta ignorantia" (vgl. ders., Geschichte).

[627] So der Übersetzungsvorschlag Gerda von Bredows, vgl. dies., Im Gespräch, 233.

[628] Ausdrücklich sagt Cusanus dies zum Beispiel in Bezug auf das non aliud: Ipsum non aliud non dico equidem illius nomen, cuius est super omne nomen nuncupatio. Sed de ipso primo conceptus mei nomen per ipsum non aliud tibi patefacio. Neque mihi praecisius occurrit conceptum meum exprimens nomen de innominabili, quod quidem a nullo aliud est. (De non aliud, S.52, Z.9-13).

[629] Jedes der zehn Felder bringt auf andere Weise die coincidentia oppositorum zum Ausdruck, da der Geist sich durch deren Erkenntnis aufnahmebereit (capax) macht für das Sich-Zeigen des unbegreifbaren Gottes, der oppositio oppositorum: die Koinzidenz von posse und esse im Feld des possest, die Koinzidenz von Affirmation und Negation im Feld des non-aliud, die Koinzidenz von Definition und Definiertem im Feld des Lichts, die Koinzidenz der zehn Lobpreisungen im Feld des Lobes, die Ko-

dem er die zehn Felder „durchstreift" hat und bevor er die „gefangene Beute" seiner Jagd einholt, nochmals in Erinnerung bringen zu
wollen, wenn er ein kurzes Kapitel „über die Kraft des Wortes" (de vi
vocabuli, NN.97-100) einschiebt. Der wahre Wesensgrund einer Sache
(ratio essentia rei) sei zu unterscheiden von dem durch den Menschen erfassten Wesensgrund (ratio, quam homo concipit), der sich
in einer bestimmten Vokabel ausdrücke.[630] Der Grund für alle Meinungsverschiedenheiten unter den „Weisheitsjägern" liege in der
Beschränktheit dessen, was jeder einzelne vom Wesenssinn der Sache
selbst, ihrer Teilhabe an der Wahrheit, erfasse, also in der Verwechslung der ratio essentiae rei mit der ratio hominis.[631] Deshalb sei es
wichtig, auf die „Kraft des Wortes" zu achten, und nicht etwa deshalb,
weil in der Vokabel die Wahrheit vollständig zum Ausdruck gebracht
werden könne. So ist jedem der zehn Felder ein Begriff zugeordnet,
welcher den Geist des Menschen, gleichsam als Wegweiser[632], zur
Schau des einen, unnennbaren Gottes geleiten will – in docta ignorantia.

b) Das Feld des possest: Das posse genannte Verhältnis zwischen Möglichkeit
und Wirklichkeit als Ausdruck der gleichzeitigen Einheit und
Unterschiedenheit zwischen Schöpfer und Geschöpf

Cusanus möchte mit De venatione sapientiae eine Zusammenfassung seiner (ihm selbst am wichtigsten erscheinenden) Grundgedanken vorlegen. Unter diesen tritt in der Spätphase seines Denkens ein
Motiv besonders hervor, das freilich schon in den früheren Schriften

inzidenz von Einheit und Andersheit in den die Trinität bezeichnenden Feldern von
Einheit, Gleichheit und Verbindung, die Koinzidenz von Endlichkeit und Unendlichkeit im Feld der Grenze und schließlich die Koinzidenz von Einheit und Vielheit
im Feld der Ordnung.

[630] De venatione sapientiae, N.97, Z.5-9: Quia vocabula sunt per primum hominem
rebus imposita ex ratione, quam homo concepit, non sunt vocabula praecisa, quin
res possit praecisiori vocabulo nominari. Non enim ratio, quam homo concipit, est
ratio essentiae rei, quae omnem rem antecedit.

[631] De venatione sapientiae, N.97, Z.10-13: Unde in substantifica ratione rerum non est
dissensio, sed in vocabulis ex variis rationibus varie rebus attributis. Et in configuratione essentiae rei, quae similiter varia est, omnis est disputantium diversitas.

[632] Cusanus verwendet dieses Bild selbst in Bezug auf das non aliud. Vgl. De non aliud,
S.6, Z.12-16.

implizit enthalten ist: das Motiv des „Könnens".[633] Wie hängt die „Könnens-Philosophie" mit dem Cusanischen Grundansatz, seiner „Geistphilosophie" zusammen?

Theophanie oder apparitio dei, so wurde bereits am Ende des ersten Kapitels gesagt, ereignet sich durch die Koinzidenz des als Selbst-Mitteilung verstandenen göttlichen Schöpfungsaktes (identificatio) mit dem die affektive Komponente inkludierenden menschlichen Erkenntnisakt (assimilatio). Denn dadurch, dass das menschliche Erkennen sich als „lebendiges" Bild des göttlichen Schaffens begreifen kann, erscheint das göttliche Schaffen in der Reflexion des Erkenntnisaktes, also in der Selbstreflexion des Geistes. Durch diese Koinzidenz von göttlichem und geschöpflichem Wirken wird die gesamte Schöpfung insofern als apparitio dei verwirklicht, als die Selbstreflexion des Geistes sich nur angesichts der diese initiierenden sinnenfälligen Schöpfung zu vollziehen vermag. Der die Schöpfung als umfassende Einheit (als Uni-versum) erkennende Geist des Menschen erkennt sich zugleich als begriffliche Einfaltung dieses Universums und so als der Ort der Erscheinung Gottes.

Das Schaffen Gottes wurde im dritten Kapitel bestimmt als Selbst-Mitteilung des trinitarischen Urbildes an das dadurch allererst entstehende Abbild. Das Erkennen des geschaffenen menschlichen Geistes besteht dementsprechend in der Aktuierung seines als Möglichkeit zu verstehenden Bildseins, in der Verwirklichung seines Erkennen-Könnens. Die Selbsterkenntnis des Geistes ist dementsprechend nichts anderes als die Erkenntnis seines eigenen Könnens, da er als Möglichkeit oder Können geschaffen ist. Sein eigenes Können aber erkennt der Geist, der stets auf Anregung von außen angewiesen ist,

---

[633] Zur Genese der posse-Spekulationen bemerkt Senger: „Die Spekulation über das Können hatte Nikolaus von Kues schon öfters beschäftigt, eigentlich seit De docta ignorantia, in anderen Schriften hatte er sie wieder aufgegriffen (Idiota de mente, De visione dei, De ludo globi)." Allerdings ist zu beachten, „dass Nikolaus von Kues seinen jetzigen Könnensbegriff aus der Spekulation des tradierten Möglichkeitsgedankens heraushalten will" und „dass es ihm jetzt um etwas anderes geht als um den Prinzipcharakter von dynamis / potentia, mit dem der aktive Wirkursprung wie der passive Erleidensursprung von Veränderung prozessual-ontologisch erklärt werden könnte." „Zwar geht es noch immer darum, alle innerweltlichen Seins- und Erkenntnisvermögen (...) als das Können eines jeden, als sein Sein-Können (...) zu erweisen (...); aber jedes determinierte Können verweist ihn auf ein all solchen Können vorgängiges Können als das Könnensprinzip von allem. Um das einzig undeterminierte posse ipsum geht es also, das allerdings nur in seinen finiten Manifestationsweisen erfahrbar ist." (De apice theoriae, übers. u. kom. v. Hans Gerhard Senger, XIIIf.).

indem er das Können, das heißt die Möglichkeit der Sinnesdinge, deren Sein- bzw. Werden-Können erkennt. Indem der Geist das Können der Dinge denkt, erkennt er sein eigenes Können.

Dass der Gedanke des Könnens also für die Gotteserkenntnis schließlich leitend wird, ist somit darauf zurückzuführen, dass gerade die Erkenntnisfähigkeit des menschlichen Geistes den Ausgangspunkt des Cusanischen Denkens bildet. Vom – freilich nicht naiv behaupteten, sondern kritisch hinterfragten – Erkennen-Können des Geistes aus wird Gott, vermittelt über das „Werden-Können" der Dinge, als absolutes Können, als possest bzw. posse ipsum „berührt". Auf dem „Feld des Könnens" schaut der Geist, wie Cusanus immer wieder betont, seinen Grund nicht, „wie (dieser) ist, sondern auf menschliche Weise."[634] So kann Cusanus sagen: „Die das Feld des Possest betretende Vernunft erjagt Nahrung, mehr als genug."[635]

Wir wollen nun in drei Schritten kurz erläutern, wie Cusanus, ausgehend vom Begriff des posse fieri (1), zur Bezeichnung Gottes als possest (2) kommt, und worin er schließlich die Überlegenheit bzw. das Neue der Gottesbezeichnung als posse ipsum (3) erblickt.

(1) Die sichtbaren Dinge sind die unmittelbaren Objekte des von Natur aus auf die (unsichtbare) Wahrheit verwiesenen menschlichen Geistes. Sie werden diesem durch Sinneswahrnehmung (sensus) und begriffliche Unterscheidung (ratio) vermittelt. Der Geist erkennt alle Dinge als „voneinander verschieden und auch zueinander in Übereinstimmung, doch verschieden der Gattung des Seins oder der Art, der Zahl nach."[636] Indem alles Sichtbare als Verschiedenes, und damit als Endliches und Begrenztes wahrgenommen wird, erscheint dem Auge des Geistes zugleich dessen Ursprung als „unsichtbare und ewige Kraft" mit. Denn, so fragt Cusanus, wie hätte das Begrenzte sich selbst begrenzen können? [637] Diese Überlegung scheint jedoch zunächst nur eine rein negative Bestimmung des Ursprungs, lediglich eine Erkenntnis von dessen Existenz, keinesfalls aber eine Erkenntnis

---

[634] Vgl. z. B. De coniecturis, N.167, Z.15-17: In se ipso igitur intellectus intuetur unitatem illam non, uti est, sed uti humaniter intelligitur.

[635] De venatione sapientiae, N.34, Z.3-4: Intellectus intrans in campum possest (...) venatur cibum sufficientissimum.

[636] De venatione sapientiae, N.35, Z.11-13: Omnia sunt ab invicem differentiam atque etiam ad invicem concordantia, in genere entis aut specie numero differentia.

[637] De possest, N.3, Z.7-11: Quando igitur videndo sensibile intelligo ipsum a quadam altiori virtute esse cum sit finitum quod a se esse nequit – quomodo enim finitum sibi ipsi terminum posuisset – tunc virtutem, a qua est, non possum nisi invisibilem et aeternam conspicere.

von dessen Wesen zuzulassen: als der alles begründende, jedoch selbst
ganz und gar unerkennbare Grund. Lässt sich diese Ursprungskraft
aber, so fragt Cusanus weiter, noch genauer bestimmen?[638]

Von allem, was der Geist als Wirklichkeit wahrnimmt, denkt er die
Möglichkeit, das Können, immer schon mit. Denn das Denken einer
Sache ist ja letzlich nichts anderes als das „Sehen" von deren Voraussetzungen. „Jedes wirklich existierende Geschöpf kann sein. Was
nämlich nicht sein kann, ist nicht."[639] Dem Sein des Seienden geht
also dessen Sein-Können bzw. Werden-Können bedingend vorauf.[640]
Das Werden-Können der Dinge ist somit Ausdruck des Gedacht-Seins

---

[638] Vgl. etwa De possest, N.4, Z.1-2: Forte hoc sic est ut clare ostendis. Videtur tamen
Paulum parum per hoc aperire de dei desideratissima notitia.

[639] De possest, N.5, Z.4-6: Omnis enim creatura actu existens utique esse potest. Quod
enim esse non potest, non est.

[640] Während Cusanus 1460 im Blick auf die Geschöpfe noch zwischen Sein-Können
(posse esse) und Wirklich-Sein (actu esse) unterscheidet, unterscheidet er zwei Jahre
später – jetzt allerdings im Blick auf das Verhältnis zwischen Schöpfer und Schöpfung – zwischen Werden-Können (posse fieri) und Machen-Können (posse facere).
An die Stelle des Sein-Könnens alles Geschaffenen tritt also nun dessen Werden-
Können, weshalb Alfons Brüntrup von einer „Dynamisierung" des posse-Denkens
spricht. Brüntrup konstatiert in seiner Untersuchung des Zusammenhangs der
durch das Motiv des posse verbundenen Cusanischen Spätschriften (Ausnahme: De
non aliud) eine dreistufige Entwicklung, die von De possest über De ludo globi bzw.
De venatione sapientiae zur letzten Schrift des Kardinals De apice theoriae verläuft.
Den durch das posse fieri charakterisierten Übergang von der ersten zur zweiten Stufe dieser Entwicklung beschreibt Brüntrup so: „In dem dynamischen Moment des
transire liegt die funktionale und wesentliche Bestimmung des posse fieri beschlossen. (...) Das posse fieri ist dauernde dynamische Anspannung auf Verwirklichung
hin." (84) Der „Dynamisierung" des Sein-Könnens zum Werden-Können der Schöpfung korrespondiert die „Dynamisierung" des Gottesbegriffs possest zum posse
ipsum. Dem posse-Denken, so Brüntrup, wohne eine „dynamische Grundtendenz"
(89) inne, durch die Gott immer mehr als der Tätige und Wirkende, als der Schöpfer, als der er allein dem Geschöpf erkennbar ist, in den Blick komme (13f.). Während in De possest der Akzent auf dem eher statisch-seinshaft verstandenen „Ineinsfall" von Können (posse) und Sein (esse) in Gott liegt, herrscht in De venatione sapientiae und in De ludo globi der gegenüber früheren Schriften, insbesondere De
mente, Kap.XI und De visione dei, Kap.XV, anders verstandene Begriff posse fieri
eindeutig vor. Dieser bezeichnet hier nicht mehr, wie früher, einen Aspekt der absoluten Voraussetzung (Gottes) selbst (Gott ist das Werden-Können als das, woraus alles werden kann), sondern wird als das „Dazwischen von Grund und Gewordenem"
(70) zum „selbständigen Prinzip des Geschaffenen" (67). Es handelt sich beim „posse fieri initiatum" also nicht um eine Gottesbezeichnung (wie beim possest), sondern das posse fieri steht jetzt eindeutig auf der Seite des Geschaffenen und ersetzt
hier das posse esse aus De possest.

der Dinge im menschlichen Geist.[641] Dies bedeutet jedoch keineswegs, dass das Werden-Können nur ein Produkt unseres Denkens ist. Cusanus, der oft Bilder für seine Gedanken in Naturphänomenen sucht[642], verdeutlicht das, was er mit dem Werden-Können meint – allerdings noch ohne den Terminus in seiner späteren Bedeutung zu verwenden[643] –, am Beispiel eines Nussbaumes. Das winzige Samenkorn des als gewaltig vorgestellten Baumes stellt anschaulich dessen Werden-Können dar. „Die Kraft des Samens ist der Baum der Kraft nach."[644] Diese Kraft wird jedoch durch den konkreten, sichtbaren Baum nicht ausgeschöpft.[645] Der Baum ist nicht aktuell, was das Samenkorn sein kann. Wenn der Geist nun vom sichtbaren und konkreten Samenkorn dessen Kraft abstrahiert, los-löst, die in allen (verschiedenen) Samenkörnern wirkt, dann erscheint ihm die Kraft, die in allen Samenkörnern aller Bäume deren je eigene Kraft ermöglicht, als ab-solute.

Der menschliche Geist ist der Ort, an dem das Werden-Können erscheint. Es erscheint als unbezweifelbare Gegebenheit, von der der nach der Wahrheit strebende Geist in seiner Denkbewegung den

---

[641] Vgl. Brüntrup, Können und Sein, 81: „Das posse fieri ist die vom absoluten Ursprung begründete metaphysische Voraussetzung der Welt. Es ist die der Wirklichkeit des Wirklichen voraus- und zugrundeliegende Möglichkeitsbedingung. Das posse fieri selbst ist kein Wirkliches und nicht die Wirklichkeit. Dennoch ist es nur als Wirkliches, hat es nur im Wirklich-Gewordenen weltliche Existenz, kommt es im posse factum zu seiner Wirklichkeit. Das posse fieri ist kein Seiendes; dennoch ist es nicht nichts. Im Endlichen kommt es zu seiner je artverschiedenen Wirklichkeit, ohne mit dieser deshalb auch metaphysisch identisch zu sein. Das Endliche ist die restringierte, kontrahierte Wirklichkeitsweise des posse fieri, das in ihm zu seinem je artbestimmten Ziele – nicht aber zum Ziele seiner Vollwirklichkeit gelangt."

[642] Man denke etwa an das Beispiel Eis - Wasser (De non aliud, S.15, Z.14-15), an das Bild der Rose (De beryllo, N.68), des Feuers (De venatione sapientiae, N.78), des Berylls (De beryllo, N.3), des Rubins (De non aliud, S.23, Z.27 - S.24, Z.4), der Jagd (De venatione sapientiae, N.4), des Regenbogens (De non aliud, S.18, Z.27-28) etc.

[643] In der Schrift De visione dei, in der Cusanus das Nussbaum – Beispiel bringt, bezeichnet der Terminus posse fieri – anders als in den Spätschriften – noch den Schöpfer selbst, sofern dieser keiner Materie bedarf, aus der er „schafft", vgl. De visione dei, N.61, Z.14-17: Respondes in me, lux infinita, absolutam potentiam esse ipsam infinitatem, quae est ultra murum coincidentiae, ubi posse fieri coincidit cum posse facere, ubi potentia coincidit cum actu. Vgl. für die frühe Auffassung des posse fieri vor allem auch De mente, N.130, Z.1 – N.131, Z.18.

[644] De visione dei, N.48, Z.11: Virtus seminis est arbor virtualiter.

[645] De visione dei, N.22, Z.15-16: Vis illa non est ullo umquam tempore motu caeli ad plenum explicabilis.

Ausgang nimmt.[646] Von jedem sinnlich wahrnehmbaren Ding muss das Werden-Können als dessen Voraussetzung gedacht werden. Denn was nicht werden kann, ist nicht. Umgekehrt gilt jedoch: Was nicht ist, kann durchaus werden, so dass das Werden-Können umfassender ist als das Wirklich-Sein. Das Werden-Können alles Schon-Gewordenen wie auch alles Noch-nicht-Gewordenen erscheint im Geist somit als Formulierung der allgemeinsten Voraussetzung jedes Seienden als auch jedes Nicht-Seienden.

Das posse fieri hat die Funktion, den menschlichen Geist zur Einsicht in das Begründet-Sein alles Geschaffenen zu führen. Es bezeichnet die Schöpfung im Modus der reinen Möglichkeit. Es steht selbst eindeutig auf der Seite des Geschaffenen und führt daher noch nicht unmittelbar zur Schau des Schöpfers. Alles, was (geworden) ist, konnte werden und kann anders werden, setzt also das Werden-Können voraus. Daher muss vom Werden-Können gesagt werden, dass es „für alle Zeit (bestehen) bleibt und immerwährend ist."[647] Da auch die Zeit ihr Werden-Können voraussetzt, geht das Werden-Können der Zeit voraus. Da das Werden-Können jedoch nicht ohne Grund wirklich werden kann, kann es nicht selbst schon der Ursprung, die Ewigkeit sein. Durch das posse fieri wird der Geist somit gewissermaßen an die Grenze dessen geführt, was vom Geschaffenen aus rationaliter, noch ohne Anwendung des Berylls der Koinzidenz, erkennbar ist. Er kommt bis an den Ursprung dessen, was er mittels seiner ratio in den sichtbaren Dingen unterscheidet. Er unterscheidet in allem Seienden zwischen Wirklichkeit und Möglichkeit bzw. Wirklich-Sein und Werden-Können. Indem er diese Unterscheidung trifft, erscheint ihm die Notwendigkeit eines das Werden-Können alles Gewordenen begründenden Ursprungs. Der menschliche Geist vermag beim Gedanken des Werden-Könnens keineswegs zur Ruhe zu kommen: Das Werden-Können weist vielmehr über sich selbst hinaus: „Es ist sicher, dass das Werden-Können sich auf etwas bezieht, das ihm selbst vorausgeht."[648]

---

[646] De venatione sapientiae, N.6, Z.9-14: Cum ignotum per ignotius non possit sciri, capere me oportet aliquid certissimum, ab omnibus venatoribus indubitatum et praesuppositum, et in luce illius ignotum quaerere. Verum enim vero consonat. Cum haec sollicite intra me avida mens quaereret, incidit philosophorum assertio, quam et Aristoteles in Physicorum principio assumit, quae est quod impossibile fieri non fit.

[647] De venatione sapientiae, N.7, Z.20-21: Posse fieri igitur initiatum in aevum manet et perpetuum est.

[648] De venatione sapientiae, N.110, Z.14-15: Patet posse fieri mundum se referre ad mundum archetypum in aeterna mente dei.

Das Werden-Können unterscheidet sich zwar von allem Wirklich-Seienden dadurch, dass es selbst nicht noch einmal werden kann, es kann sich jedoch als Geschaffenes auch nicht selbst in Wirklichkeit überführen. Also muss dem Werden-Können etwas „vorausgehen", wodurch es wirklich wird. Anders ausgedrückt: Das Werden-Können ist deshalb Voraussetzung alles Gewordenen, weil es selbst nicht werden kann. Sonst wäre es nicht das Werden-Können, sondern setzte selbst etwas – in allgemeinster Formulierung – ein Werden-Können voraus. Allerdings setzt das Werden-Können auch nicht nichts voraus.

(2) Vom Wirklich-Sein eines wahrnehmbaren Seienden lässt sich nicht nur auf dessen Sein- bzw. Werden-Können, sondern auch auf die absolute Wirklichkeit zurückschließen, durch die das Wirklich-Seiende wirklich ist.[649] Jedes Seiende impliziert somit zwei Voraussetzungen, die dem Geist erscheinen: das Sein-Können und das, wodurch das Sein-Können „actu" ist: die „actualitas absoluta". Von dieser absoluten Wirklichkeit muss jedoch ebenso wie von allem sichtbaren Wirklichen gelten, dass sie sein kann, dass sie also ihre Möglichkeit voraussetzt. Im Unterschied zu der Möglichkeit geschöpflichen Seins kann die Möglichkeit der absoluten Wirklichkeit allerdings nicht früher bestehen als die absolute Wirklichkeit, da sie nur durch diese wirklich besteht. Absolute Wirklichkeit und absolute Möglichkeit sind also notwendigerweise gleichursprünglich. Die Frage, wie diese Gleichursprünglichkeit gedacht werden kann, beantwortet Cusanus mit der Koinzidenz mehrerer Ewiger in der einen Ewigkeit: „Und es gibt nicht mehrere Ewige; sondern sie sind so Ewige, dass sie die E-wigkeit selbst sind."[650] Um die Koinzidenz von absolutem Können und absolutem (Wirklich-)Sein auszudrücken, erfindet Cusanus das aus posse und est kontrahierte Kunstwort „possest". In dieser Koinzidenz erscheint Gott als der Grund alles Geschaffenen. Stolz präsentiert Cusanus seine Entdeckung: „Du siehst, wie diese durch viele Predig-ten unerklärbare Betrachtung in einem ganz kurzen Wort eingefaltet wird. Es sei nämlich so, dass irgendein Ausdruck durch einfachste Bezeichnung diesen großen Zusammenhang bezeichne: Das Können ist, d.h. dass das Können selbst ist. Und weil das, was ist, wirklich ist, so ist das Können Sein so groß wie das Können Sein wirklich ist. Es soll

---

[649] De possest, N.6, Z.1-5: Cum omne existens possit esse id quod est actu, hinc actuali-tatem conspicimus absolutam, per quam quae actu sunt id sunt quod sunt. Sicut cum alba videmus visibili oculo, albedinem intellectualiter intuemur, sine qua album non est album.

[650] De possest, N.6, Z.17-18.

genannt werden das Können-Ist."[651] Der Gedankengang des Cusanus besteht also bis hier aus drei Schritten. Zunächst: Die Voraussetzung für alles Wirklich-Seiende erscheint im Geist als das Sein-Können. Sodann: Das, wodurch das Sein-Können wirklich wird, ist die ab-solute (vom Sein-Können des Geschaffenen losgelöste) Wirklichkeit, der Grund für das Wirklich-Sein des Wirklichen. Schließlich: Die absolute Wirklichkeit muss zugleich (nicht zuvor) sein können, koinzidiert also mit der absoluten Möglichkeit: Das „Können-Ist".

(3) Cusanus glaubt am Ende seines Lebens, „dass das posse ipsum, über das hinaus nichts mächtiger, früher oder besser sein kann, jenes, ohne welches nicht das Geringste sein, leben oder denken kann, bei weitem passender bezeichnet als das possest oder irgendein anderes Wort. Wenn es nämlich bezeichnet werden kann, wird das posse ipsum, über das hinaus nichts vollkommener sein kann, es besser bezeichnen."[652]

Worin sieht Cusanus die Überlegenheit des Begriffs posse ipsum über den Begriff possest? Der Begriff possest beschreibt den Weg, auf dem der intellectus zur Schau des posse ipsum gelangen kann: die Koinzidenz von posse esse und actu esse im Absoluten. Durch den Beryll der Koinzidenz von posse und esse erscheint das posse ipsum. Der einfache Begriff des Könnens beschreibt das, was sich dem Auge des menschlichen Geistes durch den Beryll der genannten Koinzidenz hindurch zeigt. Er soll die absolute Voraussetzungslosigkeit ausdrücken, was durch das hinzugesetzte „ipsum" unterstrichen wird. Das posse ipsum ist das Gegenteil des posse cum addito (und so diesem gerade nicht entgegengesetzt). Das ipsum drückt aus, dass das absolute Können zugleich durch sich selbst (und nicht durch anderes) Wirklichkeit ist, so dass das Wirklich-Sein eines Seienden seinem Sein-Können nichts mehr hinzufügt. Es bedarf gar nicht des komplizierten Kunstwortes „possest", denn im „Können" ist das alles begründende erste Prinzip gerade eben noch vom Begründeten aus terminologisch zu „berühren" (nicht: zu begreifen). Das „Können selbst" ist nicht das Können eines anderen, ein bestimmtes, definiertes, begrenztes Können, ein posse cum addito, sondern es ist das

---

[651] De possest, N.14, Z.1-7: Et vides hanc contemplationem per multos sermones inexplicabilem brevissimo verbo complicari. Esto enim quod aliqua dictio significet simplicissimo significato quantum hoc complexum ‚ posse est', scilicet quod ipsum posse sit. Et quia quod est actu est, ideo posse esse est tantum quantum posse esse actu. Puta vocetur possest.

[652] De apice theoriae, N.5, Z.1-6.

Können des allmächtigen Gottes, der von seinem Können nicht unterschieden ist.

Wenn der Geist, wie Cusanus immer wieder betont, sein Urbild in sich selbst erkennen können soll, dann kann dieses nur das „Können-selbst" sein, denn das „Können-selbst" ist dem menschlichen Geist immanent und transzendent zugleich. Es wird in allem Seienden, Lebenden und Denkenden, welches dem Geist als Sein-Könnendes, Leben-Könnendes und Denken-Könnendes erscheint, immer schon vorausgesetzt. Ohne das Können mitzudenken, kann der Geist nichts denken. Insofern erscheint das Können ihm als Bedingung seiner eigenen Möglichkeit. Das „Können-selbst" ist, selbst durch den Zweifel, durch das Bezweifeln-Können, unhintergehbar. Denn, so Cusanus, „am Können-selbst zweifle ich nicht, was immer ich sehe (...). Weil nämlich jede Frage, ob (etwas sein) kann, das Können-selbst voraussetzt, kann über dieses selbst kein Zweifel erhoben werden; kein (Zweifel) wird zum Können-selbst gelangen. Würde nämlich jemand fragen, ob das Können-selbst sei, sieht er, während er sich (ihm) zuwendet, sofort, die unzureichende Frage, da ohne das Können nach dem Können-selbst nicht gefragt werden kann; noch weniger kann gefragt werden, ob das Können-selbst dieses oder jenes sei, weil das Sein-Können und das Dieses-oder-Jenes-Sein-Können das Können-selbst voraussetzen, und so steht fest, dass das Können-selbst jedem Zweifel, der auftreten kann, vorangeht."[653] Cusanus bezeichnet das nicht mit dem menschlichen Geist (dem denkenden Subjekt) identische, sondern diesem bedingend vorausliegende Können daher als das Sicherste, das gewusst werden kann.

Im Memoriale apicis theoriae, einer aus zwölf Thesen (I-XII) bestehenden Zusammenfassung seines letzten Werks[654], unternimmt er den Versuch, die Grundgedanken seines theophanischen Schöpfungsverständnisses vor dem Hintergrund des posse ipsum, der (relativ) treffendsten aller dem Menschen zugänglichen Gottesbezeichnungen, darzulegen. Er möchte nicht nur die Trinitäts- und die Schöpfungslehre, sondern auch die Christologie und die Beantwortung der Frage nach dem Übel in der Welt auf das Konzept des posse ipsum beziehen. Darin besteht zugleich die neue Erkenntnis, die

---

[653] De apice theoriae, N.13, Z.3-12.

[654] Zu dieser Form vgl. Flasch, Geschichte, 634: „Auch schon zu seiner Schrift De non aliud hatte Cusanus eine Thesensammlung verfasst. Dies sind Versuche, die Dialogform durch eine axiomatische Darstellung zu ergänzen, deren Vorbild Euklid, die proklische Elementatio theologica oder der Liber de causis gewesen sein dürfte."

Cusanus – zum Erstaunen seines Sekretärs Peter von Erkelenz – nach den ausführlichen Forschungen gerade der letzten fruchtbaren Jahre noch einmal einen neuen Anlauf nehmen lässt: Alles kann auf die Erscheinung des Können-selbst zurückgeführt werden.[655]

Die ersten drei Thesen sind als Erklärung des Begriffs posse ipsum zu verstehen. Das Können-selbst ist die universale, allem immanente und zugleich transzendente Voraussetzung; es geht jedem geschöpflichen Können als dessen Bedingung voraus. Es ist das „Können jedes Könnens" (I)[656], dem auch die verwirklichte Schöpfung nichts hinzufügt, was es nicht selbst immer schon ist (II).[657] Es ist nicht nur die Bedingung des Wirklich-Seins alles Seienden, sondern auch die uneinholbare Bedingung des menschlichen Geistes bzw. dessen Könnens und daher für diesen unbegreifbar (III).[658]

Die beiden darauffolgenden Thesen beschreiben die Seinsweise all dessen, was nicht das Können-selbst ist. Wie es neben der Wahrheit nur deren Bild geben kann, so neben dem posse ipsum nur dessen Erscheinung (IV). Das geschöpfliche Können (posse cum addito) wird also insgesamt (d.h. als Sein-, Leben- und Erkennen-Können) als Bild und das Bild als Erscheinung der Wahrheit bezeichnet.[659] Das Verhältnis zwischen dem Können-selbst und seiner Erscheinung wird in dreifacher Hinsicht durch den Vergleich mit einem Buch und dem darin sich manifestierenden Geist des Autors expliziert (V): Das Können des Geistes erschöpft sich nicht im Inhalt des Buches, das Buch dient nichts anderem als der Offenbarung des Geistes, diese aber geschieht in Freiheit.[660]

---

[655] Vgl. De apice theoriae, N.14, Z.5-23.

[656] Vgl. De apice theoriae, N.17, Z.6-9: Non est igitur posse ipsum posse esse seu posse vivere sive posse intelligere; et ita de omni posse cum quocumque addito, licet posse ipsum sit posse ipsius posse esse et ipsius posse vivere et ipsius posse intelligere.

[657] Vgl. De apice theoriae, N.18, Z.1-5: Esse igitur non addit ad posse esse. (...) Et quia posse cum addito ad posse ipsum nihil addit, acute contemplans nihil videt quam posse ipsum.

[658] Vgl. De apice theoriae, N.19, Z.4-6: Et quia posse ipsum omne posse cum addito antecedit, non potest nec esse nec nominari nec sentiri nec imaginari nec intelligi.

[659] Vgl. De apice theoriae, N.20, Z.1-7: Posse cum addito imago est ipsius posse (...). In omnibus igitur videt contemplator posse ipsum, sicut in imagine videtur veritas. Et sicut imago est apparitio veritatis, ita omnia non sunt nisi apparitiones ipsius posse.

[660] Vgl. De apice theoriae, N.21, Z.1-6: Sicut posse mentis Aristotelis se in libris eius manifestat non quod ostendant posse mentis perfecte, licet unus liber perfectius quam alius et libri non sunt ad alium finem editi, nisi ut mens se ostendat nec mens ad edendum libros fuit necessitata, quia libera mens et nobilis se voluit manifestare, ita posse ipsum in omnibus rebus.

In drei weiteren Thesen hebt Cusanus die besondere Bedeutung des menschlichen Geistes innerhalb des Geschaffenen hervor, nachdem er sich bisher auf alle Geschöpfe (auf Sein-, Leben- und Verstehen-Können) bezogen hat. Der Geist ist der Adressat der Offenbarung des Können-Selbst in allem geschöpflichen Können (VI), da nur er das in allem wirksame Können erkennen kann.[661] Mit dem Erkennen-Können verbunden ist das „Wählen-Können" bzw. das „Können des freien Willens", durch das der Geist Sinne und Verstand mittels der Vernunft beherrschen kann (VII)[662]. Der Geist erkennt sein eigenes Können somit als das größte geschöpfliche Können und daher als Erscheinungsweise des Können-selbst (VIII).[663]

Alles, so zeigen die zwei nächsten Thesen, erkennt der Geist als Erscheinungsweise des dreieinen, nämlich aus absoluter Möglichkeit und absoluter Wirklichkeit geeinten Können-selbst. Cusanus identifiziert das Sein mit dem Sein-Können, da das wirkliche Sein dem Sein-Können nichts hinzufügt, und erblickt das Sein-Können jedes beliebigen Körpers als Dreieinheit aus Länge, Breite und Höhe, er identifiziert das Erkennen mit dem Erkennen-Können und erblickt das Erkennen-Können als Dreieinheit aus memoria, intellectus und voluntas (IX)[664], er identifiziert das Handeln mit dem Handeln-Können und erblickt das Handeln-Können als Dreieinheit aus faciens, factibilis und conexio (X).[665]

---

[661] Vgl. De apice theoriae, N.22, Z.1-6: Quamvis in libris Aristotelis non contineatur nisi posse mentis eius, tamen hoc ignorantes non vident. (...) Sed viva lux intellectualis, quae mens dicitur, in se contemplatur posse ipsum. Sic omnia propter mentem et mens propter videre posse ipsum.

[662] Vgl. De apice theoriae, N.23, Z.11-12: Posse eligere in se complicat posse esse, posse vivere et posse intelligere. Et est posse liberae voluntatis (...). Z.1-2: Et in hoc experimur posse ipsum in posse mentis potenter et incorruptibiliter apparere.

[663] Vgl. De apice theoriae, N.24, Z.2-6: Et quoniam (mens) videt posse suum non esse posse omnis posse, quando multa sibi sunt impossibilia, hinc se non esse posse ipsum, sed ipsius posse imaginem videt. In suo itaque posse cum videat posse ipsum et non sit nisi suum posse esse, tunc videt se esse modum apparitionis ipsius posse.

[664] Vgl. De apice theoriae, N.25, Z.1-24: Esse corporis (...) sola mente videtur. (...) Esse corporis, quod non est nisi posse esse corporis, nullo sensu attingitur, cum non sit nec quale nec quantum. (...) Corpus autem est longum, latum et profundum, sine quibus non est corpus nec perfecta dimensio. (...) Sic videt mens posse ipsum in esse corporis unitrino incorruptibiliter apparere. (...) Quomodo autem posse ipsum unitrinum clare appareat in mente memorante, intelligente et volente mens sancti Augustini vidit et revelavit.

[665] Vgl. De apice theoriae, N.26, Z.1-3: In operatione seu factione certissime mens videt posse ipsum apparere in posse facere facientis et in posse fieri factibilis et in posse conexionis utriusque.

In der vorletzten These führt der Kardinal jedwedes Übel in der Welt auf die defiziente Erscheinung des Können-selbst zurück, außer dem es keinen anderen Ursprung gibt (XI).[666] So stellt er auch die Theodizeeproblematik in unmittelbaren Zusammenhang mit dem posse ipsum.

Schließlich wird Jesus Christus als die vollkommenste Erscheinung des mit dem trinitarischen Gott identischen Können-selbst bezeichnet (XII).[667] In ihm verwirklicht sich das absolute Können in der menschlichen Natur auf die für diese höchstmögliche Weise. Denn indem sich in ihm das Werden-Können des Geschöpfs in vollkommenem Maße vollzieht (consummatio omnis creationis)[668], bringt er den Schöpfer auf unüberbietbare Weise als posse ipsum zur Erscheinung.

Mit Hilfe des Gottes-Begriffs posse ipsum führt Cusanus, wie wir sahen, sein apparitio dei-Konzept mit äußerster Konsequenz durch. Alles kann nämlich durch die Unterscheidung in absolute bzw. relative, vollkommene bzw. defiziente Erscheinung des „Könnens" vom menschlichen Geist (durch dessen „Können" vermittelt) erfasst werden. Das „Können" bezeichnet den sich in der Schöpfung als deren alleiniger Grund manifestierenden Gott.

c) Das Feld des non aliud: Die Vermittlung der Schöpfungstheologie durch die Selbstreflexion des Erkenntnisakts mittels der Definition

Die Spekulationen über das non aliud, das „Nicht-Andere", die Cusanus in einer 1461/62 entstandenen, umfangreichen Schrift anstellt, und die er in zwanzig Thesen zusammenfasst, wirken vielleicht noch abstrakter und schwieriger als die Ausführungen über das „Können-selbst". Obwohl der Kardinal davon überzeugt ist, dass kein Gottes-Begriff geeigneter ist als der des non aliud – was eine Explikation dieses Begriffs schon wieder fast unmöglich macht, da sie notgedrun-

---

[666] Vgl. De apice theoriae, N.27, Z.1-8: Non potest esse aliud (...) principium (...) quam posse ipsum. (...) Et ubi non relucet, illa carent hypostasi, uti inane, defectus, error, vitium, infirmitas, mors, corruptio et talia illa carent entitate, quia carent ipsius posse apparitione. Vgl. auch schon N.26, Z.7-9: Vitiosa autem opera, quia posse ipsum in ipsis non relucet, inania, mala et mortua, lucem mentis obtenebrantia et inficientia mens experitur.

[667] Vgl. De apice theoriae, N.28, Z.1-5: Per posse ipsum deus trinus et unus (...) significatur. Cuius perfectissima apparitio, qua nulla potest esse perfectior, Christus est.

[668] Vgl. Sermo CLIV, N.9, Z.33-34: Filius est consummatio omnis creationis.

gen unpräziser ausfallen muss[669] –, greift er ihn in seiner letzten Schrift, De apice theoriae, nicht mehr auf.[670] Zuvor jedoch, in De venatione sapientiae, erscheint das non aliud als das „angenehmste Feld"[671] der Weisheitsjagd.[672] Auf diesem Feld fallen nämlich die Gegensätze von Affirmation und Negation – deutlich erkennbar – ineins. Das Andere und das Nicht-Andere sind weder identisch noch nicht identisch, denn das Nicht-Andere umfasst das Andere, geht aber nicht in der Identität mit dem Anderen auf. Das non aliud ist zwar auch nur ein Begriff unseres Geistes, aber im Unterschied zu allen anderen Begriffen muss dieser Begriff nicht erst noch einmal verneint werden, um näher an die göttliche Wirklichkeit heranzureichen.[673] Im non

---

[669] Vgl. De non aliud, S.6, 12-14: Cum nos (...) non possumus relevare visionem nisi per vocabulorum significatum, praecisius utique li non aliud occurrit, licet non sit nomen dei. Vgl. auch ebd., S.8, Z.17-20: (Ferdinandus.) Dic ergo: quid tu per non-aliud intelligis? (Nicolaus.) Id, quod ipsum intelligo, per alia aliter exprimi nequit; nam omnis post ipsum foret alia expositio et minus ipso profecto.

[670] Ekkehard Fräntzki vermutet den Grund für die schließliche Dominanz des posse-Denkens gegenüber der non aliud-Spekulation darin, dass „die mit dem non aliud erreichte allumfassende Wirklichkeit (...) ohne das posse eine bloß faktische (bleibt). Zwar wird sich das non aliud als solches erweisen, das das andere setzt und vermittels der Negaton des Anderen sich setzt, zwar wird Cusanus das non aliud als Wille bestimmen, aber dieser setzende Wille oder diese setzende Kraft kommt im Wort non aliud nicht eigens zum Vorschein. Der im non aliud gegebene Inbegriff alles Seienden reicht über den Charakter der Faktizität nicht hinaus." (Fräntzki, Nikolaus von Kues, 110f.).

[671] De venatione sapientiae, N.40, Z.1: Campum (...), ubi est venatio iocundissima.

[672] Cusanus selbst hat den Text des Werks über das non aliud nicht in die Sammlung seiner Schriften, die er gegen Ende seines Lebens anlegen ließ und die in den beiden Cusaner Codices 218 und 219 überliefert sind, aufgenommen. Flasch fragt: „Wollte er noch an ihm arbeiten? Er fehlt auch in den alten Drucken. Der Humanist (...) Hartmann Schedel hat 1496 davon eine Abschrift gemacht; dadurch blieb der Tetralog erhalten." (Geschichte, 555). In dieser frühesten Überlieferung des Textes sind die zwanzig Thesen, die die Kraft und den Wert des neuen philosophischen Begriffs non aliud illustrieren wollen, hinten angefügt. Dass sie von Cusanus stammen, gilt als sicher, nicht jedoch, ob sie von ihm selbst als unmittelbare Zusammenfassung der Schrift konzipiert sind. Zum Titel der Schrift vgl. Paul Wilpert in der Einführung zu: Schriften des Nikolaus von Kues, Vom Nicht-Anderen, XVIIIf.: Die von Schedel besorgte Abschrift trägt den Titel Directio speculantis. Da die Schrift selbst mehrere Anspielungen auf diese Bezeichnung enthält, könnte es sich durchaus um den echten Titel handeln. In De venatione sapientiae N.41, Z.24-25 (Scripsi autem latius de li non aliud in tetralogo Romae anno transacto) läge dann ein Verweis auf den Inhalt, nicht auf den Titel der Schrift vor.

[673] Vgl. Offermann, Christus – Wahrheit, 96: „Das ‚Andere' ist bereits ein Begriff, der in sich die Negation enthält. Wird dieser Begriff noch einmal negiert, so stellt er die Negation einer Negation dar, die mehr besagt als eine verstärkte Affirmation."

aliud wird negiert, dass Gott ein Anderes wie alles Andere ist, und gerade dadurch zugleich affirmiert, dass er allem Anderen gegenüber das Andere ist. Er ist dadurch das Andere, dass er das Nicht-Andere des Anderen ist. Wie kommt man aber zum Konzept des non aliud?

Cusanus, so wurde immer wieder deutlich, geht in seiner Argumentation vom menschlichen Geist aus. Aufgrund der apriorischen Verwiesenheit des Geistes auf die Wahrheit kann dieser nur als lebendiges Bild der göttlichen Wahrheit angemessen gedeutet werden. Weil der Geist aber das lebendige Bild der Wahrheit ist, deshalb erscheint das Urbild, die Wahrheit, in der Aktuierung des Geistes. Der Geist jedoch aktuiert sich, das heißt sein Können, seine Möglichkeit, durch Erkennen. Erkennen ist jedoch Definieren.[674] Dieses Definieren vollzieht sich allerdings „nicht gemäß der ‚normalen‘ aristotelisch-scholastischen Form ‚per genus proximum et differentiam specificam‘, sondern sieht primär auf die Abgrenzung jedes bestimmten Etwas-Seienden von einem anderen Etwas, zielt also auf die Selbstidentität jedes Einzelnen."[675] In der Definition wird jedes Seiende als ein allen anderen gegenüber anderes erkannt. Es wird mit sich selbst identifiziert, indem es im wörtlichen Sinne von allen anderen Seienden ab-gegrenzt (de-finiert) wird. Weil der Geist sich im Definieren als lebendiges Bild der Wahrheit verwirklicht, ist die Definition die Erscheinung der Wahrheit im menschlichen Geist. Cusanus sagt daher: „Das Gesuchte (=die Wahrheit) also erscheint in der Definition in der Weise, in der es erkannt werden kann."[676] Die Definition ist der unserem Geist adäquate Modus der Erscheinung der Wahrheit. Dass die Definition Erscheinung der Wahrheit ist, bedeutet aber – da die Wahrheit zugleich Einheit ist –, dass sie eins mit dem durch sie Definierten ist. Wenn die Definition eins ist mit dem Definierten, dann ist sie keine willkürliche, vom Definierten los-gelöste (absolute) Begriffsbestimmung im Sinne des Nominalismus, sondern sie ist die Erscheinung, das In-Sein des Definierten im menschlichen Geist. Dass der menschliche Geist in seinen Definitionen also die Wahrheit des Definierten tatsächlich erreicht, sieht Cusanus darin begründet, dass der definierende Geist Bild der Wahrheit ist.

Von diesem Ansatzpunkt aus entwickelt Cusanus nun seinen neuen

---

[674] Cusanus stellt fest: Diffinitio enim scire facit (De venatione sapientiae, N.39, Z.4). Vgl. dementsprechend auch De non aliud, S.3, Z.25 - S.4, Z.1: (Nicolaus.) Quid est quod nos apprime facit scire? (Ferdinandus.) Definitio.

[675] Beierwaltes, Platonismus, 161f.

[676] De venatione sapientiae, N.39, Z.6-7.

Gottesbegriff des non aliud, indem er den Begriff der Definition ins Maximale bzw. ins Absolute steigert: zu der Definition nämlich, die (absolut) alles – und also auch sich selbst – definiert. Diese mit dem Absoluten koinzidierende Definition ist es, die vom Geist eines jeden Menschen gesucht wird.[677] In allen einzelnen Definitionen sucht der Geist nämlich letztlich die alles definierende Definition, in der sich die Kenntnis alles Geschaffenen und zugleich die Kenntnis des Schöpfers ausdrückt. Kennt man die absolut alles definierende Definition, so kennt man auch jede andere, in der absoluten schon enthaltene Definition. Wie findet Cusanus aber die gesuchte Definition?

Wenn man das über die Einheit der Definition und des Definierten Gesagte bedenkt, sieht man, so Cusanus, „dass die alles definierende Definition nichts anderes (non aliud) ist als das Definierte"[678] (=das Absolute). Das Definierte erscheint also als „nichts anderes als die Definition" im menschlichen Geist. Hier taucht nun der Begriff non aliud auf. In diesem Begriff findet die absolut größte, umfassendste Definition ihren einzig angemessenen sprachlichen Ausdruck, weil sie zu dem durch sie Definierten im Verhältnis des „non aliud" steht. Und tatsächlich definiert das non aliud alles Andere und sich selbst: Alles Andere ist nichts anderes (non aliud) als es selbst, das Andere; und: Das Nicht-Andere ist nichts anderes als es selbst, das Nicht-Andere. Die alles umfassende Definition fällt im Geist gewissermaßen mit dem von ihr Definierten zusammen. Diesen Ineinsfall sieht Cusanus gerade in den die Definition und das Definierte verbindenden Worten non aliud sprachlich ausgedrückt. Das non aliud ist somit der Ursprung unseres Erkennens bzw. Definierens (principium cognoscendi). In ihm drückt sich der ursprüngliche Bezug unseres Geistes auf die Wahrheit aus, der jeder Einzelerkenntnis, jeder Einzeldefinition, immer schon vorausliegt. Jedes Seiende kann nur als Anderes von allen Anderen erkannt werden, wenn der Geist um die vorgängige Einheit alles Anderen weiß.

Weil der sich im Definieren mittels des non aliud verwirklichende geschaffene Geist Bild oder Erscheinung des göttlichen Urbildes ist, kommt dessen Schöpfungswirken auf analoge Weise als de-finieren

---

[677] Vgl. De non aliud, S.61, Z.4-5: Prima propositio: Definitio, quae se et omnia definit, ea est, quae per omnem mentem quaeritur.

[678] De non aliud, S.4, Z.8-9: Vides igitur definitionem omnia definientem esse non aliud quam definitum?

oder de-terminieren in den Blick.[679] Während der „Definitionsakt"
des menschlichen Geistes außer sich selbst das zu Definierende voraussetzt[680], konstituiert das „Definieren" des göttlichen Schöpfers
nämlich voraussetzungslos das Definierte bzw. setzt nur sich selbst
voraus.

Das non aliud ist jedem aliud, jedem Anderen als dessen Grund
zugleich immanent und transzendent. Es ist daher die Definition der
absoluten (=alles und sich selbst bestimmenden) Definition. „Wer
sieht", so Cusanus, „dass es vollkommen wahr ist, dass die Definition
nichts anderes ist als die Definition, der sieht auch, dass das Nicht-
Andere die Definition der Definition ist."[681] Die Definition, so sahen
wir, ist die Aktuierung des menschlichen Geistes; die „Definition der
Definition" ist der den menschlichen Geist (dessen Definition) begründende göttliche Schöpfergeist. Dieser göttliche Schöpfergeist
erscheint vom Begründeten aus als das non aliud, weil er „nichts anderes" als das durch ihn Begründete, Andere ist. Weil die alles umfassende, absolute (kreative) Definition nichts anderes als das durch sie
Definierte (Geschaffene) ist, deswegen ist das non aliud zugleich
Seins- und Erkenntnisprinzip (principium essendi et cognoscendi).
Das non aliud bestimmt sowohl den Vollzug der absoluten göttlichen
Definition als auch den Vollzug der geschaffenen Definition, des
menschlichen Geistes. Durch das non aliud entsteht das Sein und
verwirklicht sich das Seiende im Erkennen. Denn alles Andere ist
„nichts anderes als das Andere". Das Andere ist das, was es ist, ein
Anderes nämlich, durch das Nicht-Andere, durch seine Partizipation
an diesem. Und es wird als Anderes durch das Nicht-Andere erkannt.
Das „als", so Cusanus, lenkt den Blick des Geistes vom Anderen auf
das Nicht-Andere, wie es dem Anderen als dessen Grund zugleich
immanent und transzendent ist.[682]

Die Definition des menschlichen Geistes ist somit nicht eine (im
nominalistischen Sinn verstandene) willkürliche Festlegung von Begriffen, sondern sie ist eine Manifestation der Erscheinung der Wahr-

---

[679] Zur Frage eines Bedeutungsunterschieds zwischen den beiden Begriffen finis und
terminus vgl. Kap.IV,1.i (Das Feld der Grenze).

[680] Cusanus drückt dies folgendermaßen aus: (Non aliud) non enim sic ipsum principium quidditativum definit, quasi qui lineis circumpositis triangularem determinat seu
definit superficiem, sed quasi superficiem, quae trigonus dicitur, constituat (De non
aliud, S.52, Z.28-30).

[681] De non aliud, S.61, Z.6-8.

[682] De non aliud, S.50, Z.8-10: (Quam) dirigit visum. Nam cum non aliud dico non aliud
quam non aliud, li quam in non aliud visum simpliciter dirigit, uti ante aliud est.

heit. Als Selbstvollzug des menschlichen Geistes offenbart sich in ihr dessen Schöpfer und Urbild. Der Geist entfaltet sich in seinen Definitionen und bringt so seinen göttlichen Grund zur Erscheinung. Dass die Definition Ausgangspunkt der Theologie, der Jagd nach der göttlichen Weisheit, sein kann, liegt also im Verständnis des menschlichen Geistes begründet. Weil der Geist lebendiges Bild Gottes ist, kann seine als Wesens-Entfaltung verstandene Tätigkeit, das Definieren, als Erscheinung des göttlichen Urbildes, des göttlichen Schaffens interpretiert werden. Die Definition ist die Erscheinung des Definierten im menschlichen Geist. Insofern kann von jeder Definition gesagt werden, dass sie in dem Maße eins mit dem Definierten ist, in dem das Definierte von der Definition erfasst bzw. vom menschlichen Geist erkannt wird. Die Einheit zwischen dem Definierten und der Definition wird durch den als lebendiges Bild Gottes verstandenen menschlichen Geist vermittelt.

Weil das Nicht-Andere alles definiert, definiert es folglich auch sich selbst. Diese absolute, da von allem Anderen losgelöste Selbstdefinition wird im menschlichen Geist als dreieine erkannt: „Das Nicht-Andere ist nichts anderes als das Nicht-Andere."[683] Das Absolute zeigt sich also im menschlichen Geist als die auf den Begriff non aliud gebrachte absolute Selbst-Definition.

d) Das Feld des Lichts: Das Licht als Symbol für die Einheit von Seins- und Erkenntnisprinzip

Der Begriff des non aliud entbehrt jeder Anschaulichkeit. Ist schon die Andersheit des Anderen als solche nicht unmittelbar wahrnehmbar, sondern nur vermittelt über die sinnenfälligen Akzidentien der je anders erscheinenden Dinge, so gilt erst recht für das Nicht-Andere, dass es zwar als Gottesbegriff überaus treffend, für unser Denken aber sehr abstrakt ist. Ausgehend von der Bedeutung des Sehens für das menschliche Erkennen[684], findet Cusanus jedoch im Licht ein

---

[683] De non aliud, S.4, Z.29-30: Video equidem bene, quomodo non aliud est non aliud quam non aliud. Et hoc negabit nemo. Vgl. auch De venatione sapientiae, N.40, Z.4-5.

[684] In den beiden unmittelbar nacheinander entstandenen kleinen Schriften De deo abscondito und De quaerendo deum erfindet Cusanus noch nicht – wie in den Spätwerken – einen eigenen Gottesbegriff, sondern er geht von der Etymologie des griechischen Wortes Gott, theos, aus und erklärt: „theoro" heißt „ich sehe" und „ich laufe". Denn „laufen muss der Suchende durch die Schau, damit er zu dem alles se-

Gleichnis[685], das den im Begriff des non aliud intendierten Erkennt-
nisgehalt nicht nur anschaulicher zu vermitteln vermag, sondern das
zudem noch eine biblische Grundlage besitzt.[686] Dem menschlichen
Sehen kommt insofern eine fundamentale Bedeutung zu, als es am
Anfang allen Erkennens steht. Es wurde bereits gesagt, das Staunen
sei der den Glauben wie das Denken initiierende, ursprüngliche Akt
des Menschen. Das Staunen setzt jedoch selbst wiederum das Sehen
voraus. Im Sehen erblickt Cusanus das mächtigste unserer Sinnesver-
mögen. Selbst weit Entferntes vermag der Mensch zu sehen. Durch
das Sehen können größere Entfernungen überbrückt werden als

---

henden Gott gelangen kann." (De quaerendo deum, N.19, Z.10-11). Das Verhältnis
zwischen Sehen und Sichtbarem dient hier als Gleichnis für das Verhältnis zwischen
dem Schöpfer und der Schöpfung. (Deus se habet ad omnia sicut visus ad visibilia,
De deo abscondito, N.14, Z.13). Das Sichtbare ist nämlich auf das Sehen verwiesen,
durch das alleine es erfasst werden kann, während das Sehen nicht das Sichtbare ist.
Zur Bedeutung des Sehens Gottes bei Cusanus vgl. ausführlich die drei Aufsätze von
Werner Beierwaltes: -Identität und Differenz als Prinzip cusanischen Denkens (in:
Identität und Differenz, 105-143); -Visio absoluta oder absolute Reflexion (in: Identi-
tät und Differenz, 144-175); -Visio facialis – Sehen ins Angesicht (in: MFCG 18/1989,
91-118).

[685] Cusanus bezeichnet die Funktion, die dem Licht für seine Theologie zukommt, als
aenigma, similitudo, paradigma, species oder exemplum. Vgl. De non aliud, S.7, Z.1;
ebd., S.48, Z.15; De dato patris luminum, N.100, Z.1; Compendium, N.19, Z.9; De
venatione sapientiae, N.14, Z.7. Für die Frage, ob es sich bei den Cusanischen Licht-
spekulationen um Lichtmetaphysik oder Lichtsymbolik (zum Unterschied zwischen
den beiden Begriffen vgl. Beierwaltes, Art. Lichtmetaphysik) handelt, ergibt sich
daraus, dass Cusanus im Phänomen des Lichts ein besonders geeignetes Gleichnis
erblickt, um die seins- und zugleich erkenntnisbegründende Anwesenheit des
Schöpfers im Geschaffenen zu erkennen. Dass es sich jedoch nur um ein Gleichnis
handelt und dass Cusanus sich darüber selbst da, wo er schreibt „Gott ist Licht" auch
bewusst ist, zeigt sich schon daran, dass das Licht nur ein „Feld" der Weisheitsjagd
unter anderen darstellt. Vgl. auch Wilpert, Schriften des Nicolaus von Cues, Über
das Nicht-Andere, S.116-119 (Anm. 1 zu Kap.3): Trotz seiner starken Bindung an die
neuplatonische Tradition, der die Lichtmetaphysik entstammt, bewahre Cusanus das
ursprünglich Platonische und in der Aristotelischen Tradition betonte Bewusstsein
des Bildcharakters des Lichts. In diesem Sinne heißt es im Compendium, das Wort
(‚von dem der Johannesprolog spricht,) werde auch Licht genannt: Ideo et lux dicitur, quae se et omnia visibilia facit (N.19, Z.22). Es sei am Rande darauf hingewiesen, dass Cusanus in Sermo CXXX keineswegs, wie Harald Schwaetzer in seiner Einleitung und Übersetzung dieser Predigt behauptet, von „Lichtmetaphysik" spricht
(Nikolaus von Kues, Predigten im Jahreslauf, S.XVIII und S.57). Wörtlich heißt es
dort: Ad finem, ut compleam conceptum de lumine... (Sermo CXXX, N.1, Z.1-2).

[686] Vgl. De non aliud, S.7, Z.1-2: Dicunt theologi deum nobis in lucis aenigmate clarius
relucere, quia per sensibilia scandimus ad intelligibilia. Cusanus denkt wohl besonders an Ps 4,7 und Joh 1,5.

durch Hören, Riechen oder Fühlen. Über die Bedeutung des Seh-
sinns für die Erkenntnislehre führt Cusanus somit die traditionsreiche
Lichtsymbolik in sein Denken ein. Die Bedeutung des Begriffsfelds
lumen, lux[687], illuminatio, (re-)lucere, relucentia, lucidus lässt sich für
das gesamte Cusanische Werk nachweisen.[688] Immer wieder vergleicht
er das Verhältnis zwischen Gott, dem menschlichen Geist und den
sichtbaren Geschöpfen mit dem Zusammenhang zwischen Licht,
Sehen und Sichtbarem. Obwohl die Verwendung des Lichtsymbols
vielschichtig ist, lassen sich zwei Bedeutungen des Lichts herauskris-
tallisieren. Es erscheint nämlich sowohl als Voraussetzung des Sehens
als auch als Voraussetzung des Sichtbaren.

Nur durch ihre Farbe, so erklärt Cusanus zunächst, sind alle Gegenstände für unser Auge sichtbar. Er reduziert die sinnenfällige Welt
hier – aus erkenntnistheoretischer Sicht – auf die Farbe bzw. auf Far-
big-Sein.[689] Der Gegenstand erscheint in seinem Bezug auf die durch
das Sehen des Auges initiierte menschliche Wahrnehmung vermittelt
durch seine Farbe. Die Farbe aber kann ihrem Wesen nach als Teilhabe am Licht, als dessen Begrenzung verstanden werden.[690] Das
Licht „steigt herab"[691] und wird in der Farbe begrenzt. Es ist in der
Farbe Farbe. Es leuchtet in den Farben verschieden wieder, ohne
jedoch selbst gesehen zu werden.[692] Was vom Licht nur gesehen werden kann, ist seine Begrenzung in den Farben.[693] „Die Farben, die
durch das Sehen erkannt werden, sind Zeichen und Begrenzungen
des Lichts im Durchscheinenden."[694] Alle Geschöpfe partizipieren am
Licht durch ihr Farbig- bzw. Sichtbar-Sein. Die Farbe ist die „ver-

[687] Eine konsequente Unterscheidung zwischen lumen (=Lichtquelle) und lux
(=Lichtausstrahlung) hält Cusanus nicht durch (vgl. Platzer).

[688] Vgl. Koch, Über die Lichtsymbolik, 668; außerdem Nikolaus von Kues, Predigten im
Jahreslauf, Einl. von Schwaetzer, XIIIf.

[689] De quaerendo deum, N.20, Z.4: In regione igitur visibilium non nisi color reperitur.

[690] Vgl. auch De venatione sapientiae, N.14, Z.12: Nam coloris hypostasis lux est.

[691] Vgl. De coniecturis, N.107, Z.13.

[692] Als Beispiel hierfür dient Cusanus der Regenbogen. Vgl. De non aliud, S.18, Z.27-28.

[693] Vgl. Beierwaltes, Art. Licht: Cusanus „denkt Gott zum einen als lux impermiscibilis
und inaccessibilis, weil er als das bestimmende Prinzip allem Endlich-Seienden enthoben (absolutus) und der Erkenntnis nur conjectural erreichbar bleibt, zum anderen aber wirkt er lichtend und bewahrend in Allem, so dass das Seiende jeweils um
so vollkommener ist, je mehr es an dem es begründenden Licht partizipiert."

[694] Compendium, N.2, Z.8-9.

schränkte Aufnahme des Lichts". Sie ist nicht selbst das Licht[695], sondern sie ist das, was sie ist, durch das Licht, durch dessen „Begrenzung" im Geschaffenen. Das Licht ist die „universale Gestalt allen sichtbaren Seins, d.h. jeder Farbe."[696] Insofern kann Cusanus jedes Geschöpf – in Übereinstimmung mit dem Jakobusbrief[697] – in gewissem Sinne als Licht (lumen seu theophania), nämlich als ein durch die Farbe bzw. deren Ursprung, das Licht, Erkennbares oder „Durchscheinendes" (diaphanum) bezeichnen. Das Licht erscheint dem menschlichen Geist somit als das Seinsprinzip (principium essendi) der das Geschaffene symbolisierenden Farbe.[698] Um das Licht als principium essendi einsichtig zu machen, bedient Cusanus sich außer des Farben-Gleichnisses auch des Bildes eines rubinroten Edelsteins (carbunculus). Dieser Stein leuchtet – im Gegensatz zu anderen (farbigen) Gegenständen – nämlich sogar im Dunkeln, sozusagen aus sich heraus, ohne jedoch selbst das Licht zu sein. Er beinhaltet das ihn sichtbar machende Licht: „Siehst du, dass selbst in der dritten Stunde der Nacht, zu einer völlig dunklen Zeit und an einem völlig dunklen Ort, keine Kerze nötig ist, weil in ihm Licht ist? Wenn dieses sich selbst ausbreiten will, tut es dies mittels des Steins, weil es in sich für den Sinn unsichtbar ist. Es käme dem Sinn nämlich (sonst) nicht entgegen und würde daher niemals wahrgenommen, weil der Sinn nichts erkennt außer dem, was ihm entgegentritt. Jenes Licht also, das im Stein blitzt, überträgt zu dem Licht, das im Auge ist, was von jenem Stein sichtbar ist."[699] Das Licht will sich also mitteilen und zieht sich daher zusammen (=kontrahiert sich) in den Edelstein. Es wird als Licht erst mittels des materiellen, im Dunkeln von sich her leuchtenden, auf das (an sich unsichtbare) Licht hinweisenden Steins sichtbar. Der Rubin ist und ist erkennbar nur durch das Licht. Das Licht wird

---

[695] De dato patris luminum, N.100, Z.3-12: Color enim est contracta receptio lucis (...). Nec est color lux, sed est lux sic recepta contracte tali quadam similitudine, ut se habet forma lucis ad formam colorum.

[696] De dato patris luminum, N.100, Z.2-3: Nam lumen est forma quaedam universalis omnis esse visibilis, scilicet omnis coloris.

[697] Jak 1,17.

[698] Wie die Farbe das Geschaffene symbolisiert, wird besonders deutlich in De venatione sapientiae, N.14, Z.8-13: Esto lucem aeternam deum appellari, mundum vero penitus invisibilem, qui per visum iudicatur non esse, cum nihil visus esse iudicet, nisi per ipsum videatur. Disponit autem lux velle mundum visibilem facere. Et quia posse fieri visibilem mundum est color, ipsius lucis similitudo (...), creat igitur lux colorem, in quo omne, quod videri potest, complicatur.

[699] De non aliud, S.23, Z.27 - S.24, Z.4.

somit auch hier als Ursprung des (als Erkennbar-Sein verstandenen) Seins erwiesen.

Allerdings erschöpft sich die Bedeutung des Änigmas Licht nicht darin, Seinsprinzip der Farbe, also des Sichtbaren, des erkennbaren Seins zu sein. Es erscheint außerdem als Voraussetzung des Sehens, als Erkenntnisprinzip (principium cognoscendi). Ein farbiger Gegenstand wird nämlich nur dann wirklich gesehen, wenn ein Lichtstrahl „von außen" auf ihn fällt (concurrente luce extrinseca)[700] und seine Farbe sichtbar macht. Wenn das Licht fehlt, so Cusanus, kann selbst ein gesundes Auge nichts sehen.[701] Die Farbe ist also nicht die einzige Voraussetzung des sinnlichen Sehens. Vom Gleichnis der Farbe ausgehend, muss man sagen: Im Dunkeln bliebe der Gegenstand trotz seines Farbig-Seins unsichtbar. Er wird erst durch den ihn treffenden Lichtstrahl als Manifestation des Lichts erkannt. Vom Gleichnis des – auch im Dunkeln leuchtenden – Edelsteins ausgehend, muss man sagen: Würde das dem Stein entströmende Licht nicht von dem „Licht, das im Auge ist", aufgenommen, dann würde der Stein nicht wirklich gesehen. Bei dem „im Auge leuchtenden" Licht denkt Cusanus an das dem Menschen „mitgeschaffene Urteil"[702], das als Erkenntnis- bzw. Glaubenslicht[703] (lumen intellectuale/lumen fidei)[704] im menschlichen Geist widerstrahlt. Es ist das „Licht der Wahrheit"[705], durch das der Geist sich als Bild seines göttlichen Urbildes erfährt, und ohne das ebensowenig ein geistiges Sehen

---

[700] De quaerendo deum, N.20, Z.3.

[701] Vgl. De ludo globi II, N.72, Z.6-8: Oculus integer in tenebris caret vita, quia videre est sibi vivere. In carentia autem lucis nihil videre potest, licet sit oculus sanus.

[702] Vgl. De venatione sapientiae, N.57, Z.12-15: Habet igitur intellectus in se dono divinae providentiae omnem sibi necessariam scientiam principiorum, per quae venatur suae naturae conforme, et infallibile est hoc iudicium. Vgl. dazu Kap. I.3 (Der Erkenntnisapriorismus).

[703] Das Glaubenslicht ist das Licht, das in der Erkenntnis-ermöglichenden Wirkung des Glaubens an Jesus Christus, an die „vollkommenste Erscheinung der Wahrheit", besteht. Vgl. De ludo globi II, N.72, Z.8-9: Ita anima, licet incorruptibilis, luce carens ostensiva, quae Christus est, non videt nec intellectuali vita vivere potest.

[704] Sofern Glauben und Erkennen sich auf das gleiche Objekt, die sich offenbarende Wahrheit, richten, müssen Glaubens- und Erkenntnislicht identifiziert werden. Vgl. Kap. I.2 (Der Ursprung des Denkens im Staunen und im Glauben) und vor allem Thurner, Gott als das offenbare Geheimnis, 189-200.

[705] Vgl. De complementis theologicis, N.2, Z.61.

zustande kommt wie das sinnliche Sehen ohne sinnliches Licht.[706] Der menschliche Geist ist durch Teilhabe am ursprünglichen göttlichen Licht selber ein Licht, durch das die sichtbaren (=farbigen) Geschöpfe in ihrer Herkünftigkeit vom Licht als „Lichter oder Theophanien" erkannt werden. Albertus Magnus, so Cusanus, vergleiche jenen göttlichen Strahl, der die erkenntnisfähige Natur des menschlichen Geistes erleuchtet, mit dem Sonnenstrahl, der zuerst in die Luft erleuchtend eindringt und dann auf einer Oberfläche in der Farbe begrenzt wird.[707] Dieser Strahl ist gleichsam ein „von oben gegebenes" Licht, das im Geist leuchtet und „unterscheidende Kraft" besitzt. Der aus Körper, Seele und Geist bestehende Mensch sei der durch den Sonnenstrahl „gefärbten Luft" vergleichbar: Der Körper sei wie die Luft, die Seele wie die Farbe und der Geist wie der die Farbe erleuchtende Lichtstrahl.[708] Die „gefärbte Luft" ist in dem Vergleich das Medium der Erscheinung des Lichts. Die Farbe ist keine rein objektive Gegebenheit am – an und für sich farblosen – Gegenstand (superficiem penitus incoloratam)[709], sondern sie ist das In-Sein des Gegenstandes im durch den göttlichen Lichtstrahl, das „Gottesapriori", erleuchteten Geist. Der Mensch (im Vergleich: die Seele als die Einheit des Körpers und des Geistes) nimmt mittels seines Körpers den Gegenstand wahr, indem er mittels seines Geistes Farben unterscheidet. Das göttliche Licht leuchtet somit im menschlichen Geist als dessen lebendigem Bild wider: als Erkenntnislicht, das gleichsam ein gefärbtes Glas durchdringt und so die Farbe als Farbe, als Begrenzung des absoluten Lichts erkennt. Gott, das absolute Licht, erscheint im menschlichen Geist, gleichsam dem „farbigen Lichtstrahl", als durch die sichtbare Schöpfung, gleichsam das „bunte Glas" (diaphanum), kontrahiert. Hier zeigt sich zugleich das Neue im Cusanischen Gebrauch der Lichtmetaphorik gegenüber der bisherigen Tradition: „die Ablösung der Lichtmotivik von der direkten Seinsinterpretation".[710] Das Licht

---

[706] Vgl. De ludo globi II, N.72, Z.10-12: Sicut enim sensibilis visio, ut sit vera et viva, sensibili luce indiget ostensiva, ita et intellectualis visio intellectuali veritatis luce opus habet, si videre seu vivere debet.

[707] De beryllo, N.30, Z.1-8.

[708] Vgl. Compendium, N.42, Z.1-8.

[709] Compendium, N.41, Z.3.

[710] Hedwig, 264. Somit stellt Josef Koch fest: „In der (Cusanischen) Lichtsymbolik kommt beides zur Geltung, die mittelalterliche Denkweise, die Licht und Finsternis als Symbolträger ansieht, und die in die Zukunft weisende neue, die (...) dem Symbol eine ganz neue Funktion gibt, nämlich Mittel zur Erforschung der endlichen Welt zu sein." (Koch, Über die Lichtsymbolik, 670).

wird hier unmittelbar auf den Geist und nur mittelbar (über die Farbe nämlich) auf das Seiende bezogen. Das Seiende „ist" nicht einfach
lichthaft, sondern es wird im Licht des Geistes, des Bildes des absoluten Lichtes, als lichthaftes erkannt. Dem Licht kommt also in Bezug
auf das Sehen in doppeltem Sinne ermöglichende, konstitutive,
schöpferische Bedeutung zu: Es erscheint als Seins- und als Erkenntnisprinzip.

Genau aus diesem Grunde wird das Phänomen des Lichts „änigma-
tisch" auf Gott selbst übertragen, wird Gott „von einigen Heiligen
Licht genannt".[711] Die Lichtmetaphorik eignet sich für das Verständnis des Verhältnisses zwischen dem Schöpfer und seiner Erscheinung
in der Schöpfung, weil Gott im Bild des Lichts als Seins- und zugleich
als Erkenntnisprinzip von allem einsichtig gemacht werden kann.
Mittels des Lichts kann die ursprüngliche Einheit von göttlichem
Schöpfungswirken und menschlichem Erkennen einsichtig gemacht
werden. So wird der Schöpfer - in Übereinstimmung mit der Heiligen
Schrift – als das ewige Licht bezeichnet, das „diese schöne und
lichthafte Welt hervorgebracht hat."[712] Die „Lichthaftigkeit" der Welt
besteht im Zusammenwirken des „äußeren Lichts" und des „Sehgeis-
tes".[713] Das äußere Licht sind die „lumina seu theophaniae", als die
Cusanus im Anschluss an den Jakobusbrief alle Geschöpfe bezeichnet.
Das „Licht des Sehgeistes" ist das dem Geist mitgeschaffene „Licht
der Wahrheit". Indem der lichthafte Geist die Lichthaftigkeit der
Schöpfung erkennt, vollzieht sich die Erscheinung des absoluten
Lichts.

Nachdem Cusanus die Lichtsymbolik im dargelegten Sinne in vielen seiner Schriften und Predigten klärend herangezogen hat, verwundert es eigentlich nicht, wenn er in seinem „Testament", De venatione sapientiae, das „Feld des Lichts" eigens erwähnt. Um so erstaun-
licher ist es allerdings, dass das Lichtmotiv hier gar keine große Rolle
spielt. Es stellt – über den Psalmvers „Signatum est super nos lumen
vultus tui domine" (Ps 4,7) – lediglich den „Aufhänger" dar: „Ich will
nun das Feld des Lichts betreten und im gegebenen Licht die Licht-

---

[711] Vgl. De apice theoriae, N.8. Cusanus kann sich auch auf die Heilige Schrift berufen:
auf Ps 4,7: ...lumen vultus tui domine; oder Joh 1,: lux erat vita hominum.

[712] De venatione sapientiae, N.15, Z.17: Lux aeterna hunc pulchrum et lucidum mundum produxit.

[713] De quaerendo deum, N.34, Z.13-15: Manifestum est colorem (...) visibilem, quoniam
lux extrinseca et spiritus visivus in claritate communicant. Vgl. auch Compendium,
N.41, Z.8-9: Visio ex intentione coloris et attentione videntis oritur.

quelle der Weisheit suchen."[714] Cusanus verbindet hier Gedanken der voraufgegangenen non aliud-Spekulationen mit dem folgenden „Feld des Lobes", das somit bereits vorbereitet wird. Der Grundgedanke im „Feld des Lichts" besteht in der Einsicht, dass der Schöpfer im Geschaffenen dieses selbst ist bzw. im Modus des Geschaffenen erkannt wird, oder – in Anlehnung an eine häufige Formulierung – , dass er „in allem alles" ist.[715] Diese Einsicht zu vermitteln, ist freilich auch die zentrale Intention der Lichtmetaphorik: Das absolute Licht erscheint im geschaffenen Licht als dieses selbst. Weil das geschaffene Licht als Selbst-Mitteilung des absoluten Lichts erscheint, kann das absolute Licht aus dem geschaffenen Licht erkannt werden.

Was Cusanus im „Feld des Nicht-Anderen" auf sehr abstrakte Weise gezeigt hat, – dass das Nicht-Andere im Anderen das Andere ist –, das konkretisiert er im „Feld des Lichts" anhand zehn einzelner Bestimmungen, die er als „göttliche Teilhaben" (divinis participationibus) bezeichnet[716]: Größe, Güte, Wahrheit, Weisheit, Schönheit, Ebenmaß, Vollkommenheit, Klarheit, Genügsamkeit und Erfreulichkeit. Diese zehn Eigenschaften[717], die sich fast wie ein roter Faden durch die Schrift „Über die Weisheitsjagd" ziehen[718], sind in allen Geschöpfen anzutreffen und erweisen alles Geschaffene als lichthaft, als vom Schöpfer, dem ewigen oder absoluten Licht, herstammend. Von je-

---

[714] Vgl. De venatione sapientiae, N.42, Z.3-5. In N.50, Z.19-21 lesen wir: Quo autem modo Dionysius in campo lucis venationem fecerit utique electam, in libro ipsius De divinis nominibus reperitur. Vermutlich hat Cusanus das „Feld des Lichts" in Anlehnung an die Dionysius-Stelle, auf die er sich hier bezieht, so genannt.

[715] Vgl. die zahlreichen Nachweise dieser Formulierung bei Kremer, Gott – in allem alles.

[716] Vgl. De venatione sapientiae, N.105, Z. 25-26.

[717] Als Quelle dieser zehn Eigenschaften gibt die Heidelberger Edition das Buch De mixtionibus principiorum des Raimundus Lullus an, das von Cusanus exzerpiert wurde (Vgl. De venatione sapientiae, Nota ad N.104 (S.97); vgl. auch Colomer, 157-164). Zwar sind die Zahl und die Bezeichnung der von Lullus „dignitates" – „Grundwürden" genannten Eigenschaften bei diesem nicht ganz einheitlich, immer aber meinen sie „ein Attribut Gottes, das ontisch von der göttlichen Natur ungeschieden ist, im geschaffenen Sein sich nur geschieden widerspiegelt." Insofern meinen sie zugleich einen „Transzendentalaspekt, der an allem Seienden aufleuchtet, und in derart abstrakter und allgemeingültiger Weise definiert wird, dass jedes Seiende (...) als Beispiel dieser Definition gelten kann." (Platzeck, Lullsche Gedanken bei Nikolaus von Kues, 359).

[718] An zahlreichen Stellen spielt Cusanus auf sie an, ohne sie jedoch immer alle einzeln aufzuzählen. Vgl. N.15, Z.18-22; N.18, Z.15-17; N.42, Z.8-12; N.44, Z.4-6; N.46, Z.3-5; N.47, Z.7-8; N.48, Z.5-8; N.57, Z.21-22; N.58, Z.3-4; N.68, Z.14-17; N.104, Z.1-18; N.105, Z.1-27; N.106, Z.13-14.

dem Geschöpf erkennt der menschliche Geist nämlich, dass es, indem es existiert, mehr oder weniger groß (magnus), gut (bonus) und wahr (verus) ist, dass es an der göttlichen Weisheit (sapientificus) und an der absoluten Schönheit (pulcher) teilhat, sofern es sich in die Ordnung des Universums einfügt, dass es mit sich selbst übereinstimmt (aequus), dass es relativ – in seinem Bezug zu allem anderen – vollkommen (perfectus) und so mit allem hinreichend ausgestattet (sufficiens) und folglich mit sich selbst zufrieden, ein Grund zur Freude (delectabilis) ist, dass es ferner klar (wenn auch nicht präzise) erkennbar, das heißt auf seinen Ursprung hin durch-schaubar und lichthaft (clarus)[719] ist.

Auf diese Weise wird der menschliche Geist durch die sinnenfällige Schöpfung dazu angeregt, in sich selbst Güte, Schönheit, Wahrheit etc., begrifflich eingefaltet, zu entdecken. Indem er diese Eigenschaften in sich, vermittelt über seine Begriffsbildungen, vorfindet, erkennt er sie zugleich als Modus der Teilhabe. Er erkennt nämlich, wie zu Beginn unserer Untersuchung bereits ausgeführt wurde, die Wahrheit in sich als anwesende und abwesende zugleich. Entsprechendes gilt für die anderen Bestimmungen. Diese Erfahrung wird von Cusanus in der Kategorie des Bildes gedeutet: Die begriffliche Güte etwa ist Bild des Urbildes, der absoluten Güte. Da das Absolute von unserem Geist jedoch nur durch den Beryll der Koinzidenz, der gleichzeitigen Einung und Unterscheidung, erblickt werden kann, erkennt er sein göttliches Urbild durch die Koinzidenz, den Ineinsfall jener zehn Eigenschaften, die er in sich selbst (angesichts der sinnenfälligen Schöpfung) unterscheidet.[720] Cusanus geht es daher hier darum zu zeigen, wie die „participationes" in allem dieses selbst sind. Sie sind im Geist Geist, im Sinn Sinn und in Gott Gott.[721]

---

[719] Vgl. De venatione sapientiae, N.44, Z.8-9: Das Licht (lux) taucht hier als eine der zehn Bestimmungen – synonym mit dem Begriff claritas – auf.

[720] De venatione sapientiae, N.50, Z.7-12: In bonitate enim sua notionali cognoscit eius bonitatem, cuius est imago, maiorem quam concipere aut cogitare possit. Sic intuendo in suam magnitudinem omnia intellectualiter ambientem cognoscit exemplarem dei sui magnitudinem ambitum, quae illius est imago, excedere, quia ipsius non est finis; ita de reliquis cunctis.

[721] Vgl. De venatione sapientiae, N.49, Z.9-14: Ita quidem arbitror (...) omnia in omnibus, scilicet suo esse modo. In intellectu igitur nostro secundum ipsius essendi modum sunt omnia. Nam bonitas, magnitudo, veritas et omnia illa decem in omnibus sunt omnia: in deo deus, in intellectu intellectus, in sensu sensus. Si igitur, quae in deo deus, in intellectu intellectus et in omnibus omnia, utique omnia in intellectu intellectus sunt.

Kein Geschöpf ist die Güte oder die Wahrheit selbst, aber ein jedes hat Teil an ihr. Die Güte ist in jedem auf dessen Weise, im Anderen auf die Weise des Anderen, also auf kontrakte Weise[722], und im Nicht-Anderen auf die Weise des Nicht-Anderen.[723] Der menschliche Geist erkennt nämlich prinzipiell alles als Anderes oder als Nicht-Anderes.[724] Die Sonne, so Cusanus, ist auf andere Weise gut, schön oder vollkommen als ein Mensch, ein Tier oder ein Stein. Die Vollkommenheit des Steins bedeutet im Konkreten etwas anderes als die Vollkommenheit eines geistbegabten Lebewesens, und doch sind beide auf ihre Weise vollkommen. Alle Geschöpfe erscheinen, ihrer jeweiligen Seinsweise als seiende, lebende oder denkende Wesen gemäß[725], gleichsam als „Kombinationen" aus den göttlichen Eigenschaften, als „je unterschiedliche Aufnahme des Nicht-Anderen. Aus dieser folgt dessen je verschiedenes Widerleuchten im einen klarer, im anderen dunkler, klarer und beständiger im Geistigen, dunkler und vergänglicher im Sinnlichen."[726] In dem über den Grundakt unseres Geistes, die Definition, als non aliud erkannten Gott jedoch sind die Eigenschaften auf die Weise des Nicht-Anderen, sie sind also nichts anderes. Die Güte, Vollkommenheit oder Schönheit des Schöpfers bedeutet nichts anderes als die der Geschöpfe und ist doch mit dieser nicht identisch. Auch untereinander bezeichnen die Ei-

---

[722] De venatione sapientiae, N.47, Z.3-4: Solaris enim bonitas ad solem contracta non est illa absoluta bonitas quae non aliud.

[723] Vgl. De venatione sapientiae, N.43, Z.5-8: Bonitas igitur, magnitudo, veritas, pulchritudo, sapientia, perfectio, claritas et sufficientia in mundo diffinito mundus sunt, in terra diffinita terra. Sicut in deo diffinito deus et sicut in li non aliud sunt non aliud, sic in li aliud aliud. Vgl. auch N.46, Z.12-14: Bonum enim in aliud est aliud; ita magnum et verum. Cum igitur quodlibet sit aliud, non erit bonum tunc non aliud a magno nec a vero.

[724] De venatione sapientiae, N.48, Z.1-2: Omnia autem, quae intellectus concipere potest, aut sunt non aliud aut aliud.

[725] Vgl. De venatione sapientiae, N.48, Z.4-5: Varietas igitur modorum essendi ipsius aliud alia et alia sortitur nomina.

[726] De venatione sapientiae, N.48, Z.5-13: Bonitas igitur, magnitudo, veritas et cetera secundum alium modum combinationis constituunt id quod vocatur esse, secundum alium id quod vocatur vivere, secundum alium id quod vocatur intelligere; et ita de omnibus. Nec illa omnia, quae sunt, vivunt et intelligunt, aliud sunt quam ipsius non aliud, quod omnia diffinit, varia receptio. Ex qua sequitur varia eius relucentia, in uno clarius, in alio obscurius, clarius et durabilius in intellectualibus, obscurius et corruptibilius in sensibilibus.

genschaften nichts anderes[727], da „in das Nicht-Andere keine Verschiedenheit einfällt, weil es selbst das ist, was sein kann, das Einfachste und Vollkommenste.“[728]

Weil das Absolute im menschlichen Geist als absolute Güte, Schönheit, Vollkommenheit usw. erscheint, kann von allem durch das Absolute Begründeten gesagt werden, dass es dessen teilhaftig ist. Da alles in dem sich selbst und alles andere definierenden Gott dieser selbst und im Definierten das Definierte ist, deshalb kann „nichts von allem, was ist, vollständig des Guten, Großen, Wahren, Schönen usw. entbehren.“[729]

Cusanus zeigt im „Feld des Lichts“, wie die zehn Bestimmungen (‚von denen eine, die claritas, ebensogut durch das Licht ersetzt werden kann,) dadurch Seins- und Erkenntnisprinzip zugleich sind, dass sie in allem dieses selbst sind. Weil sie im Geist begrifflich, geistig sind, kann der Geist durch sie erkennen. Weil sie vom Geist in den Geschöpfen erkannt werden, kann der Schöpfer sich durch sie, durch ihre Koinzidenz hindurch, offenbaren.

e) Das Feld des Lobes: Das Gotteslob als Sinn der Schöpfung und zugleich als Vollendung menschlichen Erkennens

Auf das „Feld des Lichts“ lässt Cusanus das „das angenehmste Feld des Lobes“ folgen.[730] Dies mag zunächst überraschen, scheint doch das Lob als Lob Gottes eher seine Berechtigung im Gebet als in der theologischen Spekulation zu haben. Cusanus knüpft jedoch unmittelbar an seine vorherigen Überlegungen an, indem er bemerkt, dass „der Geist, wenn er bekräftigt, dass die sich und alles definierende Definition gut, groß, wahr usw. sei, deren Lob auszudrücken ver-

---

[727] Vgl. De venatione sapientiae, N.46, Z.8-11: Et quia in non aliud sunt ipsum non aliud, non est ibi bonum aliud a magno et vero et ceteris, nec magnum aliud a bono et vero et ceteris. Nam non aliud ipsa omnia facit esse non aliud.

[728] De venatione sapientiae, N.48, Z.2-3: In non aliud, cum ipsum sit id quod esse potest, simplicissimum et perfectissimum, non cadit varietas.

[729] Vgl. De venatione sapientiae, N.44, Z.1-6: Hic venatur intellectus admirabilem atque sapidissimam scientiam, quando certissime intuetur haec omnia in aeterno simplicissimo deo ipsum deum se et omnia diffinientem, hinc et in omni diffinito diffinitum. Ex quo scit, quod nihil omnium quae sunt, penitus potest esse expers boni, magni, veri, pulchri et sic consequenter de singulis praemissis.

[730] De venatione sapientiae, N.51, Z.3-4: Campus laudis dei amoenissimus.

sucht."[731] Die zehn Bestimmungen, durch die Cusanus soeben die Einheit des Schöpfers und seiner Schöpfung einsichtig machen wollte, dienen hier also als Ausgangspunkt der „Weisheitsjagd". Ihnen allen ist nämlich gemeinsam, dass durch sie die „Lobwürdigkeit" (laudabilitas) dessen erkannt wird, von dem sie ausgesagt werden. Wenn etwas gelobt wird, dann wird seine Güte, seine Größe, seine Wahrheit usw. gelobt.[732] Daher spricht Cusanus fortan von den laudes oder laudabilia, den Lobpreisungen oder den Eigenschaften, durch die etwas als lobwürdig (laudabilis) erscheint. Er begrenzt ihre Zahl symbolisch, in Anlehnung an den Psalmvers „Deus canticum novum cantabo tibi: in psalterio, decachordo psallam tibi" (Ps 143,9), auf zehn.[733]

Angesichts der in allen Geschöpfen aufscheinenden Lobpreisungen – nichts entbehrt ihrer völlig – entdeckt der menschliche Geist nun, dass er von Natur aus über die scientia laudis, über ein Wissen dessen verfügt, was lobens- und was tadelnswert ist.[734] Das Staunen über dieses „unfehlbare Urteil"[735] des Geistes lässt das Lob zu einem „Feld der Weisheitsjagd" werden. Denn Cusanus interpretiert die scientia laudis, durch die unser Geist in sich selbst einen (in die zehn laudabilia differenzierten) Begriff dessen vorfindet, was lobenswert ist, als Teilhabe am absoluten Lob, das Gott selber ist.[736] Er bezeichnet die substantia laudis als participatio dei.[737] Wie das Bild am Urbild, so partizipiert alles Lobenswerte an der „Quelle des Lobes"[738]. Der

---

[731] De venatione sapientiae, N.51, Z.9-12: Et intra me conspiciens attendi, quomodo intellectus affirmans diffinitionem se et omnia diffinientem esse bonam, magnam, veram et reliqua, laudem eius exprimere conatur.

[732] Vgl. De venatione sapientiae, N.51, Z.15-16: Bonitas laudatur, magnitudo laudatur, veritas laudatur, et singula sequentia.

[733] Vgl. De venatione sapientiae, N.56, Z.3-5.

[734] Vgl. De venatione sapientiae, N.57, Z.1-2: Mirandum autem, unde homo vigens intellectu naturaliter habet scientiam laudis et laudabilium et vituperabilium. Und ebd., N.58, Z.13-14: Recte sapiens Socrates comperit nihil nos certius scire quam ea quae laudabilia sunt.

[735] Vgl. De venatione sapientiae, N.57, Z.14-15: Infallibile est hoc iudicium.

[736] Vgl. De venatione sapientiae, N.105, Z.1-2: Omniaque decem laudabilia participatione laudis laudabilia.

[737] Brief an Albergati, N.10.

[738] Vgl. De venatione sapientiae, N.105, Z.9-11: Hoc igitur est quod venatione cepi: deum meum esse illum, qui est per omnia laudabilia laudabilis, non ut participans laudem, sed ut ipsa absoluta laus per se ipsam laudabilis et omnium laudabilium causa; N.51, Z.18: Ipse est fons laudis. N.111, Z.8-12: Et quia omnia non sunt nisi illius solius repraesentatio, omnia ad ipsum sunt conversa, omnia ipsum desiderant,

menschliche Geist partizipiert an dieser Quelle, indem er über ein ursprüngliches, angeborenes Wissen um „seinen Gott, den er als lobenswert und herrlich weiß"[739], verfügt. Indem er aber „Gott lobt, weil er gut ist, weiß er, dass die Güte lobenswert ist, ebenso die Wahrheit, die Weisheit und die übrigen (Lobpreisungen)."[740] In den zehn Lobpreisungen entfaltet sich also das naturgegebene, ursprüngliche Wissen des Geistes um die Lobwürdigkeit Gottes.

So kann Cusanus, ausgehend von den als Teilhabe gedeuteten begrifflichen Lobpreisungen unseres Geistes, Gott selbst – in Übereinstimmung mit Ex 15,2 (fortitudo mea, et laus mea dominus) – als das absolute, durch sich selbst lobenswerte Lob und als Grund alles Lobenswerten bezeichnen. Um nicht aus der Welterkenntnis (der Erkenntnis der lobwürdigen Größe, Güte, Schönheit usw. aller Dinge) unvermittelt auf die Gotteserkenntnis (auf dessen absolute Größe, Güte, Schönheit usw.) schließen zu müssen, sondern beides durch die Selbsterkenntnis des Geistes zu vermitteln, greift er seinen Gedanken aus dem Feld des non aliud nochmals auf und sagt: Wenn die Definition das Urbild des Definierten ist, dann müssen die Eigenschaften des Definierten in der Definition begründet sein. Wenn uns daher schon das Definierte als lobwürdig erscheint, dann gilt von der alles und sich selbst definierenden Definition, als die Gott in unserem Geist erscheint, unbestreitbar, dass sie gut, groß, schön usw. ist.[741] Die als lobenswert erkannten Eigenschaften der Geschöpfe können, ja müssen also auf den Schöpfer übertragen werden, da die Geschöpfe in unserem Geist als durch die absolute Definition Definierte erscheinen. Gott ist als Schöpfer lobenswert, weil er alles zu seinem Lob geschaffen hat, damit seine Herrlichkeit erkannt werde.[742] Herrlichkeit, so erklärt Cusanus in einer Predigt, bedeutet ja nichts anderes als „leuchtende, erhabene, weitreichende Kunde"[743], Selbst-Offenbarung Gottes. In der Benennung Gottes als absolutes Lob drückt sich für Cusanus somit aus, dass es für die Schöpfung keinen anderen Grund

---

praedicant, laudant, glorificant et clamant ipsum hoc esse infinitum bonum in omnibus relucens, cuius participatione id sunt quod sunt.

[739] De venatione sapientiae, N.57, Z.18-19: Non est penitus homo dei sui ignarus, quem scit laudabilem et gloriosum in saecula.

[740] De venatione sapientiae, N.57, Z.21-22: Laudando igitur deum quia bonus, utique bonitatem scit laudabilem; ita veritatem et sapientiam et cetera.

[741] De venatione sapientiae, N.42, Z.6-13.

[742] Vgl. Brief an Albergati, N.3: Nihil enim movit creatorem, ut hoc universum conderet pulcherrimum opus, nisi laus et gloria sua quam ostendere voluit.

[743] Sermo IV, N.18, Z.38-39: Gloria est clara, sublimis, lata fama.

gibt als die frei sich mitteilende Güte des allmächtigen Schöpfers. Weil er als trinitarischer durch sich selbst lobenswert (laudans, laudabilis und laus als nexus utriusque) ist, bedarf er der Schöpfung zu seinem Lobe nicht. Die Schöpfung existiert rein, um an seinem (vollkommenen) Lob teilzuhaben. Das Gotteslob ist seinem Wesen nach Teilhabe an Gott. Gott ist lobwürdig, weil er vollkommen ist, und weil er vollkommen ist, kann ihm durch die Schöpfung nichts mehr hinzugefügt werden, sie ist vielmehr nur zu seinem Lob da.[744]

Der Sinn der Schöpfung besteht im Lob Gottes, dessen Grundbestand (substantia) Teilhabe an diesem ist. Hier wird deutlich, dass die Rede vom „Lob Gottes" – wie auch der Ausdruck apparitio dei – als genitivus subiectivus und genitivus obiectivus zugleich zu verstehen ist. Gott ist der Grund der Schöpfung, weil er selbst das absolute Lob ist (genitivus subiectivus). In ihm, so sahen wir bereits, sind die zehn Lobpreisungen von seinem als non aliud begriffenen Wesen – und daher auch voneinander – ununterschieden. Weil der Schöpfer Grund und Quelle allen Lobes ist, deshalb ist auch die als Selbst-Mitteilung Gottes aufgefasste Schöpfung ein Lob Gottes – in der Andersheit der Teilhabe allerdings. Die Schöpfung lobt nicht sich selbst[745], sondern ihren Ursprung. „Durch sein Sein", so Cusanus, lobt alles seinen Schöpfer „naturgemäß".[746] Indem das Geschöpf sein Sein verwirklicht, lobt es seinen Schöpfer (genitivus obiectivus), und umgekehrt: Indem es Gott lobt, verwirklicht es sein Sein. Das Geschöpf ist ein Lob Gottes, indem es Gott lobt. Im „Feld des Lobes" koinzidieren gewissermaßen das göttliche Schöpferwirken, die Mitteilung des göttlichen Lobes, und das geschöpfliche Wirken, die Verwirklichung des Mitgeteilten zum Lobe Gottes. Weil die Lobpreisungen, die Güte, Größe, Schönheit etc., in allen Geschöpfen mehr oder weniger verwirklicht und somit partizipiert werden, deshalb, so Cusanus, konnte der Prophet beim Anblick der Werke Gottes singen: „Preist den Herrn, all ihr Werke des Herrn, lobt und rühmt ihn in Ewigkeit" (Dan 3,57).[747]

---

[744] Vgl. Sermo CCIV, N.5. Vgl. dazu: Reinhardt, Herrlichkeit als Grundwort cusanischer Theologie.

[745] Vgl. De venatione sapientiae, N.54, Z.6-9: Cum creatura laudatur, non ipsa, quae se ipsam non fecit, sed in ipsa conditor eius. Idolatria igitur, qua creaturae divinae laudes dantur, insania est infirmae, caecae et seductae mentis.

[746] De venatione sapientiae, N.54, Z.3-6: Omnia igitur suo esse laudant deum. (...) Naturaliter igitur omnia creata deum laudant.

[747] Vgl. De venatione sapientiae, N.52, Z.1-4.

Weil der Mensch sich jedoch von allen anderen sichtbaren Geschöpfen durch seinen freien Willen unterscheidet, lobt er seinen
Schöpfer in der ihm angemessenen Weise nicht einfach „von Natur
aus", sondern indem er sich kraft seines freien Willens dazu ent-
schließt. In einem „lebendigen und verstehenden Menschen" sieht
Cusanus daher den „am besten komponierten Lobgesang aller Lob-
gesänge Gottes".[748] In der Bezeichnung Gottes als absolutes Lob
drückt sich, wie wir sahen, die Freiheit des göttlichen Schöpferwirkens aus: Alles ist nicht zur Ergänzung der Unvollkommenheit Gottes
und somit notwendig, sondern ausschließlich als Offenbarung seiner
Vollkommenheit, seines Lobes, und somit in Freiheit geschaffen. Die
Freiheit dieses göttlichen Wirkens, das der Grund für die Lobwürdigkeit Gottes ist, erscheint erst da, wo die Schöpfung ihre Freiheit erweist. Die geschöpfliche Freiheit aber findet ihre höchste Verwirklichung im Lob Gottes durch den Menschen. Der Mensch ist nämlich
aufgrund seines freien Willens zum Bild Gottes im eigentlichen Sinne
bestimmt. In seinem Geist vermögen alle Geschöpfe als das, was sie
sind, zu erscheinen: als Lob Gottes. Und in den Geschöpfen erkennt
der Mensch den lobenswerten Willen des Schöpfers, indem er „das
Lob Gottes singt". Der Mensch verwirklicht seine scientia laudis, sich
selbst als ein Lob Gottes, indem er erkennt, wie das Lob Gottes sich
durch die zehn laudabilia in allem Seienden entfaltet, und indem er
sich selbst den laudabilia – mittels seines freien Willens – immer mehr
anzugleichen versucht.[749] Am 11. Juni 1463 schreibt Cusanus einen
Brief an den jungen Novizen Nikolaus Albergati aus Bologna, den er
wenige Tage zuvor in dem für seine Strenge bekannten Benedikti-
nerkloster Montoliveto feierlich eingekleidet hat. In einem seine

---

[748] Vgl. De venatione sapientiae, N.53, Z.19-20.

[749] Gerda von Bredow erklärt prägnant zur scientia laudis: „Die Besinnung über das
Seiende führt zur Erkenntnis des Schöpfers. Die Frage nach dem Grund für die
Schöpfung ergab als allein mögliche Antwort die Offenbarung der Herrlichkeit um
des Lobpreises willen. Sofern nun der Geist erkennt, dass keine Antwort gegeben
werden kann als allein diese, hat er eine fundamentale Einsicht in den Ratschluss
Gottes, bei der sein Fragen zur Ruhe kommt. Wenn er mit dieser höchsten Erkenntnis alle übrigen Erkenntnisse verbindet, so spricht seine Wissenschaft die Herrlichkeit aus, die in der Schöpfung offenbart ist, und nicht nur mittelbar, wie bei jeder
Einzelerkenntnis, sondern wissend um Sinn und Ziel: sie wird scientia laudis. In dieser Vollendung der Wissenschaft hat der Geist auch seine eigene Erfüllung. Er erkennt seine Bestimmung als vernünftiges Saitenspiel, lebendiges Loblied (N.16).
Und indem er sich so erkennt, erfüllt er seine Bestimmung." (Das Vermächtnis, 70).

Festpredigt zu diesem Anlass ergänzenden Brief[750] hebt er das Lob Gottes als die vornehmste Aufgabe des Menschen, insbesondere des Ordensmannes, hervor. Im Lob Gottes geschieht nämlich die Einbeziehung der gesamten Schöpfung in die Verwirklichung des menschlichen Geistes als lebendiges Bild oder Erscheinung bzw. Ort der Erscheinung der göttlichen Freiheit. „Glaube", so ruft Cusanus dem Novizen zu, „dass du ein lebendiges Loblied und ein zum Lobe Gottes erschaffenes Gefäß bist"[751], gleichsam ein „lebendiges Psalterium", durch das der Schöpfer erkannt und so (!) verherrlicht wird. Das Lob wird von Cusanus nicht als Gegensatz, sondern als Krönung der Gotteserkenntnis verstanden. Alle Erkenntnis mündet im Lob, in der Einsicht nämlich, dass alles um der Herrlichkeitsoffenbarung Gottes willen geschaffen ist. Im Lob Gottes bestehen nämlich der Sinn und die Vollendung der Schöpfung. Deswegen verwirklicht der menschliche Geist seine Freiheit, wenn er seinen Willen „dem Wort Gottes durch den Glauben unterwirft"[752] und so den Grund seiner eigenen Freiheit, die urbildliche Freiheit des Schöpfers, zur Erscheinung bringt bzw. „lobt". Aufgrund seiner erbsündlichen Verfasstheit kann der Mensch zwar nicht aus eigener Kraft sein Ziel erreichen, aber er kann kraft seines freien Willens die Verähnlichung mit Jesus Christus, der vollkommenen Erscheinung Gottes, des absoluten Lobes, erstreben. Er kann sich durch Nachahmung der laudabilia, dadurch, dass er das Lobenswerte erwählt und dann „sowohl von Natur aus als auch

---

[750] Josef Koch bezeichnet diesen Brief als das religiöse Testament des Kardinals. (Koch, Humanismus).

[751] Brief an Albergati, N.15.

[752] De visione dei, N.112, Z.9. „Ist aber jetzt", so fragt Klaus Kremer in seiner Interpretation des Satzes aus De visione dei: Sis tu tuus, et ego ero tuus (N.25, Z.13-14), „die zunächst urgierte Selbstwahl des Menschen (...) nicht doch in einer Art Feigenblatt zu einer anthropologisch-autonom verbrämten Theonomie geworden? Wird nicht durch die Hintertür einer geforderten Unterwerfung unter das Wort Gottes (...) die von Cusanus eröffnete Perspektive einer Autonomie des Menschen wiederum in eine Theonomie zurückgebogen?" (Gottes Vorsehung, 242). Kremer spricht in Anlehnung an Hans Blumenberg von einer theonomen Autonomie, die „die Bindung des Menschen an Gott mit einem Höchstmaß an menschlicher Spontaneität, Unabhängigkeit und Autonomie in Einklang zu bringen" vermag. Wenn der Selbstand des Menschen in seinem auf Erkenntnis als explicatio angelegten Wesen als imago complicationis complicationum gründet, dann „gibt es kein anderes Ziel der Schöpferkraft der menschlichen Natur als die menschliche Natur selbst. Sie geht nämlich nicht aus sich heraus, wenn sie schafft, sondern indem sie ihre Kraft entfaltet, gelangt sie zu sich selbst. Auch bewirkt sie nichts Neues, sondern alles, was sie ausfaltend schafft, erfährt sie dabei als schon in sich gewesen." (De coniecturis, N.144, Z.9-13).

aus freier Wahl lobenswert ist und Gott lobt"[753], dem Lob Gottes immer mehr verbinden.

Darum fasst Cusanus die „Beute" seiner gesamten „Weisheitsjagd", das Ergebnis der sein ganzes Lebenswerk rekapitulierenden, großen Schrift, ausgerechnet mittels der Kategorie des Lobes zusammen. Im Lobpreis Gottes verwirklicht der Mensch nämlich seine Gottebenbildlichkeit, seine Freiheit, indem er kraft seines freien Willens das Lobenswerte und durch dieses dessen Grund und Quelle, Gott selbst, erwählt. Cusanus schreibt: „Dieses also ist es, was ich auf meiner Jagd gefangen habe: dass mein Gott jener ist, der durch alle Lobpreisungen lobwürdig ist, nicht wie ein am Lob Partizipierender, sondern wie das absolute Lob selbst, welches durch sich selbst lobenswert und der Grund alles Lobenswerten ist und somit früher und größer als jedes Lobenswerte, weil es die Grenze und das Können-Ist alles Lobenswerten ist. Und alle Werke Gottes sind lobenswert, weil sie durch die Teilhabe an den Lobpreisungen, durch welche Gott wie der Grund und jedes Lobenswerte wie das Begründete gelobt wird, bestimmt sind. Und ich weiß, dass mein Gott, größer als jedes Lob, durch keine Lobpreisung so gelobt werden kann, wie er lobwürdig ist. Er offenbart sich selbst einem jeden, der versucht, ihn besser und besser zu loben, damit er sieht, dass er selbst lobwürdig, herrlich und hocherhaben in Ewigkeit ist."[754]

In dem durch die zehn laudabilia zum Ausdruck gebrachten Gotteslob „berührt" der Mensch gewissermaßen sein göttliches Urbild, ohne es jedoch zu begreifen. Er bildet, seiner Vernunftbegabung gemäß, Begriffe, mit denen er das Erscheinen des selbst unbegreifbaren Schöpfers in seinen Geschöpfen bezeichnet. Indem er die Schönheit „lobt", begreift er sie in ihrer „lobwürdigen" Unbegreifbarkeit, in ihrer gleichzeitigen Anwesenheit und Entzogenheit.

Während Martin Thurner in Bezug auf das Bittgebet von einer Integration in den offenbarungstheologischen Grundansatz des Cusanus spricht[755], können wir in unserem Zusammenhang abschließend feststellen, dass auch dem Lobgebet fundamentale theologische Be-

---

[753] De venatione sapientiae, N.58, Z.5-6.

[754] Vgl. De venatione sapientiae, N.105, Z.9-27.

[755] Vgl. Thurner, Gott als das offenbare Geheimnis, 197: „Die Notwendigkeit des Bittens ergibt sich (...) aus der (...) Rückgründung des menschlichen Intellektvollzugs im Glaubensakt". Insofern Glaube, aber auch Hoffnung und Liebe einerseits notwendig zum Erkenntnisprozess des Geistes dazugehören, andererseits aber nicht „Leistungen" des Menschen, sondern zu aktuierende Gnadengaben sind, müssen und können sie nur im Gebet von Gott erbeten werden.

deutung zukommt. Denn mittels des Lobgebets „offenbart (der Schöpfer) sich jedem, der bemüht ist, ihn auf immer vollkommenere Weise zu preisen, und lässt sich als den Preiswürdigen, Herrlichen und Hocherhabenen schauen in Ewigkeit. Nicht nur in der Güte, die sich allem mitteilt, oder in der Größe, die er allem zuteilt, oder in der Schönheit, die er allem spendet, oder in der Wahrheit, die keinem fehlt, oder in der Weisheit, die alles ordnet, oder in der Freude, durch die alles in sich selbst erfreut wird, oder in der Vollkommenheit, der jegliches sich rühmt, oder in der Klarheit, die alles erleuchtet, oder in der Billigkeit, die alles reinigt, oder in der Genügsamkeit, in der alles ruht und zufrieden ist, oder in anderen Formen der Teilhabe an Gott, nicht nur in all diesen (loben die vom Herrn Erlösten ihn)[756], sondern sie loben ihn selbst als den Gott der Götter in Zion, ihn schauend in dem geoffenbarten Lichte seiner selbst."[757]

f) Das Feld der Einheit: Einzigkeit (singularitas) als Ausdruck der gleichzeitigen Einheit und Unterschiedenheit zwischen dem Schöpfer und der Schöpfung

Wo Cusanus von der Trinität Gottes handelt, zieht er, wie wir bereits sahen, die abstrakten Begriffe Einheit, Gleichheit und Verknüpfung den biblischen Bildern Vater, Sohn und Geist als die an sich geeigneteren und genaueren vor. Wenn er diese Begriffe nun separat als drei „Felder der Weisheitsjagd" vorstellt, dann geht es ihm hier weniger um die Einsicht, dass der absolute Grund notwendig von unserem Geist als ein dreieiner gedacht werden muss[758], sondern in

---

[756] Cusanus spielt hier wohl auf Jes 51,11 an. Dort heißt es: Et nunc, qui redempti sunt a domino revertentur, et venient in Sion laudantes, et laetitia sempiterna super capita eorum, gaudium et laetitiam tenebunt, fugiet dolor et gemitus.

[757] De venatione sapientiae, N.105, Z.17-27.

[758] Aus diesem Grund gehen wir hier nicht näher auf den Abschnitt (NN.74-76) im „Feld der Verknüpfung" ein, wo Cusanus sein Konzept der Dreieinheit durch eine „mathematische Handleitung" (manuductionem unam mathematicam) zu erklären versucht. Nachdem er dargelegt hat, wie alles nur und erst durch das Prinzip der Einheit, der Gleichheit und der Verknüpfung das ist, was es ist, will er – vielleicht um an die Untrennbarkeit der drei vorangehenden „Jagdfelder" zu erinnern – seinen Trinitätsbegriff nochmals mit Hilfe einer geometrischen Figur veranschaulichen. Sie soll nämlich, gleichsam als sichtbare Darstellung des Koinzidenzgedankens, zeigen, wie im Unendlichen Einheit und Dreiheit koinzidieren. Dabei unterläuft ihm jedoch leider, wie bereits Rudolf Haubst (Das Bild, 279-281) gezeigt hat, ein Denkfehler. Die Einheit, so Cusanus unter Berufung auf Anselm von Canterbury, sei in einer un-

erster Linie darum zu zeigen, dass bzw. wie in allem Geschaffenen „die Trinität (unter dem Aspekt der Einheit, ihrer Gleichheit und beider Verknüpfung) nachgeahmt wird."[759] Weil die Schöpfung Selbst-Mitteilung Gottes (identificatio) ist und der Schöpfer unserem Geist als Einheit, als Gleichheit und als Verknüpfung erscheint, deshalb bezeichnen diese drei Begriffe drei verschiedene „Felder", in denen die gleichzeitige Transzendenz und Immanenz des schöpferischen Ursprungs, die Erscheinung des Grundes im Begründeten, vom menschlichen Geist erkannt werden bzw. durch diesen sich verwirklichen kann. Es geht hier also nicht um eine Wiederholung der Trinitätslehre, sondern ausdrücklich um den Theophaniecharakter des vom trinitarischen Gott Geschaffenen.

Mit dem „Jagdfeld" der Einheit (unitas) beschreitet Cusanus zunächst ein traditionsreiches Gebiet. Über das absolute Eine (unum), so legt er dar, hätten schon Pythagoras, Platon, Augustinus und Boethius die richtige Einsicht gewonnen, dass es dem Vielen bedingend vorausgehe. Es stehe somit als ewiges vor der Differenzierung in Grenze und Unbegrenztheit, Wirklichkeit und Möglichkeit, Sein und Nicht-Sein. Der absolute Grund werde daher treffender „das Eine" als „Sein" oder „Nicht-Sein" genannt. Insofern erkannt werde, dass das Eine jeder Vielheit vorausliege, werde es zu Recht als unum bezeichnet.[760] Doch hätten die „bewundernswerten Jäger" (mirandes venatores) Dionysius und Proklos darüberhinaus auf die Unaussprechlichkeit des Einen hingewiesen, indem sie jede Aussage vom ihm verneinten.[761] Die negativen Aussagen von Gott sind nämlich wahrer als die

---

endlichen Geraden symbolisiert, die Dreiheit in einem gleichseitigen Dreieck; denn das Dreieck ist die einfachste und alle anderen einfaltende Figur. Was nun gezeigt werden soll, ist, dass das größte Dreieck (triangulus maximus) mit der geraden Linie koinzidiert. Werde nämlich um den Scheitelpunkt des rechten Winkels ein Kreis geschlagen, so schneide der Kreisbogen die beiden Schenkel und es entstehe ein Dreieck. Je größer der Kreisradius werde, desto größer werde das Dreieck, desto größer – so nimmt Cusanus fälschlich an – würden aber auch die vom Kreisbogen und den beiden Schenkeln eingeschlossenen Winkel. Diese Winkel näherten sich immer mehr dem rechten Winkel an. Im denkbar größten Dreieck koinzidierten somit die drei Winkel, und damit koinzidierten auch die durch die Winkel aufgespannten Seiten mit der graden Linie. Dreiheit und Einheit fielen so im Absoluten zusammen.

[759] De venatione sapientiae, N.72, Z.1-4: Omnia igitur, quae sunt, quia ab hac aeterna trinitate (...) id sunt quod sunt video trinitatem imitari. In quolibet enim video unitatem, entitatem et utriusque nexum, ut sit actu id quod est.

[760] Vgl. De venatione sapientiae, NN.59-63.

[761] Vgl. De venatione sapientiae, N.64, Z.13-20. Zur Unbegreifbarkeit des Einen vgl. auch die stark von Proklos beeinflusste Schrift De principio, N.19, Z.1-16: Plato vero

affirmativen.[762] Aus dieser Einsicht zieht Cusanus zum einen, wie wir schon sahen, die Konsequenz, Gott als das non aliud zu bezeichnen, zum anderen aber, den Gedanken des unum bzw. der unitas hier, im „Jagdfeld" der Einheit, durch den des singulare bzw. der singularitas zu ersetzen.[763] Weil dem Begriff des Einen der des Vielen noch entgegengesetzt ist, obwohl dem göttlichen Grund doch eigentlich nichts entgegengesetzt werden kann, interpretiert Cusanus die Einheit hier als Einzigkeit. Der Einzigkeit ist nämlich, wenngleich sie auch eine affirmative Aussage darstellt[764], nichts entgegengesetzt.[765] Der singularitas-Begriff bezeichnet bei Cusanus nicht, wie traditionell in der Universalienlehre, das Gegenteil des Allgemeinen (singularis – universa-

(...) separans et tollens omnia ab uno vidit unum in se et absolutum. Et ut sic videtur, nec est ens nec non ens nec est nec subsistit nec est subsistens nec per se subsistens nec principium, immo nec unum. Immo non esset apta locutio ‚unum est unum‘, cum copula illa est non possit uni convenire, nec sine copula dicendo sic ‚unum unum‘ esset apta locutio, cum omnis locutio, quae sine alteritate aut dualitate non est proferibilis, non conveniat uni. Unde si attendis tunc principium omnium nominabilium, cum nihil possit principiatorum esse, est innominabile, et ideo etiam non nominari principium, sed esse principii nominabilis innominabile principium omne qualitercumque nominabile antecedens sicut melius. Tunc vides contradictoria negari ab ipso, ut neque sit, neque non sit neque sit et non sit neque sit vel non sit; sed omnes istae locutiones ipsum non attingunt, qui omnia dicibilia antecedit.

[762] Vgl. De docta ignorantia I, S.56, Z.5-6 (N.89).

[763] Vgl. schon De mente, N.141, Z.17: (unitas), quae est singularitas. „Singularitas besagt Einzigkeit, Einzigartigkeit, Einmaligkeit; der begriffliche Gehalt lässt sich nicht mit nur einem deutschen Wort wiedergeben." (von Bredow, Der Gedanke, 31).

[764] Konsequenterweise nennt Cusanus Gott in der Apologia doctae ignorantiae „singularis insingulariter" (S.10, Z.2 (N.12)), um durch die Koinzidenz von Affirmation und Negation auszudrücken, dass die singularitas Gott, der singularitas singularitatum (S.10, Z.1 (N.12)), anders als allem anderen zukommt.

[765] Das Gegenteil des Einzigartigen (singulare) wäre das „Vervielfältigbare" (plurificabile bzw. multificabile), doch ist dieses aktuell undenkbar. Weil jedes Seiende einzig ist, ist die Möglichkeit einer Vervielfältigung von vorne herein ausgeschlossen; ansonsten gäbe es mehrere gleiche Seiende nebeneinander. Lediglich das absolute Eine besitzt die Fähigkeit, aus sich durch „Wiederholung" (repetitio) seiner selbst die Gleichheit zu „erzeugen", durch die es als in seinem Begriff zu sich selbst kommt. Doch ist es gerade dadurch einzig und eben nicht vervielfältigbar. Da es also im Geschaffenen keine zwei gleichen Seienden, keine genaue Wiederholbarkeit gibt, ist jedes Geschöpf ebenso einzig wie der als absolute Gleichheit erkannte Schöpfer. Die Einzigkeit erscheint somit gewissermaßen als die „Kehrseite" der Gleichheit, durch die jedes Seiende es selbst (sich selbst gleich) ist. Vgl. auch Leinkauf, 210: „Die Welt der Singularitäten ist Produkt der unitas fecunda Gottes (Ven. sap., N.63) und zwar vermittelt über das unmittelbar Erste, das diese aus sich entlässt, die aequalitas ipsa."

lis)[766], sondern, wie schon bei Raimundus Lullus, eine Eigenschaft Gottes[767], an der die Geschöpfe partizipieren. Zwar findet der singularitas-Gedanke schon in der antiken Philosophie Verwendung. Die Ideen Platons, so führt Gerda von Bredow in ihrer Interpretation des singularitas-Begriffs im Spätwerk des Cusanus aus, werden durch den lateinischen Begriff uniformis als je einmalige charakterisiert, und die konkreten Einzeldinge des Aristoteles werden als singula bezeichnet. In ihrer Singularität liegt jedoch noch keinerlei Wert. Dieser kommt den Einzeldingen erst durch den biblisch bezeugten Schöpfungsglauben zu. Als Geschöpfe sind sie nämlich in ihrer Singularität unmittelbar im Willen des Schöpfers verankert.[768] Doch erst indem Gott selbst als singularissimus deus, als Ursprung der Einzigkeit gedacht wird, kann die Einzigkeit des Geschaffenen metaphysisch unterfasst werden. Genau dies geschieht durch Cusanus.[769] Im Kommentar des Albertus Magnus zu Dionysius' Schrift De mystica theologia findet er eine Stelle, die er mit der Randbemerkung versieht: „Wie die Einzigartigkeit in Gott verstanden wird".[770] Er entdeckt die singularitas hier als Wesenseigenschaft Gottes.

Diese Eigenschaft wird vom menschlichen Geist zunächst ange-

---

[766] Vgl. Apologia doctae ignorantiae, S.10, Z.3-7 (N.13): Qui enim in absolutam omnium singularium singularitatem mentis oculum inicit, hic satis videt universalitatem absolutam cum absoluta singularitate coincidere, sicut maximum absolutum cum minimo coincidit absoluto, in quo omnia unum.

[767] Vgl. Strub, Art. Singulär; Singularität.

[768] „Die Idee des Einzelnen wird (bei Thomas von Aquin) so erklärt: ,Ein jedes Geschöpf hat seine Eigenart (propriam speciem), gemäß der es in irgendeiner Weise an der Ähnlichkeit der göttlichen Wesenheit teilhat (aliquo modo participat divinae essentiae similitudinem). Wie Gott also seine Wesenheiten erkennt als von einem solchen Geschöpf nachahmbar, erkennt er sie als den eigentümlichen Grund und die Idee dieses Geschöpfes.' Aus diesem Ursprung ergibt sich der Wert des Einzelwesens: Es ist von Gott als fähig ausersehen, in irgendeiner Weise an der Ähnlichkeit mit der göttlichen Wesenheit teilzunehmen. Dieser Gedanke steht der Konzeption des Nikolaus von Kues sehr nahe, aber nimmt sie nicht ganz vorweg, weil bei Thomas das Eigentümliche des Einzelnen nicht generell gesehen und vor allem nicht als ein Teilhaben an der Ähnlichkeit mit der Einzigartigkeit Gottes interpretiert wird." (Von Bredow, Im Gespräch, 221).

[769] Vgl. von Bredow, Im Gespräch, 222: „Nikolaus hat den besonderen Wert des Einzigartigen durch eine geniale Entfaltung dessen, was in der Tradition der christlichen Denker keimhaft angelegt war, ins Licht philosophischer Reflektion gerückt. Der eigentümliche Wert eines jeden Einzelwesens stammt von Gott, der der Ursprung allen Wertes ist." Vgl. auch Heimsoeth, Die sechs großen Themen, 184-186.

[770] Vgl. De venatione sapientiae, Adnotatio zu N.65, Z.17f.: „Quomodo intelligitur singularitas in deo".

sichts seiner unmittelbaren Erkenntnisobjekte, der sinnenfälligen Geschöpfe, erkannt. Vermittelt über die Akzidentien, erscheint alles Erkennbare dem Geist nämlich als einmalig (singulare) und nicht wiederholbar. Weil jedes Seiende als ein aus Einheit und Andersheit „Zusammengezogenes", als ein contractum erkannt wird, weil jedes Seiende also durch Andersheit mitbestimmt ist, erscheint es zugleich einmalig. Die singularitas ist im Geschaffenen somit gewissermaßen die ins Positive gewendete Andersheit. Denn während die Andersheit (via negativa) auf einen Mangel, ein Nicht-Sein des Geschöpfs aufmerksam macht, bezeichnet die Singularität (via affirmativa) eine Ähnlichkeit des Seienden mit dem Ursprung. So stellt Cusanus mit Blick auf alles Geschaffene zunächst fest: „Das Einzigartige umfasst alles; denn alles ist ein Einzelnes, und ein jedes ist unvermehrbar. Die einzelnen (Dinge) also, weil sie alle auch unvermehrbar sind, zeigen, dass es ein besonders so beschaffenes Eines gibt, welches der Grund aller Einzelnen ist, und welches durch sein Wesen einzig ist und unvermehrbar."[771] Mit anderen Worten: Wenn alles Seiende immer schon durch seine Einzigkeit bestimmt ist, dann muss die Einzigkeit selbst diesem vorausliegen. Sie erscheint, vom Standort des Geschaffenen aus, durch dieses unaufhebbar und somit unvergänglich, da sie durch nichts Geschaffenes aufgehoben werden kann.[772] Die Einzigkeit der Geschöpfe kann nur von einer „besonders so beschaffenen" (unum maxime tale) Einzigkeit herkommen, die der Grund für die Einzigkeit alles Einzigartigen (singulorum singularissima causa) ist. Als dieser Grund erscheint im menschlichen Geist der „einzigste Gott" (singularissimus deus), die absolute, selbst nicht noch einmal begründete Einzigkeit.

Wenn die Einzigkeit jedoch nicht nur von jedem Geschöpf, sondern auch vom göttlichen Grund selbst ausgesagt werden muss, dann kann sie nicht, wie in der aristotelischen Tradition, durch die Materie, durch Andersheit bzw. Nicht-Sein oder Mangel zustande kommen; denn im göttlichen Grund gibt es keinen Mangel, der dessen absolute Einzigkeit bewirken könnte. Der Einheit und Andersheit im Geschaffenen vermittelnde Kontraktionsgedanke kann also nicht der letzte

---

[771] De venatione sapientiae, N.65, Z.5-9.

[772] Vgl. De venatione sapientiae, N.66, Z.17-18: Incorruptibilis igitur singularitas est, quae omnia format et conservat. Cusanus bringt ein Beispiel für die Unaufhebbarkeit der singularitas: Et quando de ovo fit pullus, licet singularitas ovi cesset, non tamen ipsa singularitas, cum ita singulare sit ovum sicut pullus, nec alia singularitate unum quam aliud. (De venatione sapientiae, N.65, Z.24-26).

Grund der Singularität sein. Im göttlichen Grund gibt es vielmehr nur die absolute Gleichheit. Die Gleichheit jedoch ist – wie wir im Kapitel zur Trinitätslehre sahen – „Sonderung" (discretio), Selbstunterscheidung der absoluten Einheit. Und die Sonderung bewirkt Einzigkeit. Insofern kann die Einzigkeit als Wirkung und Erscheinung der Gleichheit begriffen werden. Darum kann Cusanus auch sagen: „Die Einzigkeit nämlich ist nichts anderes als Gleichheit."[773] Als absolute Gleichheit ist die absolute Einheit zugleich absolute Einzigkeit. Weil der göttliche Grund jedoch als absolute singularitas erscheint, kann dessen Schöpfungswirken dementsprechend nur als Mitteilung dieser singularitas gedacht werden: als singularizare.[774] Das Geschöpf ist konstituiert durch seine Teilhabe an der Einzigkeit Gottes, am Wesenssinn der Einheit[775], der absoluten Gleichheit. Es ist sich selbst gleich und dadurch einzig.[776] Die Einmaligkeit gehört zu seinem Wesen: Jedes Seiende hat nicht nur – akzidentiell – Einmaligkeit, sondern es ist einmalig. Die vom Schöpfer bewirkte Einzigkeit alles Geschaffenen ist daher dessen Ähnlichkeit.[777] Die singularitas ist der Modus der Erscheinung der Gleichheit im menschlichen Geist.[778]

---

[773] Compendium, N.31, Z.8-9: Non enim est singularitas aliud quam aequalitas. Vgl. auch De aequalitate, N.26, Z.11: Individualitas enim est immultiplicabilis aequalitas.

[774] Vgl. De venatione sapientiae, N.66, Z.1-4: Sed una est omnium singularium causa, quae omnia singularizat, quae neque est totum neque pars neque species neque individuum neque hoc neque illud neque omnis nominabile, sed est singulorum singularissima causa. Vgl. auch De coniecturis, N.89, Z.9: Singularitas igitur omnia singularizat.

[775] Vgl. De coniecturis, N.71, Z.3-5: Omnia autem participatione unius id sunt quod sunt. Ipsum vero, cuius participatio est omnium pariter et singulorum esse, in omnibus et in quolibet suo quidam modo resplendet.

[776] „Die Teilhabe der Dinge an der Gleichheit besteht darin, dass ein jedes genau sein Wesen ist, nicht mehr und nicht weniger." Die Teilhabe des Geschaffenen an der Gleichheit meint „ein Übereinstimmen mit sich, welches die feste Gestalt des Wesens ausmacht, so dass es ist, was es ist und nicht verfließt in das andere." (von Bredow, Im Gespräch, 35f.); vgl. auch ebd., 36: „Das nicht-mehr-oder-weniger-sein-als-es-selbst ist die Übereinstimmung mit den absoluten Gleichheit, mit Gott, dem Maß aller Dinge."

[777] Vgl. De venatione sapientiae, N.67, Z.15: Nec aliud est singularitas quam aeterna lucis similitudo.

[778] Vgl. Leinkauf, Die Bestimmung des Einzelseienden, 209: „Da die Gleichheit in ihrer absoluten Grundgestalt (...) keine Veränderung (...) zulässt, kann sie als absolute Gleichheit und Prinzip in dem von ihr Prinzipiierten nur in ihrer unveränderten Ähnlichkeit bestehen. Die unveränderte und unveränderliche Ähnlichkeit der göttlichen Gleichheit ist das, was wir am einzelnen Seienden als dessen für uns ineffable Singularität ausmachen. Die singularitas (...) eines Seienden ist somit apparitio ae-

Von hier aus wird nun auch verständlich, worin der Sinn der von Cusanus angenommenen Abstufung bezüglich der Singularität des Singulären besteht, wenn er davon spricht, dass Gott unvergleichlich einzig (Superlativ) ist, die Welt bzw. das Universum aber einziger als die Individuen.[779] Ist Einzigkeit oder Einmaligkeit nicht eo ipso absolut? Kann es ein Mehr oder Weniger an Einmaligkeit geben? Was bedeutet es, „einmaliger" zu sein als anderes? Wenn die geschöpfliche Singularität als Teilhabe an der göttlichen Singularität und als deren Erscheinung aufgefasst wird, dann entspricht der Grad der Einmaligkeit, den ein Geschöpf abbildet, seiner Aufnahmefähigkeit (capacitas) für die göttliche Selbst-Mitteilung. Diese Aufnahmefähigkeit besteht, wie wir schon im zweiten Kapitel (II.2) gesehen haben, im modus contractionis, im Sein der Schöpfung als „Zusammenziehung" der göttlichen Einheit in die dadurch entstehende Andersheit. Zwar ist alles, was ist, aus seinem einmaligen Ursprung heraus einmalig, aber die Einmaligkeit des Ursprungs erscheint innerhalb des Geschaffenen in dem Maße, in dem die Andersheit in die Einheit integriert ist. Weil, wie wir sahen, nicht die Andersheit, sondern die Einheit bzw. Gleichheit der Grund der singularitas ist, erscheint diese dort am deutlichsten, wo die Andersheit am geringsten, am meisten in die Einheit bzw. Gleichheit integriert erscheint. Das Universum ist als „einfachste Zusammenziehung" zugleich das (relativ) Einmaligste. Es ist nur Gott gegenüber das Andere. Durch die Einmaligkeit des Universums erscheint der „einzigste Gott" im menschlichen Geist am deutlichsten. Je klarer dem Geist die absolute Einmaligkeit, durch die alles einmalig ist, erscheint, desto „einmaliger" ist dasjenige, wodurch die Einmaligkeit erscheint.

Vermittelt über den Gedanken der singularitas, so kann man resümierend sagen, wird also die gleichzeitige Einheit und Unterschiedenheit des Schöpfers und der Schöpfung erkannt. Die Einmaligkeit ist es, die den Schöpfer mit jedem Geschöpf verbindet und zugleich von jedem Geschöpf unterscheidet. Die Einmaligkeit der absoluten Einheit erscheint in der Einmaligkeit jedes Geschöpfs. Sie wird, der Denkform unseres Geistes gemäß, durch den Beryll der coincidentia oppositorum hindurch erkannt. Wenn von den geschaffenen Seien-

---

qualitatis, die vollgültige Erscheinung oder Offenbarung der schlechthinnigen und primordialen Gleichheit Gottes mit sich selbst."

[779] Vgl. De venatione sapientiae, N.65, Z.17-20: Unde sicut singularissimus deus est maxime implurificabilis, ita post deum mundi singularitas maxime implurificabilis et deinde specierum, post individuorum, quorum nullum plurificabile.

den nämlich gesagt wird, sie seien einzig, dann ist damit ihre Ähnlichkeit und zugleich ihre Unähnlichkeit sowohl untereinander als auch in ihrem Verhältnis zum Ursprung behauptet.[780]

Gerda von Bredow fasst die Cusanische Theologie der singularitas auf die ihr eigene kongeniale Weise in einem längeren Abschnitt zusammen, den wir hier ganz zitieren, weil er nicht nur eine Interpretation, sondern zugleich eine Fortführung der Gedanken des Kardinals ist. Sie schreibt: „Das abbildhafte Teilhaben an der singularitas ist Widerschein der absoluten singularitas; aber es ist zugleich als ein je so Einzigartigsein ganz anders als die Einzigartigkeit aller Einzigartigkeiten, die alles ist, was sein kann. Weil sie absolut ist, können wir eine solche Einzigartigkeit nicht begreifen. Aber der Unterschied lässt sich ‚von unten her‘ zeigen. Weil jedes Einzelne anders als die übrigen ist, neigen wir dazu, die Einzigartigkeit überhaupt negativ zu beschreiben: ‚nicht so wie...‘. Dies bedeutet auch, dass wir sie als solche zwar nicht begreifen, wohl aber spüren. Besonders deutlich wird das bei anderen Personen, die wir näher kennen. Wir erfassen ihre Einzigartigkeit intuitiv in einer positiven Vorstellung, aber wir erkennen sie nicht eigentlich in ihrem ‚Was‘. Der Daumenabdruck der Person dagegen ist so einzigartig, dass wir die besondere Qualität genau erkennen und die Identität der Person, die sein Urheber ist, damit ermitteln können. Der Daumenabdruck ist ein konstant bleibendes, verifizierbares körperliches Merkmal. Die personale Einzigartigkeit dagegen besteht in ihren latenten Möglichkeiten und der Realisierung einiger; sie besteht auch in ihrer Entscheidung zum Verzicht und im Verarbeiten von Erfolgen und Misserfolgen bis hin zum Annehmen und Tragen schweren Leides. Das heißt, sie besteht in lebendiger Entwicklung, die sich von dem Ablaufen eines Plans unterscheidet. Darum ist kein Mensch völlig berechenbar; es ist eine Missachtung seiner Person, wenn man mit ihm so umgeht, als wäre er vollkommen manipulierbar. Die Einzigartigkeit des Daumenabdrucks mag exakt feststellbar sein, die Einzigartigkeit der Person hingegen bleibt ein Geheimnis, das nur erahnt werden kann. Sollte das Geheimnis personaler Einzigartigkeit das göttliche Geheimnis absoluter Einzigartigkeit widerspiegeln? Das darf man sagen, wenn man dabei bedenkt, dass die Widerspiegelung prinzipiell vom Urbild unterschieden ist. Jede Person lebt ihr Leben aus ihrer besonderen Perspektive; doch von Gott muss gesagt werden, dass er alles in allen

---

[780] Vgl. De venatione sapientiae, N.67, Z.2-10.

Perspektiven hat, als ‚singularitas singularitatum' oder mit den Worten von De visione dei als ‚cuncta videns', Alles-Sehender mit dem Blick auf jeden Einzelnen."[781]

g) Das Feld der Gleichheit: Die christologische Vermittlung zwischen Schöpfungs- und Erkenntnislehre im Begriff aequalitas

Der Begriff „aequalitas" ist im Werk des Cusanus von höchster Bedeutung.[782] Er spielt sowohl in der Erkenntnislehre als auch in der Trinitätslehre eine wichtige Rolle[783]: Denn zum einen basiert jede für unser Erkennen notwendige Unterscheidung zwischen Verschiedenem letztlich auf dem – aller Unterscheidung vorgängigen – Gleichheits-Begriff des menschlichen Geistes. Zum anderen wird die Identität oder Nicht-Andersheit der absoluten Einheit ebenfalls mit Hilfe des Begriffs der Gleichheit eingesehen. Harald Schwaetzer, der die Entwicklung des Cusanischen aequalitas-Begriffs nachzeichnet, zeigt, wie beide Komponenten des Gleichheits-Gedankens, die erkenntnistheoretische und die trinitätstheologische, schließlich über die Christologie zu einer Einheit vermittelt werden.[784] Jesus Christus ist nämlich die Erscheinung der absoluten Gleichheit im Geschaffenen, indem er sich allem Geschaffenen erkennend, liebend an-gleicht. Cusanus, so Werner Beierwaltes, habe versucht, die Kraft der Gleichheit „als die universale Verstehenskategorie der Wirklichkeit zu erproben."[785] Insofern verwundert es nicht, dass die Gleichheit auf seiner „Weisheitsjagd" in einem eigenen „Jagdfeld" behandelt wird.

---

[781] von Bredow, Im Gespräch, 228.

[782] „Der Begriff aequalitas gehört zum Grundbestand terminologischen Vokabulars im Werk des Nikolaus von Kues. In nahezu allen Schriften trifft man auf ihn." (Schwaetzer, Aequalitas, 34).

[783] Während Cusanus die trinitätstheologischen Begriffe unitas und conexio in seinem Compendium durch potentia und unitas (bzw. posse und unum) ersetzt (vgl. N.29, Z.5), behält er den Begriff aequalitas (bzw. aequale) bei.

[784] Cusanus spricht dementsprechend in De venatione sapientiae von der „Gleichheit, die ist, was sie sein kann" (aequalitas enim, quae id est quod esse potest, N.68, Z.4-5), außerdem von der „Gleichheit, die noch gleicher werden kann" (aequalitas vero, quae potest fieri aequalior, Z.6-7) und schließlich von der „Gleichheit, die jenes Wort des Nicht-Anderen selbst, nämlich des Schöpfergottes" (aequalitas est verbum illud ipsius non aliud, scilicet creatoris, N.70, Z.7-8) ist. Schwaetzer sieht in De aequalitate den entscheidenden Schritt zur christologischen Vermittlung von „Ontologie und Gnoseologie". Vgl. Schwaetzer, Homine mediante.

[785] Beierwaltes, Denken des Einen, 374.

Wenn die Gleichheit ein „Feld der Weisheitsjagd" darstellt, dann deswegen, weil sie den menschlichen Geist in und aus der Betrachtung der Schöpfung zum Schöpfer, der göttlichen Weisheit, zu führen vermag. Immer, so erinnern wir uns, erkennt der Geist zunächst, dass ihm in allen Geschöpfen sein eigener Grund erscheint. Darin besteht, wie wir schon sahen, eine zentrale Einsicht des Cusanus. Was der Geist als den Grund aller Geschöpfe erkennt, das erkennt er zugleich als Grund seines eigenen Erkennens, als Urbild seines eigenen Grund-Seins. Wäre der Grund alles anderen nicht zugleich sein eigener Grund, könnte er weder den Grund alles anderen, noch seinen eigenen Grund erkennen.

Werden nun die Geschöpfe unter dem Aspekt ihrer Selbstidentität betrachtet, so erscheint die Gleichheit im Geist als deren Grund. Alle Dinge nämlich sind durch ihre je individuelle Partizipation an der Gleichheit genau das, was sie sind, „nicht mehr und nicht weniger"[786], jedes Seiende ist ein idem (vgl. De genesi), sich selbst gegenüber nichts anderes, eine „Weise der Teilhabe am Wesenssinn der Gleichheit."[787] Der menschliche Geist erkennt die Gleichheit als der Schöpfung immanent und transzendent zugleich; denn durch sie sind die Dinge, was sie sind, ohne mit ihr identisch zu sein. Cusanus kann die Gleichheit daher als „forma essendi" bezeichnen, durch die alles Seiende es selbst ist. Die Gleichheit erscheint dem Geist im Geschaffenen in der Genauigkeit (praecisio), durch die jedes Seiende nichts anderes, sondern genau das ist, was es ist, sich selbst gleich.[788] Die Genauigkeit, durch die alle Geschöpfe genau bestimmbar und identifizierbar sind, die daher alle Geschöpfe zugleich eint und unterscheidet[789], ist die Teilhabe aller an der absoluten Gleichheit. Da jedoch jedes Geschöpf auf andere (=unvollkommene) Weise an der Gleichheit partizipiert, können „alle Gleichen noch gleicher werden"[790], können also alle Geschöpfe ihre Ähnlichkeit mit der absoluten Gleichheit, „die ist, was sie sein kann", noch steigern. Cusanus spricht

---

[786] Vgl. De aequalitate, N.26, Z.1-5: Nihil igitur est expers aequalitatis, cum ratio aequalitatis sit forma essendi, sine qua non potest quidquam subsistere. Quidditas igitur omnium quae sunt est aequalitas, per quam omne quod est nec est plus nec minus, sed id quod subsistit; quae est omnibus aequalis essendi ratio.

[787] De aequalitate, N.29, Z.1: Et quodlibet est modus quidam participationis aequalitatis.

[788] Vgl. De venatione sapientiae, N.69, Z.1-12; N.70, Z.5-7.

[789] Vgl. De venatione sapientiae, N.70, Z.12-13: Concordant igitur pariter et differunt omnia.

[790] Vgl. De venatione sapientiae, N.70. Z.1-2: Patet omnia aequalia, quae non sunt ipsa absoluta aequalitas, aequaliora fieri posse.

von einer „aequalitas gradualis", weil kein Geschöpf ist, was es sein kann. Die Gleichheit, so verdeutlicht er in vielen Beispielen, erscheint als das, wodurch das Verschiedene geeint und somit „identifiziert" bzw. definiert wird. Alles beruht auf dem Prinzip der Gleichheit; nichts hat ohne seine Teilhabe an der Gleichheit Bestand[791]: weder Eintracht noch Frieden noch Ordnung, weder Schönheit noch Harmonie, Freude, Liebe oder Freundschaft[792], weder Klugheit noch Mäßigung noch irgendeine andere Tugend; keine Kunst und keine Wissenschaft können ohne das Prinzip der Gleichheit bestehen: weder die Kunst der Grammatik noch die Regeln des Rechts, weder die Malkunst noch die Philosophie (die Wissenschaft von der Wahrheit als adaequatio rei et intellectus), weder die Astronomie noch die Medizin; alles erscheint als Modus der Gleichheit, als deren Ähnlichkeit nämlich: Leben, Gesundheit[793], Sein und Zeit, Bewegung und Dauer[794], das Ebene und das Runde und alles „dazwischen Befindliche".[795] Als „Washeit" von allem „leuchtet der Wesenssinn der Gleichheit in allem, was ist, insoweit es ist, wider."[796] Und doch bleibt die Gleichheit selbst allem an ihr Partizipierenden gegenüber transzendent.[797] Sie erscheint im menschlichen Geist als Grund des von ihr Begründeten, des untereinander Vergleichbaren. Durch sie vermag der Geist alles zu erkennen, indem er alles miteinander vergleicht. Die Gleichheit ist somit Seins- und Erkenntnisprinzip des Geistes. Der Geist ist nur das, was er ist, durch die Gleichheit, durch die er alles in dessen je eigener Gleichheit oder Identität erkennt.

Angeregt durch die Gleichheit, die ihm in Gestalt der sichtbaren Dinge begegnet, erkennt der Geist, dass er in sich selbst den Begriff der Gleichheit immer schon haben muss, um diese im Anderen seiner selbst erkennen zu können. Schaut der Geist also auf sich selbst, auf seinen von aller sinnlichen Andersheit losgelösten Begriff der Gleichheit, so erkennt er deren Absolutheit. Er erkennt in der absolu-

---

[791] Vgl. De aequalitate, N.30, Z.5-7: Si igitur anima (...) videt sublata aequalitate nihil remanere concludit omnia ex ipsa, per ipsam et in ipsa esse.

[792] Vgl. De aequalitate, N.28, Z.7-12.

[793] Vgl. Compendium, N.38, Z.4-5.

[794] Vgl. De aequalitate, N.27, Z.1-18.

[795] Vgl. Compendium, N.37, Z.1-14.

[796] De aequalitate, N.27, Z.21-22: In omnibus enim quae sunt, in quantum sunt, relucet aequalitatis ratio.

[797] Vgl. De venatione sapientiae, N.68, Z.3-6: Certum est nihil, uti est actu, multiplicabile. Aequalitas enim, quae id est quod esse potest, cum sit ante aliud et inaequale, non reperitur nisi in regione aeternitatis.

ten Gleichheit seinen eigenen urbildlichen Grund. Der Schöpfergott erscheint dem menschlichen Geist als die absolute Gleichheit. Weil der Geist die Gleichheit als Ursprung oder Ermöglichung seines Erkennens erfährt, erkennt er in ihr seinen eigenen Grund und kann sagen: Durch die Gleichheit ist alles geschaffen. Neben der Gleichheit kann es jedoch nur deren Partizipation geben, denn die Gleichheit ist nicht vervielfältigbar (immultiplicabilis). In der Gleichheit kann keine Vielheit bestehen, da Vielheit Andersheit einschließt und Andersheit Mangel an Gleichheit, ja deren Gegenteil bedeutet. In der Gleichheit, die aus der ewigen Einheit gezeugt und mit der Ewigkeit identisch ist, koinzidiert alles Viele, die „zehn Lobpreisungen" sind in ihr nichts anderes.[798] Gott, so wurde schon im Kapitel über die Trinitätslehre gesagt, kann deshalb als absolute Gleichheit bezeichnet werden, weil Gleichheit Ausdruck für die vollkommene, relationale Einheit ohne Andersheit (Nicht-Sein, Mangel) ist. Der Begriff der Gleichheit ist in Bezug auf Gott zutreffender als der Begriff der Einheit[799], weil Gleichheit ein Geschehen meint, durch das die als Denken konzipierte Einheit immer schon bei sich selber ist, indem sie sich mit ihrem Begriff vereint.[800] In der Kategorie der Gleichheit lässt sich also sowohl das Absolute selbst als auch die Erkenntnisermöglichende Einheit zwischen dem menschlichen Geist und der sinnenfälligen Schöpfung denken. Beide Aspekte, der trinitätstheologische und der erkenntnistheoretische, werden nun vermittelt, indem Cusanus den Gleichheits-Gedanken auf Jesus Christus anwendet.[801]

Schon in den Frühschriften (De docta ignorantia und De coniecturis), so Harald Schwaetzer, erscheint der aequalitas-Begriff in einer doppelten Bedeutung: Innertrinitarisch bezeichnet er das Wesen Gottes (unitas, aequalitas, conexio); erkenntnistheoretisch bezeichnet er die Möglichkeitsbedingung unseres vergleichenden, also von der

---

[798] Vgl. De venatione sapientiae, N.68, Z.7-19.

[799] Vgl. De aequalitate, N.28, Z.12-15.

[800] Vgl. De aequalitate, N.33, Z.22-23: Purus enim intellectus numquam est sine suiipsius notitia. Sic aeternus deus pater numquam sine filio consubstantiali.

[801] Cusanus beruft sich dabei vor allem auf das Johannesevangelium, auf die vielen sogenannten „Immanenzformeln", die die Einheit und Gleichheit des Vaters und des Sohnes ausdrücken. Vgl. besonders De aequalitate, N.35, Z.11-16: ‚Mundus per ipsum factus est', quia deus pater dixit et facta sunt omnia; ‚et mundus eum non cognovit. In propria' loca patris sui, scilicet Terrae Sanctae, ‚venit, et sui eum' tamquam dei verbum ‚non receperunt. Quotquot autem' ex ipsis et omnibus gentibus ‚receperunt eum', ei ut verbo dei a deo misso oboediverunt, illis ‚dedit potestatem', quamvis essent homines, ut fierent filii dei.

Idee der Gleichheit ausgehenden, Geistvollzugs. Dabei erscheinen
Selbst- und Welterkenntnis, die Idee der aequalitas im menschlichen
Geist und die aequalitas gradualis in den Geschöpfen, noch unvermittelt nebeneinander. Auch der auf die Trinität bezogene Aspekt des
Gleichheitsgedankens ist mit dem auf das Erkennen des Intellekts
bezogenen Aspekt noch nicht zu einer zusammenhängenden Einheit
verbunden. In den Idiota-Dialogen von 1450 setzt Cusanus den trinitarischen Gleichheitsbegriff dann über den Gedanken der complicatio in Beziehung zu der erkenntnistheoretischen Komponente, indem
er die göttliche Gleichheit mit der „Einfaltung von allem" (complicatio omnium) identifiziert und den menschlichen Geist als Bild der
Einfaltung von allem (imago complicationis complicationum) betrachtet. Die Gleichheit, die der erkennende Geist aus sich entfaltet,
erscheint dann als Bild der absoluten Gleichheit. In De aequalitate
beschreibt Cusanus die gleichzeitige Einheit und Unterschiedenheit
(=Koinzidenz) von Welt- und Selbsterkenntnis. So vermittelt er die je
unterschiedliche Teilhabe der Dinge an der Gleichheit mit der Teilhabe des Geistes an ihr. Der Geist erkennt sich selbst in dem Maße, in
dem er die Dinge erkennt. Koinzidieren aber „Bereiche, die aufgrund
von Partizipation bereits als strukturidentisch verstanden werden, so
ergibt sich zwischen ihnen Gleichheit."[802] Dadurch, dass Cusanus das
Verhältnis zwischen der sichtbaren Schöpfung und dem geschaffenen
Geist als Gleichheit beschreiben kann, sieht er die Möglichkeit einer
Selbst-Mitteilung der göttlichen Gleichheit im Geschaffenen, durch
die die erkenntnistheoretische Bedeutung der Gleichheit mit der
schöpfungstheologischen Bedeutung verbunden werden kann. In
Christus „koinzidiert" gewissermaßen die trinitarische – und somit
schöpfungstheologisch relevante – Gleichheit, durch die (genauer:
durch deren Partizipation in der „forma essendi" jedes Seienden)
alles geschaffen bzw. ermöglicht ist, mit der dem menschlichen intellectus mitgeschaffenen – erkenntnistheoretisch relevanten – Idee der
Gleichheit, durch die alles Geschaffene erkannt bzw. verwirklicht
wird. Jesus Christus ist als Geschöpf die absolute Gleichheit – Gleichheit allem Geschaffenen gegenüber. Durch ihn verwirklicht sich die
absolute Gleichheit im Verhältnis zwischen den erkennbaren Dingen
und dem erkennenden Geist. Der Geist Jesu ist allem Geschaffenen
gegenüber dessen Gleichheit. Indem er die in allen Dingen partizi-
pierte Gleichheit (die praecisio der Dinge) vollkommen erkennt,

---

[802] Schwaetzer, Aequalitas, 114.

erkennt er die Gleichheit in sich selbst als (vollkommenes) Bild oder Erscheinung der absoluten (innertrinitarischen) Gleichheit.

Das Ziel der „Weisheitsjagd" besteht in dieser (sinnlich verfassten) Welt darin, dass der menschliche Geist sich, vermittelt über die Schöpfung, als Ort der Erscheinung des Schöpfers erkennt und so schließlich die ursprüngliche Einheit mit diesem (filiatio dei) erreicht, auf die hin er immer schon angelegt ist. Das „Feld der Gleichheit", so kann zusammenfassend gesagt werden, hilft insofern zu diesem Ziel, zur Einsicht in die Koinzidenz göttlichen und geschöpflichen Wirkens, also in den Theophaniecharakter der Schöpfung, als im Gedanken der Gleichheit die Absolutheit des Schöpfers aus dessen christologisch vermittelter Selbst-Mitteilung in der Schöpfung erkannt werden kann. Die Gleichheit, als die der Ursprung des Seins, Gott selbst, erkannt wird, erscheint in der Gleichheit, die sich im Geschaffenen als Grund der Erkenntnis findet.

h) Das Feld der Verknüpfung: Die Ermöglichung der Einheit von Seins- und Erkenntnisursprung durch den Begriff der Verknüpfung (conexio)

Nicht nur die äußere Systematik, nach der Cusanus jede seiner drei bevorzugten Trinitätsbezeichnungen – unitas, aequalitas, conexio – als ein eigenes „Feld der Weisheitsjagd" vorstellt, erklärt, dass nun die Bedeutung der „Verknüpfung" in den Blick genommen wird. Ganz zu Beginn unserer Untersuchung stellten wir bereits fest, dass man das Cusanische Denken zutreffend als Geist-Lehre charakterisieren kann, weil dem Geist eine, oder besser gesagt, die entscheidende Vermittlungsfunktion zukommt. Dies wird schon in dem Begriff deutlich, den Cusanus für den genauesten hält, um die Bedeutung des Geistes zu erfassen: conexio/nexus – „Verknüpfung". Der menschliche Geist vermittelt Einheit und Andersheit, indem er die Gegensätze zu verknüpfen vermag. Denn er erkennt mittels seiner spezifischen Anschauungsform, der coincidentia oppositorum, dass „Gegensätzliches zugleich im Selben koinzidiert."[803] Indem ihm (via coincidentia) die Verknüpfung des Gegensätzlichen erscheint, erkennt er sich als Ort der Erscheinung dieser Verknüpfung, als Bild des „Ursprungs der Verknüpfung"[804], des göttlichen Geistes. Der Geist erkennt die Verknüpfung in sich als den Grund des in Gegensätzlichkeit Seienden,

803 Vgl. De beryllo, N.40, Z.7.
804 Vgl. De beryllo, N.42, Z.11-12.

des aus Gegensätzen Verknüpften. Die Verknüpfung erscheint im menschlichen Geist – genauso wie die Einheit und die Gleichheit – als unhintergehbare Voraussetzung des Seins und des Erkennens, da der Geist alles als Verknüpftes durch Verknüpfung wahrnimmt.

Cusanus stellt zunächst fest: „Wenn wir nun im Feld der Verknüpfung auf die Jagd gehen, bemerken wir, dass vor jeder Teilung die Verknüpfung gesetzt wird."[805] Ohne dies in Bezug auf die unmittelbaren Erkenntnisobjekte unseres Geistes, die sinnenfälligen Geschöpfe, näher auszuführen, kommt er dann sogleich – recht unvermittelt – auf die „unteilbare Ewigkeit" zu sprechen, in der die „Verknüpfung von Einheit und Gleichheit ausgeht".[806] Doch auch wenn es hier auf den ersten Blick so scheint, als sei die Erkenntnis der innertrinitarischen, göttlichen, ewigen „Verknüpfung" dem Menschen unmittelbar möglich, bezieht er sich doch zumindest in einem Nebensatz zunächst auf die Welterkenntnis: „So wie nämlich die Teilung von Vielheit und Ungleichheit ausgeht, so die Liebesverknüpfung von Einheit und Gleichheit."[807] Wie die Teilung gleichursprünglich mit Vielheit und Ungleichheit da ist und nicht etwa erst „nachträglich" aus diesen folgt, so ist auch die Verknüpfung gleichursprünglich mit Einheit und – Cusanus sagt „Gleichheit", wir können jedoch, von den Geschöpfen ausgehend, ebensogut sagen – „Seiendheit" da. Die Gleichheit erscheint ja, wie schon gesagt wurde, in den Geschöpfen als Seiendheit, als das, wodurch die Geschöpfe am Sein der Einheit teilhaben können. So sieht der menschliche Geist also, dass im Geschaffenen nicht nur nichts ohne Einheit (bzw. Einzigkeit) und Gleichheit (bzw. Seiendheit), sondern auch nichts ohne „Verknüpfung" existiert:[808] Alles Wirkliche (actu existens) erscheint durch die Verknüpfung von Sein und So-Sein[809], Einheit und Seiendheit, der Mensch durch die Verknüpfung von Seele und Körper, die (unsterbliche) Seele durch die

---

[805] De venatione sapientiae, N.71, Z.3-4: Nunc in campo nexus venationem facientes attendimus ante omnem divisionem nexum constitui.

[806] Vgl. De venatione sapientiae, N.71, Z.4-6. Siehe dazu ebd. S.156, Adnotatio 12: „Quin aspera sit compositio sententiae et difficilis intellectu vox ‚aeternitatem', dubitari nequit."

[807] De venatione sapientiae, N.71, Z.7-8.

[808] Vgl. De venatione sapientiae, N.73, Z.6-10: Nihil igitur illius amoris expers, sine quo nec quicquam persisteret. Omnia igitur penetrat invisibilis conexionis spiritus. Omnes mundi partes intra se hoc spiritu conservantur et toti mundo conectuntur. Hic est spiritus animam corpori conectens, quo exspiratio cessat vivificatio.

[809] Vgl. De sapientia I, N.22, Z.9-11: Est deinde esse et sic esse unitum, ut sit. Et hoc habet a deo, qui est conexio omnia conectens, et est deus spiritus sanctus.

Verknüpfung des menschlichen Geistes mit dem göttlichen Geist. Alles scheint durch Verknüpfung konstituiert. Dass die Verknüpfung, wie Cusanus zuallererst in Erinnerung ruft, „vor" (ante) jeder Teilung ist[810], bedeutet, dass sie durch Teilung niemals aufzulösen und durch rationale Unterscheidung niemals zu erreichen ist. Ein Körper, so Cusanus, kann zwar in zwei Hälften geteilt werden, aber die zwei Hälften sind weiterhin Körper. Das Körper-Sein geht der Teilung voraus.[811] Was mit „Verknüpfung" gemeint ist, liegt gewissermaßen auf einer anderen Ebene als das, was hier mit Teilung gemeint ist. Die Verknüpfung betrifft die (unteilbare) Substanz der Dinge. Diese wird von uns erkannt als Verknüpfung aus Verschiedenem, nicht jedoch als Zusammensetzung aus Geteiltem.

Angesichts der sinnenfälligen Schöpfung sieht der Geist die Verknüpfung in sich selbst, als Grund seines eigenen Erkennens. Dies wurde bereits im Kapitel über die Trinität ausgeführt. Dem menschlichen Geist, so sahen wir dort, liegt eine Dreieinheit ermöglichend voraus, durch die er sich selbst als (abbildliche) Dreieinheit (memoria, intellectus, voluntas) erkennt und sich angesichts der sinnenfälligen Schöpfung erkennend zu aktuieren vermag. Er verwirklicht sich, indem er Gegensätze abstrahiert und zugleich in deren Ursprung verknüpft. Hier soll nun aufgezeigt werden, wie sich die Erscheinung bzw. Erkenntnis Gottes im menschlichen Geist, ausgehend vom Begriff der Verknüpfung, dadurch vollzieht, dass alles durch „Verknüpfung" konstituiert und die „Veknüpfung" zugleich als zum absoluten Ursprung gehörig erscheint. Deshalb nämlich ist sie ein „Feld der Weisheitsjagd", auf dem der menschliche Geist sich als Ort der apparitio dei zu verwirklichen vermag.

Cusanus sieht den Ursprung aller Verknüpfung (principium conexionis)[812] in der Identität bzw. Nicht-Andersheit von Einheit und Gleichheit grundgelegt. Sie geht „geradewegs aus der ewigen Einheit und deren Gleichheit" hervor.[813] Sobald der absolute Ursprung nicht

---

[810] Vgl. auch schon De docta ignorantia I, S.16, Z.9 (N.20): connexio prior natura divisione.

[811] Vgl. De beryllo, N.23, Z.4-5; N.44, Z.2-7: Ideo dum dividitur corpus, non dividitur substantia, quia non dividitur in non corpus aut in partes substantiales, scilicet formam, materiam et nexum, quae proprius dicuntur principia quam partes, quia esset dividere indivisibile ab indivisibili sicut punctum a puncto, quod non est possibile.

[812] De venatione sapientiae, N.73, Z.24.

[813] De venatione sapientiae, N.71, Z.4-6: Hunc igitur indivisibilem videmus aeternitatem id esse, quod esse potest, posse fieri praecedentem, rectissime ab aeterna unitate et eius aequalitate procedentem.

mehr als eines unter anderen, als in Gegensätzlichkeit eingebunden, sondern als Einheit „und" Gleichheit zugleich erscheint, erscheint das „und", die Verknüpfung, mit. Erst durch die Verknüpfung ist der absolute Grund nicht mehr Einheit in Andersheit, sondern „nichts Anderes", Einheit und Gleichheit, und damit „alles, was (er) sein kann"[814]: die „unvermehrbare, vollkommen unteilbare und unveränderliche Ewigkeit" selbst.[815] Die Ewigkeit aber geht auch dem – Zeitlichkeit implizierenden – Werden-Können voraus. Hier wird also deutlich, warum die Verknüpfung nicht (wie etwas Geschaffenes) „werden kann", warum sie vielmehr „früher" als die Teilung ist: weil sie nämlich die Ewigkeit selber ist. „Verknüpfung" meint etwas völlig anderes als „Zusammensetzung" (compositio, compositum), sie meint etwas Urspüngliches, zum Ursprung selbst Gehöriges. Indem Cusanus den trinitarischen Ursprung als Verknüpfung von Einheit und Gleichheit begreift, schließt er jede Andersheit aus ihm aus und fasst ihn als absolute Identität. Statt des Begriffs der Verknüpfung (nexus bzw. conexio) benutzt er auch – wegen der Nähe zu unserer Erfahrung[816] – den Begriff Liebe (amor) bzw. Liebesverknüpfung (nexus amorosus) und – wegen der Nähe zur Heiligen Schrift – den Begriff Geist (spiritus conexionis).

Ausgehend von seiner Erscheinung im Geschaffenen, wird der Schöpfer als ewige Verknüpfung erblickt. Wenn er aber selbst die Verknüpfung von Einheit und Gleichheit ist, dann kann sein Schaffen nur in der Mitteilung dieser Verknüpfung bestehen. Alle Geschöpfe sind verwirklicht (actu) durch die Verknüpfung von Einheit und Gleichheit bzw. Seiendheit.[817] Die Einheit erscheint nämlich im Geschaffenen als „die Festlegung der Wandelbarkeit", die Gleichheit als „die Gestaltung des Geeinten und Festgelegten" und die Verknüpfung als „beider liebevolle Verbindung".[818] Alle Dinge sind das, was sie sind, dadurch, dass sie festgelegt und gestaltet sind. Sie sind nicht ein unbestimmtes Werden-Können, sondern sie sind durch die Gestalt bestimmt zu diesem oder jenem Konkreten. Die Verknüpfung ist es

---

814 De venatione sapientiae, N.71, Z.5.

815 De venatione sapientiae, N.71, Z.13-14.

816 Vgl. De venatione sapientiae, N.72, Z.1-2; De docta ignorantia I, S.18, Z.26 – S.19, Z.3 (N.26).

817 Vgl. De venatione sapientiae, N.72, Z.3-4: In quolibet enim video unitatem, entitatem et utriusque nexum, ut sit act id quod est: Entitas, quae et essendi forma, aequalitas est unitatis.

818 De venatione sapientiae, N.72, Z.9-10: Unitas est fluxibilitatis constrictio, aequalitas uniti et constricti formatio, nexus utriusque amorosa conexio.

gerade, die die Wirklichkeit des Wirklichen bewirkt, in der sich das Wirken der Einheit und der Gleichheit vollendet.[819] Cusanus spricht innerhalb des Geschaffenen von der „vollkommen natürlichen Liebe, welche die Verknüpfung von Einheit und Seiendheit ist.“[820] Durch sie ist alles wirklich Existierende ein mit sich selbst Identisches. Auch der menschliche Geist ist nur durch die Verknüpfung das, was er ist. Sein apriorischer Bezug zur göttlichen Weisheit oder Wahrheit nämlich, durch den er sich als deren Bild im Suchen nach ihr verwirklicht, ist konstituiert durch seine „natürliche Verknüpfung" mit dieser, die sich in sehnsüchtiger Liebe zeigt.[821] „Wie das Brennbare dem Feuer"[822], so wird der Geist seinem göttlichen Urbild durch die Aktuierung der – vorgängig gegebenen – Verknüpfung verbunden. Die Verknüpfung kommt dadurch zustande, dass „der Geist der Weisheit zum Geist der Vernunft wie das Ersehnte zum sich Sehnenden gemäß der Glut der Sehnsucht herabsteigt und den Geist der Vernunft zu sich wendet."[823] Schon in De coniecturis und in De genesi wurde das Schöpfungswirken Gottes als ein den geschöpflichen Aufstieg ermöglichendes Herabsteigen des Schöpfers beschrieben.[824] Hier ermöglicht der göttliche Abstieg nun die Aktuierung der durch ihn konstituierten Verknüpfung, die das Wesen des menschlichen Geistes ausmacht. Gott, der selber die absolute Verknüpfung ist, schafft die Ver-

---

[819] Vgl. Sermo CCLXXXV (282): V2, fol.275vb: A deo res habet esse. Habet et hoc esse. Habet et perfectum seu plenum esse. A deo patre habet esse quia unitas, a deo filio specificatum esse quia aequalitas, a deo spiritu sancto habet perfectum esse quia nexus. Sicut si quis considerat manum: Illa habet primo commune esse cum omnibus quae sunt, deinde esse specificatum, ut sic nec plus nec minus quam manus. Deinde habet esse perfectum, quia manus istius hominis, per conexionem. Nexus seu spiritus, qui est in bracchio et manu unius, nectit manum et bracchium. Et sicut omnia membra, hominis per unum spiritum nectuntur, sic et partes universi per unum spiritum nectuntur, ut sit unum universum. In universo autem sunt variae creaturae, spirituales et corporales, et unum omnipotentem spiritum, qui omnia replet, nectuntur. Ille igitur spiritus (...) est etiam nexus ille, qui nectit in intellectuali natura omnium notiones, et est nexus seu gratia illa, quae nectit intellectualem naturam universorum causae.

[820] De venatione sapientiae, N.73, Z.3-5: Iam vides amorem, qui nexus est unitatis et entitatis, naturalissimum esse. Procedit enim ex unitate et aequalitate, quae sunt eius principium naturalissimum.

[821] Vgl. De venatione sapientiae, N.73, Z.15-18: Nexus igitur naturalis intellectualis naturae ad sapientiam inclinatae ipsam naturam intellectualem non solum, ut sit, conservat, sed ad id, quod naturaliter amat, ut illi conectatur, adaptat.

[822] Vgl. De venatione sapientiae, N.73, Z.21-22.

[823] De venatione sapientiae, N.73, Z.18-20.

[824] Vgl. De coniecturis, N.44, Z.12-13.

knüpfung, durch die alles das sein kann, was es ist.

Wie die absolute Verknüpfung, der trinitarische Ursprung, in allem Entsprungenen enthalten ist, das verdeutlicht Cusanus schließlich, indem er noch einmal das von Dionysius Areopagita übernommene Bild des Feuers aufgreift. Denn das Feuer ist in allem Erwärmbaren, zum Beispiel im Holz, der Möglichkeit nach enthalten. „Es ist nämlich das Erwärmende (=das Feuer) das Größte unter dem Erwärmbaren."[825] Daher kann in allem Erwärmbaren ein Widerschein des mit dem (erwärmenden) Feuer koinzidierenden, am meisten Erwärmbaren erkannt werden. Damit leitet Cusanus jedoch schon über zum nächsten Feld der Weisheitsjagd, dem der „Grenze" (terminus). Das Feld der Grenze, so Cusanus, ist dem der Verknüpfung nahe.[826] Durch die Verknüpfung nämlich koinzidiert auf der Grenze das Begrenzende mit dem Begrenzten. Bildlich ausgedrückt: Dadurch, dass alles Erwärmbare untereinander und mit dem größten Erwärmbaren, das größte Erwärmbare aber mit dem (erwärmenden) Feuer verknüpft ist, erscheint das Erwärmende auf der „Grenze" des Erwärmbaren und in allem anderen auf die „Grenze", das größte Erwärmbare, hingeordneten Erwärmbaren.

i) Das Feld der Grenze: Der Begriff terminus als Ausdruck der Transzendenz des Begrenzenden gegenüber dem Begrenzten und der gleichzeitigen Immanenz des Begrenzenden im Begrenzten

Im vorletzten „Jagdfeld" richtet Cusanus seine Aufmerksamkeit auf die „Grenze". Gemeint ist die Grenze, durch die die Schöpfung als begrenzte von ihrem Schöpfer als begrenzendem unterschieden, doch zugleich mit ihm auch verbunden ist.[827] Auf der Grenze des

---

[825] De venatione sapientiae, N.79, Z.5-6.

[826] Vgl. De venatione sapientiae, N.80, Z.3.

[827] Der lateinische Begriff terminus wird manchmal synonym mit dem Begriff finis verwendet (vgl. z.B. De venatione sapientiae, N.114, Z.2-8 oder De complementis theologicis, N.4, Z.46, De visione dei, N.53, Z.5). Finis bezeichnet allerdings meist eher den Zweck, den Sinn oder das Ziel des Geschöpfs, also das, wozu das Geschöpf da ist. Der Begriff finis betont weniger die Endlichkeit und Begrenztheit, sondern eher die Sinnhaftigkeit des Seienden. „Terminus" bezeichnet das, wodurch das Endliche endlich ist (vgl. De complementis theologicis, N.11, Z.10-11: Infinitum non est mensurabile, quia infinitum est interminum). Die beiden Begriffe fallen für Cusanus jedoch sachlich ineins: Wo ein Geschöpf seine Grenze erreicht, erreicht es auch sein Ziel und umgekehrt. Daher können sie gelegentlich nebeneinander stehen.

Werden-Könnens des Geschaffenen nämlich erscheint das Machen-Können des allmächtigen Schöpfers, das Können-selbst. In dieser Einsicht fasst Cusanus das Ergebnis seiner gesamten Betrachtungen zusammen.[828] Die Grenze ist gewissermaßen die Koinzidenz des Begrenzten und des Begrenzenden. Das Begrenzende erscheint durch seine Koinzidenz mit dem Begrenzten auf der Grenze.[829]

Jedes Geschöpf, so erkennt der von den sinnenfälligen Dingen ausgehende menschliche Geist zunächst, stößt als Geschöpf an die Grenze des Werden-Könnens. Es kann nicht mehr sein, als es werden kann. Konkret bedeutet dies: Kein Geschöpf kann die Grenze seiner species überschreiten, es wird vielmehr durch diese begrenzt. Der Mensch etwa kann die Möglichkeit seines Menschseins zwar immer mehr verwirklichen, aber er bewegt sich bei dieser Verwirklichung immer innerhalb seiner species als Mensch.[830] Was die species in Bezug auf das einzelne Geschöpf ist, das ist das Werden-Können in Bezug auf die gesamte Schöpfung, auf das Universum: nämlich ein Begriff, in dem zum Ausdruck kommt, dass alles Geschaffene eine Grenze hat. Das Universum ist im Werden-Können begrenzt. Es kann nichts aktuell sein, was nicht im Werden-Können ermöglicht ist. Das Werden-Können, so sahen wir bereits im „Feld des possest", ist im Geschaffenen das Letzterreich- bzw. -erkennbare für den menschlichen Geist. Der Geist kann, von den sichtbaren Geschöpfen ausgehend, bis zur Erkenntnis des posse fieri alles Seienden vordringen. Was geworden ist, musste notwendigerweise werden können. Im Feld der Grenze akzentuiert Cusanus diese Einsicht jedoch insofern etwas anders, als er sagt: Wir kommen mit unserem Denken nicht nur bis zum Beg-

---

[828] Vgl. De venatione sapientiae, N.113, Z.1-3: Nec haec omnia, quae sic video et nequaquam effari aut scribi possunt sicuti video, sunt ad brevius per me reducibilia, quam quod terminus posse fieri omnia est posse facere omnia.

[829] Dieser Zusammenhang kann in dem einen Begriff der Grenze (terminus) bzw. des Endes (finis) noch deutlicher hervorgehoben werden als in den Begriffen Grund (causa) und Begründetes (causatum), da die Grenze als gleichzeitige Einheit und Unterschiedenheit zwischen dem Begrenzten und dem Begrenzenden erscheint. Vgl. auch Hödl, Der Gedanke und das Gebet, 238: „Im (lateinischen und deutschen) Begriff des Unendlichen wird der implizierte Begriff des Endes (=Zieles) aufgehoben. Ende und Unendlichkeit konvergieren."

[830] Vgl. De venatione sapientiae, N.88, Z.7-13: Non enim scimus omnia, quae per hominem sciri possunt. Tu enim non es grammaticus, rhetor, logicus, philosophus, mathematicus, theologus, mechanicus et talia omnia, quae tamen, cum sis homo, fieri potes. Posse fieri hominem licet in te sit actu modo tali, uti es, determinatum, quae determinatio est essentia tua: tamen posse fieri hominis nequaquam est in te perfectum et determinatum.

riff des posse fieri, sondern bis zum Begriff der Grenze des posse fieri. Wir erkennen das posse fieri als Geschaffenes und damit als durch eine Grenze Begrenztes![831] Der Geist erkennt also zusammen mit dem Werden-Können, dass diesem etwas „vorausgeht", dass das Werden-Können eine Grenze hat, die zugleich sein Ursprung ist.[832] Von diesem das Werden-Können Begrenzenden aber muss gelten, dass es selber ab-solut, nämlich vom Werden-Können losgelöst ist. Denn es geht dem Werden-Können nur dann logisch voraus, wenn es selbst nicht werden, also auch nicht begrenzt werden kann. Das das Werden-Können Begrenzende erscheint daher als unbegrenztes Begrenzendes oder unbegrenzte Grenze (interminus terminus).[833]

Dieses selbst Unbegrenzte, jedoch alles Begrenzende kann auch durch den menschlichen Geist, dessen Erkennen Cusanus hier als „begriffliches Begrenzen" umschreibt[834], nicht begrenzt, d.h. begriffen werden. Es erscheint allerdings im menschlichen Geist wie das Urbild im Bild.[835] Der Geist erkennt den alles begrenzenden Ursprung abbildlich in sich, indem er den Dingen begriffliche Grenzen setzt. Er erkennt sich selbst als begriffliche Grenze, indem er alles andere, auch das posse fieri, begreift, begrifflich begrenzt.[836] So er-

---

[831] Vgl. De venatione sapientiae, N.110, Z.4-12: Certum est, quod posse fieri se refert ad aliquid, quod ipsum praecedit. Et ideo, quia praecedit posse fieri, fieri nequit. Neque factum est, cum nihil sit factum, quod non potuit fieri. Factum igitur sequitur posse fieri. Cum autem id, ad quod se posse fieri refert et quod praesupponit, ipsum praecedat, necessario aeternum est. Unde cum aeternum non possit fieri, necesse erit, quod saltem aeternum non sit aliud ab eo, quod in posse fieri affirmatur.. Aeternum igitur non est aliud ab omni eo quod fit, licet non fiat. Est igitur principium et finis ipsius posse fieri.

[832] Vgl. De venatione sapientiae, N.14, Z.4-5: Posse fieri non terminatur nisi in suo principio.

[833] Vgl. auch De visione dei, N.53. Während alles Endliche durch anderes beendet wird, erscheint der trinitarische Gott als das „Ende seiner selbst" (finis sui ipsius, Z.6) und somit als „Ende ohne (anderes) Ende" (finis sine fine, Z.9) bzw. als „unendliches Ende" (finis infinitus, Z.4), das „alles Endliche beendet" (finis omnia finiens, Z.8).

[834] Vgl. De venatione sapientiae, N.82, Z.13-15; vgl. auch De aequalitate, N.10, Z.4-5: Est igitur anima interminabilis notionalis terminus, per quem omnia ut vult terminat.

[835] Vgl. De venatione sapientiae, N.111, Z.13-17: Ex omnibus igitur quae actu sunt, sui exemplaris praeferre.

[836] Vgl. De venatione sapientiae, N.82, Z.13-20: Mens enim humana, quae est imago mentis absolutae, humaniter libera omnibus rebus in suo conceptu terminos ponit, quia mens mensurans notionaliter cuncta. Sic ponit terminum lineis, quas facit longas vel breves, et tot ponit punctales terminos in ipsis, sicut vult. Et quidquid facere proponit, intra se prius determinat et est omnium operum suorum terminus. Neque

scheint in ihm selbst die Grenze, „auf die hin die Vollendung des Bildes begrenzt ist".[837] Indem der Geist seine eigenen Möglichkeiten, sein Werden-Können, in der Erkenntnis der Begrenztheit des Werden-Könnens der gesamten Schöpfung, also in der Erkenntnis des Äußersten, das ihm möglich ist, verwirklicht, spiegelt sich die unbegrenzte Grenze gleichsam in ihm; sie erscheint in seiner Aktuierung.[838] Der Geist gewinnt seine Erkenntnis nämlich grundsätzlich dadurch, dass er den Dingen durch seine Begriffe Grenzen setzt (rationali terminatore), dass er diese Grenzen jedoch „durch Hinzufügung der Unendlichkeit"[839] zugleich überschreitet. Indem der Geist den begriffenen Gegenstand in seinem Bezug zum absoluten Ursprung erblickt, wird die Grenze gleichsam „zurückgezogen" (removere), überschritten. Was durch den Begriff begrenzt erschien, erscheint dann in seiner Einheit mit dem Unendlichen unbegrenzt. „Der Geist", so Cusanus, „sieht die Grenze in allem Begrenzten, und weil es keine Grenze der Grenze gibt, sieht er sich als begriffliche unbegrenzte Grenze ohne Andersheit."[840] Mit anderen Worten: Indem der Geist in allem Geschaffenen die Grenze sieht, verwirklicht er sich als lebendiges Bild oder Erscheinung dieser Grenze, die ihm unmittelbar unzugänglich bleibt. Er kann die unbegrenzte Grenze alles Begrenzten nur vermittelt über seine Selbsterkenntnis als abbildlicher Begrenzer erkennen. In seinem Begrenzen, d.h. Erkennen der Dinge erfährt er sich nämlich als selber unbegrenzt. Indem er erkennt, dass seine Begriffe zwar zur Unterscheidung des Vielen notwendig sind, dass sie aber überschritten werden können und müssen, um zur Einsicht der Einung des Unterschiedenen im Ursprung vorzudringen, erscheinen ihm die Geschöpfe in deren Wesenssinn und Grund. Das Erkennen unseres Geistes wird weder durch Begriffe noch durch die Sinnendinge begrenzt, sondern verwirklicht sich in

---

cuncta quae facit ipsam terminant, quin plura facere possit, et est suo modo interminus terminus.

[837] De venatione sapientiae, N.112, Z.1-2: Video tamen in termino, ad quem imaginis perfectio et praecisio terminatur, ipsum a remotis per infinitum.

[838] Vgl. De aequalitate, N.10, Z.1-3: Anima videt terminum in omnibus terminatis. Et cum termini non sit terminus, videt se terminum notionalem interminum sine alteritate.

[839] De complementis theologicis, N.4, Z.42-46: Et cum acutius attendis, quando infinitas additur termino, ut cum dicitur infinita scientia, non aliud agit eius additio ad terminum quam removere terminum, ut id, quod significatur terminatum per dictionem seu terminum, intueatur mentaliter infinitum seu interminatum.

[840] De aequalitate, N.10, Z.1-3.

einem die Begriffe hinter sich lassenden und hinter die Dinge zurückgehenden unendlichen (unbegrenzten) Annäherungsprozess an
die Wahrheit. Indem der menschliche Geist erkennt, dass alle Geschöpfe im posse fieri begrenzt sind und das posse fieri nur in einer
unbegrenzten Grenze begrenzt sein kann, erscheint die unbegrenzte
Grenze in seinem eigenen Erkennen. Das Universum, so wurde bereits gesagt, verwirklicht sich im menschlichen Geist, der es aus den
Einzeldingen als deren Einheit erkennt. Von daher kann, was von
jedem einzelnen Geschöpf gilt, ebenso vom Universum als ganzem
gesagt werden: dass es in sich selbst, d.h. in der Verwirklichung seiner
Möglichkeit (seines Werden-Könnens) unbegrenzt und in dieser Unbegrenztheit Darstellung seines unbegrenzten Schöpfers ist. Das Universum erscheint gerade deshalb unbegrenzt, weil es im unbegrenzten Schöpfer begrenzt ist. Indem der Geist dies erkennt, erkennt er
den unbegrenzten Schöpfer in sich selbst begrenzt. Der erkennende
Geist des Menschen erfährt sich also selbst als coincidentia oppositorum, als „Ineinsfall" von terminus und interminus. Durch diese Koinzidenz kann im Bild das Urbild erscheinen.

Von der Selbstreflexion des menschlichen Geistes aus kann Cusanus somit nun sagen: „Was aber ist es, was die Grenze setzt, wenn
nicht der Geist und die Weisheit?"[841] Der göttliche Geist setzt allem
eine Grenze, indem er die unbestimmte Möglichkeit seinen in ihm
präexistenten, mit ihm identischen Urbildern gemäß bestimmt. Die
Urbilder der Dinge im göttlichen Geist sind die mit deren Wesenssinn identischen alles begrenzenden Grenzen.[842] Cusanus benutzt die
ungebräuchliche Formulierung „deus essentiat"[843], um damit das
seinsbegründende, schöpferische Wirken Gottes zum Ausdruck zu
bringen. Der Begriff „essentiat", so erklärt er, bedeute, dass Gott oder
genauer: der göttliche Schöpfergeist (mens divina) „die Grenze von
allem sei."[844] Die Mitteilung des Seins (essentiare) ist zugleich dessen

---

[841] De venatione sapientiae, N.81, Z.1.

[842] De venatione sapientiae, N.81, Z.1-9: Quid est autem quod terminum ponit nisi
mens et sapientia? Mens enim (...) confusam possibilitatem determinat et discernit
movetque cuncta, ut ad terminum suum, quem eis praedeterminavit, perveniant.
Haec rerum exemplaria diffinivit, quae sunt (...) rerum rationes in ipsa praeexisten-
tes, secundum quas divina sapientia omnia praedestinavit seu praedeterminavit pro-
duxitque. Quid igitur aliud sunt exemplaria illa (...) quam termini determinantes
omnia?

[843] De venatione sapientiae, N.87, Z.11-12: Deus enim proprie non intelligit, sed essentiat. Et hoc est esse terminum omnium. Siehe dazu Adnotatio 15, S.159f.

[844] Vgl. De venatione sapientiae, N.83, Z.11-14.

Begrenzung (de-terminare).[845] Und umgekehrt: Die Grenze des posse fieri ist das Denken des Schöpfers. Das Geschaffene hat von seinem Schöpfer eine Grenze, der Schöpfer ist die – selbst notwendigerweise unbegrenzte – Grenze.

Zwischen dem Schöpfer und der Schöpfung gibt es, wie wir sahen, keine „dritte", vermittelnde Instanz, sondern die notwendige Vermittlung geschieht durch das Zusammenwirken des Schöpfers und des größten Geschöpfs in Jesus Christus. Aus diesem Grund kann Cusanus in der „Grenze" des Begrenzten, Geschaffenen ein „Feld der Weisheitsjagd", eine Offenbarung Gottes entdecken. Auf der Grenze des Geschaffenen erscheint nämlich der Schöpfer selbst.

j) Das Feld der Ordnung: Die Erkenntnis der Schöpfungsordnung als Erscheinung der göttlichen Weisheit im menschlichen Geist

Gott, „der seiner eigenen Natur nach unbekannt ist und sowohl den Verstand wie auch alle Sinne übertrifft", offenbart sich in der Schönheit und in der Ordnung der Schöpfung.[846] Diese nämlich ist dem Erkennen des Menschen unmittelbar zugänglich. Cusanus integriert den das Mittelalter durchziehenden ordo-Gedanken[847], für den

---

[845] Vgl. De venatione sapientiae, N.81, Z.16-17: Deus ipse determinavit intra suum conceptum, quod mundum istum seu hanc, quam videmus, pulchram creaturam crearet.

[846] Vgl. De venatione sapientiae, N.89, Z. 11-15: Sed ex creaturarum omnium ordinatissima dispositione, ut ab ipso producta et imagines quasdam et similitudines divinorum ipsius exemplarium pro se ferente, ad id quod omnia transcendit, via et ordine pro viribus scandimus in omnium eminentissima privatione atque in omnium causa. Cusanus zitiert hier aus Dionysius' De divinis nominibus. Vgl. aber schon De docta ignorantia II, S.110, Z.18-20 (N.175): Quoniam sapientum concors sententia est per ista visibilia et magnitudinem, pulchritudinem atque ordinem rerum nos duci in stuporem artis et excellentiae divinae.

[847] Im Mittelalter, so Hermann Krings, „stoßen wir immer wieder auf den Gedanken, dass kein Seiendes vereinzelt, isoliert, „für sich" ist in einem individualistisch-zweckhaften Sinne, sondern dass alles Seiende zwar unterschieden, aber nicht geschieden ist; dass alles Seiende verkettet ist, zusammenhängt, irgendwie Einheit will und ist. Zwar nicht durch das Mittel des Kollektivs, sondern als Ganzes geordneter Teile. Dieses Phänomen mit all seinen unendlich weit verzweigten Folgerungen nannte man ordo. Die Stellen, an denen dieser Terminus bei den mittelalterlichen Philosophen vorkommt, sind unzählbar. Es gibt kaum einen Zusammenhang, in den nicht diese Vorstellung, und damit kaum eine größere Darlegung, in die nicht das Wort ordo einflösse." Krings, Ordo, 1.

er sich ausdrücklich auf Paulus[848] und „dessen Schüler Dionysius"[849] beruft, in sein apparitio-dei-Konzept, indem er die Ordnung des Geschaffenen in ihrem Bezug auf den Geist des Menschen als Teilhabe an der göttlichen Ordnung (ordo divinus) versteht.[850] Der Begriff der Ordnung steht in unmittelbarem Zusammenhang mit dem Begriff der Weisheit, so dass Cusanus von „sapientia et ordo" oftmals in einem Atemzug sprechen kann.[851] Die „höchste Weisheit" des Schöpfers legte nämlich „in den Himmel, in die Erde und in alles Ordnung, um sich selbst auf die bestmögliche Weise, für die das Geschöpf aufnahmefähig ist, zu offenbaren."[852]

Wie in seinen anderen „Jagdfeldern", so geht Cusanus auch hier gedanklich wieder von einer menschlichen Grunderfahrung aus: dem Staunen über Ordnung und Schönheit. Der Mensch staunt zunächst über die Schönheit (mundum pulcherrimum), wie sie im Sinnenfälligen, zusammengezogen „zu Farbe und Gestalt"[853], erscheint.[854] Über die Schönheit predigt Cusanus ausführlich am Fest Mariae Geburt des Jahres 1456, anlässlich der Schriftstelle „Tota pulchra es, amica mea,

---

[848] Röm 13,1: Non est enim potestas nisi a deo: quae autem sunt, a deo ordinatae sunt.

[849] Vgl. De venatione sapientiae, N.90, Z.2-5; De ludo globi II, N.107, Z.1-2.

[850] Eine Ausnahme dieses ordo-Verständnisses bildet die Stelle De coniecturis, N.180, Z.11-13, wo Cusanus von „jener Ordnung" spricht, qui ad divisionem alteritatemque tendit, iniustissimus est divinitatique contrarius.

[851] Vgl. etwa De non aliud, S.20, Z.10 oder De venatione sapientiae, N.105, Z.21-22: sapientia (...) omnia ordinat. Yamaki erblickt zwischen den drei Begriffen sapientia, mens und ordo eine „trianguläre Struktur", „wobei die ‚creatrix-sapientia' den Scheitelpunkt des Dreiecks und die anderen beiden dessen untere Ecken bilden. Aufgrund dieser Struktur stehen die drei Weisheiten in einer dynamischen Wechselbeziehung, gleichzeitig ist ihnen selbstverständlich ein wesentlicher Unterschied inhärent, da die ‚creatrix-sapientia' das Urbild, die ‚mens-sapientia' und die ‚ordo-sapientia' jedoch deren Abbilder sind." (Yamaki, Sapientia – Mens - Ordo, 96).

[852] De venatione sapientiae, N.95, Z.3-5: Posuit igitur ordinem in caelo et terra et cunctis summa sapientia, ut et ipsa sapientia se ipsam meliori, quo creatura capax fuerit, modo patefaceret. Vgl. auch N.105, Z.21-22: Sapientia, quae omnia ordinat. Und Sermo CCXXIII, N.7, Z.13-15: Nam ex sapientia est ordo (...) et si recte concipis, ordo est sapientia.

[853] Vgl. Sermo CCXXXI, N.2, Z.12-15: Sed pulchritudo uti est obiectum intellectus, est pura et incontracta ad colorem vel figuram, et est ipsa veritas, quae non recipit magis nec minus.

[854] Vgl. De venatione sapientiae, N.6, Z.6-8. Giovanni Santinello spricht von einer „ästhetischen Weltanschauung" des Kardinals (Santinello, Mittelalterliche Quellen).

et macula non est in te" (Cant 4,7).[855] Auf einzigartige Weise partizipiert Maria an der Schönheit, doch nicht nur sie, sondern alles „gut Geordnete und Proportionierte, das heißt alles, bei dem in der Vielheit die Einheit der Poportion und Harmonie widerstrahlt"[856], ist schön. Was schön ist, spricht die höheren, „geistigeren", dem Geist gewissermaßen näherstehenden Sinne (sensibus spiritualioribus), nämlich Sehen und Hören, an, während es vom Fühlen, Riechen und Schmecken nicht wahrgenommen wird.[857] Hierin zeigt sich schon die Hinordnung des Schönen auf den Intellekt, so dass „es unserer Anstrengung bedarf, dass wir von der Schönheit des Sinnlichen zur Schönheit unseres Geistes aufsteigen, welche alle sinnlichen Schönheiten umfasst, und damit wir über unsere Schönheit die Quelle der Schönheit bestaunen, deren Ähnlichkeit diese unsere Schönheit trägt."[858] Aus der akzidentiellen Schönheit[859] der Dinge erkennt der Geist seine eigene Schönheit, den Begriff, den er von ihr hat. Wenn er den Begriff der Schönheit jedoch als seinen Begriff, als in die Andersheit seines Erkennens kontrahierte Weise erkennt und hinter sich lässt, erscheint ihm die Schönheit selbst: die „Schönheit alles Schönen", die „absolute Schönheit, die Gott selbst ist", die „höchste Schönheit", die Quelle alles Schönen", die Schönheit, deren Ziel (finis) die Liebe ist: „Die Schönheit will geliebt werden. Gott ist die Schönheit selbst, weil er geliebt werden will. Aber die Schönheit ist die von sich her liebenswerte Liebe."

Während die Schönheit bei der sinnlichen Wahrnehmung des Menschen ansetzt, um von dort an Verstand und Vernunft „weitervermittelt" zu werden, also gewissermaßen das „erste" ist, was den über die Geschöpfe staunenden Menschen erreicht, wird die Ordnung vom Geist als Grund der Schönheit erblickt. Durch die in ihm liegende Ordnung ist das Geordnete schön.[860] Der Geist erkennt, wie das gesamte Universum, Natur und Kunst gleichermaßen, von einer Ordnung durchdrungen ist. Cusanus zählt auf: „Welcher Art die

---

[855] Diese Predigt, Sermo CCXLIII (240): V2, fol. 167vb – 169vb, ist bereits 1958 von Giovanni Santinello herausgegeben und ins Italienische übersetzt worden. Wir zitieren hier nach dieser Ausgabe, jeweils mit Seiten- und Zeilenangabe.

[856] Santinello, Tota pulchra es, S.32, Z.4-5.

[857] Vgl. Santinello, Tota pulchra es, S.31, Z.13-19.

[858] Santinello, Tota pulchra es, S.39, Z.25-29.

[859] Vgl. Santinello, Tota pulchra es, S.38, Z.2-4: Per accidentalem pulchritudinem, ad quam per sensum pervenimus, quae est in operimento et exterioribus figuris, pervenimus ad pulchritudinem formae substantialis.

[860] Vgl. De venatione sapientiae, N.91, Z.1-13.

Teilnahme an der Ordnung bei den Arten und innerhalb jeder Art ist, welches die Ordnung bei den Himmelskörpern und in ihren zeitlichen Bewegungen sowie in den Bewegungen der Lebewesen ist, welcher Art die Teilnahme an der Ordnung in allem ist, was aus dem menschlichen Geist entspringt: in den Tugenden, in den Herrschaftsformen des staatlichen und privaten Regiments, in der Technik, in den freien Wissensfächern, nach welchen wohlgeordneten Regeln und Maßen alles in Schönheit entspringt, entdeckt, beschrieben und mitgeteilt wird, das sieht jeder mit Staunen, der sich darum müht."[861] Cusanus legt dar, wie der Geist alles, mit Hilfe der Ordnung, als geordnet erkennt. In der Schöpfung, so erklärt er, findet sich die Ordnung in geistige, belebte und existierende Natur (natura intellectualis, natura vitalis, natura existens)[862], in allen Geschöpfen Wesen, Kraft und Wirken (essentia, virtus, operatio)[863], im Menschen Glieder, Körper und Seele, in der Seele Sinn, Verstand und Vernunft.[864] Alles wird vom Geist als zugleich voneinander Unterschiedenes und miteinander Verbundenes erkannt. Ausdruck dieser Gleichzeitigkeit ist der Begriff des ordo[865], an dem alles Geordnete partizipiert.

Das Staunen über Ordnung und Schönheit im Sichtbaren führt den menschlichen Geist nun zunächst zu der „Erfahrung", dass er um die Ordnung „weiß und sie lobt".[866] Der durch das Staunen über die Dinge und deren Ordnung aktivierte Geist erkennt also die Ordnung, die er angesichts der Geschöpfe „draußen" erblickt, in sich selbst begrifflich, abbildlich. Die Ordnung ist kein sinnenfälliger Gegenstand, sondern sie herrscht gleichsam „zwischen" den sinnenfälligen Gegenständen und erscheint im Geist. Das, was der Ordnung der gesamten Schöpfung zugrunde liegt, liegt nämlich ebenso auch dem menschlichen Geist als Möglichkeitsbedingung seiner Verwirklichung zugrunde: die proportio, die Verhältnisbeziehung, durch die alles miteinander vergleichbar ist und durch die der Geist daher die im

---

861 De venatione sapientiae, N.94, Z.2-9.

862 De venatione sapientiae, N.93, Z.8-16.

863 De venatione sapientiae, N.93, Z.1-7.

864 Vgl. De coniecturis, N.179, Z.7-11.

865 In De coniecturis begegnet dreimal die Wendung „unitate atque ordine" (N.181, Z.9). Die Ordnung ist die Einheit von Verschiedenem. Sie ist (est) oder besteht (exsistit) in der Einheit (N.180, Z.11), auf die sie ausgerichtet ist und in die sie zurückgeführt wird (N.180, Z.9-10: ordo ad unitatem resolutus).

866 De venatione sapientiae, N.95, Z.13-15: Experimur in nobis, qui cum ceteris animalibus convenimus in sensibus, ultra illa habere mentem ordinem scientem et laudantem.

Geschaffenen liegende Ordnung erkennen, d.h. in Wirklichkeit überführen kann. Die Ordnung ist in der proportio „eingefaltet"[867], und
der die proportio erkennende Geist faltet die darin liegende Ordnung aus. Die geschaffene Ordnung besteht darin, dass jedes Einzelne sowohl zu jedem anderen Einzelnen, als auch zum Gesamten (universum) in einem für den menschlichen Geist prinzipiell bestimmbaren Verhältnis (proportio) steht. Cusanus spricht daher von der geschaffenen Ordnung auch als von der ordinabilitas, der „Ordnungsmöglichkeit". Der Geist aktuiert die durch die proportio gegebene
Möglichkeit in der Erkenntnis der Ordnung des Geordneten. Er erfährt jedoch gleichzeitig mit seinem Wissen um die Ordnung, mit
seiner Aufnahmefähigkeit für sie, dass er selbst nicht deren Grund ist,
sondern dass sie vielmehr allem Geschaffenen, allem „Werden-
Können" vorausliegt. Der Geist erblickt die Ordnung als ewige.

So schreibt Cusanus: „Um die Ordnung in ihrer Ewigkeitsdauer zu
sehen, bedenke: Wenn alle Dinge, um vom Werden-Können zum
Wirklich-Sein überzugehen, eine Ordnung voraussetzen, durch die
dies mögliche Werden wird, so ist die Ordnung ewig, die alles das ist,
was sie sein kann. Würde nämlich die Ordnung geworden sein, so
wäre doch der Übergang vom möglichen Werden zum wirklichen
Sein gemäß der Ordnung erfolgt. Die Ordnung hätte dann bestan-
den, bevor sie bestand. Demnach hat die Ordnung keinen Anfang
und kein Ende. Die Ordnung ist also ewig."[868] Weil die Ordnung das
ist, wodurch alles im Geist als Geordnetes erscheint, erscheint sie
„früher" als alles Geschaffene. Sie erscheint als mit dem ewigen, absoluten Ursprung selbst identisch, denn „vor" dem Entsprungenen,
Anderen, so sahen wir, liegt nur der Ursprung, das Nicht-Andere.[869]
Indem Cusanus aber in der Konsequenz seines aus der Welterkenntnis über die Selbsterkenntnis zur Gotteserkenntnis aufsteigenden
Denkens den ordo-Begriff auf den absoluten Ursprung anwendet,
muss er sich von der Augustinischen ordo-Definition als „Zusammen-
stellung gleicher und ungleicher Dinge durch Zuweisung des einem

---

[867] Santinello, Tota pulchra es, S.38, Z.13-17: Sicut enim in unitate est omnis numerus
complicite, et in numero omnis proportio (...), in proportione omnis harmonia et
ordo et concordantia et ideo omnis pulchritudo, quae in ordine et proportione atque concordantia relucet.

[868] De venatione sapientiae, N.92, Z.3-8.

[869] Vgl. De venatione sapientiae, N.92, Z.9-18.

jeden zukommenden Standorts"[870] distanzieren. Denn in Gott gibt es keine Ungleichheit. Stattdessen beruft er sich auf Dionysius, der „mit Recht Gott als die Ordnung des Geordneten bekannt hat."[871] Gott ist als „Urheber der Ordnung"[872] die „Ordnung, die die absolute Schönheit selbst ist"[873], der ordo perfectionis[874], der „Ordner von allem"[875], das „Urbild aller Ordnungen"[876] und der ordo divinus.[877] Cusanus verwendet den ordo-Begriff analog, indem er die „aus Ungleichem zusammengesetzte Ordnung" des Geschaffenen von der „allereinfachsten Ordnung" des Schöpfers unterscheidet.[878] Diese allereinfachste Ordnung Gottes „kann nicht durch irgendeine Unterscheidung begriffen werden", sondern nur „durch ganz geordnetes Fortschreiten, das bei der Einheit beginnt und durch die Dreiheit begrenzt wird."[879] Mit anderen Worten: Die in sich relationale, absolute Dreieinheit Gottes erlaubt es Cusanus, den ordo-Begriff auf den Schöpfer selbst anzuwenden und alles Geschaffene als Partizipation an diesem zu verstehen. Der ordo-Begriff des Cusanus ist trinitarisch bestimmt.

Weil der trinitarische Gott selbst als die absolute Ordnung erscheint, bedeutet sein als Selbst-Mitteilung begriffenes Schaffen, dass er die Ordnung „in Himmel und Erde und alles hineinlegt".[880] Er schafft die ordinabilitas, das Werden-Können der geschaffenen Ordnung, und bewirkt, dass diese durch den menschlichen Geist vom Können zur Wirklichkeit des Geordneten übergeht. In der Ordnung des Universums, die Cusanus als das „erste und vergleichsweise genaueste Bild der ewigen Weisheit" bezeichnet, leuchtet somit die

---

[870] Augustinus, De civitate dei XIX, Kap.13: Ordo est parium dispariumque rerum sua cuique loca tribuens dispositio (PL 41, 640). Vgl. auch Hübener, Art. Ordnung, Sp.1278.

[871] De venatione sapientiae, N.90, Z.5-6: Recte alibi Dionysius deum ordinem ordinatorum confessus est.

[872] De venatione sapientiae, N.90, Z.6-7: auctor (...) ordinis.

[873] De venatione sapientiae, N.90, Z.11-12: ordo, qui est ipsa pulchritudo absoluta.

[874] De venatione sapientiae, N.95, Z.13.

[875] De venatione sapientiae, N.91, Z.10.

[876] De ludo globi II, N.107, Z.7: omnium ordinum exemplar.

[877] De venatione sapientiae, N.93, Z.7.

[878] Vgl. De ludo globi II, N.108, Z.3-4: Est enim omnis ordo excepto simplicissimo compositus. Omne autem quod componitur, ex inaequalibus componitur.

[879] De ludo globi II, N.107, Z.9-11: Qui ordo non potest per nos aliqua discretione capi nisi in ordinatissima progressione, quae ab unitate incipit et ternario terminatur.

[880] De venatione sapientiae, N.95, Z.3: Posuit igitur ordinem in caelo et terra et cunctis summa sapientia.

Ordnung und Weisheit des Schöpfers wider.[881] Durch die Ordnung nämlich bildet die Vielheit der sinnlich wahrnehmbaren einzelnen Geschöpfe im menschlichen Geist eine Einheit, ein Universum.[882] Die Ordnung ermöglicht den Zusammenhang zwischen den einzelnen Seienden, der das Universum ist. Das Universum erscheint im Geist des Menschen als ein geordnetes, weil jedes Geschöpf in ihm „seinen Ort"[883], d.h. ein je einmaliges Bezugsverhältnis (proportio) zu allen anderen Geschöpfen hat. So erkennt der Geist die göttliche Ordnung in ihrer gleichzeitigen Transzendenz und Immanenz als dasjenige, wodurch alles geordnet ist. Indem der Geist die Ordnung des Geordneten erkennt, erkennt er sich selbst als Bild der „alles ordnenden unsterblichen Weisheit des Schöpfers"[884], verwirklicht er sich als Ort der Erscheinung der absoluten Ordnung. Daher sagt Cusanus, auf der „Zielgrenze dessen, was geordnet werden kann", erscheine „der Urheber der Ordnung".[885] Wo die „Ordnungsmöglichkeit" an ihr „Ziel", die Erkenntnis der geordneten Dinge, gelangt, dort erscheint zugleich der „Urheber der Ordnung". Das „was geordnet werden kann", erreicht seine „Zielgrenze" nämlich im ordnenden menschlichen Geist, der mittels der Ordnung aus dem ordinabile ein ordinatum macht.

Abschließend ist festzustellen, dass es Cusanus von seinem Ansatz aus gelingt, die für unseren Geist erkennbare Ordnung fest im Willen Gottes als in deren Grund zu verankern, so fest, dass er sogar sagen kann: „Je vollkommener der Wille ist, desto (verstehbarer und) geordneter ist er."[886] Eine solche Proportionalität zwischen dem absolu-

---

881 Vgl. De venatione sapientiae, N.95, Z.6-8: Est igitur ordo universi prima et praecisior imago aeternae et incorruptibilis sapientiae, per quem tota mundi machina pulcherrime et pacifice persistit. Vgl. auch De non aliud, S.26, Z.34-35: Per ordinem enim a deo universa esse se ostendunt.

882 Vgl. De non aliud, S.18, Z.32 - S.19, Z.2: Dum corporeis caelum oculis video terramque et quae in hiis sunt, et illa, quae vidi, ut universum imaginer, colligo, intellectualiter conspicio quodlibet universi suo in loco et congruenti ordine ac pace.

883 Vgl. Sermo CXXIV, N.9, Z.1-9: Considera bene, quo modo sine loco nihil esse potest, et quo modo unumquodque quiescit in loco suo. Et hic ordo rerum venit ex sapientia incomprehensibili. Sapientia igitur, quae attingit a fine ad finem et omnia disponit, omnia ordinavit ad se, ut in omnibus reluceat.

884 De venatione sapientiae, N.95, Z.15-16: Et in hoc scimus nos capaces ordinatricis omnium immortalis sapientiae.

885 De venatione sapientiae, N.90, Z.6-7: In termino igitur ordinabilium auctor videtur ordinis.

886 De non aliud, S.20, Z.5-6: Quo autem voluntas perfectior, eo rationabilior atque ordinatior.

ten göttlichen Willen und unserem Denken wäre im Nominalismus ganz unmöglich. Dort kann es keine für die Vernunft gangbare Brücke zwischen unserer Ordnung und der Ordnung Gottes geben. Wenn in der Erkenntnis der Schöpfungsordnung durch den menschlichen Geist jedoch der Urheber dieser Ordnung wie das Urbild im Bild erscheint, und wenn das Urbild zugleich als das Nicht-Andere erscheint, dann kann die im Geschaffenen erscheinende Ordnung dem Schöpferwillen Gottes gegenüber nichts anderes sein.

2) ZUSAMMENFASSUNG
APPARITIO DEI ALS SCHLÜSSELBEGRIFF DES CUSANISCHEN DENKENS

Um das Ergebnis der vorliegenden Untersuchung zusammenzufassen, seien abschließend die folgenden sieben Thesen zur Bedeutung des apparitio dei-Gedankens im Cusanischen Denken kurz ausgeführt.

*a) Die gesamte Cusanische Theologie bewegt sich im Horizont der Schöpfungs-
bzw. apparitio dei-Lehre*

Das vergleichsweise hohe Interesse, das der Gestalt des Nicolaus Cusanus vor allem in der philosophischen Forschung seit der zweiten Hälfte des zwanzigsten Jahrhunderts entgegengebracht wird, liegt zu einem großen Teil in dessen modern erscheinender, weil kritisch reflektierter Erkenntnislehre begründet. Johannes Hirschberger bezeichnet diese als die „Eingangspforte" in das Cusanische Denken[887] und bringt damit dessen auf den menschlichen Geist gegründete Kohärenz zum Ausdruck. Cusanus hat zwar kein in sich geschlossenes System geschaffen, jedoch eine auf der Kraft des menschlichen Geistes beruhende, einheitliche Theologie[888], in deren Mitte – Erkenntnislehre, Schöpfungslehre und Christologie verbindend – der apparitio dei–Gedanke steht.

Insbesondere die deutlich akzentuierte, das Cusanische Denken

---

[887] Hirschberger, Geschichte der Philosophie, Bd. I, 573.

[888] Vgl. Hopkins, Glaube und Vernunft, der die Stringenz der Cusanischen Erkenntnislehre gegenüber den Einwänden Karl Jaspers', Hans Blumenbergs und Norbert Henkes verteidigt.

von einem „System" unterscheidende Einsicht, dass das Wesen Gottes in seinem An-sich prinzipiell unzugänglich ist, dass alle unsere Erkenntnisse kein präzises, sondern nur ein „konjekturales", annäherndes Wissen zulassen, erinnert auf den ersten Blick an heute verbreitete pluralistische und relativistische Theorien. Doch im Unterschied zu diesen bildet für Cusanus die Erkenntnis der Begrenztheit unseres Wissens, unser Nicht-genau-Wissen-Können, nicht den Schluss-, sondern erst den Ansatzpunkt des weiteren Forschens. Indem er der Frage nachgeht, woher wir um die Endlichkeit unseres Erkennens denn eigentlich wissen, schlägt er – über den Begriff des „lebendigen Bildes" oder der „Erscheinung" – die Brücke von der Geistreflexion zum traditionellen Schöpfungsgedanken der christlichen Tradition: Unser Erkennen ist die Erscheinung des göttlichen Schöpfungs- bzw. Offenbarungswirkens. Damit ist die Theologie des Cusanus wesentlich Schöpfungslehre.

Was Hermann Häring in seinem Forschungsbericht der gegenwärtigen Schöpfungstheologie weitgehend abspricht, kann in Bezug auf Cusanus gerade behauptet werden: „eine Ausstrahlung der Thematik, ein von diesem Traktat ausgehendes gestaltendes Prinzip, eine prägende theologische Kraft, die dann von anderen Traktaten zu übernehmen wäre."[889] Wenn man in Bezug auf das 15. Jahrhundert auch noch nicht von Traktaten sprechen kann, so erscheint das Schöpfungsthema bei Cusanus doch als der umfassende Horizont, in den auch die Christologie und die Trinitätslehre sich einfügen, indem sie in ihrem notwendigen Zusammenhang mit diesem gesehen werden.

b) Die apparitio dei verwirklicht sich durch die Einheit von Glauben und Denken

Cusanus beschreibt eine Einheit von Glauben und Denken, die sowohl dem Phänomen des menschlichen Geistes als auch dem christlichen Offenbarungszeugnis in hohem Maße gerecht zu werden vermag.[890] Wenn er nämlich den Glauben als den Ursprung des Denkens

---

[889] Häring, Schöpfungstheologie, 179.

[890] Es sei hier zustimmend auf das bemerkenswerte Urteil hingewiesen, mit dem Martin Thurner seine Habilitationsschrift zum Cusanischen Offenbarungskonzept beschließt. Thurner schreibt: „Weil sich die Cusanische Philosophie der Offenbarung in einem ursprünglich in der Wesenswirklichkeit des lebendigen Offenbarungsgottes selbst eröffneten Gottesbegriff vollendet, in dem Geheimnis und Offenbarkeit

betrachtet, so entspricht dies dem von Martin Thurner untersuchten Phänomen, dass das Denken stets einer vor-rationalen, „emotionalen Grunderfahrung" bedarf, von der es staunend ausgeht.[891] Das Denken bedarf zu seiner Entfaltung der Begegnung mit Anderem, von außen Gegebenem; es bedarf der anfänglichen Differenz-Erfahrung, um sich entfalten zu können. Indem der kirchlich bezeugte Glaube an Jesus Christus als an die vollkommene Erscheinung Gottes in der Welt mit dieser notwendigen Grunderfahrung identifiziert wird, wird das Denken in seiner Autonomie somit also nicht beeinträchtigt, sondern, im Gegenteil, erst freigesetzt. Mit der Annahme der christlichen Offenbarung im Glauben nimmt der Mensch nichts seiner Vernunft Fremdes an, sondern lediglich die Erklärung für das, was ihm in seiner Welt- und Selbsterfahrung immer schon gegeben ist: die gleichzeitige Transzendenz und Immanenz der Wahrheit.[892] Die Erklärung für dieses Phänomen kann er sich nicht selber geben, denn die von ihm erfahrene Wahrheit übersteigt sein Begreifen. Indem er jedoch das im Glauben Angenommene zu denken und zu verstehen sucht, kommt die Vernunft zu ihrer uneingeschränkten Entfaltung.

Doch nicht nur das Denken, sondern auch der Glaube, so zeigt Thurner weiter, wird durch die Einheit, die er mit dem Denken eingeht, keineswegs verkürzt oder überfremdet, sondern vielmehr vervollkommnet. Der Glaube bedarf nämlich der philosophischen Vermittlung, da die im Gehorsam gegenüber der die Heilige Schrift einschließenden kirchlichen Tradition angenommene dialogische Grunderfahrung für die von Anfang an nach absoluter Einheit strebende menschliche Vernunft ansonsten aporetisch bliebe. Weil Differenz und Einheit von unserem Geist gleichursprünglich erfahren werden, muss beides auch denkerisch vermittelt werden. Der Mensch erfährt, vermittelt über sein Denken, dass er der göttlichen Wahrheit unbedingt bedarf, dass er ihr gegenüber also das Andere ist, und er erkennt zugleich, dass die Wahrheit eine einzige, nämlich das Nicht-Andere ist, mit dem seine Andersheit vermittelt werden muss. Diese Vermittlung geschieht – auch! – im Denken. Sie geschieht, allgemei-

---

denknotwendig einander begründen, ist sie nicht nur bisher gedanklich nicht übertroffen worden, sondern prinzipiell unübertreffbar" (Gott als das offenbare Geheimnis, 484).

[891] Vgl. Thurner, Der Dialog.

[892] Deshalb kann Thurner durchaus sagen, der christliche Glaube unterscheide sich zwar qualitativ, aber nicht grundsätzlich inhaltlich von dem, was jeder Mensch und jeder Philosoph, der sich um Einsicht müht, immer schon voraussetzt. Vgl. Thurner, Der Glaube.

ner ausgedrückt, in der „Angleichung" (assimilatio) an das Nicht-Andere. Diese „Angleichung", so soll nochmals deutlich gesagt werden, ist keine rein intellektuelle Angelegenheit, sondern muss mit allen Kräften des Menschen erstrebt werden, sie verwirklicht sich in erster Linie in der tätigen Liebe, schließt jedoch das Denken keineswegs aus, sondern legitimiert und integriert es als „Jagd des Geistes nach der Weisheit". Cusanus betont ausdrücklich und unmissverständlich, nicht aufgrund seiner eigenen Erkenntniskraft, sondern nur durch den Glauben (sola fide!)[893] finde der Mensch sein Heil. Dieser Glaube aber „entfaltet" sich in Werken der Liebe (als fides caritate formata) und in der Anstrengung des Denkens. Er entfaltet sich im Bemühen um „christiformitas", um „Verähnlichung" des Christen mit Jesus Christus, dem Menschen, in dem der göttliche (Schöpfer-) Wille sich auf vollkommene Weise verwirklicht.[894] Die Christusförmigkeit besteht darin, den Willen Gottes, wie er in der Gestalt Jesu Christi, des die Schöpfung einfaltenden, vollkommenen Geschöpfs, erscheint, zu erkennen, sich ihn zu eigen zu machen und so zum Bruder oder zur Schwester Christi und zum „Adoptiv-Kind"[895] Gottes zu werden.[896]

Insofern Cusanus nicht nur seinen theologischen Gedanken der Christus-Nachfolge, sondern auch seine philosophische Erkenntnislehre vom Gleichheits- bzw. Verähnlichungsgedanken her konzipiert, „koinzidieren" der Glaubens- und der Geistvollzug in der Suche des Menschen nach seinem Ursprung und seinem Ziel, in seiner nicht intellektualistisch misszuverstehenden „Jagd" nach der ihm gemäßen „Nahrung". Sowohl das Verstehen des Intellekts als auch die zum Heil notwendige Sendung des Christen kann als „Verähnlichung mit der Wahrheit" beschrieben werden. Auf dem Hintergrund dieser Parallelität wird auch verständlich, dass sich bei Cusanus – wie wir immer wieder beobachten konnten – Bibelexegese und spekulative Theologie gegenseitig inspirieren und ergänzen. Das im Glauben angenommene Zeugnis der Heiligen Schrift ist Gegenstand theologischer

---

[893] Vgl. De docta ignorantia III, S.151, Z.27-28 (N.244): In omni enim facultate quaedam praesupponuntur ut principia prima, quae sola fide apprehenduntur.

[894] Vgl. De docta ignorantia III, S.156, Z.4 (N.252): Magna es profecto fidei vis, quae hominem christiformem efficit. Zum Gedanken der christiformitas vgl. die Stellenangaben bei Weier, Christus als „Haupt" und „Fundament" der Kirche, 174, Anm.53.

[895] Der modus adoptionis ist dann eine Weise der Teilhabe am mit dem Absoluten selbst identischen göttlichen Willen. Vgl. De filiatione dei, N.54, Z.22-26.

[896] Vgl. Sermo CCXXVI, N.16, Z.22-25: Unde in quo non est nisi voluntas dei, ille est christiformis, uti ait: ‚Qui fecerit voluntatem patris mei, hic meus frater et soror est'.

Spekulation, denn es offenbart die Wahrheit, die die Vernunft sucht und, um sie suchen zu können, immer auch schon gefunden hat.

c) Als Ort der apparitio dei steht der menschliche Geist im Mittelpunkt der Theologie

Im Licht dieser Wahrheit kommt die Schöpfung nun in ihrem theophanischen Charakter in den Blick. Für denjenigen, der dem Zeugnis der Heiligen Schrift glaubt, „ruft" die Wahrheit nämlich „auf den Plätzen". Jedes Geschöpf, so versucht Cusanus in seinen Schriften unermüdlich und immer aufs neue zu zeigen, ist, sofern es als Geschöpf erkannt wird, eine Erscheinung des Schöpfers. Durch jedes Geschöpf erscheint der Schöpfer im menschlichen Geist, verwirklicht sich der Geist als „Ort" der Erscheinung Gottes. Wie das Geschöpf als Geschöpf und somit Gott als unsichtbarer Schöpfer aus der sichtbaren Schöpfung (im Sinne einer theologischen Deutung von Röm 1,19f.) erkannt werden kann, das fasst Cusanus gegen Ende seines Lebens in der Schrift De venatione sapientiae zusammen.

Aus den zehn exemplarischen „Feldern" dieser „Weisheitsjagd", der Gotteserkenntnis des menschlichen Geistes, die wir im vierten Kapitel abschließend durchstreift haben, lässt sich deren Grundstruktur folgendermaßen herausheben: Unter verschiedenen Aspekten und von unterschiedlichen Ansatzpunkten aus erkennt der Geist das ihm sinnenfällig begegnende Geschöpf als ein Begründetes: als im Können-selbst begründetes Können, als im Nicht-Anderen begründetes Anderes, als in der Einheit begründetes Einzigartiges, als in der Ordnung begründetes Geordnetes usw. Der Grund des Geschöpfs erscheint ihm dabei immer als transzendent und immanent zugleich. Er erscheint ihm insofern als transzendent, als er nicht im Begründeten selbst liegt, sondern diesem bedingend vorausgeht. Doch er erscheint ihm zugleich als immanent, insofern er im Geist selbst wie in seinem lebendigen Spiegelbild widerstrahlt. Denn indem der Geist das Begründete als Begründetes erkennt, erfährt er sich selbst als Grund seines Erkennens. Er erkennt den Grund, den er in den anderen Geschöpfen nur als deren transzendenten Ursprung erblickt, in sich selbst somit abbildlich, begrifflich eingefaltet. Der absolute, schöpferische Grund erscheint ihm, indem er ihn erkennend, schöpferisch aus sich entfaltet. Der Geist erkennt sich als lebendiges Bild und Erscheinung des göttlichen Grundes. In der Kategorie des lebendigen Bildes bzw. der Erscheinung entdeckt Cusanus also die

Möglichkeit, den apriorisch gegebenen und aposteriorisch (nämlich durch die Begegnung mit der sinnenfälligen Schöpfung) vermittelten Bezug des Geistes, des menschlichen Erkennens, auf den absoluten Grund zu deuten. Der Geist kann sein eigenes Erkennen von daher als Erscheinung Gottes – apparitio dei – begreifen.

d) Der Koinzidenzgedanke ist die Voraussetzung der apparitio dei-Lehre

Unser in gleichzeitiger Unterscheidung und Einung sich verwirklichendes Erkennen „gipfelt" gewissermaßen in der coincidentia oppositorum, in der Schau des Ineinsfalls des Entgegengesetzten. Denn in dieser Schau erreicht der Geist die Verwirklichung seiner maximalen Möglichkeit. Von hier aus vermag er das Unbegreifbare auf unbegreifliche Weise zu berühren, wie Cusanus sich ausdrückt. Die „Brille der Koinzidenz", so wurde immer wieder deutlich, erschließt dem Geist die gesamte Wirklichkeit im Horizont des Absoluten oder, theologisch ausgedrückt, die gesamte Wirklichkeit als Gottes Selbst-Mitteilung bzw. als Schöpfung. Durch den Koinzidenzgedanken kann nämlich das Absolute und dessen Selbst-Mitteilung in der Schöpfung auf menschliche Weise gedacht werden, das heißt: im Geist erscheinen. Der absolute Schöpfer erscheint als trinitarischer durch die Koinzidenz, d.h. durch die gleichzeitige wesenhafte Einheit und relationale Unterschiedenheit der drei göttlichen Personen oder Hypostasen. Die Trinität ist also die Erscheinung des Absoluten durch die Brille (Denkform) der Koinzidenz. Durch diese Brille kann auch die Möglichkeit einer freien Schöpfung (als apparitio dei) eingesehen werden. Denn wenn alle Eigenschaften Gottes aufgrund seiner wesenhaften Gleichheit koinzidieren, dann erscheint auch der Schöpfer-Wille Gottes als diesen gegenüber „nichts anderes". Der trinitarische Gott erscheint zugleich als Schöpfer, und damit erscheint die Schöpfung als in ihm ermöglichte. Aber nicht nur die Möglichkeit, auch die Verwirklichung der möglichen Schöpfung kann vermittels der Koinzidenz gedacht werden: In der als identificatio bezeichneten Verwirklichung der Schöpfung koinzidiert nämlich der göttliche Wille mit dessen Ausführung durch den Schöpfer-Geist (spiritus). Die „Ausfaltung" der Schöpfung wird schließlich als concretio oder contractio (unter Hinzutritt der Andersheit) durch die Koinzidenz von identificatio, göttlichem „Abstieg" und assimilatio, geschöpflichem „Aufstieg" erkannt.

Mittels der Koinzidenzlehre vermag Cusanus den Erkenntnisvoll-

zug unseres Geistes, das Sein der geschaffenen Wirklichkeit und die
Selbst-Mitteilung des trinitarischen Gottes in der Schöpfung in analo-
ger Weise zu beschreiben. Seine trinitarisch verfasste Schöpfungstheologie korrespondiert seiner Geist- bzw. Erkenntnislehre. Der
Auffassung unseres Erkennens als (intellektuale) Einung des (rational) Unterschiedenen entspricht nämlich die Auffassung unseres
Erkenntnisobjekts, der geschöpflichen Wirklichkeit, als „contractio",
als Geschehen der „Zusammenziehung eines Zusammenziehbaren
durch ein Zusammenziehendes". Man könnte daher von einer Analogie zwischen Erkenntnislehre und Ontologie sprechen. Diese Analogie ist begründet in der Tatsache, dass unser Erkennen sich grundsätzlich durch die coincidentia oppositorum vollzieht. Wenn unser an
die coincidentia oppositorum gebundener Geist aber Bild des göttlichen Geistes ist, dann kann das „Erkennen" des göttlichen Geistes
(d.h. der trinitarische Selbstvollzug Gottes und dessen Mitteilung im
Schöpfungsgeschehen) ebenfalls in Analogie zum Erkennen des
menschlichen Geistes beschrieben werden. Beide, das Bild und sein
Urbild, verwirklichen sich nämlich durch Unterscheidung und Einung zugleich. Während die Unterscheidung im Geschaffenen jedoch Andersheit impliziert, erscheint die Unterscheidung in Gott
zwischen Vater und Sohn als im Geist vermittelte reine Relationalität.

e) Die Gottesbezeichnungen sind Ausdruck des Geschehens der apparitio dei

Weil der menschliche Geist seine eigene Aktuierung mittels des
Koinzidenzgedankens in Analogie zum göttlichen Geist begreifen
kann, kann er als dessen lebendiges Bild diesen zur Erscheinung
bringen. Das göttliche Urbild erscheint dadurch in ihm, dass er es im
beschriebenen Sinne aus den ihm zugänglichen sinnenfälligen Geschöpfen erkennt und seiner Erkenntnis entsprechend bezeichnet. So
sind die Gottesbezeichnungen, die Cusanus gebraucht, nichts anderes
als Manifestationen des apparitio dei-Geschehens, der Erscheinung
Gottes, des Schöpfers der sinnenfälligen (=für uns erkennbaren)
Welt, im menschlichen Geist.

Vor allem die Zugänge zum göttlichen Geheimnis, die Cusanus in
den Kunstworten „possest" und „non aliud" sucht, scheinen auf den
ersten Blick vielleicht nichts anderes als naive Sprachspiele zu sein:
Aus semantischen oder grammatischen Konstruktionen werden Wesensaussagen über Gott abzuleiten versucht. Dies wirkt auf den heutigen Leser zunächst wenig überzeugend. Nachdem jedoch gezeigt

wurde, dass der menschliche Geist sich selbst nur als Bild eines absoluten Urbildes, welches als trinitarisches erkannt wird, verwirklichen
kann, dass er sich also als selber ursprünglich bedingt erkennt, kann
von den posse-Spekulationen des späten Cusanus, die auf die Erkenntnis Gottes aus der Erkenntnis der Welt zielen, gesagt werden,
dass sie die intendierte Wirklichkeit durchaus erreichen. Denn auf
die kritische Anfrage im Geist des Nominalismus, ob aus der Spekulation des Geistes tatsächlich auf die reale Struktur der Welt geschlossen werden darf, um aus dieser dann wahre Aussagen über das göttliche Wesen ableiten zu können, ist mit Cusanus zu antworten: Das
Denken der extramentalen Wirklichkeit ist nichts anderes als die
Selbstentfaltung des menschlichen Geistes. Weil der Geist im Denken
der Voraussetzungen alles Seienden zugleich seine eigenen Voraussetzungen mitreflektiert, bleiben die theologischen Erkenntnisse, die
er aus der Schöpfungsbetrachtung gewinnt, keine willkürliche Spekulation, sondern sie sind an die Rückfrage des Geistes nach den Bedingungen seiner eigenen Möglichkeit zurückgebunden. Die Erkenntnis
der hinter die sinnliche Erscheinung der Dinge zurückreichenden
Voraussetzung alles Seienden im Begriff des posse (genauer: des posse fieri, des possest und des posse ipsum) und des non aliud ist daher
nicht ein bloßer Gedanke (flatus vocis), sondern Ausdruck des als
Abbild Gottes sich verwirklichenden Geistes und damit selbst Erscheinung des Urbildes im Abgebildeten.

*f) Die Spitzenaussage der apparitio dei-Konzeption liegt in der Einsicht, dass
Gott als absolutes Können in der menschlichen Freiheit erscheint*

Gerade in der Bezeichnung Gottes als posse ipsum wird besonders
deutlich, dass Cusanus die Allmacht und Absolutheit des göttlichen
Schöpferwillens voll zur Geltung bringen kann, ohne daraus die Konsequenzen der Nominalisten ziehen zu müssen. Die Erkenntnisfähigkeit des Menschen wird durch das absolute Können, als dessen Bild
oder Erscheinung sie verstanden wird, nicht auf rein weltimmanente
„Sprachphilosophie" eingeschränkt, sondern im Gegenteil auf den
der unterscheidenden ratio unzugänglichen Bereich des Ineinsfalls
der Gegensätze ausgeweitet. Mit der (Erkenntnis der) Allmacht des
Schöpfers nimmt die Macht des Geschöpfs nicht ab, sondern zu. Im
Verständnis der Schöpfung als apparitio dei gelingt es Cusanus zweifellos, die vom biblisch bezeugten Schöpfungsglauben geforderte
gleichzeitige Transzendenz und Immanenz Gottes zu denken und

zugleich die menschliche Vernunft uneingeschränkt sie selbst sein zu lassen. Während die Nominalisten und in deren Gefolge die Reformatoren glaubten, das „Können" des Menschen zugunsten des „Könnens" Gottes beschränken zu müssen, wird aus dem Fortschritt der modernen Naturwissenschaft heute vielfach die gegenteilige Konsequenz gezogen: Das „Können" Gottes steht angesichts des menschlichen „Könnens", ins Positive wie ins Negative gewendet, zur Disposition. Doch eröffnet Cusanus gerade mit dem in seinen letzten Lebensjahren intensiv bedachten „Feld des Könnens" eine Perspektive, die die Theologie aus jener Sackgasse befreien kann, in die sie gerät, wenn sie die Allmacht des Schöpfers „auf Kosten" der Geschöpfe beschreiben will. Das Können des Schöpfers erscheint nicht über, sondern in den Geschöpfen. Deswegen ist der apparitio-dei Gedanke des Cusanus, gerade wie er sich im posse ipsum auswirkt, ausgesprochen aktuell: Das Können des Menschen kann das posse ipsum, das Können des allmächtigen Schöpfers zur Erscheinung bringen,[897] der Mensch kann, auch und gerade in seiner unendlichen Kreativität, Medium der Erscheinung Gottes werden, allerdings nur unter der Bedingung, dass er sein vornehmstes Können, sein Denken, dessen Ursprung gemäß entfaltet.[898]

Der Ursprung des Denkens, des intellektuellen Könnens, aber liegt im Glauben an die in Jesus Christus erschienene Wahrheit. Wenn das Ziel des Könnens in der Erreichung seines Ursprungs, in der Schau seines Schöpfers besteht, dann verwirklicht sich das menschliche Können als Erscheinung des Können-selbst. Doch selbst wenn es „fortgeht und die Freiheit und beste Wesenheit gemäß den verdorbenen Bestrebungen der Sinne aufbraucht", kommt im Akt dieser Abwendung noch eine Freiheit zum Vorschein, die notwendig im Konzept der Schöpfung als apparitio dei und des Menschen als Ort dieser

---

[897] Cusanus, so Thurner, verbinde in seinem Ansatz auf einzigartige Weise Intelligibilität und Affektivität, Denken und Wollen (intellectus vult cognosci, De aequalitate, N.3, Z.1). So könnte er „einen Weg weisen, wie die jedes Leben tötende Kälte der Technik wieder mit den ursprünglichen Dimensionen menschlichen Seins in Einklang gebracht werden könnte." Thurner, Rezension zu Schwaetzer, 353.

[898] Vgl. etwa die Aussage des Zweiten Vatikanischen Konzils: „Den Christen liegt es (...) fern zu glauben, dass die von des Menschen Geist und Kraft geschaffenen Werke einen Gegensatz zu Gottes Macht bilden oder dass das mit Vernunft begabte Geschöpf sozusagen als Rivale dem Schöpfer gegenübertrete. Im Gegenteil, sie sind überzeugt, dass die Siege der Menschheit ein Zeichen der Größe Gottes sind" (Gaudium et spes, 34,3).

Erscheinung, als lebendiges Bild, verankert ist.[899] Damit erklärt Cusanus nicht jedes noch so widernatürliche menschliche Tun zu einer Bestätigung des Schöpfers, aber er vermag zu denken, dass nichts, aber auch nichts aus dem Schöpfungsplan Gottes herausfallen kann. Ein vollkommenes Bild, so sahen wir, muss sich nämlich selbst zum Bild machen können; der Prozess seiner Konstituierung (nicht erst deren Resultat) muss ganz in der Abbildung des Urbildes aufgehen. Weil es sich aber um das Bild des trinitarisch erscheinenden Gottes handelt, muss der Prozess, in dem das Bild sich als Bild verwirklicht, ferner in Freiheit ablaufen. Weil das göttliche Schöpferwirken als vollkommen frei, das heißt als absolut, los-gelöst von jeder Notwendigkeit, oder besser: los-gelöst von der Alternative zwischen Freiheit und Notwendigkeit gedacht werden muss, deshalb kann Cusanus von Gott selber sagen, dass er die Freiheit ist. Weil aber das göttliche Urbild, der Schöpfer, selbst die Freiheit ist[900], deshalb muss auch dessen als Selbst-Mitteilung (identificatio) begriffenes Bild frei sein. Daher ist die geschöpfliche Freiheit, verstanden als der freie Wille, durch den der Mensch das Gute und Lobenswerte wählen kann, in dem Maße Erscheinung der göttlichen Freiheit, in dem sie sich aktuiert.

Die Beschreibung Gottes als Können-selbst, zusammengenommen mit dem Phänomen der Freiheit, beides vermittelt durch den apparitio dei-Gedanken, dies scheinen die herausragenden Elemente des Cusanischen Spätwerks zu sein, auf die das gesamte Denken des großen deutschen Kardinals zuläuft, und die für die neuzeitliche Theologie bis in unsere Zeit bedenkenswert sein könnten.

g) Das Denken des Cusanus stellt auch für die moderne Theologie eine Herausforderung dar

Was für die Theologie insgesamt gilt, gilt in einem noch gesteigerten Maße für die Schöpfungstheologie: dass sie den Dialog mit dem Denken und Wissen ihrer Zeit aufnehmen muss, wenn sie als Wissen-

---

[899] Vgl. De visione dei, N.25, Z.17-18: Necessitares enim libertatem, cum tu non possis esse meus, nisi et ego sim mei ipsius.

[900] Vgl. De visione dei, N.28, Z.8-15: Sed tu, pater, qui ob concessam nobis libertatem, quia filii tui sumus, qui es ipsa libertas, quamquam sinas nos abire et libertatem et substantiam optimam consumere secundum sensuum corrupta desideria, tamen non penitus nos deseris, sed continue sollicitando ades et in nobis loqueris et nos revocas, ut ad te redeamus, paratus semper respicere nos priori paterno oculo, si reversi et ad te conversi fuerimus.

schaft ernstgenommen werden will. Cusanus hat sich im 15. Jahrhundert zweifellos um diesen Dialog bemüht, wie es sein deutlich erkennbares Interesse für Fragen der Astronomie, der Mathematik, der Medizin oder der Astrologie bezeugt.

Aber können seine Gedanken hinsichtlich der Schöpfungsproblematik angesichts des Erkenntnis-Fortschritts, den gerade die Naturwissenschaften in den letzten fünfhundert Jahren gemacht haben, heute noch von mehr als nur theologiehistorischem Wert sein? Ohne Cusanus vorschnell und unzutreffend aktualisieren oder instrumentalisieren zu wollen, seien abschließend drei Felder erwähnt, auf denen die moderne Theologie sich von dem Renaissance-Kardinal, wenn auch nicht fertige Antworten, so aber doch wenigstens Fragen und Anregungen vorlegen lassen kann, auf denen sie von Cusanus herausgefordert wird, nach Erklärungen zu suchen, die in ihrer Tiefgründigkeit hinter denen des Kardinals zumindest nicht zurückbleiben: (1) der Gottesgedanke, (2) das Schöpfungsverständnis und (3) die Christologie.

(1) Auf Grund der Unvereinbarkeit einer statischen Gottesvorstellung mit der geschöpflichen Evolution entstand im 20. Jahrhundert die vor allem mit dem Namen Alfred North Whiteheads (1861-1947) verbundene sogenannte Prozesstheologie. Wie muss Gott gedacht werden, wenn er der philosophisch als „Prozess" (Summe einzelner „Ereignisse") gedeuteten Evolution nicht unvereinbar gegenüberstehen soll? Während die Prozesstheologen sich mit ihrer Antwort, die sie auf diese Frage gaben, den Vorwurf des Pantheismus zuzogen (Gott geht im Werden der Welt, dieses ermöglichend, auf), versucht Alexandre Ganoczy neuerdings, im Begriff der „Synergie" eine Analogie aufzudecken zwischen dem Schöpfungswirken des trinitarischen Gottes und dem Eigenwirken der Natur.[901] Er rekurriert ausführlich auf Cusanus, bei dem er diese Analogie bereits vorgeprägt findet. Damit erinnert Ganoczy daran, dass Gott nur als trinitarischer Schöpfer gedacht werden kann, der das Selbst-Sein, die „Selbstorganisation" der Schöpfung ermöglicht, ohne darin aufgehen. Was das Cusanische Denken vor vielen modernen Entwürfen auszeichnet, ist die Vermittlung von Trinitäts- und Schöpfungstheologie. Sein und Werden, Transzendenz und Immanenz Gottes können von Cusanus zugleich gedacht werden.[902] Wenn Rainer Koltermann im Rückgriff

---

[901] Vgl. Ganoczy, Der dreieine Gott.

[902] Gert Hummel (Selbstorganisation versus Schöpfungsglaube?) fasst „die Versuche der Verbindung von Theologie und Naturwissenschaft im angelsächsischen Raum

auf Karl Rahner schreibt: „Gott schafft (...) eine werdende Welt, die sich selbst verwirklicht. (...) Gott als Schöpfer ist ‚nicht kategoriale Ursache neben anderen in der Welt, sondern der lebendig dauernde transzendentale Grund der Eigenbewegung der Welt'„ (Rahner)[903], dann könnte man dies geradezu als eine Zusammenfassung der Cusanischen Schöpfungstheologie verstehen. Die terminologische Ähnlichkeit zu Cusanus (das posse fieri, das sich selbst verwirklicht, Gott als lebendiger Grund) legt die Frage nach weiteren Anknüpfungspunkten in dessen Theologie nahe.

(2) Ein schon oft wiederholter Vorwurf an das Christentum lautet, es sei durch den in Gen 1,28 formulierten Herrschaftsauftrag an den Menschen maßgeblich für die Ausbeutung, Zerstörung und Verschmutzung der Umwelt verantwortlich. Um diesen die Exegese ignorierenden Vorwurf nicht nur zu entkräften, sondern ihm zugleich die Möglichkeit eines ausdrücklich auf Bewahrung und Kultivierung der Natur abzielenden Schöpfungsverständnisses entgegenzustellen, bemühen verschiedene Theologen sich um eine „ökologische Schöpfungslehre". Jürgen Moltmann will diesen Terminus ganz wörtlich verstanden wissen. Die Schöpfung sei gleichsam das Haus, in dem Gott durch seinen Geist Wohnung nehme.[904] Könnte von einem solchen Ansatz aus vielleicht die Offenbarungsqualität des Geschaffenen neu in den Blick kommen? Wenn die Schöpfungstheologie nicht in die Gefahr geraten will, ihre Aufgabe ausschließlich in der Vermittlung von Naturwissenschaft und Gottesglauben, in der Rechtfertigung des Schöpfungsglaubens angesichts neuester naturwissenschaftlicher Theorien und Erkenntnisse zu erblicken, wenn sie sich ferner nicht bloß für ethische Zwecke (Umweltschutz etc.) instrumentalisieren lassen will, dann muss sie auch weiterhin den von Cusanus gerade durch den apparitio dei-Gedanken in Erinnerung gerufenen Zusammenhang zwischen der Schöpfung als göttlicher Offenbarung und menschlicher Gotteserkenntnis thematisieren. Sie muss wieder nach

---

dahingehend (zusammen), dass sie sich im Horizont des ersten Glaubensartikels (Gott als Schöpfer) bewegen. Interessanterweise bewegen sich die analogen Versuche im deutschsprachigen Bereich primär im Horizont des dritten Artikels (Gott als Heiliger Geist). Sie begreifen den göttlichen Geist als diejenige Kraft Gottes im Prozess der evolutiven Chaos-Ordnung-Korrelation, durch die die Welt sich auf ihre Vollendung, die neue Schöpfung zubewegt." Der zweite Glaubensartikel, der Inkarnationsgedanke, spielt allerdings in den neuen schöpfungstheologischen Ansätzen kaum eine eigene Rolle (17f.).

[903] Koltermann, Evolution und Schöpfung, 135.
[904] Vgl. Moltmann, Gott in der Schöpfung, 12.

der Bedeutung des Schöpfungstraktats innerhalb der Theologie fragen. Die Frage nach der Offenbarung Gottes durch die Schöpfung scheint mit der weitgehenden Verabschiedung der neuscholastischen Unterscheidung zwischen natürlicher und übernatürlicher Offenbarung fast in Vergessenheit geraten.

(3) Während die Christologie bei Cusanus im Horizont der Schöpfungstheologie steht, wird sie heute vielfach in ihrem Zusammenhang mit der Theodizeefrage, die für Cusanus kein großes theologisches Problem darstellt, in den Blick genommen. Die universale Bedeutung Jesu Christi wird gegenwärtig, wo sie überhaupt noch argumentativ vertreten und nicht nur behauptet oder aber pluralistischen Anschauungen geopfert wird, zumeist in soteriologischem Kontext entfaltet. Aber kann, ja muss die kosmologisch perspektivierte Christologie des Cusanus hiermit nicht vermittelt werden? Der Cusanische Versuch, die (für die Erlösung notwendige) Möglichkeit der Inkarnation zu denken, beruht, wie wir gesehen haben, auf seiner Schöpfungstheologie. Es legt sich daher die Frage nahe: Hängt möglicherweise die Tatsache, dass die Christologie in der modernen, seit den 80er Jahren des 20. Jahrhunderts wieder stärker in den Blickpunkt der Theologie gerückten Schöpfungslehre eine verhältnismäßig geringe Rolle spielt (vgl. Anm. 902), mit der anderen Tatsache, dass der Bedeutung des Inkarnationsgedankens in der Gegenwart kaum gebührend Rechnung getragen wird, zusammen? In welchen Kategorien kann von einem Geschöpf gedacht werden, dass es die Selbstmitteilung des trinitarischen Gottes ist? Neue Bemühungen der Dogmatik, das Inkarnationsgeheimnis statt durch die klassische Zwei-Naturen-Lehre durch eine Freiheitslehre zu deuten, lassen wiederum an Cusanus denken, der beides zu versöhnen sucht, indem er die notwendigerweise mit Freiheit begabte geschöpfliche Menschennatur als (lebendiges) Bild des Schöpfers versteht.

Wer einmal nur die Schlussworte liest, mit denen Cusanus seine Werke ausklingen lässt, der wird feststellen, dass der Kardinal sein Forschen und Nachdenken dort gelegentlich mit einem Weg vergleicht. Dieser Vergleich sei am Ende unserer Untersuchung ausdrücklich zitiert. Er impliziert nämlich zweierlei. Zum einen die Erinnerung an die Vorläufigkeit und Unabschließbarkeit all unseres Erkennens. Alles Denken ist nur der demütige Versuch, dem unbegreifbaren Geheimnis Gottes ein wenig näher zu kommen. „Reinere und mit schärferem Blick Betrachtende werden es klarer ausführen zum Lob des Allmächtigen und immer Gepriesenen."[905] Cusanus beansprucht nicht, alles Sagbare gesagt zu haben. Das Bild des Weges verleiht ferner der Hoffnung auf dessen Ziel, die vollkommene Schau Gottes in der filiatio dei, Ausdruck. Die Theologie ist ein Weg zur Gotteskindschaft. Diese selbst kann jedoch nur durch die perfectissima apparitio, „unseren Herrn Jesus Christus", geschenkt werden. Sie ist denen verheißen, die den „in Wort und Tat eröffneten Weg befolgen und einhalten".[906]

---

[905] Compendium, N.47, Z.8-10.

[906] Vgl. De possest, N.75, Z.9-11: Cuius facialis visio quae sola felicitat nobis fidelibus per veritatem ipsam dei filium promittitur, si viam nobis verbo et facto patefactam ipsum sequendo tenuerimus.

Literaturverzeichnis

1) Quellen zu Nikolaus von Kues

-Nicolai de Cusa opera omnia, iussu et auctoritate Academiae Litterarum Heidelbergensis ad codicum fidem edita, Leipzig/Hamburg 1932ff.

Cusanus-Texte

I. Predigten
-1. „Dies sanctificatus" vom Jahre 1439, hg. von Ernst Hoffmann und Raymund Klibansky, in: SHAW.PH (1928/29), H.3, Heidelberg 1929.
-2./5. Vier Predigten im Geiste Eckharts, hg. von Josef Koch, in: SHAW.PH (1936/37), H.2, Heidelberg 1937.

III. Marginalien
-1. Nicolaus Cusanus und Ps. Dionysius im Lichte der Zitate und Randbemerkungen des Cusanus, hg. von Ludwig Baur, in: SHAW.PH (1940/41), H.4, Heidelberg 1941.

IV. Briefwechsel des Nikolaus von Kues
-Dritte Sammlung. Das Vermächtnis des Nikolaus von Kues. Der Brief an Nikolaus Albergati nebst der Predigt in Montoliveto (1463), hg. und im Zusammenhang mit dem Gesammtwerk erl. von Gerda von Bredow, in: SHAW.PH (1955), H.2, Heidelberg 1955.

-Santinello, Giovanni, Nicolai de Cusa, Tota pulchra es amica mea. Edizione critica e introduzione a cura di Giovanni Santinello, Padova 1958.

Übersetzungen

-Schriften des Nikolaus von Kues in deutscher Übersetzung, im Auftrag der Heidelberger Akademie der Wissenschaften herausgegeben von Ernst Hoffmann, Paul Wilpert und Karl Bormann (=Philosophische Bibliothek Meiner), Leipzig/Hamburg 1936ff.

-Nikolaus von Kues, Philosophisch-Theologische Schriften, hg. und eingef. von Leo Gabriel; übers. von Dietlind und Wilhelm Dupré. Sonderausgabe zum Jubiläum Lateinisch-Deutsch, 3 Bde, 2. Aufl., Wien 1989.

- Predigten 1430-1441. Deutsch von Josef Sikora und Elisabeth Bohnenstädt (Schriften des Nicolaus von Cues, im Auftrag der Heidelberger Akademie der Wissenschaften hg. von Ernst Hoffmann), Heidelberg 1952.

-Gedächtnis des Todesleidens Christi. Karfreitagspredigt des Nikolaus von Kues, gehalten im Jahre 1457 in seiner Bischofsstadt Brixen (=Sermo CCLXXVIII), in: GuL 26 (1953), 1-7.

-Nikolaus von Kues, Predigten im Jahreslauf, in Verbindung mit Klaus Reinhardt eingel. und übers. von Harald Schwaetzer, Münster 2001.

2) Sonstige Quellen

-Aurelius Augustinus, De civitate Dei (PL 41), hg. von Bernhard Dombart / Alfons Kalb (CCSL 47;48), Turnhout 1955.

-Johannes Scotus Eriugena, Periphyseon (De divisione naturae), libri I-III. Hg. von Inglis Patrick Sheldon-Williams (Scriptores Latini Hiberniae VII), Dublin 1968 (2.Aufl. 1978).

3) Literatur

-ALVAREZ-GÓMEZ, MARIANO, Die verborgene Gegenwart des Unendlichen bei Nikolaus von Kues (=Epimeleia Beiträge zur Philosophie, Bd.10), München 1968.

-ANGENENDT, ARNOLD, Geschichte der Religiosität im Mittelalter, Darmstadt 1997.

-ANSORGE, DIRK, Johannes Scottus Eriugena: Wahrheit als Prozess. Eine theologische Interpretation von Periphyseon (ITS, Bd.44), Innsbruck 1996.

-ARIS, MARC-AEILKO, „Praegnans affirmatio". Gotteserkenntnis als Ästhetik des Nichtsichtbaren bei Nikolaus von Kues, in: ThQ 181 (2001), 97-111.

-BALTHASAR, HANS URS VON, Herrlichkeit. Eine theologische Ästhetik, Bd.III.1/2, Einsiedeln 1969, 552-592.
-Ders., Glaubhaft ist nur Liebe, Einsiedeln 1963.

-BECKMANN, JAN P., Wilhelm von Ockham, München 1995.

-BEIERWALTES, WERNER, Deus oppositio oppositorum (Nicolaus Cusanus, De visione dei XIII), in: SJP 8 (1964), 175-185.
-Ders., Andersheit. Zur neuplatonischen Struktur einer Problemgeschichte, in: Le Néoplatonisme. Actes du Colloque International sur le Néoplatonisme, organisé de la Recherche Scientifique, par M.P.M. Schuhl et M.P. Hadot, Paris 1971, 365-372. Erweiterte Fassung: Ders., Andersheit. Grundriß einer neuplatonischen Begriffsgeschichte, in: ABG 16 (1972), 166-197.
-Ders., Identität und Differenz (=Philosophische Abhandlungen, Bd.49), Frankfurt/Main 1980.
-Ders., Art. Licht, in: HWP, Bd.5 (1980), Sp.282-286.
-Ders., Art. Lichtmetaphysik, in: HWP, Bd.5 (1980), Sp.289.
-Ders., Denken des Einen. Studien zur neuplatonischen Philosophie und ihrer Wirkungsgeschichte, Frankfurt/Main 1985.
-Ders., Visio facialis - Sehen ins Angesicht. Zur Coincidenz des endlichen und des unendlichen Blicks bei Cusanus, in: MFCG 18 (1989), 91-118.
-Ders., Der verborgene Gott. Cusanus und Dionysius (=Trierer Cusanus Lecture, Heft 4), Trier 1997.
-Ders., Negati affirmatio. Welt als Metapher. Zur Grundlegung einer mittelalterlichen Ästhetik durch Johannes Scotus Eriugena, in: PhJ 83 (1976), 237-265.
-Ders., Eriugena. Grundzüge seines Denkens, Frankfurt/Main 1994.
-Ders., Platonismus im Mittelalter, Frankfurt/Main 1998.
-Ders., Mystische Elemente im Denken des Cusanus, in: Haug, Walter / Schneider-Lastin, Wolfram, Deutsche Mystik im abendländischen Zusammenhang, Tübingen 2000, 425-448.

-BENZ, HUBERT, Nikolaus von Kues: Initiator der Subjektivitätsphilosophie oder Seinsdenker ? In: ThPh 73 (1998), 196-224.
-Ders., Individualität und Subjektivität. Interpretationstendenzen in der Cusanus-Forschung und das Selbstverständnis des Nikolaus von Kues (=BCG XIII), Münster 1999.

-BLUMENBERG, HANS (Hg.), Nikolaus von Cues, Die Kunst der Vermutung. Auswahl aus den Schriften, besorgt und eingeleitet von Hans Blumenberg, Bremen 1957.

-BOHNENSTÄDT, ELISABETH, Frömmigkeit als Formungsprinzip im Cusanischen Weltbild, in: Humanismus, Mystik und Kunst in der Welt des Mittelalters, hg. von Josef Koch, Leiden 1953 (2.Aufl. 1959), 76-93.

-BORMANN, KARL, Zur Frage nach der Seinserkenntnis in dem wahrscheinlich letzten philosophisch-theologischen Werk des Nikolaus von Kues, dem „Compendium", in: AGP 50 (1968), 181-188.
-Ders., Zur Lehre des Nikolaus von Kues von der „Andersheit" und deren Quellen, in: MFCG 10 (1973), 130-137.
-Ders., Die Koordinierung der Erkenntnisstufen (descensus und ascensus) bei Nikolaus von Kues, in: MFCG 11 (1975), 62-79.

-BORSCHE, TILMANN, Der Dialog – im Gegensatz zu anderen literarischen Formen der Philosophie – bei Nikolaus von Kues, in: Jacobi, Klaus (Hg.), Gespräche lesen. Philosophische Dialoge im Mittelalter, Tübingen 1999, 407-433.

-BREDOW, GERDA VON, Die Bedeutung des Minimum in der Coincidentia oppositorum, in: NIMM, 357-366.
-Dies., Der Gedanke der singularitas in der Altersphilosophie des Nikolaus von Kues, in: MFCG 4 (1964) (=FS Josef Koch), 375-383.
-Dies., Der Geist als lebendiges Bild Gottes (Mens viva dei imago), in: MFCG 13 (1978) (=FS Rudolf Haubst), 58-67.
-Dies., Rezension zu Josef Stallmach, Ineinsfall..., in: MFCG 19 (1991), 315-318.
-Dies., Im Gespräch mit Nikolaus von Kues. Gesammelte Aufsätze 1948-1993, hg. von Hermann Schnarr, Münster 1995.

-BRÜNTRUP, ALFONS, Können und Sein. Der Zusammenhang der Spätschriften des Nikolaus von Kues (=Epimeleia Beiträge zur Philosophie, Bd.23), München 1973.

-COLOMER, EUSEBIO, Nikolaus von Kues und Raimund Llull. Aus Handschriften der Kueser Bibliothek (=Quellen und Studien zur Geschichte der Philosophie, Bd.2), Berlin 1961.
-Ders., Nikolaus von Kues und Heimeric van den Velde, in: MFCG 4 (1964), 198-213.

-COUNET, JEAN-MICHEL, Mathématiques et Dialectique chez Nicolas de Cuse (= Études de Philosophie Médiévale, LXXX), Paris 2000.

-DAHM, ALBERT, Die Soteriologie des Nikolaus von Kues. Ihre Entwicklung von seinen frühen Predigten bis zum Jahr 1445 (=BGPhThMA, NF, Bd.48), Münster 1997.
-Ders., Nikolaus von Kues zwischen Anselm und Luther. Das Cusanische Verständnis unserer Erlösung durch Jesus Christus nach Sermo I (1430), in: TThZ 107 (1998), 300-311.

-DANGELMAYR, SIEGFRIED, Vernunft und Glaube bei Nikolaus von Kues, in: Tübinger Theologische Quartalschrift 148 (1968), 429-462.
-Ders., Gotteserkenntnis und Gottesbegriff in den philosophischen Schriften des Nikolaus von Kues, Meisenheim/Glan 1969.

-ENGELHARDT, PAULUS, Art. Desiderium naturale, in: HWP, Bd.II (1972), Sp. 118-130.

-EULER, WALTER ANDREAS, Die Christusverkündigung in den Brixener Predigten des Nikolaus von Kues, in: MFCG 27 (2001), 65-80.
-Ders., Das Religionsverständnis von Cusanus und Ficino, in: Thurner, Martin (Hg.), Nicolaus Cusanus zwischen Deutschland und Italien. Beiträge eines deutsch – italienischen Symposiums, Berlin 2002, 511-526.

-FLASCH, KURT, Die Metaphysik des Einen bei Nikolaus von Kues, Leiden 1973.
-Ders., Ars imitatur naturam. Platonischer Naturbegriff und mittelalterliche Philosophie der Kunst, in: Parusia (FS Hirschberger), Frankfurt 1965, 265-306.

-Ders. (Hg.), Das Licht der Vernunft. Die Anfänge der Aufklärung im Mittelalter, München 1997.

-Ders., Nikolaus von Kues. Geschichte einer Entwicklung, Frankfurt 1998.

-Ders., Das philosophische Denken im Mittelalter, Stuttgart ²2000.

-Ders., Nicolaus Cusanus, München 2001.

-FRÄNTZKI, EKKEHARD, Nikolaus von Kues und das Problem der absoluten Subjektivität, Meisenheim/Glan 1972.

-GANDILLAC, MAURICE DE, Nicolaus von Cues. Studien zu seiner Philosophie und philosophischen Weltanschauung, Düsseldorf 1953 (Originaltitel: La Philosophie de Nicolas de Cues, Paris 1942).

-GANOCZY, ALEXANDRE, Schöpfungslehre, in Beinert, Wolfgang (Hg.), Glaubenszugänge. Lehrbuch der Katholischen Dogmatik, Bd.I, Paderborn 1995, 365-495.

-Ders., Der dreieinige Schöpfer. Trinitätstheologie und Synergie, Darmstadt 2001, 95-121.

-GERL-FALKOVITZ, HANNA-BARBARA, Einführung in die Philosophie der Renaissance, Darmstadt 1989.

-Dies., Von der Verborgenheit Gottes bei Nicolaus Cusanus, in: Una Sancta 4 (2000), 316-323.

-GRESHAKE, GISBERT, Der dreieine Gott. Eine trinitarische Theologie, Freiburg 1997.

-HAAS, ALOIS MARIA, Deum mistice videre... In caligine coincidentie. Zum Verhältnis Nikolaus von Kues zur Mystik (24.Vorlesung d. Aeneas-Silvius-Stiftung an der Universität Basel), Basel 1989.

-Ders., Sermo mysticus, Freiburg (Schweiz) 1979, 136-185.

-HÄRING, HERMANN, Schöpfungstheologie – Ein Thema im Umbruch, in: ThRv 97 (2001), Sp.177-196.

-HAUBST, RUDOLF, Schöpfer und Geschöpf. Zur spekulativ-mystischen Gotteserkenntnis des Nikolaus von Kues, in: WW 13 (1950), 167-172.

-Ders., Das Bild des Einen und Dreieinen Gottes in der Welt nach Nikolaus von Kues (=Trierer Theologische Studien 4), Trier 1952.

-Ders., Die Bedeutung des Trinitätsgedankens bei Nikolaus von Kues, in: TThZ 61 (1952), 21-29.

-Ders., Die Christologie des Nikolaus von Kues, Freiburg 1956.

-Ders., Nikolaus von Kues und der Evolutionsgedanke, in: Scholastik 39 (1964) 481-494.

-Ders., Nikolaus von Kues auf Spuren des Thomas von Aquin, in: MFCG 5 (1965), 15-62.

-Ders., Thomas von Aquin in der Sicht des Nikolaus von Kues, in: TThZ 74 (1965), 193-212.

-Ders., Rez. zu: Nikolaus von Kues: Philosophisch-Theologische Schriften. Hg. u. eingef. v. Leo Gabriel, übers. u. kom. v. D. u. W. Dupré, in: TThZ 74 (1965), 246f.

-Ders., Vom Sinn der Menschwerdung „Cur Deus homo", München 1969.

-Ders., Wort und Leitidee der „repraesentatio" bei Nikolaus von Kues, in: Misc. Med. 8 (1971), 139-162.

-Ders., Nikolaus von Kues als Interpret und Verteidiger Meister Eckharts, in: Freiheit und Gelassenheit. Meister Eckhart heute. Hg. von Udo Kern, Mainz 1980, 75-96.

-Ders., Albert, wie Cusanus ihn sah, in: Albertus Magnus – doctor universalis, hg. von G. Meyer und A. Zimmermann, Mainz 1980, 167-194.

-Ders., Die „Bibliotheca trinitariorum" und die Leitidee der „analogia Trinitatis", in: TThZ 95 (1986), 28-37.

-Ders., Art. Complicatio – Explicatio, in: LMA, Bd.3 (1986) Sp.104.

-Ders., Die erkenntnistheoretische und mystische Bedeutung der „Mauer der Koinzidenz", in: MFCG 18 (1989), 167-191.

-Ders., Das Neue in De docta ignorantia, in: MFCG 20 (1992), 27-53.

-Ders., Streifzüge in die Cusanische Theologie, Münster 1991.

-HEDWIG, KLAUS, Sphaera Lucis. Studien zur Intelligibilität des Seienden im Kontext der mittelalterlichen Lichtspekulation. (=BGPhThMA, NF. Bd.18), Münster 1980, 256-272.

-Ders., Art. Licht, Lichtmetapher, in: LMA, Bd.5 (1991), Sp.1959-1962.

-HEIMSOETH, HEINZ, Art. Nikolaus von Kues, in: RGG, Bd.4, 2.Auflage, Tübingen 1930, Sp. 565-567.

-Ders, Die sechs großen Themen der abendländischen Metaphysik und der Ausgang des Mittelalters, 8.Aufl. Darmstadt 1987.

-HEINZ-MOHR, GERD, Aller Dinge Einheit. Köln 1984.

-HEINZMANN, RICHARD, Philosophie des Mittelalters. Grundkurs Philosophie 7, Stuttgart ²1998.

-Ders., Metaphysik und Heilsgeschichte. Zur Frage nach der Identität des Christentums, in: MThZ 53 (2002), 291-307.

-HENKE, NORBERT, Der Abbildbegriff in der Erkenntnislehre des Nikolaus von Kues (=BCG, Bd.3), Münster 1969.

-HIRSCHBERGER, JOHANNES, Geschichte der Philosophie, Bde I/II, Freiburg 1991 (14. Aufl.).

-Ders., Das Platonbild bei Nikolaus von Kues, in: NIMM, 113-135.

-HÖDL, LUDWIG, Der Gedanke und das Gebet im Traktat De visione Dei des Nikolaus von Kues, in: Probleme philosophischer Mystik (=FS Karl Albert), hg. von Elenor Jain und Reinhard Margreiter, Sankt Augustin 1991, 227-245.

-HOEPS, REINHARD, Theophanie und Schöpfungsgrund, in: ThPh 67 (1992), 161-192.

-HOFFMANN, ERNST, Das Universum des Nicolaus von Cues, mit einer Textbeilage von R. Klibansky, CSt I, Sitzungsberichte der Heidelberger Akademie der Wissenschaften, phil.-hist. Kl., Jg.1929/30, Abh.3. Heidelberg 1930, 3-40.

-HOFFMANN, FRITZ, Nominalistische Vorläufer für die Erkenntnisproblematik bei Nikolaus von Kues, in: MFCG 11 (1975), 125-159.

-HOPKINS, JASPER, Glaube und Vernunft im Denken des Nikolaus von Kues. Prolegomena zu einem Umriß seiner Auffassung (=Trierer Cusanus Lecture Heft 3), Trier 1996.

-HOYE, WILLIAM, Rezension zu Flasch, Geschichte einer Entwicklung, in: ThRv 98 (2002), Sp.149-154.

-HÜBENER, WOLFGANG, Art. Ordnung II. Mittelalter, in: HWP, Bd.6 (1984) Sp.1254-1279.

-HÜBNER, JÜRGEN, Art. Naturwissenschaft und Theologie, in: EKL, Bd.3 (1992), Sp.648-656.

-HUMMEL, GERT, Selbstorganisation versus Schöpfungsglaube?, in: Hilpert, Konrad (Hg.), Schöpfung und Selbstorganisation. Beiträge zum Gespräch zwischen Schöpfungstheologie und Naturwissenschaften, Paderborn 1999, 10-20.

-IRLENBORN, BERND, Der Mensch als zweiter Gott? Anmerkungen zur imago Dei-Lehre des Nikolaus von Kues, in: FZPhTh (2001), 381-401.

-IVANKA, ENDRE VON, Plato Christianus. Übernahme und Umgestaltung des Platonismus durch die Väter, 2.Aufl. Einsiedeln 1990.

-JACOBI, KLAUS, Die Methode der Cusanischen Philosophie, München 1969.

-KAISER, ALFRED, Möglichkeiten und Grenzen einer Christologie „von unten". Der christologische Neuansatz „von unten" bei Piet Schoonenberg und dessen Weiterführung mit Blick auf Nikolaus von Kues (=BCG, Bd.XI), Münster 1992.

-KANDLER, KARL-HERMANN, Nikolaus als Theologe, in: ThLZ 115 (1990), 481-490.
-Ders., Nikolaus von Kues, Denker zwischen Mittelalter und Neuzeit, Göttingen 1995.
-Ders., Gottes Offenbarung in der Welt nach Nikolaus von Kues, in: Gottes Offenbarung in der Welt (=FS H.G. Pöhlmann), hg. von F. Krüger, Gütersloh 1998.
-Ders., Rez. zu: Schwaetzer, Harald, Aequalitas, in: ThLZ 127 (2002) 3, 326f.

-KOCH, JOSEF, Nikolaus von Cues als Mensch nach dem Briefwechsel und persönlichen Aufzeichnungen, in: Humanismus, Mystik und Kunst in der Welt des Mittelalters, hg. von Josef Koch, Leiden 1953 (2.Aufl. 1959), 56-75.
-Ders., Die ars coniecturalis des Nikolaus von Kues, Köln 1956.
-Ders., Über die Lichtsymbolik im Bereich der Philosophie und der Mystik des Mittelalters, in: StGen 13 (1960), 653-670.
-Ders., Nikolaus von Kues und Meister Eckhart, Randbemerkungen zu zwei in der Schrift De coniecturis gegebenen Problemen, in: MFCG 4 (1964), 164-173.

-Ders., Augustinischer und Dionysischer Neuplatonismus und das Mittelalter, in: Kant-Studien 48 (1956/57), 117-133; auch: Platonismus in der Philosophie des Mittelalters, hg. von Werner Beierwaltes (=Wege der Forschung, Bd.197), Darmstadt 1969, 317-342.

-KÖHLER, JOCHEN, Nikolaus von Kues in der Tübinger Schule, in: MFCG 10 (1973), 191-206.
-Ders., Art. Schöpfung, in: HWP, Bd.8 (1992), Sp.1389-1413.

-KOLTERMANN, RAINER, Evolution und Schöpfung in Dokumenten der Kirche, in: StdZ 218 (2000), 125-137.

-KREMER, KLAUS, Die Creatio nach Thomas von Aquin und dem Liber de Causis, in: Ekklesia (=FS Matthias Wehr), dargebracht von der Theologischen Fakultät Trier, Trier 1962, 321-344.
-Ders., Der Apriorismus in der Erkenntnismetaphysik des Thomas von Aquin, in: TThZ 75 (1963), 105-116.
-Ders., Meister Eckharts Stellungnahme zum Schöpfungsgedanken, in: TThZ 74 (1965), 65-82.
-Ders., Das „Warum" der Schöpfung. „quia bonus" vel „quia voluit"?, in: Flasch, Kurt, Parusia (=FS Johannes Hirschberger), Frankfurt/Main 1965, 241-264.
-Ders., Bonum est diffusivum sui, in: ANRW II, Bd. 36/2, New York 1987 (=überarb. Fs.)
-Ders., Dionysius oder Gregor von Nazianz? Zur Herkunft der Formel „bonum est diffusivum sui", in: ThPh 63 (1988), 579-585.
-Ders., Art. Emanation, in: HWP, Bd.II, 1972, Sp.445-448.
-Ders., Erkennen bei Nikolaus von Kues. Apriorismus - Assimilation - Abstraktion, in: MFCG 13 (1978), 23-57.
-Ders., Gott - in allem alles, in nichts nichts, in: MFCG 17 (1986), 188-219.
-Ders., Das Seelenfünklein bei Meister Eckhart, in: TThZ 97 (1988), 8-38.
-Ders., Gottes Vorsehung und die menschliche Freiheit (Sis tu tuus et ego ero tuus), in: MFCG 18 (1989), 227-263.
-Ders., Weisheit als Voraussetzung und Erfüllung der Sehnsucht des menschlichen Geistes, in: MFCG 20 (1992), 105-146.
-Ders., „Jede Frage über Gott setzt das Gefragte voraus", in: Piaia, Gregorio (Hg.), Concordia discors (=FS Giovanni Santinello), Padova 1993, 145-180.

-Ders., Philosophische Überlegungen des Cusanus zur Unsterblichkeit der menschlichen Geistseele, in: MFCG 23 (1996), 21-70.

-Ders., Die Einheit des menschlichen Geistes (der Seele) und die Vielheit seiner (ihrer) Kräfte bei Nikolaus von Kues, in: Thurner, Martin (Hg.), Die Einheit der Person (=FS Heinzmann), Stuttgart 1998, 357-372.

-Ders., Rezension zu Flasch, Geschichte einer Entwicklung, in: ThLZ 124/4 (1999), 410-415.

-Ders., Größe und Grenzen der menschlichen Vernunft (intellectus) nach Cusanus, in: Yamaki, Kazuhiko (Hg.), Nicholas of Cusa. A Medieval Thinker for Modern Age, Richmond 2002, 5-34.

-Ders., Das kognitive und affektive Apriori bei der Erfassung des Sittlichen, in: MFCG 26 (2000), 101-138.

-Ders., Konkordanz und Koinzidenz im Werk des Nikolaus von Kues. Gemeinsamkeiten und Unterschiede, in: André, Joao Maria e Álvarez-Gómez, Mariano (Hg.), Coincidência dos opostos e concórdia: Caminhos do pensamento em Nicolau de Cusa, Coimbra 2001, 13-50.

-Ders., Rezension zu Flasch, Nicolaus Cusanus, in: ThLZ 127 (2002), 779-782.

-KRINGS, HERMANN, Ordo. Philosophisch-historische Grundlegung einer abendländischen Idee, 2.Aufl., Hamburg 1982.

-LEINKAUF, THOMAS, Die Bestimmung des Einzelseienden durch die Begriffe contractio, singularitas und aequalitas bei Nicolaus Cusanus, in: ABG 37 (1994), 180-211.

-LOHR, CHARLES H., Ramon Lull und Nikolaus von Kues. Zu einem Strukturvergleich ihres Denkens, in: ThPh 56 (1981), 218-231.

-LÖFGREN, DAVID, Die Theologie der Schöpfung bei Luther (=FKDG, Bd.10), Göttingen 1960.

-MAY, GERHARD, Schöpfung aus dem Nichts. Die Entstehung der Lehre von der creatio ex nihilo (=AKG 48), Berlin 1978.

-MEFFERT, EKKEHARD, Nikolaus von Kues. Sein Lebensgang, seine Lehre vom Geist, vom Gesichtspunkt der Geisteswissenschaft, Stuttgart ²2001.

-MEIER-OESER, STEFAN, Die Präsenz des Vergessenen. Zur Rezeption der Philosophie des Nicolaus Cusanus vom 15. bis zum 18. Jahrhundert (=BCG, Bd.10), Münster 1989.

-MEINHARDT, HELMUT, Art. Neuplatonismus, in: HWP, Bd.6, 1984, Sp.754-756.

-MENKE, KARL-HEINZ, Art. Selbstmitteilung Gottes, in: LThK (3.Aufl.), Bd.9, 2000, Sp.425-426.

-MEUTHEN, ERICH, Die letzten Jahre des Nikolaus von Kues. Biographische Untersuchungen nach neuen Quellen (Wiss. Abh. der Arbeitsgemeinschaft f. Forschung d. Landes NRW, Bd.3), Köln 1958.
-Ders., Nikolaus von Kues 1401-1464. Skizze einer Biographie (BCG Sonderbeitrag zum Cusanus-Jubiläum), Münster 1964 (7. Aufl. 1992).
-Ders., Peter von Erkelenz (ca.1430)-1494, in: ZAGV 84/85 (1977/78), 701-744.
-Ders., Rezension zu Nicolai de Cusa Opera omnia XII: De venatione sapientiae. De apice theoriae, in: HJ 103 (1983), 446-448.

-MOJSISCH, BURKHARD, Nichts und Negation. Meister Eckhart und Nikolaus von Kues, in: Historia philosophiae medii aevi (=FS Kurt Flasch), hg. von Burkhard Mojsisch und Olaf Pluta, Amsterdam 1991, 675-693.

-MOLTMANN, JÜRGEN, Gott in der Schöpfung. Ökologische Schöpfungslehre, München 1985.

-OFFERMANN, ULRICH, Christus – Wahrheit des Denkens. Eine Untersuchung zur Schrift De docta ignorantia des Nikolaus von Kues (=BGPhThMA, NF, Bd.33), Münster 1991.

-PAULI, HEINRICH, Die geistige Welt der Brixener Predigten des Nikolaus von Kues, in: MFCG 22 (1995), 163-186.

-PETRI, HEINRICH, Glaube und Gotteserkenntnis. Von der Reformation bis zur Gegenwart, in: Handbuch der Dogmengeschichte, Bd.I, Fasz.2c, Freiburg 1985.

-PLATZECK, ERHARD-WOLFRAM, Lullsche Gedanken bei Nikolaus von Kues, in: TThZ 62 (1953), 357-364.

-PLATZER, KATRIN, symbolica venatio und scientia aenigmatica. Eine Strukturanalyse der Symbolsprache bei Nikolaus von Kues (=Darmstädter Theologische Beiträge zu Gegenwartsfragen, Bd.6), Frankfurt 2001.

-RAHNER, KARL, Zur Theologie des Symbols, in: Schriften zur Theologie, Bd.IV, 3. Aufl. Einsiedeln 1962.
-Ders., Der dreifaltige Gott als transzendenter Urgrund der Heilsgeschichte, in: Mysterium salutis. Grundriss heilsgeschichtlicher Dogmatik, hg. von J. Feiner und M. Löhrer, Bd.II, Einsiedeln 1967, 317-404.
-Ders., Art. Selbstmitteilung Gottes, in: Sacramentum Mundi, Bd.IV, Freiburg 1969, Sp.521-526.

-RANFT, JOSEPH, Schöpfer und Geschöpf nach Kardinal Nikolaus von Cusa. Ein Beitrag zur Würdigung des Kardinals als Mystiker, Würzburg 1924.

-REINHARDT, KLAUS, Nikolaus von Kues in der Geschichte der mittelalterlichen Bibelexegese, in: MFCG 27 (2001), 31-63.
-Ders., Herrlichkeit als Grundwort cusanischer Theologie, in: TThZ 110 (2002) 308-318.

-RICCATI, CARLO, „Processio" et „Explicatio". La doctrine de la création chez Jean Scot et Nicolas de Cues, Napoli 1983.

-RITTER, JOACHIM, Die Stellung des Nicolaus von Cues in der Philosophiegeschichte. Grundsätzliche Probleme der neueren Cusanus-Forschung: Blätter für deutsche Philosophie 13 (1939/40), 111-155.

-ROTH, ULLI, Suchende Vernunft. Der Glaubensbegriff des Nicolaus Cusanus (=BGPhThMA, NF, Bd.55), Münster 2000.

-SANTINELLO, GIOVANNI, Mittelalterliche Quellen der ästhetischen Weltanschauung des Nikolaus von Kues, in: Die Metaphysik im Mittelalter. Ihr Ursprung und ihre Bedeutung, hg. von Paul Wilpert (=Misc. Med. Bd.2), Berlin 1963, 679-685.

-SCHEFFCZYK, LEO, Schöpfung und Vorsehung, in: Handbuch der Dogmengeschichte, Bd.II, Fasz.2a, Freiburg 1963.

-SCHMIDT, MARGOT, Nikolaus von Kues im Gespräch mit den Tegernseer Mönchen über Wesen und Sinn der Mystik, in: MFCG 18
(1989), 25-49.

-SCHNARR, HERMANN, Modi essendi, Interpretationen zu den
Schriften De docta ignorantia, De coniecturis und De venatione sapientiae von Nikolaus von Kues (=BCG 5), Münster 1973.
-Ders., Das Wort Idea bei Nikolaus von Kues, in: MFCG 13 (1978),
182-197.
-Ders., Art. Contractus / Contractio, in: LMA, Bd.III, 1986, Sp.200-
202.

-SCHNEIDER, GERHARD, Gott – das Nichtandere. Untersuchungen
zum metaphysischen Grunde bei Nikolaus von Kues (=BCG 4), Münster 1970.

-SCHNEIDER, STEFAN, Die „kosmische" Größe Christi als Ermögli-
chung seiner universalen Helswirksamkeit an Hand des kosmogeneti-
schen Entwurfes Teilhard de Chardins und der Personalismus bei
Cusanus (=BCG 8), Münster 1979.
-Ders., Cusanus als Wegbereiter der neuzeitlichen Naturwissenschaft?
In: MFCG 20 (1992), 182-220.

-SCHÖNBORN, CHRISTOPH, „Docta ignorantia" als christozentri-
scher Entwurf, in: Jacobi, Klaus (Hg.), Nikolaus von Kues. Einführung
in sein philosophisches Denken, Freiburg 1979, 138-156.

-SCHWAETZER, HARALD, Aequalitas. Erkenntnistheoretische und
soziale Implikationen eines christologischen Begriffs bei Nikolaus von
Kues. Eine Studie zu seiner Schrift De aequalitate, Hildesheim 2000.
-Ders., Homine mediante. Die Grundlegung einer christologischen
Erkenntnistheorie in De aequalitate, in: MFCG 27 (2001), 129-175.

-SCHWARZ, WILLI, Das Problem der Seinsvermittlung bei Nicolaus
von Cues, Leiden 1970.

-SEIDLMAYER, MICHAEL, Nikolaus von Cues und der Humanismus,
in: Humanismus, Mystik und Kunst in der Welt des Mittelalters, hg.
von Josef Koch, Leiden 1953 (2.Aufl. 1959), 1-38.

-SEMMELROTH, OTTO, Gottes ausstrahlendes Licht. Zur Schöpfungs- und Offenbarungslehre des Pseudo-Dionysius Areopagita, in: Scholastik 28 (1953), 481-503.

-SENGER, HANS GERHARD, Die Philosophie des Nikolaus von Kues vor dem Jahr 1440. Untersuchungen zur Entwicklung seiner Philosophie in der Frühzeit des Nikolaus (1430-1440) (=BGPhThMA, NF, Bd.3), Münster 1971.
-Ders., Aristotelismus vs. Platonismus. Zur Konkurrenz von zwei Archetypen der Philosophie im Spätmittelalter, in: Misc. Med.18 (1986), 53-80.
-Ders., Mystik als Theorie bei Nikolaus von Kues, in: Gnosis und Mystik in der Geschichte der Philosophie, hg. von P. Koslowski, Zürich/München 1988, 111-134.
-Ders., Überlegungen zur Wirkungsgeschichte des Nikolaus von Kues, in: Ders., Ludus sapientiae. Studien zum Werk und zur Wirkungsgeschichte des Nikolaus von Kues, Leiden 2002, 257-290.

-STABILE, G, Art. Natur IV.1, in: HWP, Bd.6 (1984), Sp. 455f.

-STADLER, MICHAEL, Rekonstruktion einer Philosophie der Ungegenständlichkeit. Zur Struktur des Cusanischen Denkens. München 1983.

-STALLMACH, JOSEF, Zusammenfall der Gegensätze. Das Prinzip der Dialektik bei Nikolaus von Kues: MFCG 1 (1961), 52-75.
-Ders., Sein und das Können-selbst bei Nikolaus von Kues, in: Flasch, Kurt (Hg.), Parusia. Studien zur Philosophie Platons und zur Problemgeschichte des Platonismus (=FS Johannes Hirschberger), Frankfurt/Main 1965, 407-421.
-Ders., Das Absolute und die Dialektik bei Cusanus im Vergleich zu Hegel, in: NIMM, 241-255.
-Ders., Geist als Einheit und Andersheit. Zur Noologie des Cusanus in De coniecturis und De quaerendo Deum, in: MFCG 11 (1975), 86-124; wieder in: Fischer, Norbert (Hg.), Suche nach dem Einen. Gesammelte Abhandlungen zur Problemgeschichte der Metaphysik, Bonn 1982, 13-45.
-Ders., Zum Charakter der Cusanischen Metaphysik, in: MFCG 14 (1980), 87-103.

-Ders., Ineinsfall der Gegensätze und Weisheit des Nicht-Wissens. Grundzüge der Philosophie des Nikolaus von Kues (=Sonderbeitrag 2 zur BCG), Münster 1989.

-Ders., Nikolaus von Kues - „Gottinnige Gottsuche", in: MFCG 19 (1991), 233-242.

-Ders., Immanenz und Transzendenz im Denken des Cusanus, in: Honnefelder, Ludger (Hg.), Transzendenz. Zu einem Grundwort der klassischen Metaphysik (=FS Klaus Kremer), Paderborn 1992, 183-192.

-Ders., Das Problem des Unendlichen im Denken des Cusanus, in: Einheit und Vielheit (=FS Karl Bormann), hg. von Reinhold Glei, Würzburg 1993.

-Ders., Ineinsfall des Gegensätzlichen. Begreifen auf die Weise eines Nichtbegreifens, in: Piaia, Gregorio (Hg.), Concordia discors (=FS Giovanni Santinello), Padua 1993, 129-143.

-STRUB, CHRISTIAN, Art. Singulär; Singularität, in: HWP, Bd.9 (1995), Sp. 798-804.

-SUAREZ-NANI, TIZIANA, Rezension zu: Flasch, Nikolaus von Kues. Geschichte einer Entwicklung, in: RThPh 131 (1999), 315-316.

-THIEMEL, MARKUS, Coincidentia: Begriff, Ideengeschichte und Funktion bei Nikolaus von Kues, Aachen 2000.

-THOMAS, MICHAEL, Zum Ursprung der Andersheit, in: MFCG 22 (1995), 55-67.

-Ders., Der Teilhabegedanke in den Schriften und Predigten des Nikolaus von Kues (1430-1459) (=BCG 12), Münster 1996.

-THURNER, MARTIN, Trinität als Grund-Erfahrung des Menschen nach Nikolaus von Kues, in: MThZ 47 (1996), 345-363.

-Ders., Kirche als „congregatio multorum in uno" nach Nikolaus von Kues. Versuch einer transzendentalphilosophischen Deduktion, in: M. Weitlauff, P. Neuner (Hgg.), Für euch Bischof, mit euch Christ (FS Wetter), St. Ottilien 1998, 485-510.

-Ders., Die Einheit von Selbst-, Welt- und Gottesbezug nach Nikolaus von Kues, in: Ders., Die Einheit der Person. Beiträge zur Anthropologie des Mittelalters (FS Heinzmann), Stuttgart 1998, 373-397.

-Ders., Rezension zu: Flasch, Geschichte einer Entwicklung, in: MThZ 50 (1999), 89-93.

-Ders., Gott als das offenbare Geheimnis nach Nikolaus von Kues, Berlin 2001.

-Ders., Theologische Unendlichkeitsspekulation als endlicher Weltentwurf. Der menschliche Selbstvollzug im Aenigma des Globusspiels bei Nikolaus von Kues, in: MFCG 27 (2001), 81-128.

-Ders., Rezension zu: Roth, Suchende Vernunft, in: PhJb 108 (2001), 179-185.

-Ders., Rezension zu: Schwaetzer, Aequalitas, in: PhJb 108 (2001), 349-353.

-Ders., Der Dialog von Angesicht zu Angesicht als Denkform. Überlegungen zur Begründung einer ‚Christlichen Philosophie‘, in: MThZ 53 (2002), 308-324.

-Ders., „Der Glaube ist der Ursprung des Denkens." Philosophie als Weg der Gottsuche nach Nikolaus von Kues, in: Bucher, Alexius J. (Hg.), Welche Philosophie braucht die Theologie? (=Eichstätter Studien, Bd.XLVII), Regensburg 2002, 33-53.

-Ders., „tedesco di nazione ma non di costumi"? Nicolaus Cusanus zwischen Deutschland und Italien im Spiegel der Forschung, in: Ders. (Hg.), Nicolaus Cusanus zwischen Deutschland und Italien. Beiträge eines deutsch – italienischen Symposiums, Berlin 2002, 11-72.

-VELTHOVEN, THEO VAN, Gottesschau und menschliche Kreativität. Studien zur Erkenntnislehre des Nikolaus von Kues, Leiden 1977.

-VOLKMANN-SCHLUCK, KARL-HEINZ, Die Philosophie des Nicolaus von Cues. Eine Vorform der neuzeitlichen Metaphysik, in: APh 3 (1949), 379-399.

-Ders., Nicolaus Cusanus. Die Philosophie im Übergang vom Mittelalter zur Neuzeit, Frankfurt 1957, 3.Aufl. 1984.

-Ders., Die Lehre des Nicolaus von Cues von der species: Kant-Studien 48 (1956/57), 235-246.

-WACKERZAPP, HERBERT, Der Einfluß Meister Eckharts auf die ersten philosophischen Schriften des Nikolaus von Kues (1440-1450), hg. von Josef Koch (=BGPhThMA 39,3), Münster 1962.

-WEIER, REINHOLD, Christus als „Haupt" und „Fundament" der Kirche, in: MFCG 21 (1994), 163-179.

-WELT, THOMAS, Art. Theophanie, in: HWP, Bd.X, 1998, Sp.1116-1123.

-YAMAKI, KAZUHIKO, Sapientia – Mens – Ordo. Welterkenntnis und Gottesweisheit, in: Explicatio mundi. Aspekte theologischer Hermeneutik, hg. von H. Schwaetzer (=FS W. Hoye, R. Mokrosch, K. Reinhardt), Regensburg 2000, 87-109.

Abkürzungsverzeichnis

Im Allgemeinen verwenden wir die bei Siegfried Schwertner (Internationales Abkürzungsverzeichnis für Theologie und Grenzgebiete, Sonderausgabe 2.Aufl., Berlin 1993) verzeichneten Abkürzungen. Abweichungen und zusätzliche Kürzel sind in der folgenden Liste erfasst:

CSt = Cusanus Studien, Heidelberg 1930ff.
CT=Cusanus Texte
NIMM = Nicolò Cusano agli inizi del mondo moderno. Atti del congresso internazionale in occasione del V. centenario della morte di Nicolò Cusano: Bressanone 6.-10.9.1964, Firenze 1970
V2 = Codex Vaticanus Latinus 1245, Vatikanische Bibliothek, Rom

Namenverzeichnis

Beiträge zur Geschichte der Philosophie und der Theologie des Mittelalters – Neue Folge

Ausführliche Prospekte auf Wunsch. Verlag Aschendorff, Postanschrift:
D-48135 Münster Internet: http://www.aschendorff.de/buch Aschendorff

Beiträge zur Geschichte der Philosophie und der Theologie des Mittelalters – Neue Folge

63 Andrew Traver: The Opuscula of William of Saint-Amour. The Minor Works of 1255–1256. 2003, 232 Seiten, kart. 36,– €.

64 Thomas Marschler: Auferstehung und Himmelfahrt Christi in der scholastischen Theologie bis zu Thomas von Aquin. 2003, 2 Bände, zus. 1040 Seiten, kart. 119,– €.

65 Gerhard Krieger: Subjekt und Metaphysik. Die Metaphysik des Johannes Buridan. 2003, 352 Seiten, kart. 47,– €.

66 Meik Schirpenbach: Wirklichkeit als Beziehung. Das strukturontologische Schema der Termini generales im Opus Tripartitum Meister Eckharts. 2004, 269 Seiten, kart. 37,– €.

Ausführliche Prospekte auf Wunsch. Verlag Aschendorff, Postanschrift: D-48135 Münster Internet: http://www.aschendorff.de/buch

Aschendorff

Zuletzt erschienene Bände der Reihe.
Einen ausführlichen Prospekt über die
Reihe erhalten Sie direkt vom Verlag.
Postanschrift: 48135 Münster.
Internet: http://www.aschendorff.de/buch

Neutestamentliche Abhandlungen Neue Folge

39 ΣΩΤΗΡ. **Studien zur Rezeption eines hellenistischen Ehrentitels im Neuen Testament.** Von Franz JUNG. 2002, 464 Seiten, Leinen, 63,50 €. ISBN 3-402-04787-X

40 **Maria von Magdala im Johannesevangelium. Jüngerin – Zeugin – Lebensbotin.** Von Susanne RUSCHMANN. 2002, XII und 269 Seiten, kart. 39,– €. ISBN 3-402-04788-8

41 **Der Konflikt Jesu mit den »Juden«. Ein Versuch zur Lösung der johanneischen Antijudaismus-Diskussion mit Hilfe des antiken Handlungsverständnisses.** Von Manfred DIEFENBACH. 2002, 360 Seiten, kart. 47,– €. ISBN 3-402-04789-6

42 **Zeiten der Wiederherstellung. Studien zur lukanischen Geschichtstheologie als Soteriologie.** Von Sylvia HAGENE. 2003, X und 366 Seiten, kart. 49,– €. ISBN 3-402-04791-8

43 **»Geschenk aus Gottes Schatzkammer« (bSchab 10b). Jesus und der Sabbat im Spiegel der neutestamentlichen Schriften.** Von Andrea J. MAYER-HAAS. 2003, 730 Seiten, kart. 86,– €. ISBN 3-402-04790-X.

44 **Die Weisheit – Ursprünge und Rezeption.** Festschrift für Karl Löning zum 65. Geburtstag. Herausgegeben von Martin FASSNACHT, Andreas LEINHÄUPL-WILKE und Stefan LÜCKING. 2003, 308 Seiten, kart. 55,– €. ISBN 3-402-04792-6.

45 **Rettendes Wissen im Johannesevangelium. Ein Zugang über die narrativen Rahmenteile (1,19 – 2,12 / 20,1 – 21,25).** Von Andreas LEINHÄUPL-WILKE. 2003, XII und 402 Seiten, kart. 54,– €. ISBN 3-402-04793-4

46 **»... denn sie wissen nicht, was sie tun.« Zur Rezeption der Fürbitte Jesu am Kreuz (Lk 23, 34a) in der antiken jüdisch-christlichen Kontroverse.** Von Matthias BLUM. 2004, X und 242 Seiten, kart. 37,– €. ISBN 3-402-04794-2

Aschendorff Verlag

Zugänge zum Denken des Mittelalters

Viele Wege führen nicht nur nach Rom ...
Das Mittelalter übt nach wie vor eine große Faszination aus. Aber um
seine Philosophen aus ihren eigenen Texten zu verstehen, bedarf es im
Vorfeld mehr als nur geeigneter Sprachkenntnisse. Hinzukommen
muß ein Wissen um den historischen, gesellschaftlichen, politischen
und kulturellen Kontext der Autoren, um ihre eigene Begrifflichkeit, um
die Einflüsse auf ihr Denken sowie um die Wirkung und Rezeption ihres Denkens. Diese und andere Zugänge will die Reihe im Blick auf
einzelne Personen oder Schulzusammenhänge des Mittelalters vermitteln. Anders als andere Einführungen will sie deren Denken also nicht
doxographisch erschließen. Vielmehr will sie das Vorwissen dafür in
kompakter und leicht verständlicher Form bereitstellen, das im anderen Fall oft mühsam aus vielen Büchern und Lexika zusammengetra-
gen werden muß.

Band I
Hans Kraml / Gerhard Leibold
Wilhelm von Ockham

144 Seiten, Paperback, 9,85 €.
ISBN 3-402-04630-X

Wilhelm von Ockham war ein franziskani-
scher Theologe, der – wie viele andere Theologen vor ihm – die christliche Sicht der Welt
denkerisch gegenüber dem universalen Anspruch der aristotelischen Wissenschaft verantworten wollte. Das Ergebnis ist eine
höchst differenzierte Bezugnahme der Theologie auf die philosophische Vernunft. Das
vorliegende Buch bietet eine Einführung in
Ockhams Denken sowie Lesehilfen und Texte in deutscher Übersetzung, die ein Kennen
lernen Ockhams erleichtern sollen.

ASCHENDORFF VERLAG

Zugänge zum Denken des Mittelalters

Band 2
Stephan Ernst
Petrus Abaelardus

213 Seiten, Paperback, 14,80 €.
ISBN 3-402-04631-8

Abaelard gehört zu den Wegbereitern modernen Denkens. In der Aufbruchszeit des
12. Jh. bemüht er sich mit Hilfe der Philosophie (Dialektik) um eine kritische, rationale
Fassung der Theologie. Zugleich bringt er die
Subjektivität und Innerlichkeit des Menschen
im Blick auf Glaubensvollzug und ethisches
Handeln zur Geltung.

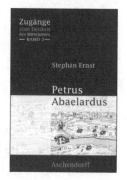

Der vorliegende Band versteht sich als Ein-
leitungsbuch in Werk und Denken Abaelards.
Durch die Darstellung geistesgeschichtlicher
und biographischer Hintergründe, durch
Werkbeschreibungen, rezeptionsgeschichtli-
che Hinweise, Textbeispiele, Quellen- und
Literaturverzeichnisse stellt es Hilfen zum
eigenständigen Studium bereit.

ASCHENDORFF VERLAG